Thea Beckman · Unter glücklichem Stern

THEA BECKMAN

Unter glücklichem Stern

Aus dem Niederländischen
von
Siegfried Mrotzek

URACHHAUS

Titel der niederländischen Originalausgabe:
Het rad van Fortuin

CIP-Kurztitelaufnahme der Deutschen Bibliothek

Beckman, Thea:

Unter glücklichem Stern / Thea Beckman.
Aus d. Niederländ. von Siegfried Mrotzek. –
Stuttgart : Urachhaus, 1985. –
Einheitssacht.: Het rad van fortuin ⟨dt.⟩
ISBN 3-87838-393-2

ISBN 3 87838 393 2

Einbandzeichnung: Jan Wesseling.
Satz und Druck der Offizin Chr. Scheufele, Stuttgart

INHALT

1

DER ZWERGPAGE

»Au!«

»He! Kannst du nicht achtgeben, du Dummkopf!«

»Gib doch selber acht. Benimmst dich wie ein durchgehendes Pferd.«

Wütend sitzen sich die beiden Kinder im steinernen Gang der Burg Pontorson gegenüber. Der kleine Robert reibt sich die Stirn, mit der er gegen Thereses Ellbogen gestoßen ist. Therese massiert sich den Arm, den der kleine Robert mit dem Kopf rammte, als er aus der Nische hervorgeschossen kam, an der sie gerade vorbeirannte. Sie stießen zusammen, prallten voneinander ab, und nun sitzen sie da auf ihren Hintern und geben sich gegenseitig die Schuld.

»Du bist aber auch immer so wild«, sagt Robert vorwurfsvoll.

»Das ist nicht wahr! Du kamst aus der Nische gesprungen, als wäre der Teufel hinter dir her«, schimpft Therese. Sie rafft sich auf und hilft dem kleinen Robert auf die Beine.

»Meine Mutter sucht mich«, flüstert er, »aber ich habe heute keine Lust zum Unterricht.«

Therese lacht. Der kleine Robert hat nie Lust zum Unterricht. Der Junge schaut sich um. »Schnell! Da kommt jemand.« Er nimmt seine Freundin bei der Hand und zieht sie mit in den Gang, fünf Steinstufen hinunter und dann um die Ecke.

»Sollen wir zum Pferdestall gehen?« schlägt er vor. »Dann bin ich der Ritter, und du bist das gefangene Freifräulein.«

»Nein«, antwortet Therese. »Das macht mir keinen Spaß, da gefesselt zu sitzen und zuzuschauen, wie du einen Drachen besiegst, den es überhaupt nicht gibt. Ich will zur Schmiede. Clopin schleift die Waffen, das ist viel interessanter.«

Der kleine Robert macht ein bekümmertes Gesicht.

»Morgen ziehen sie wieder los, kämpfen gegen die Navarresen«, sagt er neidisch. Hinter ihnen wird eine Tür geöffnet. Schnell huschen die Kinder ins Freie, auf den Hof der Burg.

»In die Schmiede dürfen wir doch gar nicht gehen«, erinnert Therese sich plötzlich.

»Ich ja«, behauptet Robert, »ich darf alles.«

Das ist natürlich nicht wahr, aber in diesem Moment glaubt Therese es, weil sie es glauben will. Clopin ist der Hauptmann der Wache auf der Burg Pontorson, aber bevor er Soldat wurde, war er Schmied, und immer noch ist es seine Pflicht, die Waffen des Ritters Bertrand Du Guesclin und seiner Schildknappen zu pflegen. Aus der Schmiede hören die Kinder den hellen Klang von Hammerschlägen. Nicht weit davon entfernt steht eine leere Karre, und dahinter verstecken sie sich. Durch die Radspeichen starren sie zur offenen Schmiede. Sie sehen Clopin mit vorgebundener Lederschürze am Amboß stehen, während ein Knecht den Blasebalg bedient und das Feuer entfacht. Ein vornehm gekleideter junger Mann steht daneben und schaut zu.

»Er schmiedet Hufeisen«, sagt Therese aufgeregt.

»Ja, für Blitzstrahl«, nickt der kleine Robert.

»Matthis ist auch da... sollen wir dichter herangehen? Matthis ist ein netter Kerl, der jagt uns nicht weg.«

Therese kommt schon unter der Karre hervor, rennt in die Schmiede und verschwindet hinter ein paar eisernen Radreifen. Der kleine Robert schaut sich erst kurz um. Ein Knecht geht über den Hof, bemerkt ihn aber nicht. Frau Béchet, Thereses Mutter, kommt gerade heraus und geht zum Misthaufen, auf dem die Hühner scharren. Sie wirft ihnen etwas zu. Der kleine Robert sieht nur ihren breiten Rücken. Dann springt er auf und rennt, schnell wie ein Wiesel, ebenfalls in die Schmiede.

Still hocken die beiden Kinder hinter dem Berg Eisen und schauen zu, wie Clopin sich bewegt. Es ist ein schöner Anblick, dem Hauptmann zuzuschauen, wie er sein früheres Handwerk ausübt. Die Glut des Feuers spielt in seinem grimmigen Gesicht. Der Schweiß läßt die Muskeln der entblößten Unterarme glänzen. Die Funken fliegen umher. Matthis Cuvelier, der Herold, steht daneben und macht ein Gesicht, als könnte er ein Gedicht darüber schreiben.

Der kleine Robert seufzt: Vor Neid, vor Verlangen, aber auch, weil er den Anblick des stämmigen Hauptmanns mit seiner Riesenkraft sehr genießt.

»Der ist stark, was?« flüstert Therese.

»So stark werde ich später auch«, verspricht der kleine Robert. Therese wirft einen schnellen Blick auf ihren kleinen Freund und lacht. »Angeber!« Doch der kleine Robert tut gerade so, als hätte er nichts gehört.

Der große Kummer seines jungen Lebens ist, daß er so klein bleibt. Er muß jetzt mindestens acht Jahre alt sein, aber immer noch sieht er aus, als wäre er ein Kind von fünf, und das ärgert ihn schrecklich. Therese ist ein Jahr älter als er und mindestens zwei Köpfe größer, er reicht ihr nicht einmal bis an die Schulter. Andere Spielgefährten hat er nicht auf Pontorson, und mit den Dorfjungen kann er nicht viel anfangen. Desto mehr mit Therese. Sie ist ein unternehmungslustiges Kind, begreift schnell, und trotz des Größenunterschiedes hat sie vor dem Jungen so etwas wie gutmütigen Respekt. Das macht der Standesunterschied. Der kleine Robert ist der Pflegesohn eines berühmten Minnesänger-Ehepaares, Therese ist die Tochter der Köchin, hat keinen Vater mehr, und in nicht so ferner Zeit wird sie auch eine ganz gewöhnliche Dienstmagd sein.

Clopin ist fertig mit den Hufeisen. Er steckt sie in einen Trog mit kaltem Wasser, daß es zischt und dampft. Therese fühlt einen angenehmen Schauer über den Rücken gleiten. Dann sieht sie, wie Matthis Cuvelier, der hübsche junge Herold, seinen Dolch aus der Scheide holt und Clopin reicht.

»Würdest du mir den bitte schleifen?«

»Wozu?« grinst der Hauptmann, »du brauchst ihn ja doch nie.«

»Wer weiß, wie nötig ich den schon sehr bald brauchen werde«, antwortet Matthis leichthin.

Dem kleinen Robert klopft das Herz vor Neid. Sein Pflegebruder hat so einen prächtigen Dolch mit eingelegtem Elfenbein, er dagegen hat nur ein selbstgemachtes Holzschwert, mit dem man noch nicht einmal eine Ratte töten kann. Wo es doch gerade jetzt so aufregend wird.

Vor ein paar Tagen war auf der Burg Pontorson ein Kurier aus Paris eingetroffen und hatte eine entsetzliche Nachricht überbracht: Johann II., König von Frankreich, war gestorben. Der Fürst, der mit ritterlichem Temperament Fehler auf Fehler machte, der kämpfte wie ein Held und regierte wie ein Narr, der davon träumte, gegen die Türken ins Feld zu ziehen, während sein eigenes Land von Plündererbanden überrannt wurde, ist tot!

Jean le Bon – Johann der Gute – wurde er von seinem Volk genannt. Was war Gutes an diesem König? Er war ein kriegerischer Mann, der sich auf dem Turnierfeld hervortat, der zwei unglückliche Ehen schloß und mit seinen vier Söhnen dauernd im Streit lag. Er war verschwenderisch und konnte mit Münzeinheiten täuschen wie der erstbeste Betrüger. Er brachte sein Land an den Rand des Abgrunds und verlor ganze Provinzen an die englischen Eindringlinge. In seinem Leben erlitt er eine Niederlage nach der anderen, aber sein Mut und seine Ritterlichkeit waren sprichwörtlich. Vier Jahre lang war er der Gefangene des englischen Königs gewesen und mußte mit unvorstellbaren Opfern freigekauft werden. Als sein zweitältester Sohn, Louis d'Anjou, der als Geisel in England festgehalten wurde, geflohen war, nahm dieser König, um die »Ehre« seiner Familie zu retten, wieder den Platz seines Sohnes als Kriegsgefangener ein. Oder tat er das, um den Schwierigkeiten in seinem eigenen Land zu entkommen? Kronprinz Charles wurde in Paris zum Regenten ernannt, hatte aber keine wirkliche Macht und kein Verfügungsrecht, was die Lage nicht besser machte. Und nun war Johann II., der mutige törichte König, unerwartet in London gestorben. Charles würde sein Nachfolger sein... König Karl V. Das hört sich einfacher an, als es ist. Karl der Schlechte, König von Navarra, ein Neffe des Königs von Frankreich, hat sich sofort in Bewegung gesetzt. Endlich sieht er eine günstige Gelegenheit, die Macht zu ergreifen. Karl V. wird sich erst dann wirklich König nennen können, wenn er in Reims gesalbt und gekrönt worden ist und den Treueid abgelegt hat. Der neue, junge Fürst muß allerdings warten, bis der balsamierte Leichnam seines Vaters in Frankreich angekommen und in der Basilika von Saint-Denis, dem traditionellen Ruheplatz der französischen Könige, feierlich beigesetzt worden ist. Bis zur Beisetzung und der Krönung des Nachfolgers werden Wochen vergehen. Diese zeitliche Lükke könnte Karl der Schlechte mißbrauchen. Er hofft, den Weg nach Reims versperren zu können, die Krönung zu verhindern und sich dann selbst zum König von Frankreich ausrufen zu lassen.

Da Karl der Schlechte auch ausgedehnte Gebiete in der Normandie besitzt, versammelt er dort Truppen, die den Weg nach Reims blockieren müssen. Charles, der begreift, daß der Thron wankt, ein Thron, den zu besteigen er noch nicht einmal die Möglichkeit gehabt hat, wendet sich angesichts dieser Gefahr an den Gouverneur von Pontorson: den berühmten Kriegsmann Bertrand Du Guesclin. Der Ritter soll so schnell wie möglich mit allen bewaffneten Reitern, über die er verfügt, nach Rouen kommen. In Rouen wird ein Königsheer aufgestellt, das die Bedrohung durch die Navarresen abschlagen soll.

Der kleine Robert weiß das alles, und er würde nichts lieber tun als mitzugehen nach Rouen, um die Navarresen zum Stehen zu bringen und bei der Rettung des Königreiches eine heldenhafte Rolle zu spielen. Matthis darf mit! Rolin Bodin, ein sechzehnjähriger Junge und persönlicher Schildknappe des Ritters Du Guesclin, darf mit! Clopin darf mit! Und er, der kleine Robert, muß zurückbleiben, er zählt überhaupt noch nicht. Ein zu klein geratener Junge ist er, den jeder übersieht, der nur Therese hat, auf die er Eindruck machen kann. Außerdem darf er mit einem Holzschwert um sich schlagen und sich einbilden, ein Held zu sein. O, heiliger Antonius, warum wächst er nicht?

Clopin ist mit dem Dolch zum Schleifstein gegangen. Der Knecht setzt den runden Stein in Bewegung. Und dann ist in der Schmiede nur noch das kreischende Kratzen des Stahls auf dem Stein und das zischende Spritzen der Funken zu hören. Der kleine Robert wagt es, einen Schritt vorzutreten.

»Ihr rückt morgen aus, nicht wahr?« sagt er neiderfüllt zu Matthis.

Überrascht dreht der Herold sich um.

»Nanu, bist du auch hier, Knirps? Ja, wir rücken in aller Frühe aus. Wolltest du womöglich mit?«

»Darf ich?« fragt der Dreikäsehoch bettelnd.

»Nein, Dummkopf, natürlich nicht.«

Der kleine Robert schweigt erniedrigt. Clopin hält den Dolch ins Licht, um zu sehen, ob die Schneide auch keine Riefen hat. Die Kinder hat er noch gar nicht bemerkt.

»So, jetzt kannst du damit ein Haar spalten«, sagt er zufrieden.

»Glaubst du mir, daß ich mich auf den neuen Feldzug freue? Es wird erzählt, Karl der Schlechte hätte Captal de Buch zu Hilfe gerufen, und das ist nicht der Erstbeste. Nun, vor den Gascognern habe ich keine Angst. Denen drehe ich mit bloßen Händen die Arme aus.«

»Das muß man sich anhören«, lacht Matthis. »Clopin, der Schreckliche! Mann, Captal Buch hat noch nie einen Kampf verloren.«

»Dann wird es jetzt das erste Mal werden«, prophezeit Clopin grimmig.

Therese kann nicht stillstehen. Genau wie der kleine Robert ist sie immer näher herangekommen und steht nun dicht am Amboß. Endlich dämmert dem Hauptmann, daß es ein wenig voller in seiner Schmiede geworden ist.

»Sagt mal, was wollt ihr denn hier? Macht, daß ihr wegkommt. Keine kleinen Kinder in der Schmiede.«

Therese weicht mit einem bittenden Blick auf Matthis zurück.

Der kleine Robert aber bleibt stehen, wo er steht.

»Wir wollen sehen, wie die Waffen geschliffen werden«, sagt er keck.

»Ach, laß den Jungen doch, der kann doch nur etwas davon lernen«, sagt Matthis gutmütig.

»Der Ritter möchte nicht...«, beginnt Clopin, aber in diesem Augenblick kommt noch jemand in die Schmiede: der Schildknappe Rolin Bodin. In den Armen schleppt er ein riesiges Schwert und eine schwere Streitaxt. Mit einem Seufzer läßt er seine schwere Last auf den Fußboden gleiten.

»Bitteschön, Clopin, mache dich daran.«

»Geht in Ordnung.«

Mit komischer Gebärde reibt sich Rolin die angestrengten Arme.

»Verstehst du, wie jemand mit soviel Eisen an seinem Gürtel kämpfen kann?« fragt er Matthis. »Das Schwert allein ist schon kaum anzuheben, ganz zu schweigen von der Axt. Aber wenn man den Ritter Bertrand damit umgehen sieht, könnte man denken, seine Waffen wären aus Holz. Dem liegen sie gewichtslos in den Händen.«

»Mir auch«, brüstet sich Clopin. Er hebt das Schwert an, schwenkt es über dem Kopf. Er grinst, als er sieht, daß sich Matthis und Rolin ducken. Dann geht er wieder zum Schleifstein, und immer noch grinsend fängt er an zu arbeiten.

»Wer ist Captal de Buch?« fragt der kleine Robert.

»Der reichste Edelmann der Gascogne«, antwortet Matthis, »und ein enger Freund des Prinzen von Wales, der da das Sagen hat. Aber Captal ist auch ein hervorragender Feldherr, und es gefällt mir überhaupt nicht, daß Karl der Schlechte ihm die Führung des Navarreser Heeres übertragen hat. Das kann ein schwerer Kampf für uns werden.«

»Ritter Bertrand wird das schon schaffen«, ruft Therese, die sich doch wieder vorgetraut hat.

»Darauf könnt ihr euch verlassen«, ruft der kleine Robert heißspornig. Obwohl Bertrand Du Guesclin ein häßlicher, grober Kerl ist und eine Stimme hat, die das Geschirr zum Klappern bringt, ist er doch ein Held, das Idol der Bauern. Von Herkunft ist er ein bretonischer Gutsbesitzer, der es dank seines Mutes und seiner Schlauheit zum Ritter gebracht hat. Für den kleinen Robert, der alle, die stark und tapfer sind, gewaltig bewundert, ist Bertrand Du Guesclin so etwas wie ein Halbgott, der vollkommen unbesiegbar ist. Therese steht dicht neben Matthis. Mit ihren schmutzigen Fingern fährt sie eben über seinen Samtwams.

»Warum müssen Männer immerzu kämpfen?« fragt sie plötzlich.

»Findet Ihr das schön?«

»Und ob«, grinst Rolin Bodin. Doch Matthis schüttelt fast unmerklich den Kopf, und das ist dem Mädchen nicht entgangen.

»Du nicht, oder?« fragt sie leise.

»Nein, aber es bleibt uns nichts anderes übrig«, antwortet Matthis verdrossen.

Clopin ist fertig mit dem Schwert, nickt zufrieden und legt es vorsichtig auf den Amboß. Der kleine Robert, der sich nützlich machen will, bückt sich und versucht, die Streitaxt aufzuheben und Clopin zu geben, kann das Ding aber nicht einmal anheben.

»Finger davon«, schnauzt der Hauptmann, »das ist kein Spielzeug, das ist Mordzeug.« Er stößt den Jungen zur Seite, hebt ohne Anstrengung die Streitaxt auf und legt sie an den Schleifstein.

»Siehst du, so macht man das«, brummt er, stolz auf seine Kraft.

Wieder spritzen die Funken umher, der kleine Robert stampft zornig mit dem Fuß auf den Boden.

»Ich will morgen auch mit«, ruft er so hitzig, daß es über das Kreischen des Schleifsteins zu hören ist.

»Ach, Knirps, was kannst du denn«, lacht Clopin.

»Mehr als du denkst! Ich kann auf den Händen laufen und...«

»Kirmeskünste«, sagt Clopin verächtlich. Das läßt der kleine Robert nicht auf sich sitzen.

»Das kann ich«, schreit er, und bevor jemand begreift, was passiert, hat er Matthis den messerscharfen Dolch aus der Scheide gezogen und weggeworfen. Schwirr! Zitternd steckt der Dolch im Holzbalken über dem Schleifstein, keine zwei Daumen über Clopins Kopf.

»Siehst du, ich werfe nie daneben«, sagt der kleine Robert stolz.

»Sag mal, bist du verrückt geworden!« Der Hauptmann hat die Axt fallenlassen und zieht rasend vor Zorn den Dolch aus dem Balken. »Du hättest mich töten können.«

»Ich habe nicht auf dich gezielt, sondern auf den Knorren«, antwortet der kleine Robert. »Und ich habe genau getroffen.«

Zitternd und leichenblaß steht Clopin da und schaut auf ihn herab.

»Pardieu, wenn du dir noch einmal so einen Streich erlaubst, du Satansbengel, dreh ich dir das Hühnergenick um.«

»Du sagtest, ich kann nichts«, schreit der Junge und stampft mit den Füßen auf, und er ist genauso wütend wie der Hauptmann. »Und ich kann doch etwas! Ich bin kein kleines Kind mehr, ich bin... ich werde ein Held.«

Therese hüpft vor Bewunderung von einem Bein auf das andere.

»Mach das noch einmal«, ruft sie begeistert.

»Das sollte er wagen«, donnert Clopin.

Unerwartet nimmt Rolin Bodin den Jungen in Schutz.

»Ach, ärgere ihn doch nicht«, sagt er, während er den kleinen Jungen zur Seite, aus der Reichweite von Clopins Armen zieht.

»Komm, laß die rohen Kerle doch reden. Sie haben vergessen, daß sie auch mal nichtsnützige Jungen waren, die unter den Tisch krochen, wenn es donnerte und blitzte. Jetzt haben sie einen großen Mund und glauben, alle hätten Angst vor ihnen, wenn sie ihre Muskeln spielen lassen. Das ist alles nur Angabe. Solche Gewaltkerle sind das nämlich gar nicht.«

»Ich schon«, schnauzt Clopin, der die Axt nimmt und gefährlich mit den Augen rollt.

»Gut, du ja. Und was noch? Das Kunststück, das der kleine Robert gerade gezeigt hat, machst du ihm nicht nach. Ich habe ihn oft üben sehen, mit einem gewöhnlichen Küchenmesser, und es stimmt, was er sagt: Er trifft immer.«

»Aber ja doch, verteidige ihn nur. Dann bildet er sich noch mehr ein als jetzt schon«, schimpft der Hauptmann, der sich den roten Nacken reibt, als fühlte er den Dolch darin stecken.

»Du hast dich erschreckt, darum regst du dich so auf«, sagt Matthis beschwichtigend.

»Und ob ich mich erschreckt habe. Würde dir das Herz nicht auch stehenbleiben, wenn du einen Dolch auf dich zufliegen siehst, den du gerade erst geschliffen hast?«

»Robert, Robert, mach das noch einmal«, ruft Therese aufgeregt. Dann huschte sie schnell weg, denn sie hat Bertrand Du Guesclin gesehen, der plötzlich in voller Größe vor der offenen Schmiede steht.

»Wie sieht's aus, seid ihr endlich fertig?« dröhnt er.

Der kleine Robert erstarrt. Der Herr!

»Was macht das Kind hier bei den scharfen Waffen?« schimpft Du Guesclin, als er den kleinen Jungen sieht.

»Kind? Ein Satansbengel ist das«, ruft Clopin. »Der hätte mich gerade mit seinen Künsten fast an die Wand genagelt. Gib ihm deinen Dolch, Matthis, damit er es noch einmal vormachen kann. Seht nur, Herr, was der Lümmel sich mit mir erlaubt hat, als ich hier stand und Eure Axt schliff. Gott sei's geklagt, daß so einer hier frei herumläuft, erwachsene Leute belästigt und auch noch ein vorlautes Mundwerk hat.«

»Ich habe nicht auf Clopin gezielt, ich zielte auf den Knorren im Holz«, schreit der kleine Robert. Ängstlich schaut er auf zu der breiten Gestalt des Ritters Du Guesclin. »Herr, sie sagen, daß ich versucht habe, Clopin zu ermorden, und das ist nicht wahr. Das kam alles nur, weil sie sagten, ich kann nichts. Und ich kann doch was!«

»Nom de Dieu, schreit doch nicht alle so, ich weiß ja überhaupt nicht, was hier los ist. Was hat der Zwerg angestellt, daß ihr hier alle mit schlotternden Knien steht?«

»Macht's vor«, sagt Rolin, während er dem kleinen Robert seinen Dolch reicht.

»Ich...«, flüstert der Junge. Er wiegt den Dolch kurz in der Hand, führt den Arm erst zurück, dann blitzschnell nach vorn und läßt die Waffe wegsausen. Zitternd bleibt der Dolch im selben Knorren stecken.

Bertrand sperrt den Mund auf.

»Das ist allerhand für so einen Dreikäsehoch!«

»Na, seht ihr?« ruft der Junge triumphierend. »Ich treffe immer.«

Du Guesclin geht zum Balken und zieht den Dolch heraus.

»Noch einmal«, sagt er laut, »und genau in denselben Knorren.«

»Ja, Herr.«

Der Knecht, der den Schleifstein drehen muß, hat schon lange das Weite gesucht, hier ist es ihm zu gefährlich. Therese, die alle Ehrfurcht vor ihrem Herrn vergißt, tanzt durch die Schmiede. »Ja, noch einmal«, jauchzt sie. Aber der kleine Robert läßt sich nicht ablenken. Bedächtig wiegt er den Dolch in der Hand, läßt ihn durch die Luft sausen – wieder genau ins Ziel. Dann ergreift er sofort Matthis' Dolch und wirft auch den, daß er ganz dicht neben dem des Schildknappen Rolin im Holz steckt.

»Von Vater gelernt«, sagt er stolz. »Aber Vater kann es nicht so gut wie ich.«

»... und da stand ich mit meinem ungeschützten Kopf dicht drunter«, poltert Clopin. »Wenn der Dolch zwei Daumen breit weiter nach unten geflogen wäre, hätte Matthis morgen bei meiner Beerdigung singen können.«

»Du lebst ja noch«, sagt Du Guesclin trocken, während er die Dolche aus dem Holz zieht.

»Verdammt, ich spürte den Wind durch meine Haare sausen«, brummt Clopin. Bertrand grinst. Voller Interesse schaut er herab auf den kleinen Jungen, der noch nicht weiß, ob er bestraft oder gelobt werden soll und von einem Fuß auf den anderen tritt. Eine harte Faust schließt sich um seinen Arm.

»Komm mit, du«, sagt der Ritter. »Wir werden mit deinem Vater sprechen.«

Halb verängstigt, halb überrascht trippelt der kleine Robert neben dem Ritter her zum Wohntrakt der Festung. Jetzt wird es losgehen! Er wird im Beisein seiner Pflegeeltern zur Verantwortung gezogen werden. Wieder einmal werden die Strafreden und Vorwürfe auf ihn einprasseln, und die hat er doch schon so oft gehört. Robert, warum bist du nur immer so ungehorsam? Warum bist du nie zu finden, wenn es Zeit für deinen Unterricht ist? Warum? Wie kannst du nur? Sei doch nicht so! Sieh mich an! Ist das wirklich nötig?

In seinem kriegerischen Herzen macht sich großer Kummer breit. Er kennt seine Vorgeschichte. Als Kind von weniger als einem Jahr wurde er von zwei herumreisenden Musikanten unter den Trümmern eines verwüsteten Dorfes gefunden. Diese Musikanten, der Minnesänger Berton de Fleur und seine Frau Marie-Claire, auch Gottes Schmetterling genannt, erbarmten sich des weinenden Babys, auf das kein Mensch in der Welt Anspruch zu erheben schien. Sie nannten ihn Robert, nach einem ihrer früheren Freunde. Und jeder, der diese Geschichte kennt, meint, daß der kleine Robert viel Glück gehabt hat, von zwei so prächtigen Menschen gefunden zu werden. Er sollte dankbar und zufrieden sein. Aber der kleine Robert ist nicht dankbar. Zufrieden ist er noch weniger. Musik interessiert ihn nicht. Lesen und Schreiben findet er gräßlich. Wenn seine Pflegeeltern während der Sommermonate auf Kirmessen und Jahrmärkten vor dummen Bauern und gaffenden Bürgern auftreten, schämt er sich. Er will nicht Minnesänger werden wie sein Pflegevater. Er will ein Held sein, ruhmreiche Taten vollbringen. Vom Umgang mit der Gänsefeder wird man nicht groß. Von einem Gedicht bekommt man keine starken Muskeln. Mit einer Laute und einem Liedchen kann man Feinde nicht schlagen.

Nur im Winter fühlt er sich glücklich, weil die kältesten Monate des Jahres meistens auf der Burg Pontorson verbracht werden. Berton de Fleur besitzt zwar ein Häuschen in der Poitou, aber seit die Provinz vor vier Jahren in englischen Besitz übergegangen ist, sind sie nicht mehr dort gewesen. Berton weigert sich beharrlich, englischer Untertan zu werden. Auf Pontorson sind sie jederzeit willkommen. Bertrand Du Guesclin und die Minnesängerfamilie sind alte Freunde; außerdem wohnt Matthis Cuvelier, auch ein Pflegesohn von Marie-Claire und Berton de Fleur, auf Pontorson. Matthis hat sie verlassen, als er fünfzehn Jahre alt wurde, um in den Dienst des Ritters Bertrand Du Guesclin zu treten. Der kleine Robert hat sich fest vorgenommen, diesem Beispiel zu folgen. Gerade darum findet er es so schrecklich, daß er fast gar nicht wächst. Der Ritter und Kriegsmann Bertrand Du Guesclin wartet bestimmt nicht auf einen Soldaten, der nicht größer als ein Zwerg ist und nie kämpfen gelernt hat. Auf Pontorson, wo er mit Therese spielen kann, wo er tausend Verstecke kennt, in die er sich verkriechen kann, wenn es Zeit für seinen Unterricht ist, fühlt der kleine Robert sich zu Hause. Doch jetzt ist Frühling, jeden Moment kann Berton de Fleur damit beginnen, den kleinen Planwagen zu beladen, um mit Frau und Kind loszufahren. Dann muß der kleine Robert wieder mit. Nicht dorthin, wo es spannend wird, nicht zu einem Ort, an dem über das Schicksal des Königreichs entschieden werden soll, sondern zu friedlichen Marktplätzen, Volksfesten, Hochzeiten. Er will nicht...

Bertrand Du Guesclin schiebt das Kind vor sich her, die Treppe hinauf, hinein in den großen Rittersaal. Der kleine Robert wagt es kaum, aufzublicken. Tiphaine, die Burgdame, sitzt am Fenster und liest. Berton de Fleur und Marie-Claire sind in einer anderen Ecke, ordnen Notenblätter und schauen verwundert auf, als der Ritter mit dem sich sträubenden kleinen Robert hereinkommt.

»Berton«, dröhnt Du Guesclins tiefe Stimme, »ich mache dir einen Vorschlag.«

Der Minnesänger nickt, legt das Blatt, das er in der Hand hat, zur Seite und kommt ein paar Schritte näher. Marie-Claire stellt sich neben ihn. Aus den Augenwinkeln sieht der kleine Robert, wie Berton den Arm um die Schultern seiner Frau legt. So hat er sie sein Leben lang gekannt, so unzertrennlich. Seine Pflegeeltern sind gut zu ihm, dennoch hat er immer das Gefühl, sie seien ihm fremd geblieben.

»Oh, ich sehe, du hast Robert gefunden«, sagt Marie-Claire munter. »Der war wieder fortgelaufen, als ich ihn rief.«

»Und ob«, brummt Du Guesclin, der selbst auch nicht lesen und schreiben kann. »Wer will denn auch schreiben lernen? Das ist doch Zeitvergeudung...«

»Nicht für einen zukünftigen Minnesänger«, lächelt Berton de Fleur.

»Hört zu«, sagt Du Guesclin. »Ich weiß, daß ihr in Kürze abreisen werdet. Ich schlage vor, ihr laßt mir den kleinen Robert hier.«

Den kleinen Jungen durchfährt ein Schreck. Das hat er nicht erwartet! Erfreut blickt er auf, aber sein Herz krampft sich zusammen, als er sieht, wie sich Marie-Claires Gesicht verdüstert.

Tiphaine läßt ihr Buch sinken und kommt ebenfalls hinzu. Sie ist eine schöne, große Frau. Berton de Fleur ist ein kräftiger Kerl. Bertrand Du Guesclin ist ein gewaltiges Bündel aus Muskeln und Kraft. Inmitten all dieser Erwachsenen kommt sich der kleine Robert nichtiger denn je vor. Ein Stäubchen ist er, verirrt in einer überwältigenden Welt.

»Robert zurücklassen? Wofür?« fragt Berton überrascht.

»Ein Sänger und Dichter wird aus dem Bengel nie werden, und ich kann ihn brauchen. Er kann mein Page werden«, dröhnt der Burgherr.

»Meiner meinst du«, ruft Tiphaine erfreut. Sie hat selbst keine Kinder, und sie liebt den kleinen Robert.

Der Junge ist vor Freude ganz rot geworden. Hoffnungsvoll schaut er zu seinen Pflegeeltern auf. Die beiden haben das Recht, ja oder nein zu sagen. Der kleine Robert ist nicht ihr leiblicher Sohn, er ist nicht einmal ihr Leibeigener, dennoch scheinen sie aus irgendeinem Grund das Recht zu haben, sein Schicksal zu bestimmen. Aufsässig verlangt er: »Sag ja, Mutter!«

»Aber...«, beginnt Marie-Claire verwirrt. Berton de Fleur drückt sie fest an sich.

»Was meinst du damit, du kannst ihn brauchen?« fragt er, nicht weniger überrascht. Bertrand grinst.

»Der Junge ist schlau und geschickt. Was ihr ihm beibringen wollt, daraus wird ja doch nichts. Gebt ihn mir, ich mache etwas Brauchbares aus ihm.«

»Unser Pflegesohn ist kein Stück Eisen, das du in die gewünschte Form schmieden kannst«, sagt Marie-Claire.

»Eben.« Du Guesclin schubst den Jungen nach vorn, so daß er, klein und nichtig, mitten im Kreis der Erwachsenen steht.

»Seht ihn euch an! Er ist fast nicht zu sehen. Und das«, poltert er zufrieden, »ist genau das, was ich brauche.«

»Ich begreife das nicht«, sagt Marie-Claire, »wenn er nun ein großer, starker Junge wäre...«

»Große und starke Jungen gibt es genug. Aber Kerlchen wie er, die sich wie eine Schlange durchs Gras winden können, die die Kunst beherrschen, sich unauffindlich zu verstecken, die überall die Ohren spitzen und horchen können, weil jeder sie übersieht, die sind selten.«

»Du willst ihn für dich spionieren lassen«, ruft Marie-Claire entrüstet aus. Bertrand, er ist noch ein Kind. Ich kann nicht erlauben, daß du ihn in Gefahr bringst.«

»In Gefahren stehen wir alle«, antwortet Du Guesclin ungerührt. »Vor allem jetzt, da die Navarreser wieder gegen uns marschieren. Darum brauche ich einen guten Kundschafter. Und er kann sich verteidigen. Die Kunst des Messerwerfens beherrscht er vollkommen.«

Die Fenster des Saales stehen offen, von draußen dringt das Hämmern in der Schmiede herein. Auf dem Burghof laufen Menschen auf und ab, wiehert ein Pferd, flucht ein Soldat. Im Saal hängt schwer und atemlos die Spannung des Augenblicks. Marie-Claire und Berton de Fleur schauen sich zweifelnd an. Wenn jemand weiß, daß dem kleinen Robert jedes musikalische Talent fehlt, ist das Berton de Fleur. Aber er entscheidet nie allein. Marie-Claire streckt plötzlich beide Arme aus und zieht den kleinen Robert an sich.

»Bertrand«, stößt sie hervor, »du verbrauchst Menschen, als seien es Brote. Du nimmst sie zu dir, du verzehrst sie…«

»Ja«, antwortet der Ritter ohne zu zögern, »das tue ich. Sobald ich einen Menschen mit besonderen Gaben finde, bitte ich ihn, in meine Dienste zu treten. Und ich gebrauche sie.«

Währenddessen steht der kleine Robert Todesängste aus. Gleich wird der Ritter seine Geduld verlieren und seinen plötzlichen Einfall, ihn als Kundschafter in Dienst zu nehmen, verwerfen. Dann ist seine Chance vorbei. Er holt tief Luft, reißt sich los und stellt sich neben Du Guesclin.

»Ich werde Euch treu dienen, Herr«, sagt er schnell und aufgeregt, als wäre die Sache schon entschieden. Tiphaine klatscht erfreut in die Hände. Ein Page, das ist etwas zum Erziehen, zum Verwöhnen. Nichts ist ihr lieber. Ihre sternklaren Augen strahlen.

»Tut Bertrand den Gefallen, Freunde«, sagt sie schmeichelnd. »Ich schwöre euch, daß wir gut für ihn sorgen werden.«

Berton nickt. Marie-Claire preßt die Lippen aufeinander. Sie hat verloren. Nicht etwa, weil sie gegen Bertrand Du Guesclin nicht ankommen könnte – sie hat nie Angst vor dem Haudegen gehabt –, sondern weil sie ebenfalls einsieht, daß eine Zukunft als Minnesänger für den kleinen Robert nicht in Frage kommt.

»Fein.« Bertrand klopft dem kleinen Jungen kurz auf den Kopf und verläßt den Saal. Für ihn ist die Sache damit erledigt. Tiphaine nimmt den kleinen Robert in die Arme, knufft ihn kurz.

»Denk dran, daß du nicht ungehorsam sein darfst«, flüstert sie ihm zu.

»Habe ich ein Kind unter den Trümmern hervorgeholt, um es Soldat werden zu sehen?« fragt Gottes Schmetterling bekümmert. Tiphaine lacht ihr zu.

»Liebe Freundin, dein Pflegesohn wird einst große Taten vollbringen«, prophezeit sie munter. »Das habe ich in den Sternen gelesen.«

Der kleine Robert wartet nicht, bis die Erwachsenen die Wende in seinem kurzen Leben verarbeitet haben. Er rennt aus dem Saal, er will Therese die große Neuigkeit erzählen. Freudig erregt tanzt und hüpft er über den Hof, hinein in die Schmiede.

»Clopin, Matthis«, schreit er ausgelassen, »ich werde Page. Ich darf morgen doch mit!«

Clopin fängt laut an zu lachen.

»So ein Knirps? Hörst du das, Rolin? Dieser Zwerg glaubt, er könnte helfen, die verfluchten Navarreser aufzuhalten. Klein Robert der Gewaltige. Ich lache mich krank!«

Verlangend schaut der Junge um sich, aber Therese ist nirgends zu sehen. Sie wird wohl zurück in die Küche gegangen sein.

»Ich bin sehr tapfer«, ruft er einfach aus.

»O ja?« höhnt Clopin. »Na, wenn du so tapfer bist, dann hole Blitzstrahl aus dem Stall und bringe ihn hierher. Ich will ihm die neuen Hufeisen anpassen.«

»Muß... muß ich das machen?«

»Du hast doch vor einem Pferd keine Angst?«

Eigentlich hat der kleine Robert die doch. Der temperamentvolle schwarze Hengst ist so unglaublich groß. Aber in Diensten des Ritters Bertrand darf man keine Angst zeigen. Mit klopfendem Herzen geht er und holt das Streitroß aus dem Stall. Ganz, ganz klein fühlt er sich dabei. Doch tief in seinem kampfbegierigen Herzen wächst ein stolzer Vorsatz. Einst wird Clopin auch seine Waffen schleifen, die allzeit siegreichen Waffen des kleinen Robert des Gewaltigen. Jawohl!

2

DIE BRÜCKE ÜBER DIE EURE

Rouen ist die Hauptstadt der Normandie. Der kleine Robert ist schon oft mit seinen Pflegeeltern dort gewesen, aber so viele hohe Feldherren, flatternde Fahnen und Aufmärsche hat er in der Stadt noch nie gesehen. Die Aprilsonne scheint auf den Platz vor der Kathedrale, die Schieferdächer funkeln, das Gold und das Silber der Kolonnen von Edelmännern blitzt grell auf. Der kleine Robert fühlt sich großartig, als er neben Rolin Bodin in die Hauptstadt reitet. Er trägt seine besten Kleider. Frau Tiphaine hat vor ihrer Abreise die halbe Nacht gesessen, um ihm den doppelten Adler aus Du Guesclins Wappen auf den Wams zu sticken. Frau Béchet, Thereses Mutter, hat ihm das Haar geschnitten und ihm ein schönes Barett genäht. Im Gürtel trägt er einen kleinen Dolch. Als Clopin die Waffe sah, brummte er: »Denk dran, keine Späße mit dem Messer. Ein Schlachtfeld ist kein Jahrmarkt.«

Könnte Therese ihn jetzt sehen! Als sie gestern in aller Frühe Pontorson verließen, war das Mädchen schon aufgestanden, um ihm Lebewohl zu sagen. Sie konnte keinen Moment stillstehen und rief immer wieder: »Vergiß mich nicht, Robert, vergiß mich nicht.« Danach rannte sie die Wendeltreppe zum höchsten Turmumgang hinauf, um den Reiterzug bis zum Horizont mit den Blicken verfolgen zu können. Begriff sie, daß es vorbei war mit den Kinderspielen und daß es sowohl für sie als auch für den kleinen Robert nun ernst wurde?

Die Nase in die Luft gesteckt reitet der Page vorbei an den vielen Kindern auf der Straße. Ich bin ein Held, will er damit sagen, ihr seid nur gewöhnliche Lehrjungen. Ich bin Soldat. Er klopft seinem Pferdchen den Hals, als hätte er mit dem Tier schon zwanzig Feldschlachten überlebt. Aber er wird rot vor Schreck, als er plötzlich jemanden rufen hört: »Wer ist der Zwerg? Bestimmt Du Guesclins Narr.«

»Ich bin sein Page«, antwortet er entrüstet. Neben sich hört er Rolin lachen, und er muß das Verlangen unterdrücken, seinen Dolch zu ziehen und dem Spötter an den Kopf zu werfen.

Der neue König hat seinen Einzug in die Burg von Rouen gehalten, eine gewaltige Burg, die zu den Befestigungsanlagen und Mauern um die Stadt gehört. Bertrand Du Guesclin schickt Clopin mit seinen Reitern aufs Feld, um dort vorübergehend ein Lager aufzubauen, er selbst geht in Begleitung von Matthis Cuvelier auf Audienz zum Fürsten. Robert wäre auch gern dabeigewesen. Warum wohl immer Matthis, er aber nicht?

Trotz seiner Eifersucht auf Matthis läuft er aufgeregt in dem entstehenden Lager herum. Er fühlt sich ganz zu Hause. Ha, das hier ist doch etwas anderes, als mit den Pflegeeltern den ganzen Sommer lang von Stadt zu Stadt zu ziehen, in armseligen Herbergen zu übernachten, für eine schwitzende Menge Liedchen zu singen. Hier ist er Krieger, ein Kämpfer für das Recht...

»He da, Zwerg, pack an«, schnauzt ihn ein Reiter an. »Geh und hol Hafer für die Pferde.«

Schon bald darauf schleppt er bleischwere Hafersäcke, bis er Angst hat, sein Rückgrat könnte unter der Last brechen. Die rohen Kerle schubsen ihn zur Seite, schicken ihn von der einen Ecke des Lagers zur anderen. Der kleine Robert kommt schnell zu der Erkenntnis, daß ein Page, und ist er noch so schön gekleidet, in einem Heereslager ein Nichts ist. Mädchen für alles ist er, er muß Zeltleinen entknoten, Brennholz heranschleppen... Dann sieht er, daß Du Guesclins Zelt schon aufgebaut ist. Sofort läßt er alles fallen, was er gerade in Händen hat, schleicht hinein, verkriecht sich unter ein paar Säcken und fällt in Schlaf.

Schäumend vor Wut stampft Bertrand Du Guesclin ins Zelt. Er schickt alle weg, bis auf Matthis (und den kleinen Robert, den er nicht sieht), läßt sich schwer auf den Rand seines Feldbettes fallen und flucht gottserbärmlich. Der kleine Robert, der aus dem Schlaf geschreckt ist, wagt nicht, sich zu rühren.

»Komm, komm«, sagt Matthis beruhigend, »hattest du denn tatsächlich erwartet, der König würde dir den Oberbefehl übertragen?«

»Warum nicht?« schnaubt der Bretone. »Charles empfängt mich als guten Freund, ruft: Messire Bertrand, rettet unseren Thron! Und teilt mir dann eiskalt mit, daß ich mich unter den Befehl des Grafen von Auxerre stellen muß. Pardieu, der Graf von Auxerre ist noch nicht einmal trocken hinter den Ohren. Ungefähr zwanzig Jahre ist er alt, dies wird sein erster Feldzug.«

»Wir haben nur zweihundert Reiter mitgebracht, der Graf von Auxerre ist dem König mit fünfhundert Mann zu Hilfe geeilt und bezahlt ihren Sold aus eigener Tasche«, zählt Matthis nüchtern auf. »Der König kann es sich nicht leisten, ihn zu übergehen.«

»Erzähl mir nicht, wie die königlichen Truppen zusammengesetzt sind, damit habe ich genug Erfahrung«, brummt Du Guesclin.

»Wir verlieren nicht umsonst die meisten Feldschlachten. Aber dieses Mal dürfen wir nicht verlieren, es steht zuviel auf dem Spiel.«

»Die Edelleute, die nach Rouen gekommen sind, kennen deinen Ruf, Bertrand«, sagt Matthis beschwichtigend. »Sie werden es nicht wagen, dich in eine untergeordnete Stellung zu drücken.«

»Och doch, das wagen sie! In ihren Augen bin ich wohl ein Held, denn ich besitze muskulöse Arme und habe keine Angst. Aber von mir werden sie nur eines erwarten: daß ich harte Schläge austeile. Die hohen Herren können einfach nicht vergessen, daß ich meiner Herkunft nach nichts anderes als ein bretonischer Bauer bin, der in seiner Jugend einen englischen Banditen vom Pferd schlagen mußte, wenn er sich eine neue Hose beschaffen wollte. Also muß ich einfach weitermachen mit dem Zuschlagen... Aber in dieser Feldschlacht wird es nicht genügen, Schläge auszuteilen. Wir werden Captal de Buch gegenüberstehen.«

»Der ist auch nur ein Mensch«, sagt Matthis leise.

»... und außerdem ein hervorragender Feldherr, erzogen auf der englischen Kriegsschule. Captal de Buch macht keine Fehler. Das macht ihn zu so einem gefährlichen Gegner. Wo ist mein Page?«

»Hier«, piepst der kleine Robert, während er unter den Säcken hervorkriecht. »kann ich etwas für Euch tun, Herr?«

Einen Augenblick lang ist Du Guesclin verdutzt.

»Ich... ich habe mich einen Augenblick ausgeruht, Herr«, stammelt der Junge.

»Kleiner Robert, der Unsichtbare«, sagt Matthis grinsend. Zur großen Erleichterung des Kindes beginnt auch Du Guesclin zu schmunzeln.

»Hol mir einen Krug Wein. Und sag Rolin, er soll sich um Blitzstrahl kümmern.«

»Ja, Herr.«

Froh darüber, ohne Strafrede davongekommen zu sein, eilt der Junge aus dem Zelt. Aber wieder hat er einen Grund, rasend eifersüchtig zu sein. Matthis darf den Ritter einfach mit dem Vornamen anreden. Jeder andere sagt untertänig: Ja, Herr, nein, Herr... Welchem Umstand hat sein großer Pflegebruder diese bevorrechtete Stellung zu verdanken? Nur weil er schreiben kann?

Am nächsten Morgen lernen sie die anderen Edelleute kennen, die dem König zu Hilfe gekommen sind. Der wichtigste unter ihnen ist Jean de Châlons, Graf von Auxerre. Ein schöner junger Mann, der einen sehr aufgeregten Eindruck macht. Sein bester Freund, Vicomte Louis de Beaumont, ist auch da. Der Vicomte ist etwas älter, erfahrener, und das auffälligste an ihm ist seine gewaltige Adlernase, die kampflustig aus dem Gesicht ragt. Außerdem ist da noch Enguerrand d'Eudin, ein steinreicher Normanne, der als bestangezogener Mann Frankreichs gilt, und das ist ihm auch anzusehen. Neben der Pracht seiner Kleidung wirkt sogar die Aufmachung des jungen Grafen armselig. Balduin d'Annequin ist sicher ebenso reich und gewichtig und außerdem ein Säufer. Alle vier sind sie mit einer großen Anzahl von Reitern und Fußknechten nach Rouen gekommen, mit niederen Rittern und Schildknappen, und sie behandeln Du Guesclin mit einer höflichen Herablassung, die Matthis Cuvelier manchmal das Blut in den Kopf steigen läßt.

Einen Feldzug vorzubereiten kostet Zeit...

König Charles reist nach Calais, um die sterblichen Überreste seines Vaters in Empfang zu nehmen. Danach gehen der Graf von Auxerre und seine Freunde langsam an die Verwirklichung ihrer Pläne. Auf ihre Art und Weise sind sie vielbeschäftigt. Ihre Streitrösser müssen in gutem Zustand sein, ihre Rüstungen und Waffen müssen glänzen und funkeln. Sie wollen alles bis ins kleinste gepflegt haben, als würden sie unter den Augen schöner Damen an einem festlichen Turnier teilnehmen. Daß innerhalb von fünf Minuten, wenn es erst einmal zum Kampf gekommen ist, ihr schön bestickter Waffenrock in Fetzen an ihnen hängen, der Federbusch auf dem Helm geknickt sein wird, daß Schlamm, Blut und Schaum die Schabracken ihrer Pferde beschmutzen werden, das ist etwas, woran sie nicht einen Moment denken. Zähneknirschend sieht Du Guesclin, wie sie ihre kostbare Zeit verschwenden.

»Ich warte nicht länger«, beschließt er nach ein paar Tagen.

»Wir dürfen auf keinen Fall erlauben, daß Captal de Buch mit seinen Navarresern durchbricht. Matthis, blas das Signal, wir ziehen los.«

»Der Graf von Auxerre ist noch nicht abmarschbereit«, wirft Matthis ein. »Und wie willst du mit zweihundert Reitern ein ganzes Heer aufhalten?«

Bertrand knirscht mit den Zähnen.

»Kennst du das Tal der Eure?«

»Und ob.«

»Was jammerst du dann noch?«

Die normannische Stadt Evreux gehört Karl dem Schlechten, und dort hat Captal de Buch sein Heer aufgestellt. Er hat die Absicht, der großen Verkehrsstraße nach Nordosten zu folgen. Diese Straße führt über den Fluß Eure und durchschneidet danach die Hochebene zwischen der Eure und der Seine. Du Guesclin erfüllte die große Befürchtung, Captal de Buch könnte diese Hochebene erreichen, bevor ein französisches Heer erschienen wäre, um ihm den Weg abzuschneiden. Denn wenn er erst einmal über die Eure wäre, könnte Captal de Buch mit seinen Navarresern buchstäblich im Hochland verschwinden; dort gibt es viele Täler, Wälder und andere Möglichkeiten zum Ausweichen.

Schnelligkeit ist Du Guesclins Stärke. Als sich in den ersten Maitagen die Truppe der Navarreser der Eure nähert, entdeckt Captal de Buch zu seiner Überraschung, daß das andere Ufer von französischen Truppen besetzt ist, die das ganze Tal und das dahinter gelegene Hügelland zu beherrschen scheinen. Das ist ein Strich durch seine Rechnung. Wie konnten die verfluchten Franzosen so schnell hier sein, fragt sich der verblüffte Gascogner. Den Meldungen seiner Kundschafter hatte er entnommen, daß das französische Königsheer bei Rouen herumtrödelte und überhaupt keine Anstalten gemacht hatte, aufzubrechen.

Dennoch stößt er hier im Euretal auf königliche Truppen, deren Stärke auf diese Entfernung unmöglich festzustellen ist. Enttäuscht bezieht Captal de Buch mit seinem Heer einen Hügel auf dem linken Ufer, von wo aus er einen guten Überblick über den Fluß, die steinerne Brücke bei Cocherel und das gegenüberliegende Hügelland hat. Er kann nicht hindurch. Sogar die verstärkte Brücke scheint gesperrt zu sein.

Mit der Brücke in der Nähe des Dorfes Cocherel hat es eine besondere Bewandtnis, aber was ist im Frankreich des vierzehnten Jahrhunderts nicht schwierig? Es ist eine Zollbrücke, die im Besitz der Königinmutter Blanche ist, der Großmutter des neuen Königs. Diese alte Dame ist aber auch die Tante von Karl dem Schlechten, und es ist allgemein bekannt, daß sie mehr Sympathie für ihren ehrgeizigen Neffen als für ihren leiblichen Enkel Charles empfindet. Denn es war Charles, damals noch Prinz-Regent, der vor einigen Monaten Du Guesclin den Befehl gegeben hatte, die Städte Meulan und Mantes, beide in Händen der Navarresen, zu erobern, und in beiden Städten hatte die Königin-Mutter viel Geld angelegt. Ihr Ersuchen um Schadenersatz wurde von ihrem Enkelsohn abgewiesen: Charles hatte kein Geld. Das hat die Großmutter mit Zorn erfüllt. Darum hat sie nun die Zollbrücke abgesperrt, bemannt mit ihren eigenen Soldaten, und sie hat erklärt, sich in den Streitigkeiten zwischen Frankreich und Navarra weder auf die eine noch auf die andere Seite stellen zu wollen. Niemand darf ohne ihre Erlaubnis über die Brücke, und ganz gewiß kein Heer.

Bertrand Du Guesclin traut der sogenannten Neutralität nicht. Wenn die alte Dame eine Gelegenheit sieht, ohne Verlust ihres Ansehens Captal de Buch helfen zu können, wird sie es sicher nicht unterlassen...

Inzwischen hält Captal de Buch Ausschau über die umliegenden Felder, den Fluß, das Tal am anderen Ufer. Im hellen Frühjahrslicht sieht er Lanzen glänzen, Helmbüsche wippen, Pferde traben, jedoch zu weit weg, die Farben erkennen zu können. Den Gascogner-Feldherrn beschleicht das unbehagliche Gefühl, daß es dort unten im Tal von Rittern und Reitern nur so wimmelt, und das kann er überhaupt nicht begreifen. Wo hat der junge König Karl V. trotz seiner leeren Schatzkiste und seines privaten Kummers über den Tod seines Vaters so schnell ein umfangreiches Heer hergeholt?

Bertrand Du Guesclin hält seine zweihundert Bretonen ununterbrochen in Bewegung, Hügel hinauf, Hügel hinunter, immer wieder sichtbar und immer wieder verschwindend. Er ist nun einmal Meister darin, beim Gegner Verwirrung zu stiften. Wer über zu wenig Soldaten verfügt, muß dem Feind den Eindruck vermitteln, es seien Tausende. Sein Hauptquartier hat er in einer alten Abtei eingerichtet, nicht weit von Cocherel.

Der kleine Robert fühlt sich überaus wohl. Als er abends mit dem Schildknappen im Gästeraum der Abtei Du Guesclins Bett aufdeckte, sagte er genüßlich:

»Die Navarreser können nicht durch, und das finde ich gut.«

Matthis sitzt in einer Ecke und schreibt; Bertrand stampft grübelnd im Zimmer auf und ab.

»Noch nicht«, brummt er, »aber Königin Blanche kann jeden Augenblick ihr Neutralität aufgeben und Captal de Buch über die Brücke kommen lassen. Dann kann ich ihn mit zweihundert Reitern nicht aufhalten... Ich wünschte, der Graf von Auxerre und seine schönen Freunde würden sich ein bißchen beeilen. Glauben sie womöglich, ich könnte zaubern?«

»Sie werden schon kommen«, sagt Matthis beschwichtigend. »Daß du nicht auf sie warten wolltest, sondern blitzschnell das Euretal besetzen mußtest, wird den Herren wohl nicht recht gewesen sein. Gib acht, innerhalb von zwei Tagen sind sie hier, mit all ihren Truppen.«

»Das will ich hoffen«, platzt Du Guesclin heraus.

Matthis behält recht. Zwei Tage später kommen Jean de Châlons, seine adligen Freunde und ihre vollzähligen Truppen im Euretal an. Sie haben schlechte Laune, weil Du Guesclin sie gezwungen hat, sich so zu beeilen. Aber dann stellen sie fest, daß der Bretone für ein bequemes Hauptlager gesorgt hat, in dem Feldherren und Ritter es sich gemütlich machen können, und das läßt ihre Stimmung sofort umschlagen. Der Graf von Auxerre äußert laut und vernehmlich seine Zufriedenheit, und er gibt seinen Soldaten den Befehl, ein Lager auf der Hochebene aufzuschlagen, außerhalb des Sichtfeldes des Feindes.

»Captal de Buch sitzt am anderen Flußufer auf einem Hügel«, teilt Du Guesclin ihm mit. »Da sein Vormarsch nun zum Stehen gekommen ist, wird er seinen Kampfplan ändern müssen; ich wünschte, ich wüßte, was er ausbrütet. Übrigens besteht sein Heer nicht nur aus Navarresen und Gascognern. Ein Bauer erzählte mir, daß sich ihm mindestens vier Plündererbanden angeschlossen haben und er noch mehr Verstärkungen erwartet. Ich schätze sein Heer jetzt schon auf ungefähr fünfzehnhundert Mann.«

»Das ist gut das Doppelte unserer Stärke«, murmelt der Graf von Auxerre erschrocken.

»Ja, und mit jedem Tag wächst seine Streitmacht«, antwortet Du Guesclin kalt. »Wenn sie doch noch versuchen sollten, durchzubrechen, und uns angreifen, werden wir in große Schwierigkeiten kommen.«

Vicomte de Beaumont, nach dem jungen Grafen der wichtigste Edelmann im Heer, schnaubt streitsüchtig.

»Die Barbaren vertilge ich am liebsten roh«, brummt er unter seiner Adlernase.

»Sie werden uns nicht angreifen«, meint der Graf zuversichtlich. »Solange die Königinmutter die Brücke nicht freigibt, kann Captal de Buch uns nicht erreichen. Er kann es sich nicht leisten, die Neutralität der Königin Blanche zu schänden. Dafür ist er zu sehr ein Ehrenmann.«

»Fein«, sagt Du Guesclin. »Ich frage mich nur, was die sogenannte Neutralität wert ist...«

Plötzlich dreht er sich um. Laut schallt seine brüchige Stimme über den Hof der Abtei. »Robert!«

»Kann ich etwas für Euch tun, Herr?« fragt der kleine Robert, der sich wie gewöhnlich nicht weit entfernt von den großen Herren aufhält.

»Kannst du schwimmen?«

»O ja, Herr.«

»Fein. Hör gut zu. Gleich, wenn es dunkel geworden ist, wirst du dich mit meinem Schildknappen Rolin drüben bei der Brücke ein wenig umsehen. Wie ihr das anstellt, kann mich nicht interessieren, wenn ihr nur dafür sorgt, daß ihr nicht gesehen werdet. Versucht herauszubekommen, worüber die Brückenposten sich unterhalten und ob sie Verbindung zu Captal de Buch haben. Je mehr ihr herausbekommt, desto besser. Verstanden?«

»Und ob.« Der kleine Robert strahlt über sein ganzes Gesicht.

Der Graf äußert Bedenken.

»Muß das sein, daß Ihr ein kleines Kind mit einem so gefährlichen Unternehmen beauftragt, Du Guesclin? Das ist Wahnsinn!«

»Bist du wahnsinnig, Robert?« fragt der Bretone grinsend.

»Aber nein, Herr.«

»Er ist noch ein Kleinkind«, ruft der Graf von Auxerre. »Wie alt bist du, Knäblein?«

»Fast neun Jahre«, übertreibt der Junge.

»Was!«

»Er ist klein für sein Alter«, nickt Bertrand. »Und genau das ist unser Vorteil. Robert, was machst du, wenn dich die Posten auf der Brücke gefangennehmen?«

Der kleine Robert grinst. Er zieht die schmalen Schultern hoch, steckt sich einen Finger in den Mund, blickt scheu auf und murmelt: »Dann bin ich ein armer, verirrter Bauernjunge, der völlig ahnungslos ist und nur heulen kann, weil er sich so erschreckt hat über die großen, rohen Kerle.«

»Seht Ihr?« sagt Du Guesclin zufrieden. Verblüfft starren sich die Edelleute an. »Außerdem«, fährt Bertrand beiläufig fort, »beherrscht der Junge die Kunst, sich unsichtbar zu machen.«

»Kann er das wirklich?« stammelt der blutjunge Graf und bekreuzigt sich schnell.

»Hast du Angst?« fragt der Schildknappe Rolin, als die beiden Jungen, gedeckt von der Dunkelheit, das hohe rechte Ufer der Eure hinabsteigen und an die Stelle kommen, wo das Wasser unter tiefhängenden Weidenästen dahinfließt.

»Vater hat mir verboten, Angst zu haben«, antwortet der kleine Robert leise. »Er hat gesagt, daß ich genau tun soll, was der Ritter mir befiehlt. Sonst werde ich entlassen, bekomme wieder Unterricht im Schreiben und darf nicht Soldat werden.«

Robert lächelt. Ihm gefällt das Bürschchen.

Das Dorf Cocherel scheint ausgestorben zu sein. Als die Bauern entdeckten, daß sich zwei ganze Heere auf ihrem Gebiet aufstellten, haben sie schnell das Weite gesucht. Die Hütten sind dunkel und vernagelt. Die beiden Wassermühlen am Fluß stehen still. Deckung suchend hinter den dunklen Gebäuden, spähen die beiden Jungen zum Fluß und zu den dunklen Umrissen der steinernen Brücke, etwa eine viertel Meile von ihnen entfernt, die an beiden Seiten je einen hohen Wachturm hat.

»Wie eine Festung«, murmelt Rolin. Es ist ein heller Abend, aber der Mond ist noch nicht mehr als eine dünne, silberne Sichel. Auf der Brücke gehen Männer mit Fackeln auf und ab, auch hinter den Schießscharten der Türme ist Licht zu sehen. Kein Zweifel, die Brücke wird während der ganzen Zeit, Tag und Nacht von den Soldaten der Königinmutter bewacht. Und da soll man versuchen, unbemerkt heranzukommen?

Rolin schaut sich um, er bekommt ganz große Augen. Wo ist das Kind plötzlich geblieben? »Robert«, ruft er leise. »Ich bin hier«, kommt die Stimme aus dem schwarzen Schatten der über den Fluß hängenden Weide.

Du Guesclin hat recht, denkt Rolin, der Bengel beherrscht die Kunst, sich unsichtbar zu machen.

»Schau mal zum anderen Ufer«, flüstert er und beugt sich zu dem Pagen hinunter.

Auf dem anderen Ufer sieht Robert über einem aus dem Feld aufsteigenden Hügel blasse, rote Glut.

»Feuer?« fragt er leise.

»Lagerfeuer. Da sitzen die Navarreser.«

»Sieht sehr weit weg aus.«

»Ja, weil das Tal auf der anderen Seite so breit ist. Hinter der Brücke kommt ein großes flaches Feld, dann kommen wieder Hügel, aber nicht so hoch wie auf dieser Seite.«

Wieder lenkt der Schildknappe seine Aufmerksamkeit auf die Brükke.

»Hör zu«, sagt er, »ich glaube, wir ziehen uns am besten gleich aus und lassen uns von der Strömung zur Brücke treiben. Traust du dich?«

»Es gibt nichts, was ich mich nicht traue«, flüstert der kleine Robert erregt.

»Das Wasser fließt nicht so schnell. Wenn wir unter der Brücke sind, müssen wir versuchen, uns an einem Steinpfeiler festzuhalten. Vielleicht können wir dann hören, was über unseren Köpfen geredet wird.«

»Wenn die auch so flüstern wie wir, hören wir nichts«, grinst der kleine Robert.

Rolin seufzt.

»Ich weiß nicht, wie wir sonst unentdeckt hinkommen können. Moment.«

Der Schildknappe zieht seinen Dolch und schneidet ein paar Weidenzweige ab.

»Halte die über dem Kopf. Wenn jemand von der Brücke aufs Wasser schaut, wird er denken, das wäre ein treibender Zweig.«

»Ein Zweig mit Augen und Ohren.«

»Ja. Glaubst du, du kannst das?«

»Natürlich.«

Das Bürschchen hat ganz schön Mut, denkt Rolin erleichtert. Um auf ihrer Erkundungstour so ungehindert wie möglich voranzukommen, tragen sie nichts als ein Leinenhemd und einen groben Umhang. Schnell legen sie die Kleidungsstücke ab und lassen sich dann ins dunkle Wasser gleiten. Der kleine Robert schnappt erschrocken nach Luft: Das Wasser ist eiskalt! Neben sich fühlt er die Bewegungen des Schildknappen.

»Vorsicht!«

Der kleine Robert antwortet nicht. Still läßt er sich vom Fluß auf die Brückenpfeiler zutreiben, den Kopf gerade noch über Wasser. Er kann nur mit einer Hand Schwimmbewegungen machen, mit der anderen hält er sich den Weidenzweig über den Kopf. Die Poren seiner Haut schließen sich, und schon scheint das Wasser nicht mehr ganz so kalt zu sein. Sein kleines Herz hämmert. Dann taucht neben ihm ein Pfeiler auf. Schnell läßt er den Weidenzweig los und streckt die Arme aus. Es gelingt ihm gerade noch, sich an einem Stein festzuklammern. Rolin kann er nicht mehr sehen, denn unter der Brücke ist es stockdunkel. Bibbernd zieht er sich hinauf, schaut nach oben. Über ihm wölbt sich die Unterkante der Brücke. Er hört Stimmen, versteht aber kein Wort. Der kleine Robert fürchtet sich. Nicht vor den Brückenposten, auch nicht vor den Navarresern dahinten auf dem Hügel, nicht einmal vor dem kalten Wasser. Er fürchtet, ohne Neuigkeiten zur Abtei zurückkehren zu müssen und dann von Du Guesclin wie ein unbrauchbares Werkzeug zu Berton de Fleur zurückgeschickt zu werden. Etwas Schlimmeres kann er sich überhaupt nicht vorstellen...

Die Stimmen dringen wie undeutliches Gemurmel an sein Ohr, kein einziges Wort ist verständlich. Das macht ihn ganz verzweifelt.

Leise läßt er sich wieder ins Wasser gleiten, und so geräuschlos wie möglich schwimmt er zum Ufer – zum linken Ufer! Glitschige Wasserpflanzen streifen seine Beine. Zähneklappernd klettert er im schwarzen Schatten der viereckigen Wachtürme an Land. Der kalte Nachtwind streicht ihm über den nassen Körper, er zittert und bibbert. Darum pflückt er einige Hände voll trockenes Gras, reibt sich damit, so fest er das mit seinen steifen Fingern kann, Brust und Arme ab. Sein Blut beginnt wieder zu strömen. Das hilft etwas, aber nicht viel. Dann klettert er ein wenig höher hinauf, sucht aber sofort Deckung in Sträuchern, denn er hört näherkommende Pferdehufe. Die dünnen Zweige peitschen seine Haut, er beißt die Zähne zusammen, um nicht laut damit klappern zu müssen. Er späht durch die Zweige und sieht einen Reiter herankommen, einen hohen, schwarzen Schatten, der sich über das flache Feld der Brücke nähert.

»Halt! Wer da?« ruft der Posten.

»Gut Freund. Sag deinem Kommandanten, Ritter Arnoul de Morceaux wünscht ihn zu sprechen«, antwortet der Reiter.

Das muß ein Gascogner sein, denkt der kleine Robert. Er friert nun nicht mehr so sehr. Die Sträucher, in denen er sich versteckt hat, beschützen ihn etwas gegen den Nachtwind, und sie haben auch noch ein wenig der Tageswärme bewahrt.

»Wer ist da?« dröhnt eine schwere Stimme.

»Ein Bote von Captal de Buch«, antwortet der Posten. »Er möchte Euch sprechen, Herr.«

Nicht weit von seinem Versteck entfernt hört der kleine Robert ein Rascheln, das Schnauben eines Pferdes, Schritte, Stimmen... und jetzt kann er deutlich jedes Wort verstehen.

Aber es kostet ihn Mühe, gut zu begreifen, worüber gesprochen wird. Sie reden über Captal de Buch und über eine Einladung der Königinmutter an den Gascogner-Feldherrn, morgen mittag auf die Burg Vernon zu kommen, zu einem Festmahl.

»Begibt sich dein Herr nicht in die Gefahr, in französische Hände zu fallen,wenn wir ihn mit seinem Gefolge über die Brücke lassen?« fragt die schwere Stimme des Kommandanten zweifelnd.

»Wohl kaum, Herr«, antwortet der gascognische Edelmann. »Der Weg nach Vernon ist schließlich auch neutrales Gebiet. Das Königsheer kann es sich nicht leisten, die Neutralität zu schänden.«

»Was ist das nur, Neutralität?« überlegt der kleine Robert verzweifelt. »Alle reden immerzu darüber...«

»Stimmt das, was ich gehört habe? Hat sich die Kompanie von Bascon de Mareuil Eurem Heer angeschlossen?«

»Nicht nur die«, sagt der Gascogner stolz, »auch Jean Jouel ist gekommen, mit hundertachtzig Reitern.«

Das ist etwas, was der kleine Robert schon eher begreifen kann. Bascon de Mareuil, Jean Jouel, das sind bekannte Namen, vor denen die Bauern in Frankreich zittern. Das sind berüchtigte Plünderer, die mit ihren Kompanien das Land terrorisieren und die von Bertrand Du Guesclin schon seit vielen Jahren gejagt werden. Die Schurken haben sich also auch Karl dem Schlechten angeschlossen? Die Stimmen der Ritter dringen wieder an sein Ohr. Er versucht verzweifelt, dem schwierigen Gespräch zu folgen.

»Da das Königsheer das Euretal besetzt hat, muß Captal de Buch seinen Kampfplan ändern«, erklärt der Gascogner. »Darum hofft er, die Königin Blanche dazu zu überreden, die Bewachung der Brücke aufzugeben, damit die französischen Truppen uns angreifen können.«

»Das scheint mir sehr gewagt zu sein«, murmelt der Hauptmann.

»Und ob. Für die Franzosen!« lacht der Gascogner übermütig. »Wenn die sich zu einem Sturmlauf auf unseren Hügel verführen lassen, bleibt von ihnen nichts übrig. Die Königin-Mutter kann beruhigt sein, wir machen Hackfleisch aus den Franzosen, und was von ihnen übrigbleibt, das verfüttern wir an die Krähen. Innerhalb einer Woche können wir Karl von Navarra als neuen Herrscher Frankreichs begrüßen.«

»Das wird der alten Dame eine Freude sein«, lacht der Kommandant der Brückenwache. »Charles' Geiz hat sie rasend gemacht.«

Der Gascogner stimmt fröhlich zu.

»Merkwürdig ist das, nicht wahr? Französische Könige scheinen nie Geld zu haben, und doch regieren sie das reichste Land der Welt. Wißt Ihr, wie das kommt? Die aus dem Haus Valois sind zu gutmütig, sie trauen sich nicht, das Volk genug auszupressen. Wenn Karl von Navarra unser König wird, wird sich das schnell ändern. Und wir werden auch daraus unseren Nutzen ziehen, das verspreche ich Euch.«

Ich wünschte, sie würden endlich gehen, denkt der kleine Robert. Ich erfriere!

Das Stillsitzen in unbequemer Haltung läßt ihn die Kälte wieder spüren. Seine Beine schlafen ein, seine Finger scheinen abgestorben zu sein. Plötzlich kann er nur noch an eines denken: an seine Kleider, die unter den Weiden bei der Wassermühle liegen. Er sehnt sich danach, etwas Warmes und Trockenes auf den Leib zu bekommen. Das Verlangen nach Geborgenheit wird so stark, daß er alle Vorsicht außer acht läßt, aus den Sträuchern hervorkommt, sich runterrollen läßt und mit einem Platschen im Wasser landet. Wild schlägt er mit Armen und Beinen um sich, kämpft gegen die Wasserpflanzen und die Strömung. Seine kalten, steifen Muskeln wollen ihm kaum gehorchen.

»Was ist das?« hört er jemanden schreien. Stimmen rufen durcheinander, nicht weit von ihm entfernt klatscht ein Pfeil ins Wasser.

Der kleine Robert gerät ganz außer sich. Er schwimmt noch, einfach, weil er muß, er erreicht die Flußmitte. Dort ist es tief und eiskalt, und weit vor sich sieht er die dunklen Umrisse der Wassermühle, wo seine Kleider sind. Das schaffe ich nicht! Wieder klatscht ein Pfeil ins Wasser, die Tropfen spritzen ihm in die Augen, er hat kein Gefühl mehr in den Beinen, verspürt nur noch würgende Angst. Dann beginnt er zu sinken...

Eine harte Hand ergreift ihn bei den Haaren und reißt ihn zurück an die Wasseroberfläche. Neben sich hört er wildes Plantschen, eine Stimme, die im zuruft, durchzuhalten. Die Hand läßt seine Haare los, greift ihm unter die Achsel, zieht ihn mit. Er bekommt wieder Luft. Und jetzt scheint das Wasser weniger kalt zu sein als die frostige Nachtluft; seine Beine gehorchen ihm wieder, verzweifelt stößt er sich vorwärts.

»Bist du das, Rolin?« kann er mit Mühe hervorstoßen.

»Ja. Schwimmen!« ruft die Stimme ihm zu. Halb gezogen, halb geschoben kämpft er sich gegen die Strömung vorwärts, und dann haben sie es geschafft. Die Hand hält ihn immer noch fest, zerrt ihn an Land, drückt ihn in den schwarzen Schatten der Weide.

»Schnell«, keucht Rolin. »Sie werden uns verfolgen, auf dem Weg.«

Tastend findet der kleine Robert sein Hemd und seinen Umhang. Die Kleider gleiten nur schwer über den nassen Körper, fühlen sich aber herrlich warm an. Auch Rolin, der ebenfalls mit den Zähnen klappert, hat Mühe, sich anzuziehen. Dann nimmt er den zitternden Robert an die Hand.

»Laufen!«

Sie hören Pferdegetrappel. Der kleine Robert will zwar laufen, aber das gelingt nicht richtig, er strauchelt. Rolin,der auch nicht viel besser dran ist, reißt ihn wieder hoch.

»Das ist doch keine Aufgabe für ein kleines Kind«, zischt er zwischen den Zähnen. Aber er denkt nicht daran, den Jungen im Stich zu lassen, nicht einmal, um die eigene Haut zu retten. Er zieht das Kind das hohe Ufer hinauf, zerrt ihn mit auf den Weg. Dann sehen sie sich plötzlich von Reitern umringt. Vier, fünf sechs... schwarze Figuren, gräßlich groß.

»Da sind sie«, ruft Clopin. »Schnell!«

Starke Hände heben den kleinen Robert hoch, werfen ihn auf einen Pferderücken. Clopins heißer Atem schlägt ihm ins Gesicht. Geradewegs geht es zurück zur Abtei. Über sich hört der kleine Robert den Hauptmann fluchen.

»Pardieu, Junge, deine Hände sind eiskalt. Was hast du in Gottes Namen angestellt?«

Der kleine Robert kann nicht anworten, er zittert immer noch, und er ist nur halb bei Bewußtsein. Gleich darauf reiten sie auf den Hof der Abtei. Beim Licht der Fackeln stürzt Matthis Cuverlier heraus, gefolgt von Bertrand Du Guesclin.

»Decken«, ruft Clopin, »warmen Wein. Die beiden Jungen sind halb erfroren, sie werden sich den Tod holen, wenn sie nicht bald etwas Warmes bekommen.«

Die zitternden, mit den Zähnen klappernden Kundschafter werden schnell in alte Mönchskutten gewickelt. Matthis flößt ihnen warmen Wein ein. Der kleine Robert schluckt gierig. Der Wein brennt ihm in der Kehle, tut ihm aber gut. Du Guesclin reibt ihm die Hände und Füße. Um sich herum sieht Robert besorgte Gesichter, neugierige Augen. Das fürchterliche Zittern legt sich etwas, der Wein wärmt ihn von innen, die wollenen Mönchskutten von außen.

»Warum seid ihr so lange weggeblieben, daß ich Clopin schicken mußte, euch zu suchen?« schnauzt Du Guesclin mit rauher Stimme. Das hört sich erbost an, aber der kleine Robert begreift plötzlich, daß es Besorgtheit ist.

»Was meint Ihr, wie warm Flußwasser Anfang Mai ist«, murmelt Rolin Bodin zwischen steifen Kiefern. »Der kleine Junge ist beinahe ertrunken, ich konnte ihn gerade noch bei den Haaren erwischen. Und alles für nichts. Ich habe von dem Gespräch auf der Brücke kein Wort verstehen können.«

»Nichts?« fragt Du Guesclin enttäuscht.

»Wir sind zur Brücke geschwommen und haben uns an den Pfeilern festgehalten«, erzählt Rolin immer noch zähneklappernd und kaum verständlich. Aber es ist vor allem die Erinnerung an ihr Abenteuer, daß er so zittert. »Ich habe zwar Stimmen gehört, konnte aber kein Wort verstehen. Und ich dachte, ich sterbe vor Kälte. Ich schwamm zu einem anderen Pfeiler, doch da hörte ich noch weniger. Dann war da plötzlich ein Plumps, die Brückenposten begannen zu schreien, und ich dachte: »Oje, sie haben den kleinen Robert entdeckt. Ich ließ mich los und schwamm zurück. Dann sah ich plötzlich das Kind im Wasser, drauf und dran zu ertrinken. Ich konnte ihn packen und mit zur Wassermühle zerren, wo unsere Kleider lagen... Sie schossen auf uns...«

Matthis schäumt vor Entrüstung.

»Bertrand? Du hast Marie-Claire versprochen, den kleinen Robert keinen unnötigen Gefahren auszusetzen«, sagt er erzürnt.

»Was denn! Die Jungen leben doch noch.«

»Der Graf hatte recht, das war Wahnsinn«, sagt Matthis unversöhnlich.

Der kleine Robert hört sich verdutzt den Streit an und sagt dann plötzlich: »Ich habe eine ganze Menge gehört...«

Clopin schenkt ihm schnell noch einen Schluck warmen Wein ein, Du Guesclin geht gespannt neben ihm in die Knie.

»Hast du etwas erfahren können?« fragt er aufgeregt.

»O ja.«

»Bravo!«

Der Ausruf bringt den kleinen Robert sogar zum Erglühen. Er streicht sich die Haare aus den Augen, setzt sich gerade hin, schaut stolz in die Runde.

»Weil ich unter der Brücke nichts verstehen konnte, bin ich zum anderen Ufer geschwommen, und dann kam ein Reiter aus dem Lager der Navarreser, und der machte eine Verabredung mit dem Kommandanten der Brückenwache...«

»Was für eine Verabredung?«

»Ein Festmahl bei der Königinmutter. Und Captal de Buch geht morgen mittag dorthin. Und die Soldaten gehen von der Brücke weg. Und Bascon de Mareuil ist da. Und Jean Jouel. Und noch viel mehr Plünderer. Und das Haus Valois ist zu gutmütig, darum hat es kein Geld. Und der Weg nach Vernon...« seine Stimme versagt.

»Was ist mit dem Weg nach Vernon?«

Müde schüttelt der kleine Robert den Kopf. Er hat soviel gehört, da wurden so viele Namen genannt – in seinem kleinen Kopf läuft alles durcheinander.

Du Guesclin packt seine Schultern und schüttelt ihn.

»Versuche, dich zu erinnern, Robert. Erzähl! Du bist immerhin der einzige, der mit Informationen zurückgekommen ist.«

»Ich weiß es nicht mehr, es war so kalt.. Was ist neutrales Gebiet?«

»Haben sie darüber gesprochen?«

Wie ein Habicht auf eine Taube, so stürzt sich Du Guesclin auf das Wort.

»Ich wußte ja nicht, was das ist«, flüstert der Junge verlegen.

»Aber ich weiß das! Was sagten sie darüber?«

»Der Weg nach Vernon.«

»Ja, das stimmt.«

»O, jetzt weiß ich es wieder! Der Kommandant der Brückenwache fragte den Gascogner, ob Captal de Buch nicht Angst vor den Franzosen auf dem rechten Ufer hätte, wenn er nach Vernon ginge, und der

Ritter sagte: Nein, das ist neutrales Gebiet, da können sie Captal de Buch nicht greifen – oder so ungefähr...«

Du Guesclin brummt drohend.

»Na, da irren die sich aber! Und weiter?«

Der kleine Robert schließt kurz die Augen, so kann er besser nachdenken. Er sieht sich selbst wieder in den Sträuchern sitzen, die ihm an seinem steifen Rücken fast warm vorkommen, er hört wieder die Stimmen über sich, die über soviel Unverständliches sprechen...

»Der Ritter sagte etwas von einer veränderten Ta... Ta... gie... ich weiß nicht mehr, wie das heißt...«

»Taktik...«

»Ja, ich glaub, das war's. Captal de Buch macht Hackfleisch aus uns, und er füttert damit die Krähen, und er geht nicht vom Hügel runter... etwas über angreifen.«

»Wer wird angreifen, die Navarreser?«

»Nein, gerade nicht, die wollen nur die Krähen füttern.«

Bertrand richtet sich auf.

»Ich verstehe. Matthis, hole sofort die Edelleute aus den Betten. Laß sie protestieren, das interessiert mich nicht. Wecke sie und sage ihnen, sie sollen in den Speisesaal kommen. Wir müssen Kriegsrat halten.«

»Heute nacht noch?«

»Wann sonst? Morgen ist es zu spät. Mit den hochmütigen Rittern in meiner Nähe kann ich nicht tun, was ich will, ich bin verpflichtet, mit ihnen zu beratschlagen. Na los, weck sie auf. Du auch, Rolin.«

»Das wird den Herren nicht gefallen«, kichert Matthis. Rolin, der sich von der Kälte und der Angst wieder erholt hat, rappelt sich auf.

»Bestimmt nicht«, grinst er.

Du Guesclin beugt sich über den erschöpften Jungen.

»Du hast deine Sache gut gemacht, Robert, du hast mir genau erzählt, was ich wissen sollte. Geh jetzt schlafen.« Seine heisere Stimme klingt fast zärtlich. »Ich wußte doch, daß du dich nützlich machen würdest. Marie-Claire kann stolz auf dich sein.«

Das Lob dringt kaum noch zum kleinen Robert durch, er schläft schon halb.

Clopin bückt sich, hebt ihn hoch und trägt ihn in die Abtei. Wie im Traum nimmt der Junge wahr, daß er ins Bett gelegt und sorgfältig zugedeckt wird, daß eine harte Hand über seine Stirn fährt.

Dann schläft er, tief und traumlos, und sein kleiner Körper erholt sich von der Kälte und Erschöpfung.

3

KRIEGSRAT MIT ÜBERRASCHUNGEN

Es ist tatsächlich nicht so einfach, die Edelleute aus den Betten zu holen. Sie schlafen jeder für sich in geräumten Mönchszellen. Der Graf von Auxerre, Vicomte de Beaumont und Enguerrand d'Eudin steigen brummend von den Pritschen, beginnen sich mit Hilfe ihrer Schildknappen anzuziehen. Jetzt noch Balduin d'Annequin. Rolin Bodin ist schon mit ihm beschäftigt, aber es ist nicht leicht, den Trunkenbold aus seinem Rausch zu holen. Matthis eilt mit ein paar nassen Lappen zu Hilfe. Endlich rappelt sich der Edelmann zitternd auf.

»Kriegsrat«, kreischt er, als es ihm dämmert, warum er gerufen wird. »Kann man damit nicht bis morgen warten? Wo ist mein Schildknappe? Mein Page... ich hab' Durst.«

»Einen Stein lutschen, Herr, dann verschwindet der ekelhafte Geschmack im Mund«, sagt Rolin Bodin kühl. Der sechzehnjährige Junge hat nicht die geringste Achtung vor dem Trunkenbold. Balduin flucht herzhaft, nimmt das erstbeste Kleidungsstück, einen Mantel, legt ihn sich um und schwankt auf den Gang. Vor der Tür zum Speisesaal prallt er beinahe mit Du Guesclin zusammen.

»Sagt, Messire Du Guesclin, seid Ihr des Teufels?« schreit er, »um diese Zeit hat man als ordentlicher Mensch im Bett zu liegen. Alarm schlagen mitten in der Nacht, was ist das für ein lächerlicher Einfall? Ich fordere sofort eine Erklärung, sonst gehe ich zurück ins Bett.«

»Mein Herr«, donnert Du Guesclin, »heute abend hat mein Page sein Leben aufs Spiel gesetzt, um wichtige Informationen für uns zu erhalten. Soll das Euer Lohn für seine mutige Tat sein, daß Ihr nichts davon hören wollt?«

Breitbeinig steht er vor dem Edelmann, hellwach und mit vor Zorn funkelnden Augen. Die Fackeln an den Wänden werfen groteske Lichtzuckungen auf sein häßliches Gesicht. Es geht soviel Kraft und

Überlegenheit von ihm aus, daß Balduin unwillkürlich zurückweicht.

»Wo... ist denn der Junge?« stammelt er.

»Im Bett, um sich von seinem Abenteuer zu erholen. Aber was er erfahren hat, das ist so wichtig, daß wir sofort darüber beratschlagen müssen. Das Gelingen unseres Feldzuges kann davon abhängen.«

Balduin zuckt die Schultern.

»Immer diese Eile«, brummt er unwirsch. »Warum macht Ihr Euch selbst so verrückt? Die Nähe des Feindes? Ich versichere Euch – der schläft um diese Zeit auch.«

Mittlerweile kommen auch die anderen angeschlurft, kaum halbwach: Der Graf von Auxerre, seine Freunde, viele niedere Ritter und Schildknappen. Sie drängen sich in den Speisesaal, nehmen murrend Platz an den langen Tischen. Die meisten haben sich vollständig angekleidet, nur der Vicomte ist mit bloßem Kopf erschienen. Seine Adlernase kommt besser zu ihrem Recht, wenn er keine Kopfbedeckung trägt. Aber Enguerrand d'Eudin hat einen funkelnagelneuen Wams an, eine faltenreiche kurze Hose, und er trägt ein Barett, von dem, ganz nach italienischer Mode, lange Schleier herunterhängen. Balduin d'Annequin seufzt, schlägt den Mantel fester um sich und setzt sich dann ebenfalls hin. »Durst«, stöhnt er.

»Bring uns einen Krug warmes Bier, Rolin«, sagt Du Guesclin zu seinem Schildknappen, »das wird uns über die nächsten Stunden helfen. Dann kannst du auch ins Bett gehen.«

Bei diesen Worten lebt Balduin wieder etwas auf.

»Ihr scheint einiges vorzuhaben, Messire Du Guesclin«, nuschelt der Graf von Auxerre ungnädig. Wer hier wohl die Führung habe, fragt er sich.

Du Guesclin nickt und winkt seinem Herold.

»Matthis, erzähl den Herren, was wir durch den Mut und die Aufmerksamkeit des kleinen Robert erfahren haben.«

Matthis steht kerzengerade hinter seinem Stuhl. Er genießt die Situation. In kurzen Sätzen faßt er zusammen, was sie vor einer Stunde mit viel Mühe dem kleinen zitternden Jungen Wort für Wort aus der Nase gezogen haben.

»Morgen mittag geht Captal de Buch auf Einladung der Königinmutter Blanche auf die Burg Vernon, um dort zu speisen. Danach wird die Königin ihre Truppen von der Brücke abziehen, damit wir die Gelegenheit bekommen, Captal de Buchs Heer auf dem linken Ufer anzugreifen.«

»Aha«, ruft der Vicomte begeistert. »Dann kann also endlich gekämpft werden. Aber das hättest du uns doch morgen früh auch erzählen können, Musikant.«

»Nein«, wirft Du Guesclin ein. »So weit dürfen wir es nicht kommen lassen. Wir müssen Captal de Buch, wenn er morgen mittag mit seinem Gefolge über die Brücke kommt, überfallen und gefangennehmen. Damit berauben wir die Navarreser ihres genialen Anführers und...«

»Einen Moment«, ruft der Graf von Auxerre und springt auf. »Was sagt Ihr da? Captal de Buch überfallen, als wären wir Strauchdiebe? Und dann auch noch auf dem Weg nach Vernon – das ist neutrales Gebiet.«

»Königin Blanche ist nicht mehr neutral, wenn sie den Gascogner auf ihrer Burg empfangen will«, entgegnet Du Guesclin.

»Mir fehlen die Worte«, schäumt der junge Graf. »Das ist der unehrenhafteste Vorschlag, den ich je gehört habe. Einen Gast der Königinmutter entführen! Das ist... das ist...«

»Schändlich!« schreit der Vicomte. Enguerrand d'Eudin schnaubt verächtlich. Balduin d'Annequin, mit der Hälfte seines Gesichtes in einem Bierkrug verschwunden, schlürft vor Entrüstung.

»Auf solche niederträchtigen Methoden können wir uns nicht einlassen«, sagt der Graf hochmütig näselnd.

Bertrand Du Guesclin, doch etwas aus der Fassung gebracht, schaut verwundert in die Runde. Bei allen stößt er auf entrüstete Blicke.

»Ihr wollt nicht?« stammelt er verblüfft.

Der Vicomte ergreift mit viel Würde das Wort:

»Messire Du Guesclin, wir werden nicht zögern, unser Leben aufs Spiel zu setzen, wenn wir damit König Karl V. den Thron retten können. Doch einen hohen Gascogner Edelmann in einen Hinterhalt laufen zu lassen, obwohl er von einem Mitglied der königlichen Familie eingeladen ist, das wäre äußerst unehrenhaft.«

»Aber...«

»Wir sind keine Strauchritter, Herr. Was Ihr vorschlagt, steht im Widerspruch mit dem Ehrenkodex. Ihr seid da vielleicht nicht genau unterrichtet, aber...«

Dröhnend saust Du Guesclins Faust auf den Tisch.

»Pardieu«, flucht er mit sich überschlagender Stimme, »den gesetzlichen König daran zu hindern, sich in Reims krönen zu lassen, steht das *nicht* im Widerspruch zu dem Ehrenkodex? Großer Gott, Mann, was meint Ihr, was passiert, wenn Captal de Buch eine Chance wittert, durch unsere Linien zu brechen? Dann stößt er geradewegs nach Reims durch, entführt unseren König und liefert ihn Karl dem Schlechten aus! Frankreich zittert in seinen Fundamenten, wir sind umgeben von Verrat und Verschwörungen, wir haben es mit Schurken zu tun, die auf den Thron erpicht sind, und Ihr redet vom Ehrenkodex!«

»Wir wissen, daß die Lage kritisch ist«, fällt der Graf von Auxerre ihm ins Wort, »doch mit Gottes Hilfe, der zweifellos auf unserer Seite ist, werden wir ein Durchbrechen der Navarreser zu verhindern wissen.«

»Aus dem, was der kleine Robert uns erzählte, geht hervor«, sagt Du Guesclin, nun wieder beruhigt, »daß Captal de Buch vorhat, uns herauszufordern, seinen Hügel zu stürmen, sobald die Bewachung der Brücke aufgehoben ist.«

»Das müssen wir machen, ja«, ruft Balduin übermütig. Er ist jetzt wieder richtig wach, das warme Bier hat ihm gut getan.

»Ha, wir werden die verfluchten Navarreser aus ihren warmen Nestern jagen und vollkommen vernichten. Wir warten nicht, bis sie sich in Bewegung setzen, wir gehen auf sie los und lassen sie über die Klinge springen.«

Die anderen nicken begeistert. Das sind Worte nach ihrem Geschmack. Der junge Graf rasselt in höchster Verzückung mit der Scheide seines Schwertes.

»Und wie«, fragt Du Guesclin gelassen, »gedenkt Ihr den Hügel einzunehmen, meine Herren?«

»Mit einem Sturmlauf, natürlich«, ruft Enguerrand und reibt sich voller Vorfreude die Hände.

Bertrand schüttelt den Kopf.

»Das kostet Ströme von Blut«, prophezeit er düster.

Der Vicomte zieht die Schultern hoch.

»Und wenn schon«, meint er gleichgültig. »Aber mit Mut und Kampfeslust werden wir es schon schaffen.«

»Oder auch nicht«, fällt Du Guesclin ihm trocken ins Wort.

»Unterschätzt Ihr unseren Mut, Herr?« braust Enguerrand d'Eudin auf.

»O nein, ich weiß, daß Ihr ein tapferer Mann seid«, antwortet Du Guesclin kalt. »Das werde ich nach der Schlacht dann auch an Eurem Grab bezeugen. Aber außerdem werde ich den Tod von tausend tapferen Rittern und Fußknechten zu beklagen haben, und der Preis ist mir zu hoch für eine Niederlage.«

»Ist der Preis auch zu hoch für einen Sieg?« fragt Jean de Châlons schneidend.

»Ja, Herr.«

Einen Augenblick lang sind die Herren vor Schreck verstummt.

»Meint... Ihr das wirklich?« fragt Balduin erschrocken.

»So wahr ich hier stehe.«

»Das verstehe ich nicht«, ruft der Vicomte. »Könnt Ihr Euch eine Feldschlacht ohne Blutvergießen vorstellen?«

»Nein. Aber es ist immer möglich, die Verluste auf ein Minimum zu beschränken«, schnauzt Du Guesclin.

Stirnrunzelnd wechseln die Herren Blicke. So etwas haben sie noch nie gehört. Dann sagt Enguerrand hochnäsig: »Jetzt verstehe ich, warum die Bauern Euch bewundern, Messire Du Guesclin.«

Dabei betont er das Wort »Bauern« besonders stark. Und damit meint er die bretonische Reiterei, die hauptsächlich aus verarmten Bauern besteht. Bertrand läßt die Gehässigkeit von sich abprallen. Solche Sticheleien ist er gewöhnt.

»Ihr weigert Euch also, den Hügel zu stürmen?« fragt der Graf von Auxerre drohend.

»Wenn ich das Stürmen irgendwie vermeiden kann, ja.«

Das paßt ihnen ganz und gar nicht, denkt Matthis belustigt. Sie hatten gehofft, ihn die ersten Schläge auffangen zu lassen.

Vicomte Louis de Beaumont reckt seine Adlernase in die Luft.

»Was wir als erstes zu tun haben, meine Herren«, sagt er herablassend, »wir müssen den Tag des Angriffs festlegen. Jetzt ist noch Dienstag, morgen geht Captal de Buch zur alten Königin zum Diner, danach wird sie die Brückenwache zurückziehen... Ich schlage vor: Donnerstag morgen greifen wir an.«

Die anderen nicken eifrig und erleichtert, nur Du Guesclin brummt: »Dann hat Captal de Buch uns genau da, wo er uns haben will. Er ist auf englischen Schulen erzogen worden, und seine Taktik hat er von den Engländern übernommen: Eine Anhöhe besetzen, sich eingraben, und dann dafür sorgen, daß sich der Feind an den eigenen Stellungen den Schädel einrennt...«

»Das ganze Gerede führt zu nichts«, ruft der Graf von Auxerre ungeduldig, »ich hatte von Ritter Du Guesclin bessere Vorschläge erwartet. Gleich werdet Ihr von uns womöglich verlangen, den Hügel zu belagern, um die Navarreser auszuhungern.«

»Das scheint mir tatsächlich die beste Methode zu sein«, nickt der Bretone.

Wieder böse Blicke, ablehnendes Gemurmel, Kopfschütteln. Matthis seufzt. Der Vicomte schreit:

»Es ist nicht nur unsere Aufgabe, die Navarreser aufzuhalten, wir müssen sie vernichten!«

Der Ausspruch wird mit großer Zustimmung aufgenommen.

Du wirst es nicht schaffen, Bertrand, denkt Matthis verdrießlich. Dein gesunder Verstand unterliegt ihrer Streitlust. Sie wollen ihren Mut beweisen, nicht ihre Feldherrenkunst.

»Also, am Donnerstag greifen wir an«, stellt der Vicomte zufrieden fest. Er blickt wieder in die Runde, ihm wird dankbar zugenickt und beigepflichtet. Du Guesclin schweigt. Jean de Châlons, Graf von Auxerre macht Anstalten aufzustehen und zurück ins Bett zu gehen. Aber der Vicomte hält ihn zurück.

»Einen Augenblick, Herr, ich habe noch einen Vorschlag zu machen.«

»Und das wäre?«

»Ich halte es für vernünftig, wenn wir aus unserer Mitte einen Oberbefehlshaber wählen. Einen Mann, der den ganzen Angriff in die Hand nimmt.«

»Ja!« ruft Du Guesclin zustimmend.

Jean de Châlons läßt sich verblüfft in seinen Sessel fallen.

»Einen Befehlshaber? Das ist ziemlich ungewöhnlich, Louis. Es ist

Tradition, mit drei Bataillonen vorzurücken, von denen jedes seinem Anführer gehorcht.«

»... wie es auch Tradition ist, daß französische Heere, die in geteilten Formationen kämpfen, alle Feldschlachten verlieren«, fährt Du Guesclin erhitzt dazwischen. »Den Vorschlag des Vicomte unterstütze ich aus vollem Herzen. Das ist eine hervorragende Idee.«

Louis de Beaumont, froh darüber, daß der Quertreiber ihm endlich einmal nicht widerspricht, drückt, zufrieden mit sich selbst, die Fingerspitzen beider Hände gegeneinander.

»Und wer soll der Mann sein?« fragt der Graf von Auxerre beunruhigt.

Feierlich schaut der Vicomte ihn an, seine Adlernase sticht dem jungen Mann fast in die Augen.

»Wir würden es begrüßen, Messire de Châlons, wenn Ihr den Oberbefehl übernehmen würdet. Von uns allen seid Ihr der Ranghöchste. Ihr seid der reichste, und Ihr stammt aus einem ruhmreichen Geschlecht. In Euch haben wir vollstes Vertrauen.«

Plötzlich ist es totenstill in dem hellerleuchteten Saal. Sogar Balduin vergißt zu hicken und setzt sich gerade hin. Voller Erwartung richten die Ritter und Schildknappen ihre Augen auf den Grafen von Auxerre, der sich offensichtlich nicht wohl in seiner Haut fühlt.

»Meine Herren«, stammelt er, »Ihr Antrag rührt mich zutiefst.«

Dann wartet er einen Augenblick, wischt sich die Stirn mit einem Spitzentaschentuch. »Es ist warm hier«, murmelt er als Entschuldigung. Immer noch sind alle Blicke auf ihn gerichtet. Matthis Cuvelier, der hinter Du Guesclins Stuhl steht, bekommt fast Mitleid mit dem blutjungen Edelmann. Das muß man erst einmal verdauen, wenn man als Zwanzigjähriger, noch vollkommen ohne Erfahrung, den Oberbefehl aufgebürdet bekommt, während man doch weiß, daß das Schicksal des Königreichs davon abhängt! Er muß sich zurückhalten, nicht zu dem Jungen hinzugehen, ihm einen Arm um die Schulter zu legen und ihm Mut zuzusprechen. Jean de Châlons steckt sich das Taschentuch wieder in den Ärmel und blickt verzweifelt in die Runde. Er sieht nur Gesichter, die Zustimmung ausdrücken. Der Schweiß bricht ihm aus.

»Meine Herren, ich... ich danke Ihnen für das Vertrauen, das Sie meinen Fähigkeiten entgegenbringen«, sagte er stockend.

»Ich betrachte das als große Ehre. Es ist wahr, daß ich der Ranghöchste bin und unter meinen Vorfahren viele Helden sind. Aber von der Schlacht, die wir am Donnerstag zu schlagen haben werden, hängt viel ab. Es ist absolut erforderlich, daß wir die Navarreser vernichten. Dies... eh... wird meine erste Feldschlacht, mir fehlt die nötige Erfahrung. Es scheint mir besser zu sein... ich meine... eh... es scheint mir... eh... besser zu sein, daß wir aus unserer Mitte einen Befehlshaber wählen, der... eh... viele Male Mut und Übersicht bewiesen hat. Ich möchte sagen... ich meine: Ritter Bertrand Du Guesclin.«

Uff, das ist heraus. Und es ist, als hätte der Blitz eingeschlagen. Matthis hält den Atem an, läßt die Luft dann langsam entweichen. Bertrand sitzt wie versteinert, die Ritter sperren den Mund auf. Jean de Châlons ist puterrot geworden und schlägt die Augen nieder. Begreifen die Dummköpfe denn nichts? O, die Herren verstehen nur zu gut. Wer am Donnerstag die Schlacht verliert, wird sein Leben lang der Blamierte sein, der wird verantwortlich gemacht für den Untergang Frankreichs. Jean de Châlons hat nicht die Absicht, Sündenbock zu werden, und die anderen ebenfalls nicht. Was liegt näher, als die gewaltige Verantwortung abzuschieben auf die Schultern eines Mannes, auf den es kaum ankommt?

Bevor die anderen zur Besinnung kommen, dröhnt Du Guesclins schwere Stimme durch den Saal: »Ich akzeptiere. Aber nur unter einer Bedingung.«

»Und die wäre?« fragt der Vicomte mißtrauisch, wobei er unwillkürlich zum Geldbeutel am Gürtel greift. Der Bretone hat die Bewegung gesehen und lächelt verächtlich.

»Wenn Sie das Oberkommando in meine Hände legen«, sagt er langsam, »verlange ich von allen unbedingten Gehorsam und Einverständnis mit meinen Plänen. Ich kann Captal de Buch schlagen, aber nur auf meine Art. Darum verlange ich von Ihnen, daß Sie bei Gott und bei allem, was Ihnen heilig ist, schwören, alles zu tun, was ich befehle. Ohne zu murren, ohne zu zweifeln, blind.«

Das ist nicht wenig. Aus de Beaumonts Kehle steigt ein Brummen, Balduin d'Annequin hickt, Enguerrand d'Eudin ist blaß geworden, und der Graf von Auxerre greift erneut zum Taschentuch. Matthis ist klar, daß jeder von ihnen eine ganze Portion Stolz unterdrücken muß.

»Einverstanden«, sagt der Vicomte plötzlich, denn er hat Angst davor, *ihm* könnte der Oberbefehl zugewiesen werden. Dann ergeben sich auch die anderen. Nachdem sie unbedingten Gehorsam geschworen haben, und zwar auf das Kruzifix an der Wand, auf ihre Köpfe und ihre Väter, kann der Vicomte es doch nicht unterdrücken, gehässig zu bemerken: »Ich nehme an, Messire Du Guesclin, daß Ihr bereits einen vollständig ausgearbeiteten Kriegsplan im Kopf habt?«

»Nein«, antwortet Du Guesclin kalt. »Alles hängt ab von den Informationen, die ich morgen früh bekommen werde.«

»O, werdet Ihr Euch im Lager der Navarreser umsehen?« fragt Balduin spöttisch.

»Dafür habe ich meine Leute. Erst einmal werde ich Captal de Buch ein Ultimatum zukommen lassen und ihn einladen, am Donnerstag vormittag auf offenem Feld uns eine Schlacht zu liefern.«

»Aha, das ist ein ehrenwerter Antrag«, ruft der Graf von Auxerre erleichtert.

»... und selbstverständlich wird sich der Gascogner weigern«, fährt Du Guesclin gelassen fort, »denn er ist kein Tor. Captal de Buch bleibt schön sitzen, wo er sitzt, in der Hoffnung, daß wir uns die Köpfe an seiner uneinnehmbaren Stellung einrennen, was ich auf keinen Fall tun werde.«

»Wie könnt Ihr wissen, was Captal de Buch denkt?« ruft Balduin lallend.

Du Guesclin geht nicht darauf ein. Außerdem platzt Enguerrand d'Eudin laut heraus: »Ich verstehe überhaupt nichts mehr. Ihr wollt nicht stürmen und erwartet, daß Captal de Buch sich weigern wird, Euch auf offenem Feld entgegenzutreten. Wie wollt Ihr ihn denn schlagen?«

»Indem ich ihn zwinge, von seinem Hügel herunter zu kommen.«

»Aber wie...«

»Meine Herren, überlassen Sie das mir. Ich verspreche Ihnen, daß Sie am Donnerstag vollauf die Gelegenheit erhalten werden, Ihren unvergleichbaren Mut zu beweisen. Und jetzt wünsche ich Ihnen eine gute Nacht. Dir nicht, Matthis, du wirst für mich ein paar Briefe schreiben.«

»Hab' ich mir das nicht gedacht«, murmelt der Herold, »er macht die Pläne, und ich schreibe mir die Finger wund...« Aber tief im Herzen ist er überglücklich. Sein großer Freund Bertrand wird Oberbefehlshaber eines Königsheeres. Jetzt kann er zeigen, was er wert ist...

Erfreut verläßt er den Speisesaal. Erst schaut er noch zu dem kleinen Robert herein, der ruhig schläft. Der Herold befühlt die Wangen des Kindes; sie sind kühl. Erleichtert atmet er tief durch: Das kalte Bad und die Erschöpfung haben seinem kleinen Bruder nichts anhaben können.

»Du verstehst es nur zur Hälfte, Knirps«, flüstert er, »aber du und ich, die Pflegekinder von Marie-Claire, wir dienen einem ganz außergewöhnlichen Menschen.«

4

DU GUESCLINS LIST

Der Morgen des 15. Mai bricht strahlend an. Matthis Cuvelier ist fertig mit der Niederschrift des Ultimatums. Rolin Bodin, der Schildknappe soll damit ins Lager der Navarreser gehen.

»Und du, Matthis, gehst mit ihm«, entscheidet Du Guesclin plötzlich. »Zwei Paar Augen sehen mehr als eines. Gefahr lauft ihr nicht, Captal de Buch ist ein Ehrenmann, unbewaffnete Unterhändler haben von ihm nichts zu befürchten. Überreicht ihm persönlich den Brief, und achtet gut auf seine Reaktionen. Die Art und Weise, wie jemand dreinschaut, der Klang seiner Stimme, all das sagt oft mehr als die Worte, die er spricht. Wie geht es meinem Pagen?«

»Er schläft noch, aber Fieber hat er nicht.«

»Gut. Geht nun und denkt daran: Ohren und Augen offen halten.«

Gleich darauf traben Matthis und Rolin auf die steinerne Brücke zu. Die Wachen lassen sie ohne Schwierigkeiten durch. Unter der schon warm werdenden Maisonne überqueren sie danach die breite Ebene und nähern sich dem Hügel, den die Navarreser besetzt haben. Ihre Dolche haben sie in der Abtei gelassen, Rolin schwenkt eine weiße Fahne. Schildwachen nehmen ihre Pferde in Empfang, und dann werden sie in den Pavillon des Feldherrn Captal de Buch geführt.

Captal de Buch ist ein vornehmer Gascogner, englischer Untertan französischer Herkunft. In seinem eigenen Gebiet südlich von Bordeaux herrscht er wie ein König, und er ist weithin bekannt als tapferer Edelmann, guter Landherr und gebildeter Mann. Außerdem ist er ein enger Freund des Prinzen von Wales, der in Aquitanien das Sagen hat. Matthis erinert sich an die Worte Du Guesclins: »Captal de Buch macht keine Fehler, das stempelt ihn zu so einem gefährlichen Gegner.« Trotzdem wird Bertrand versuchen müssen, den Gascogner zu einem Fehler zu verführen. Wird ihm das gelingen?

Captal de Buch sitzt in seinem Zelt beim Frühstück. Nur zwei Schildknappen und ein Page sind bei ihm, die neugierig die beiden Boten mustern. Sich verbeugend überreicht Rolin Bodin den Brief von Du Guesclin. Matthis beobachtet unterdessen den Feldherrn. Captal de Buch hat ein hübsches, intelligentes Gesicht und einen scharfen Blick, eine gute Figur und langes, gelocktes Haar. Wirklich ein schöner Mann. Die Falten in Augennähe sind beim Nachdenken entstanden, schießt es Matthis durch den Kopf.

Der Gascogner entrollt den Brief und liest ihn schweigend. Er braucht keinen Herold, der ihm vorliest, das kann er selbst! Wenn die Gerüchte wahr sind, schreibt er sogar Gedichte. Grübelnd läßt er das Pergament sinken und mustert die beiden Boten, die vor ihm stehen.

»Ihr dient beide Du Guesclin?« fragt er freundlich.

»Ja, Herr.«

»Schade.«

»?«

»Es tut mir leid«, erklärt der Feldherr, »daß zwei so tüchtige junge Männer wie ihr morgen schon sterben müssen. So etwas geht mir stets ans Herz. Leider ist das unvermeidlich; in einer Feldschlacht gegen meine Truppen habt ihr nicht die geringste Chance.«

»Unser Leben ist in Gottes Hand«, sagt Rolin Bodin wie von selbst.

Captal de Buch lächelt. Dann klatscht er in die Hände und läßt einen Sekretär kommen, dem er seine Antwort diktiert. Diese Antwort war vorherzusehen. Der Feldherr weigert sich beharrlich, seine Stellungen auf dem Hügel zu verlassen, und in seinem Antwortbrief tut er grad so, als hätte er Herzensmitleid mit dem Königsheer, das bei einem Sturmlauf vollkommen vernichtet werden wird. Darum rät er Du Guesclin nachdrücklich, jeden Kampf zu vermeiden und sich nach Rouen zurückzuziehen. Der Ton des Briefes ist herablassend, er verfolgt die Absicht, das Blut der französischen Ritter zum Kochen zu bringen. Matthis begreift, daß es auch seinen Grund hat, daß er die beiden Boten beim Diktieren der Antwort anwesend sein läßt. Der Herold fühlt den scharfen Blick des Gascogners auf sich gerichtet. Der Mann will sehen, wie wir reagieren, schießt es ihm durch den Kopf. Ganz kurz schaut er zur Seite, ins Gesicht seines Kameraden Rolin. Der Schildknappe ist vor Ärger rot geworden. Matthis stößt ihn verstohlen an.

»Er will uns hereinlegen«, flüstert er.

»Der Mann verachtet uns«, zischt Rolin zurück. Matthis schüttelt den Kopf. Nein, mit Verachtung hat dies alles nichts zu tun. Captal de Buch spielt sein Spiel, wie Du Guesclin das auch tut. Es ist ein Schachspiel, mit einem bitterernsten Hintergrund. Hinter Captal de Buch sitzen seine Schildknappen und hören zu und kichern. Der Page hockt in einer Ecke und spielt mit seinem Gürtel. Ein friedliches Bild...

In dem Augenblick, da Captal de Buch den Antwortbrief unterschreibt, kommt mit großem Gehabe und festen Schritten ein Hauptmann ins Zelt. Matthis erschrickt, als er den Mann erkennt: Es ist Bascon de Mareuil, ein alter Feind seines Herrn Du Guesclin.

»Werden die Franzosen uns angreifen?« fragt der Hauptmann neugierig und ohne die Boten zu beachten. Captal de Buch nickt kurz.

»Morgen früh. Sie haben den Befehl Bertrand Du Guesclin übertragen.«

»O, den kenne ich! Hat er den Befehl? Dann kann es Spaß geben.«

»Ritter Du Guesclin schlägt uns vor, ihm morgen früh auf dem offenen Feld eine Schlacht zu liefern«, fährt der Feldherr nüchtern fort.

»Das hätte er wohl gern«, schnaubt Bascon de Mareuil. Er ist ein großer Kerl mit dunkler Gesichtsfarbe; alles an ihm ist grob und zeugt von unendlicher Streitlust. Neben ihm wirkt der vornehme Captal de Buch fast zart.

»Mir scheint«, sagt Matthis respektvoll, »Du Guesclins Vorschlag ist sehr ehrenwert.«

Bascon de Mareuil bricht in polterndes Lachen aus.

»Du Guesclin und ehrenwert! Das ist ein guter Scherz. Wer bist du denn, daß du dich in Dinge erwachsener Menschen einmischst?«

»Ich bin Du Guesclins Herold«, sagt Matthis stolz.

»Der Sänger? Potz Donner, von dir habe ich schon gehört. Was tust du im Heer? Du gehörst in einen Kirchenchor.« Geringschätzig dreht er dem Jungen den Rücken zu und wendet sich wieder an den Feldherrn. »Morgen werden wir also Du Guesclin gegenüberstehen – fein! Mit dem habe ich noch ein paar schöne Hühnchen zu rupfen.«

»Die gleichen Worte habe ich meinen Herrn sagen hören, als er vernahm, daß Bascon de Mareuil sich den Navarresern angeschlossen hat«, schnauzt Matthis zurück. Der Hauptmann droht ihm wütend mit der Faust.

»O ja? Nun, ich werde den verfluchten Bretonen morgen in kleine Brocken zerhacken, ich werde auf seiner Leiche tanzen, ihm ins Gesicht spucken, ich werde...«

»Ruhig, Freund«, sagt Captal de Buch, während er aufsteht und Rolin den Brief aushändigt. »Morgen früh bekommst du alle Gelegenheiten, dein Mütchen zu kühlen.«

»Und verlaßt Euch darauf, daß ich das tun werde!« schreit Bascon. »Ich werd's den aufgeblasenen Franzosen so hart um die Ohren geben, daß sie regelrecht zur Hölle fahren, bevor sie Zeit zum Sterben hatten.«

»Amen«, murmelt Matthis höhnisch.

»Gib acht, junger Mann! Auch wenn du hier als Unterhändler bist und dich sicher fühlen kannst, ich, Bascon de Mareuil, vergesse nie eine Beleidigung!«

»Laß die Jungen in Ruhe, die haben nichts zu sagen«, meint Captal de Buch gelassen. Dann wendet er sich den Boten zu: »Geht mit Gott, Herren, und grüßt Bertrand Du Guesclin von mir. Er ist mein Feind, aber ich achte ihn; er ist ein tapferer Mann.«

Bascons Schimpfen hat Matthis nicht berührt, die kühle Arroganz des Feldherrn hat ihn schwer getroffen – und er stellt fest, daß er beeindruckt ist. Während er mit Rolin das Zelt verläßt, ruft Bascon de Mareuil ihnen nach: »Vergeßt euer Abendgebet nicht, morgen werdet ihr keine Zeit mehr haben, eure Sünden zu überdenken.« Rolin Bodin unterdrückt ein Frösteln.

In Anbetracht ihres Auftrages beeilen die Jungen sich nicht, als sie den Pavillon des Feldherrn verlassen haben. Als suchten sie die Schildwache, die ihre Pferde versorgt haben, stromern sie ein Weilchen durchs Lager, grad so, als hätten sie sich verlaufen. Endlich kommt ein Soldat auf sie zu und zeigt ihnen, wo sie ihre Tiere finden können. Matthis bedankt sich höflich, die Jungen steigen auf und reiten langsam zum Hügel hinunter. Laut sagt Matthis zu seinem Kameraden:

»Glaub mir, mir ist gar nicht wohl dabei, Du Guesclin die Weigerung von Captal de Buch zu überbringen. Wir bringen unserem Herrn praktisch sein Todesurteil.«

Rolin sieht ihn kurz überrascht an, aber dann hört er im Gebüsch am Wegrand unterdrücktes Lachen. Der Kopf eines Bogenschützen taucht über dem Grün auf, dahinter erscheint noch ein Gesicht, das die Kuriere kennen: Jean Jouel. Ein genauso berüchtigter Plündererhauptmann wie Bascon de Mareuil. Jouel scheint bereits informiert zu sein, denn er ruft den Kurieren nach:

»Du hast recht, Knabe, das ist sein Todesurteil. Sag das deinem Herrn in meinem Namen.«

Von allen Seiten verstärkt sich der Hohn, überall im Grün der Büsche sieht Matthis grinsende Gesichter. Er sieht auch Soldaten, die mit Spaten beschäftigt sind und Laufgräben ausheben. Der ganze Hang ist übersät mit Bogenschützen und Fußknechten mit Hellebarden, die sich eingraben.

Auf dem Hof der Abtei, überflutet vom warmen Sonnenlicht, steht Bertrand und wartet auf seine beiden Kuriere. Mit geröteten Augen und tropfender Nase läuft der kleine Robert aufgeregt um ihn herum. Wie ein erkälteter kleiner Hund, denkt Matthis. Enguerrand d'Eudin sitzt auf einer Steinbank, neben sich ein prachtvoller Helm mit hoher Spitze und wehendem Federbusch, auf den er immer wieder verliebte Blicke wirft. Der Helm ist neu, und Eudin ist besonders stolz darauf. Balduin d'Annequin ist gerade erst aufgestanden und hat noch keine Zeit gehabt, sich zu betrinken oder vollständig anzuziehen. Er reibt sich die bloßen Arme und läßt sich von der Sonne braten. Auch Vicomte de Beaumont und der junge Graf von Auxerre kommen schnell angelaufen, als sie hören, daß die Unterhändler zurückgekehrt sind. Die Herren sind sehr neugierig auf Captal de Buchs Antwort. Sie leben in der starken Hoffnung, der Gascogner ginge auf ihr Angebot ein und stelle sich zur offenen Feldschlacht.

»Und?« fragt der Vicomte neugierig, als die Jungen absteigen.

Rolin Bodin beachtet ihn nicht und er überreicht Du Guesclin schweigend den Brief. Bertrand grinst: Er hat Matthis Augenblinzeln aufgefangen. Ganz langsam bricht er das Siegel. Er kennt den Inhalt schon. Lange starrt er auf die Botschaft, die er nicht lesen kann, während um ihn herum ungeduldige Rufe laut werden.

»Was schreibt er? Was wird er tun?«

Ruhig reicht Bertrand seinem Herold das Pergament.

»Lies vor.«

Auch Matthis beeilt sich nicht, er genießt es, die hohen Edelleute noch ein Weilchen im Ungewissen zu lassen. Ganz nüchtern und mit ruhiger Stimme liest er die Antwort vor. Enguerrand d'Eudin ist aufgestanden, klemmt sich den schönen Helm unter den Arm. Als Matthis zu der Stelle kommt, wo Captal de Buch sein Mitleid mit den dem Tode geweihten Franzosen ausspricht, stöhnt er, als füge ihm jemand Schmerzen zu.

»Er weigert sich also«, ruft der Graf von Auxerre enttäuscht.

»Er verachtet uns«, brummt der Vicomte.

»Hatten Sie etwas anderes erwartet, meine Herren?« fragt Du Guesclin verwundert. »Captal de Buch ist doch kein Tor.«

»Das ist er bestimmt nicht«, fällt Rolin Bodin ein. »Die Navarreser haben sich auf dem Hang gut eingegraben, sie sind auf alles vorbereitet. Sie verfügen über schnelle Pferde und hervorragende Waffen. Es war nicht möglich, ihre ganze Stärke zu schätzen, aber es sind sehr viele, das steht fest.«

Matthis hat dem noch etwas hinzuzufügen:

»Captal de Buch hat Hunderte von Bogenschützen, die über den ganzen Hügel verstreut sitzen und die jede Bewegung am Fluß und auf dem offenen Feld wahrnehmen können. Aber sie sind zu weit von der Brücke entfernt, um sie im Schußfeld haben zu können. Ihre Pfeile werden erst gefährlich sein, wenn wir mitten auf dem Feld sind. Ich habe Ausschau gehalten nach Kanonen und Wurfgeräten, aber die scheinen sie nicht zu haben. Das heißt, daß sie schnell manövrieren können.«

»Wir haben Bascon de Mareuil gesehen, Herr, der dürstet nach Blut«, nickt Rolin.

»Und Jean Jouel ist da mit seiner ganzen Kompanie«, ergänzt Matthis.

Du Guesclins Gesicht verdüstert sich.

»Mit Bascon de Mareuil habe ich noch ein paar Hühnchen zu rupfen, und Jean Jouel möchte ich gern eigenhändig das Genick umdrehen. Der Schaden, den die Schurken Frankreich zugefügt haben, ist in Geld überhaupt nicht zu beziffern. Eine Ewigkeit in der Hölle schmoren, das ist für die noch zu wenig, all ihre Sünden auszulöschen. Morgen werden wir die gemeinen Plünderer in den Schlamm stampfen, das schwöre ich.«

»Also werdet Ihr sie doch angreifen?« fragt der Vicomte hoffnungsvoll.

»Ich werde dafür sorgen, daß sie *mich* angreifen«, antwortet Du Guesclin unerschütterlich.

Matthis nickt eifrig. Doch nachdem er nun Captal de Buch aus der Nähe gesehen hat, fragt er sich besorgt, ob Du Guesclin sich da nicht täuscht. Wird der schlaue Gascogner sich durch eine List auf die Ebene locken lassen? Das ist nicht sehr wahrscheinlich. Captal de Buch macht keine Fehler. Und das Gelingen von Du Guesclins Plänen hängt ganz und gar von den Fehlern ab, die seine Gegner machen werden...

Bertrand faltet den Brief zusammen.

»Kommt, Matthis, Rolin, an die Arbeit.«

»Was gibt's denn noch zu tun?« fragt Enguerrand d'Eudin verwundert.

»Meine Männer vorbereiten, Anweisungen geben«, knurrt Du Guesclin dem eitlen Kerl zu. »Oder dachtet Ihr, ich ginge morgen einfach los? Da kennt Ihr Du Guesclin noch nicht.«

Mit diesen Worten läßt er ihn stehen. Matthis nimmt den kleinen Robert an die Hand und zieht ihn mit.

»Komm, Brüderchen, an die Arbeit! Den Namen eines Helden verdient man sich nicht so einfach, dafür muß erst geschuftet werden.«

Aber das hat der Knabe inzwischen auch schon herausbekommen.

Der 16. Mai verspricht wieder ein warmer Tag zu werden. Am frühen Morgen wohnen die Edlen, die Ritter und die Schildknappen der Messe in der Abteikirche bei. Die hohen Herren tun das mit kaum unterdrückter Vorfreude, als wollten sie zu einem Fest gehen. Auch der kleine Robert ist munter, obwohl er an diesem Tag im Kloster zurückbleiben muß. Übrigens zu seiner großen Enttäuschung. Aber Du Guesclin hatte seinen Betteleien kein Gehör geschenkt.

»Du bleibst hier, du kochst Wasser, du hilfst den Wundärzten. Du wirst schon noch genug zu tun bekommen, wenn die Verwundeten erst einmal eingeliefert werden.«

Immer dasselbe, denkt der kleine Robert traurig. Matthis wird den ganzen Tag über an der Seite seines Herrn zu finden sein, und ich muß natürlich wieder die unangenehmen Dinge machen. Und was für ein betrübliches Gesicht mein großer Bruder wieder macht, als fände er es gar nicht so gut, daß gekämpft werden wird!

Tatsächlich steht Matthis mit ernstem Gesicht neben seinem Herrn, denn ihm ist aufgefallen, daß Du Guesclin nicht beten kann – und er selbst eigentlich auch nicht. Beten kurz vor einer Feldschlacht, wenn man weiß, daß man innerhalb einer Stunde viele tapfere Männer in den Tod schicken muß? Neben sich hört er Du Guesclin schnaufen, mit den Zähnen knirschen, während vor ihnen Ritter und Schildknappen hingebungsvoll vor dem Altar knien und Gottes Beistand erbitten. Ein Schauder läuft ihm über den Rücken. Betrübt denkt er an den kleinen Robert, seinen kampfeslustigen kleinen Bruder. Ein Kind, das es noch nicht besser weiß. Die Edelleute da vor ihm, das sind erwachsene Männer, aber die sind genauso versessen auf den Kampf und die Gelegenheit, ihren Mut unter Beweis zu stellen, wie so ein törichter Junge.

Ist Kriegführen nichts anderes als eine kindische Dummheit? denkt er verblüfft. Wenn das so ist, was habe ich dann hier zu suchen?

Nach der Messe gehen sie auf den Hof, wo Rolin Bodin seinem Herrn in die Rüstung hilft. Er hat sich mit der Rüstung wirklich alle Mühe gegeben, denn er will nicht, daß Du Guesclin zu sehr absticht vom Prunk der edlen Herren. Lange hat er Helm und Brustpanzer geputzt. Die eisernen Handschuhe hat er sorgfältig geölt. Das Leben eines Mannes kann davon abhängen, ob die Scharniere leicht zu bewegen sind. Währenddessen holt Matthis Bertrands schwarzen Hengst aus dem Stall, reibt das Tier ab, massiert ihm die Beinmuskeln. Blitzstrahl, der endlich in Bewegung kommen will, scharrt mit den Hufen im staubigen Boden. Er ist ein selten schönes Rassetier, gezüchtet in Englands königlichen Ställen. Der kleine Robert läuft aufgeregt hin und her, bringt Du Guesclin einen Becher verdünnten Wein, läuft Clopin, der noch ein paar letzte Anweisungen bekommt, vor den Füßen herum. Die Jungen sind so sehr beschäftigt, daß sie nicht bemerken, wie Vicomte de Beaumont in voller Rüstung auf sie zukommt. Erst als er die scharfe Stimme hört, blickt Matthis auf.

Der Vicomte sieht großartig aus. Wie gemalt, in Silber, Rot, Gold und Blau. Sein hoher, wehender Federbusch fängt herausfordernd die Sonnenstrahlen auf, seine grauen Augen leuchten. Sein Schildknappe hält sein Streitroß am Zügel. Unter seinem hochgeschobenen Visier her blickt der hochgewachsene Edelmann auf Du Guesclin herab, dem der kniende Rolin gerade die Sporen anschnallt.

Gestern abend hat Du Guesclin den Edlen seinen fertig ausgearbeiteten Schlachtplan vorgelegt. Sie waren ganz entsetzt.

»Captal de Buch wird denken, wir hätten Angst vor ihm«, riefen sie wie ein Mann.

»Das sollten wir aus ganzem Herzen hoffen, denn darauf ist mein ganzer Plan aufgebaut«, antwortete Du Guesclin.

»Aber das ist so erniedrigend«, stöhnte Enguerrand d'Eudin. »Wir haben einen Ruf zu wahren!«

An diese Worte muß Matthis wieder denken, da er nun den Vicomte so kriegerisch auf dem Hof stehen sieht. Ein Ritter bis in die Fingerspitzen. Und er bekommt fast Mitleid mit dem Mann, der geschworen hat, sich Du Guesclins erniedrigenden Befehlen zu unterwerfen.

»Sehr bald, Messire Du Guesclin«, sagt der Vicomte würdig, »werdet Ihr vollauf Gelegenheit haben, den großen Mut zu beweisen, der Euch einen so klangvollen Namen verschafft hat.«

Matthis begreift, daß der Mann das freundlich meint, aber es ist vollkommen falsch, Du Guesclin so etwas zu sagen. Der blickt denn auch grinsend auf.

»Das habt ihr schön gesagt, Herr«, antwortet er. »Nur stimmt es nicht ganz. Gleich werde ich einen der listigsten Streiche vollbringen, die mich bei meinen Feinden so gefürchtet gemacht haben.«

Der Vicomte beißt sich auf die Lippen.

»Ihr seid zu bescheiden«, murmelt er kurz angebunden.

Du Guesclin lacht herzlich.

»Das, was Ihr ehrenvolles Kämpfen nennt, habe ich tatsächlich nie begreifen können, mein Herr. Ich habe mir die gemeinsten Streiche und Listen ausgedacht, auf die ein Mensch kommen kann. Ich habe im Hinterhalt gelegen, den Feind in die Falle laufen lassen, hinter seinem Rücken Angriffstürme in Brand gesteckt, seine Verbindungslinien abgeschnitten, Lebensmitteltransporte abgefangen, kurzum: Ich habe mich mein Leben lang wie ein Bandit benommen. Und, mein Herr, das werde ich heute wieder tun, denn das ist unsere einzige Chance!«

Der Vicomte schnaubt und wendet sich verächtlich ab.

Auf ihrem Hügel haben Captal de Buchs Bogenschützen ihre Stellungen hinter Hecken und Büschen eingenommen, bereit, den Sturmlauf mit einem Hagel von Pfeilen abzuwehren. Jean Jouel hat den Befehl über die Reiterei bekommen: fünfhundert schwerbewaffnete Männer auf starken Pferden, aufgestellt an beiden Flanken des Hügels. Bascon de Mareuil wird die Reserve befehligen: Berittene Bogenschützen. Dicht unter dem Gipfel der Höhe, auf einer kleinen ebenen Fläche, hat Captal de Buch seine Standarte aufgestellt. Das Fahnentuch, hoch und unerreichbar, soll die Franzosen herausfordern. Um seine Standarte herum versammelt der Feldherr seine Befehlshaber, denn von hier aus haben sie freie Sicht über den Fluß, die Brücke und das offene Feld unter sich.

Voller Spannung halten die Navarreser Ausschau. Die Sonne steht hoch am Himmel, es ist noch nicht zehn Uhr, doch schon jetzt ist es recht warm. Captal de Buch, neben sich Bascon de Mareuil und Jean Jouel, läßt das rechte Ufer der Eure nicht aus den Augen. Werden sie kommen, die Franzosen?

Er erwartet nichts anderes, denn er kennt die französischen Ritter. Die lassen sich einfach herausfordern, die sind erzogen worden mit der Idee, daß Kämpfen ehrenvoll sei, daß ein Mann keine größere Schande auf sich laden kann als Feigheit zu zeigen. Es ist nicht schwierig, die ungestümen Kerle in einen Hinterhalt zu locken und dann totzuschlagen. Nur die Tatsache, daß Bertrand Du Guesclin heute den Befehl hat, beunruhigt den Feldherrn etwas.

»Da sind sie«, schreit Jean Jouel. Auf dem rechten Ufer ist deutlich eine Bewegung sichtbar. »Sie nähern sich der Brücke. Ich glaube tatsächlich, daß sie uns einfach angreifen.«

Captal de Buch schüttelt den Kopf.

»So dumm wird Du Guesclin nicht sein«, murmelt er.

»Wartet nur, gleich nehme ich mir den verdammten Bretonen persönlich vor«, ruft Bascon de Mareuil rachsüchtig.

»Nein, ich«, schreit Jean Jouel.

»Ruhe, meine Herren«, beschwichtigt der Hauptmann. »Vorläufig tut sich noch gar nichts. Wir müssen sie erst herankommen lassen.«

Das Wasser der Eure glitzert. Die heiße Maisonne brennt auf Helme und Brustpanzer. Captal de Buch schirmt seine Augen mit der Hand ab. Die Wassermühlen von Cocherel nehmen ihm ein wenig die Sicht auf die Bewegungen des Königsheeres. Dennoch scheint es nun ernst zu werden. Französische Fußknechte strömen über die Brücke, stellen sich am Flußufer, am Rande der Ebene, in Reih und Glied auf.

»Ich hoffe, sie beeilen sich«, sagt Bascon ungeduldig. »Ich brenne darauf, mein Schwert auf ihre Köpfe niedersausen zu lassen.«

»Sagt den Bogenschützen, sie sollen sich bereithalten«, befiehlt Captal de Buch. Er läßt den Blick den Hügelabhang hinuntergleiten. Hinter jedem Busch, jeder Hecke, jedem Strauch sitzen Männer versteckt, Scharfschützen, im Anschlag den langen englischen Bogen. Vorläufig sind die Franzosen noch nicht im Bereich ihrer Pfeile. Aber wenn sie vorrücken, kann es nicht mehr lange dauern; sobald sie das Feld halb überquert haben, werden sie ins Schußfeld kommen. Du Guesclin muß das doch auch begreifen, denkt er. Hält er seine Truppen darum noch am Flußufer?

Aufmerksam behält der Gascogner jede Bewegung da unten im Auge. Du Guesclin ist als gerissen bekannt, von dem kann man die seltsamsten Einfälle erwarten...

Dennoch geben die Bewegungen seines Gegners Captal de Buch Rätsel auf. Er hatte erwartet, das Königsheer sei größer, sein geübtes Auge schätzt die Stärke der Franzosen auf nicht mehr als knapp tausend Mann. Ein paar hundert Reiter, viel Fußvolk... Seltsam.

»Da stimmt etwas nicht«, murmelt er vor sich hin. Neben ihm zappelt Jean Jouel aufgeregt im Sattel hin und her.

»Da ist er, da ist Du Guesclin! Ich erkenne seine Farben!«

Captal de Buch nickt kurz. Er hat ihn schon gesehen. Über die Brücke kommen nun die hohen Edelleute, ihnen voran Bertrand, flankiert von seinem Schildknappen und seinem Herold. Dahinter: der Graf von Auxerre, Vicomte de Beaumont, ein Dutzend Ritter, deren Namen und Waffen er nicht kennt, noch ein Trupp Reiter. Dutzende. Dutzende? Es müßten Hunderte sein...

»Der hält einen Teil seiner Reiterei in Reserve«, murmelt der Gascogner. »Aber wo? Sie müssen doch alle über die Brücke kommen. Nein… jetzt scheinen sie tatsächlich vollständig zu sein.«

Er wendet sich schnell an Bascon de Mareuil, der ungeduldig im Sattel herumzappelt. »Vergiß es nicht, du bist meine Reserve«, ruft er dem Plünderer zu. Der Kerl nickt und zieht ein schiefes Gesicht. Er ist neidisch auf Jean Jouel, der die Vorhut befehligen darf.

»Ich werde aus der Aufstellung da unten nicht schlau«, murmelt Jean Jouel, als er sieht, wie Du Guesclin die französische Standarte am Flußufer in den Boden rammt, worauf die Edlen und Reiter sich darum herumgruppieren. »Hat er vor, die Fußknechte vorangehen zu lassen? Dann bleibt nichts davon übrig. Warum setzt er für den ersten Zusammenstoß nicht seine Reiterei ein. Ich täte es…«

»Still«, sagt Captal gespannt. »Du Guesclin weiß, was er tut.«

Aber dann sperrrt auch er den Mund auf, und mit ungläubigem Blick schaut er auf die in Reih und Glied aufgestellten Fußknechte. Die stehen vor den Reitern. Neben der französischen Standarte stehend hebt der junge Herold seine Trompete. Die Sonnenstrahlen brechen sich im kupfernen Instrument. Die Männer auf dem Hügel spitzen die Ohren, vom Signal wird abhängen, was nun passieren wird. Sie halten sich bereit. Hell schmettert die Trompete über die Ebene. Jean Jouel atmet vor Entzücken tief durch, sein Pferd schnaubt und läßt das glänzende Fell vibrieren. Die Nerven der Navarreser sind aufs äußerste gespannt. Doch das Signal, das ihre Ohren erreicht, kennen sie nicht. Wird da der Angriff geblasen, oder etwas anderes? Es ist eine schöne, fast liebliche Melodie, die an ihre Ohren dringt, als begrüße der Herold am Flußufer den strahlenden Frühlingstag. Soll das ein Angriffssignal sein? Das hört sich überhaupt nicht danach an.

Dennoch setzen sich in dem Moment die Fußknechte in Bewegung. In breiter Front rücken sie vor, marschieren in Richtung Hügel über das Feld. Wieder erklingt hell und klar die Trompete, die Männer fallen in den Laufschritt. Die über den ganzen Hügel verteilt sitzenden Bogenschützen spannen die Sehnen. Sie grinsen dämonisch. Die Fußknechte werden regelrecht in einen Hinterhalt laufen.

Captal de Buch kann seinen Augen nicht trauen. Das ist Wahnsinn! Was bringt Du Guesclin dazu, Hunderte von Männern in den unabwendbaren Tod zu schicken? Sollte er wirklich meinen, die armen trabenden Kerle hätten auch nur die geringste Chance?

Hinter der vorrückenden Infanterie bleiben die französischen Reiter einfach, wo sie sind – bei ihrer Fahne. Sie scheinen warten zu wollen, bis die in lederne Schuppenjacken gekleideten Fußknechte den Hügel mit Gewalt eingenommen haben.

»Ich träume«, murmelt Captal de Buch, »das kann doch nicht wahr sein. Du Guesclin muß seinen Verstand verloren haben.«

Offensichtlich denken die Fußknechte genauso, denn noch bevor sie das Feld halb überquert haben, verringern sie ihr Tempo. Aus dem Laufschritt wird ein normales Schrittempo, dann bleiben sie zögernd stehen. Wieder schmettert die Trompete, aber immer noch sind es Signale, die den Navarresern völlig unbekannt sind. Einzelne nervös gewordene Bogenschützen lassen ihre Pfeile wegzischen. Ohne Schaden anzurichten fallen sie ungefähr zwanzig Fuß vor den vordersten französischen Soldaten auf die Erde.

»Warten!« schreit Captal de Buch. »Laß sie näher herankommen!«

Die paar Pfeile scheinen den Soldaten jedoch einen so großen Schrecken eingejagt zu haben, daß sie zurückweichen. Plötzlich machen sie kehrt und rennen zurück zum Flußufer.

»Meuterei!« jubelt Bascon de Mareuil. »Sie weigern sich, den Befehl auszuführen. Sie haben Angst.«

»Sie haben recht«, murmelt der General. »Das wäre doch auch Wahnsinn, uns zu Fuß zu stürmen.«

Der Rückzug der Fußknechte scheint auch die Reiter in Panik zu versetzen. Sie traben zur Brücke, und gleich darauf entsteht dort ein fürchterliches Gedränge, ein irrsinniges Gewimmel von Menschen und Pferdeleibern. Verzweifelte Schreie des Protestes dringen an die Ohren der Navarreser. Leider sind die Schreienden immer noch außer Reichweite ihrer Pfeile.

»Pardieu«, flucht Bascon de Mareuil, »wir haben noch keinen Schlag gewechselt, und doch herrscht bei den Franzosen schon das Chaos.«

»Ich lach' mir 'nen Buckel«, kichert Jean Jouel. »Du Guesclin kann die Bande nicht in den Griff bekommen. Sie meutern, daß einem das Herz im Leibe lacht. Der dumme Bauer kann nur harte Schläge austeilen, weil er zufällig starke Muskeln hat. Als Feldherr ist er keinen Sou wert. Sollen wir jetzt stürmen?«

»Bleibt ruhig«, schnauzt Captal de Buch. »Ich trau' dem Kerl nicht.«

»Das ist doch klar, was da geschieht«, schreit Jean Jouel, der sich in eine immer größere Ungeduld hineinsteigert. »Die Kerle wissen nicht, was sie machen sollen, sie begreifen die Trompetensignale so wenig wie wir. Wir sollten ihnen in den Nacken springen und sie in die andere Welt prügeln.«

»Nein!« donnert der Feldherr. »Nicht, bevor ich den Befehl erteile!«

Es bleibt ein Durcheinander am Flußufer. Fußknechte versuchen, die Brücke zu erreichen, sehen ihren Weg durch Reiter versperrt. Die Trompete schweigt. Neben der französischen Standarte stehen Ritter und Edelleute und reden erregt auf Du Guesclin ein, der sich offensichtlich sehr aufregt und sein Pferd steigen läßt. Bascon de Mareuil schaut und schaut mit offenem Mund und richtet sich dann plötzlich im Sattel auf.

»Verflucht«, schreit er enttäuscht, »sie ziehen sich zurück, die Feiglinge!«

»Sie suchen alle das Weite, sie trauen sich nicht«, kreischt Jean Jouel wütend. »Captal, wir dürfen sie nicht entkommen lassen, wir müssen sie verfolgen, zusammenschlagen. Dann liegt der Weg nach Reims offen vor uns.«

»Nein!«

Obwohl der Feldherr das Chaos da unten überhaupt nicht begreifen kann, ist er fest entschlossen, seine Stellung auf dem Hügel nicht aufzugeben. Tief in seinem Herzen wächst das Mißtrauen. Der Unsinn muß einen tieferen Sinn haben. Er vermutet eine List, einen Schlachtplan, der so kompliziert ist, daß er ihn nicht durchschauen kann. Keinen Moment kann er vergessen, daß sein Gegner heute Bertrand Du Guesclin ist.

»Ich lasse mich nicht fortlocken«, sagt er dickköpfig. Und streng gibt er seine Befehle: »Alle auf den Posten bleiben.«

»Wir dürfen Du Guesclin nicht unterschätzen«, sagt er beschwörend zu seinen Hauptleuten.

»Ach was, der Bauer«, schäumt Jean Jouel völlig außer sich. »Ich denke nicht daran, den Kerl entkommen zu lassen. Bei Tagesanbruch habe ich geschworen, ihn zu töten, und das werde ich auch tun.«

»Ich geh mit«, brüllt Bascon de Mareuil.

»Nein!«

Captal de Buch hat gut rufen, niemand hört mehr auf ihn. Die Bogenschützen hinter den Büschen und Sträuchern sind aufgestanden und blicken verblüfft auf das Durcheinander da unten, wo Reiter und Fußknechte verzweifelt versuchen, zugleich über die schmale Brücke zu kommen und dabei zusammenstoßen. Außerhalb der Reichweite ihrer gefürchteten Pfeile sehen sie Rücken, Rücken, nichts als Rücken. Sie wollen unbedingt vorwärtsstürmen und ihre treffsicheren Pfeile in diese Rücken jagen.

Jean Jouel ist nicht mehr zu halten. Fliehende Menschen haben eine unwiderstehliche Anziehungskraft auf den Plünderer. Wild fuchtelt er mit seiner Streitaxt umher.

»Mir nach!« brüllt er. Hoch zu Pferde stürmt er den Hang hinunter, gefolgt von seiner ganzen Reiterei. Sie donnern aufs offene Feld, die Bogenschützen laufen jubelnd hinter ihnen her.

»Angriff, Angriff!« dröhnt es über den ganzen Hügel.

Dann, das blutrünstige Johlen übertönend, erklingt noch einmal die französische Trompete, angriffslustig und durchdringend. Wie durch Zauberei machen die französischen Ritter und Reiter kehrt. Urplötzlich kann von Chaos und Verwirrung in ihren Gliedern keine Rede mehr sein. Ein Wall von Reitern stürmt Jean Jouel und seiner Vorhut entgegen, der Kampf bricht an. Und zwar nicht an den Flanken eines uneinnehmbaren Hügels, sondern mitten auf offenem Feld, wo niemand im Vorteil ist. Die fünfhundert schwergepanzerten Männer von Jean Jouel sind regelrecht in die Falle geritten. Denn auch die Soldaten, die die Brücke bereits überquert hatten, kehren nun wieder um und werfen sich todesmutig in den Kampf. Die Trompete schmettert triumphierend Du Guesclins Kampfsignal.

Bascon de Mareuil, der nicht daran denkt, einen Freund im Stich zu lassen, gibt seiner Reserve das Zeichen und donnert mit ihr den Hügel hinab. Captal de Buch bleibt nichts anderes übrig als ihm zu folgen, allerdings mit Bitterkeit im Herzen. Er hat recht behalten: Das Chaos da unten war eine List. Verflucht, dreimal verflucht, warum wollten die ungestümen Plündererhauptleute nicht auf ihn hören?

So findet die Schlacht bei Cocherel, genau wie Du Guesclin es sich wünschte, auf offenem Feld statt.

Neben der Standarte sitzt Matthis Cuvelier auf seiner zitternden Stute und schaut zu, wie sich das Aufeinanderstoßen der beiden Heere entwickelt. Heiß brennt die Sonne auf das Feld, auf Harnische und Kettenpanzer, Staub wirbelt auf, flimmernd im grellen Licht. Pferde schnauben und stampfen, steigend schlagen sie mit den Vorderbeinen nach Armen und Köpfen. Ein gut abgerichtetes Streitroß kämpft mit, mit Zähnen, Muskeln, Hufen, seinem ganzen Gewicht. Die Navarreser Bogenschützen können in diesem Kampf Mann gegen Mann wenig ausrichten, sie brauchen Platz, um wirkungsvoll zu sein. Nur die berittene Reserve von Bascon de Mareuil ist gefährlich, weil diese Reiter um das Kampfgetümmel herumreiten und ihre Pfeile in die Menschenknäuel schießen. Dabei besteht allerdings genauso die Möglichkeit, einen eigenen Mann statt eines Feindes zu treffen, also untersagt Bascon diese Kampfmethode. Er gibt den Befehl, sich mit der Axt in der Hand in den Kampf zu stürzen. Der Plündererhauptmann selbst hat das Schwert gezogen und gibt ein Beispiel, brüllend vor Kampfeslust. Vor seiner gewaltigen Kraft weichen die Soldaten zurück. Wie eine Sturmramme dringt Bascon de Mareuil vor.

Bertrand Du Guesclin, der Oberbefehlshaber, hat bei der Fahne zu bleiben, dem traditionellen Sammelpunkt seiner Truppen, dem Ort, an dem erschöpfte Kämpfer einen Augenblick Ruhe finden können, um wieder zu Atem zu kommen. Aber als er sieht, wie Bascon de Mareuil sich auf die Franzosen wirft, beginnt sein Blut zu kochen.

»Da ist er, der Schurke«, brummt er unter seinem Schnurrbart. »Komm mit, Rolin, mit dem werden wir jetzt abrechnen.«

»Bertrand!« ruft Matthis erschrocken. Du Guesclin hört nicht auf ihn, er gibt Blitzstrahl die Sporen und stürmt auf Bascon zu. Rolin Bodin folgt ihm auf den Fersen, es gehört zu den Pflichten eines Schildknappen, seinem Herrn den Rücken zu decken.

Bascon, der gerade etwas Platz vor sich geschaffen hat, sieht Du Guesclin auf sich zukommen. Er wartet auf ihn, hebt sein Schwert und greift an. Ohne Mühe fängt Du Guesclin den Schlag mit seinem Schild ab, wobei die Spitze des Schwertes abbricht.

»Das ist der Nachteil dieser Schwerter, Bascon«, ruft der Bretone seinem alten Feind zu. »Man kann damit Eindruck machen, aber kaum kämpfen. Rolin, gib mir nur die Axt.«

Bascon de Mareuil versteht es blitzschnell, dem Axthieb zu entweichen und trabt davon. Du Guesclin setzt sofort zur Verfolgung an. Rolin bleibt dicht hinter ihm, sorgt dafür, daß niemand Gelegenheit bekommt, Bertrand in den Rücken zu fallen.

Du Guesclin hält nichts davon, mit geschlossenem Visier zu kämpfen, er will sehen, was er macht, auch wenn er weiß, daß der Gegner dann auf seine Augen zielt. Bascon, der Bandit, der Hunderte von toten Bauern auf dem Gewissen hat, darf ihm diesmal nicht entkommen, und wenn es das Leben kostet. Die Bauern müssen gerächt werden. Bertrand hat an diesem Morgen den heiligen Eid geschworen, daß Bascon de Mareuil nach diesem Tag nie wieder das Blut französischer Bauern vergießen wird... Und darüber ist sich der Plünderer im klaren. In Du Guesclins ungeschützten Augen hat er sein Todesurteil gelesen, und so gibt er seinem Pferd die Sporen, um aus dem Kampfgetümmel herauszukommen, damit er mehr Platz zur Verteidigung hat. In dem Moment sieht Jean Jouel, daß sein Freund auf Du Guesclin gestoßen ist, darum bahnt er sich einen Weg dorthin. Rolin sieht ihn kommen und ruft Bertrand eine Warnung zu. Du Guesclin reagiert sofort, er reißt an den Zügeln, wendet sein Streitroß und läßt seine Axt mit so großer Gewalt auf Jouels Helm niedersausen, daß der Hauptmann schwankt und seine Axt aus den Händen gleiten läßt. Ein zweiter Schlag schleudert ihn aus dem Sattel. Blitzstrahl stampft über ihn hinweg. Der schwarze Hengst ist sein Gewicht in Gold wert; kein Pferd kann so schnell aus vollem Galopp zum Stillstand kommen, so schnell wenden; kein Pferd steht so fest auf den Beinen. Das Streitroß von Bascon de Mareuil ist langsamer in seinen Reaktionen. Es hat den Plündererhauptmann kostbare Sekunden gekostet, sein Pferd zum Halten zu bringen. Er sieht gerade noch, wie sein Freund Jouel fällt und unter den mächtigen Hufen des schwarzen Hengstes verschwindet. Brüllend hebt er sein beschädigtes Schwert. »Das sollst du büßen, du bretonisches Schwein!«

Wütend unternimmt er einen Ausfall auf das Gesicht des Ritters. Du

Guesclin weicht gerade weit genug zur Seite, um dem auf sein Gesicht zuschnellenden Schwert zu entgehen und tut dann etwas völlig Unerwartetes. Er ruft »ho«, und sofort steht Blitzstrahl wie aus Stein gemeißelt. Bertrand zieht blitzschnell die Füße aus den Steigbügeln, scheint in die Höhe zu schießen, balanciert den Bruchteil einer Sekunde auf dem Pferderücken, stürzt sich dann nach vorn und wirft sich auf Bascon. Dröhnend fallen die Kampfhähne auf die umgewühlte Erde. Bascon de Mareuil, den der Sprung völlig überrascht hat, hat sein Schwert fallen lassen, aber auch Bertrand hat seine Streitaxt verloren. Mit seinem ganzen Gewicht drückt er den Gegner auf den Boden, und plötzlich blitzt ein Dolch auf. Bascon fliegt der Helm vom Kopf, die Spitze des Dolches findet seine Kehle.

Rolin Bodin sperrt vor Verblüffung den Mund auf. So etwas hat er noch nie gesehen. Kann Du Guesclin fliegen? Hat er ein verstecktes Katapult in seinem Sattel? Den Schildknappen überfällt abergläubische Furcht. Das ist kein Mann mehr, das ist ein Teufel in Menschengestalt. Zitternd steigt er ab und fängt den schwarzen Hengst ein.

Du Guesclin rappelt sich mühsam auf und blickt verächtlich auf die Leiche seines Feindes herab.

»Der wird in der Hölle schmoren«, sagt er grimmig. »Da warten sechshundert gefolterte Bauern auf ihn, um seine ewigen Qualen noch etwas zu verschlimmern.«

Rolin bekreuzigt sich.

»Er war doch ein tapferer Krieger«, sagt er ehrlich, immer noch nicht ganz erholt von seiner Verblüffung.

»Nom de Dieu, hältst du es für nötig, wehrlose Bauern abzuschlachten, Dörfer zu verwüsten und Frauen zu mißhandeln«, schnauzt Bertrand. Dann schaut er sich aufgebracht um. »Wo ist Jean Jouel?«

Rolin deutet hinter sich. Vier Bogenschützen sind damit beschäftigt, den vom Pferd gefallenen Jean Jouel die Rüstung auszuziehen und seine Wunden zu untersuchen. Ganz kurz wechseln die Männer einen Blick, schütteln dann mutlos den Kopf und tragen den Hauptmann weg, als wäre er eine zerschmetterte Puppe.

»Ihr... Ihr habt es aber beiden gut gegeben, Herr«, stammelt der Schildknappe mühsam. Bertrand nickt, hebt sein Beil auf und humpelt zu seinem Pferd. »Hilf mir«, sagt er kurz.

Unübersehbar kostet es ihn Mühe, in den Sattel zu kommen, und das macht ihn plötzlich wieder menschlich. Scheinbar hat er sich bei seinem wilden Sprung auf Bascon recht weh getan. Ihr Kampf hatte sie etwas vom Kampfgetümmel entfernt. Du Guesclins Blicke gleiten über das Feld.

Rolin, der auch wieder aufgestiegen ist, sagt vorsichtig, aber eindringlich:

»Herr, Ihr vergeßt, daß Ihr Oberbefehlshaber seid, Ihr solltet nicht kämpfen, Ihr solltet Befehle erteilen.«

»Du hast recht. Aber als ich Bascon de Mareuil sah, habe ich alles vergessen. Wo ist Matthis?«

»Selbstverständlich bei der Standarte.«

»Komm mit.«

Sie reiten zurück zum Flußufer. In der Ferne sehen sie die Fahne von Captal de Buch, die gerade fortgetragen wird.

»Der Gascogner läßt seine Standarte woanders aufstellen«, bemerkt Du Guesclin.

»Ja, weiter vorne«, antwortet Rolin vielsagend.

Bis zu diesem Augenblick ist die Schlacht unübersichtlich geblieben. Beide Heere stehen ununterbrochen im Nahkampf. Verwundete oder gefallene Soldaten werden schnell von Fußknechten weggeschleppt, damit die Pferde nicht über sie straucheln. Pfeile zischen durch die Luft, große Staubwolken wirbeln auf, es herrscht ein fast unvorstellbares Durcheinander.

Matthis Cuvelier, dessen Pflicht es ist, dem Kampf fernzubleiben und nur die Signale zu blasen, die ihm befohlen werden, wird unruhig. Wo bleibt Du Guesclin? Seit der Haudegen sich auf die Verfolgung von Bascon de Mareuil gemacht hat, hat er ihn nicht mehr gesehen, und nun weiß er nicht, was er machen soll. Der junge Graf von Auxerre hat sich fabelhaft gewehrt, verlor aber in einem unglücklichen Moment seinen Helm, wurde verwundet und mußte sich aus dem Kampf zurückziehen. Enguerrand d'Eudin zeigt sich von seiner besten Seite. Balduin d'Annequin brüllt und mäht tüchtig mit seinen Waffen, der Vicomte wütet wie ein Teufel und mißt tapfer seine Kräfte mit den Reitern der Gascogner. Die Ritter sind in ihrem Element. Dennoch, wie tapfer die Franzosen sich auch wehren, allmählich wird deutlich, daß die Navarreser die Oberhand gewinnen. Immer mehr verlagert sich der Kampf in Richtung Flußufer.

Angstvoll erkennt Matthis die veränderte Situation, und darum seufzt er erleichtert, als er endlich seinen Herrn kommen sieht, dicht gefolgt von Rolin Bodin.

»Bertrand«, ruft er beunruhigt, »es sieht nicht gut aus, unsere Männer beginnen zu weichen.«

»Das habe ich schon gesehen«, nickt Du Guesclin. »Rolin, mach den Zugang zur Brücke frei. Matthis, du gehst mit ihm, es wird Zeit, daß Clopin kommt. Geht und holt ihn.«

»In Ordnung«, erwidert Matthis. Zusammen mit dem Schildknappen trabt er davon. Die Sonne steht nun senkrecht über ihm, es muß ein Uhr mittags sein, und immer noch nicht ist die Schlacht entschieden. Die Navarreser kämpfen wie die Löwen. Bascon de Mareuil ist gefallen, Jean Jouel tödlich verwundet, das heißt, daß Captal de Buchs Unterführer ausgeschaltet sind. Aber der Gascogner führt seine Männer mit starker Hand, sorgt dafür, daß er einen guten Überblick behält. Und er hat mindestens fünfzig Reiter in Reserve gehalten, um sie sofort dort eingreifen zu lassen, wo es kritisch wird.

Da die Navarreser zahlenmäßig überlegen sind, würde es für die Franzosen finster aussehen, hätte Du Guesclin nicht noch einen Trumpf in der Hinterhand gehalten.

Clopin der Schreckliche, wie Matthis ihn einmal hänselnd genannt hat, hat mit seinen zweihundert bretonischen Reitern bisher nicht in die Schlacht eingegriffen. Sie befinden sich noch auf dem sicheren rechten Ufer, hinter den Wassermühlen, so daß sie von den Navarresern nicht gesehen werden konnten. Dort haben sie bisher geruht, gegessen, getrunken und dem Lärm vom anderen Ufer zugehört. Nun erscheinen plötzlich zwei junge Reiter bei ihnen: Matthis und Rolin.

»Es ist höchste Zeit, daß ihr kommt und euch einmischt«, ruft der Herold ihnen aufgeregt zu.

»Endlich«, brummt Clopin. »Wie sieht's denn für uns aus?«

»Nicht schlecht, aber der Druck der Navarreser nimmt zu. Unsere Soldaten können nicht länger standhalten.«

»Da werden wir dann schnell für eine Wendung sorgen«, ruft Clopin. »Männer, aufgesessen und los!«

Gleich darauf donnert der ausgeruhte Reitertrupp über die Brücke und stürzt sich in den Kampf. Nicht einmal angekündigt von Trompetensignalen, die sie hätten warnen können, kommt der Angriff zu diesem Zeitpunkt für die Navarreser völlig überraschend. Captal de Buch, hoch zu Pferde neben seiner Standarte, sieht, wie sich vor seinen Augen das Drama vollzieht...

»Nom de Dieu! Dieser elende Du Guesclin hat ein ganzes Bataillon in Reserve gehalten«, brüllt er. »Warum haben wir das nicht bemerkt, wo kommen die alle plötzlich her? Der Kerl kann doch nicht zaubern?«

»Ich sah sie plötzlich hinter den Mühlen hervorkommen«, murmelt einer seiner Ritter.

Die Wassermühlen! Dieselben langen Gebäude, die ihm heute morgen schon die Sicht genommen haben... Captal de Buch flucht in ohnmächtiger Wut. Wie konnte ich es nur Du Guesclin überlassen, von jeder Möglichkeit Gebrauch zu machen, die das Gelände bietet, schießt es ihm durch den Kopf. Verdammt, wie habe ich den Kerl unterschätzt!

Die vollkommen ausgeruhten Bretonen unter Clopins Führung wenden das Blatt zugunsten der Franzosen. Ein Teil der Navarreser flieht entmutigt in Richtung des Dorfes Pacy, wird von jubelnden Reitern verfolgt. Auch Clopin will hinterher, aber einer seiner Reiter hält ihn am Arm fest.

»Die Standarte!« übertönt er mit seinem Schrei den Tumult. »Laß uns die Navarreser Standarte erbeuten.«

»Ja, komm mit«, brüllt Clopin verwegen. »Drauf los, Männer!«

In diesem Augenblick kommt Matthis auf seiner Stute angebraust, schwenkt seine Trompete; dicht hinter ihm Rolin Bodin.

»Befehl von Du Guesclin«, ruft er laut, »erbeutet die Standarte von Captal de Buch.«

»Darauf sind wir selbst auch gerade gekommen«, grinst Clopin. »Vorwärts!«

Obwohl Matthis nicht Soldat ist, will er sich das nicht entgehen lassen. Seite an Seite galoppiert er mit Clopin und Rolin zum Fuß des Hügels, wo Captal de Buch seine Standarte aufgestellt hat. Vierzig bretonische Reiter haben das gleiche Ziel.

Eine Standarte wird stets heftig verteidigt. Captal de Buch hat eine große Anzahl von Rittern um sich versammelt und ist bereit, die Anstürmenden zu empfangen. Das Zusammenstoßen ist über das ganze Feld zu hören. Pferdeleiber prallen aufeinander, Stahl dröhnt auf Stahl, Schwerter und Streitäxte blitzen im Schlag auf, Geschrei steigt auf aus dem Wirrwarr der Leiber.

Matthis, der ewige Zuschauer, hat seine Stute schnell außerhalb des Geschehens gelenkt. Mit seiner Trompete ruft er noch mehr Bretonen herbei.

Die Gascogner können nicht standhalten. Sie sind schon viele, tödlich ermüdende Stunden unter heißer Sonne im Kampf. Die Bretonen sind frisch und voller Tatendrang, ihre Überlegenheit ist unwiderstehlich. Captal de Buch verteidigt sich heftig, aber als Clopin und Rolin Bodin sich gemeinsam auf ihn stürzen und sein Pferd unter ihm zusammenbricht, rollen sie in einem wirren Knäuel über den Boden. Die Ritter der Gascogner können ihrem Herrn nicht zu Hilfe eilen, denn jeder von ihnen wird angegriffen. Die Standarte wankt, fällt in den Staub.

Wenn eine Fahne sinkt, hat das eine entmutigende Wirkung auf die Soldaten. Das ist ein unwiderrufliches Zeichen für die Niederlage. Die gascognischen Ritter ergeben sich den Bretonen. Das wird sie Geld kosten, das wissen sie. Doch das ist nun einmal ihre Methode: Wer gewinnt, macht Gefangene. Wer verliert, wird selbst Gefangener.

Clopin und der Schildknappe drücken Captal de Buch zu Boden, Clopin hebt seine Streitaxt.

»Verschont mich«, ruft der Feldherr, als er in Clopins erhobener Hand seinen Tod nahen sieht. »Ich bin eine halbe Million wert.«

»Töte ihn«, schreit Rolin erregt. »Er ist ein Freund des Prinzen von Wales.«

»Nein«, sagt Clopin, während er den am Boden liegenden Feldherrn entwaffnet. »Du hast es gehört, er ist bereit, sich zu ergeben. Stellt Ihr Euch unter die Verfügung dieses Schildknappen, Captal de Buch?«

Ein Schildknappe wird wohl adlig sein, das verringert die Schande der Niederlage beträchtlich. Der Feldherr nickt, und Clopin läßt ihn los.

»Nimm ihn, Rolin, er gehört dir.«

Mühsam und niedergeschlagen rappelt sich der Gascogner auf. Seinen Helm hat er verloren, Blut strömt aus einer Wunde an der Wange. Rolin Bodin kann sein Glück nicht fassen: Der berühmte, vornehme Captal de Buch, der reichste Edelmann Aquitaniens, ist sein Gefangener! Matthis kommt herbei, hebt seine Trompete und bläst unüberhörbar laut das Siegessignal. Dann fühlt er einen Augenblick lang die klugen Augen des Gascogners auf sich ruhen. Halb beschämt läßt er sein Instrument sinken, schlägt den Blick nieder. Die Niederlage dieses Mannes tut ihm weh. Dennoch kann er es nicht unterlassen zu bemerken:

»Ihr seht, mein Herr, sowohl Rolin als auch ich leben noch. Und es ist unser Tag!«

Der Feldherr preßt die Lippen zusammen. Der aufgewirbelte Staub legt sich, er kann die Ebene wieder überblicken. Und was er sieht, ist deutlich genug: Die Navarreser fliehen, verfolgt vom Königsheer. Mit bloßer Hand wischt er sich das Blut aus den Augen, dann schaut er zu dem Herold auf und antwortet:

»Frau Fortuna ist eine launische Dame.«

Der macht's sich einfach, denkt Matthis enttäuscht. Verliert man, gibt man dem Schicksal die Schuld. Von Captal de Buch hätte ich mehr erwartet. Schweigend wendet er sein Pferd.

Die Navarreser haben den Kampf aufgegeben. Ihre Anführer sind ausgeschaltet, es ist niemand mehr da, der sie anfeuern oder ihnen Befehle geben könnte, die Standarte ist gesunken – ihnen bleibt nur noch die Flucht. Aber die Bretonen auf ihren frischen Pferden denken gar nicht daran, die Plünderer entkommen zu lassen. Jeder dieser Reiter trägt die Erinnerung an abgebrannte Bauernhöfe, verwüstete Dörfer, leergeplünderte Scheunen, ausgerottete Familien mit sich. Dies ist für sie der Tag der großen Abrechnung, der Tag, an dem sie Rache nehmen können für Jahre des Kummers und der Verzweiflung. Sie verfolgen die fliehenden Banditen bis Pacy. Den ganzen Nachmittag donnern Pferdehufe durch das Tal, lassen eine Spur von Gefallenen und weggeworfenen Ausrüstungsgegenständen hinter sich.

Als nach dem langen, heißen Tag die Sonne untergeht, ist das Heer der Gascogner und Navarreser vernichtet. Die Schlacht bei Cocherel ist der größte Sieg geworden, den jemals ein französisches Königsheer über den Feind erringen konnte. Und Bertrand Du Guesclin ist der Held des Tages.

Matthis, der in Jubelstimmung ist, findet seinen Herrn bei der Brükke. Hochaufgerichtet sitzt der Haudegen auf Blitzstrahl und blickt über das umgewühlte Schlachtfeld.

»Dies ist unser Tag«, ruft Matthis ihm überglücklich zu. »Es ist endgültig aus und vorbei mit dem Machttraum der Navarreser.«

Bertrand antwortet nicht. Die Ritter und Edelleute haben sich bereits zur Abtei von La Croix-Leuffroy begeben, um dort den Sieg mit einem Festmahl zu feiern. Die letzten Verwundeten und Gefallenen werden an ihnen vorbei zur Abtei getragen. Warum sitzt er hier immer noch auf seinem Pferd und starrt über die Ebene, warum freut er sich nicht? Es ist ihm gelungen, den Thron für Karl V. zu retten!

Matthis, der seine Begeisterung kaum zu bändigen weiß, treibt seine Stute dicht an den schwarzen Hengst heran.

»Du hast es geschafft, Bertrand«, ruft er strahlend. »Du hast es verstanden, Captal de Buch zu einem Fehler zu verführen.«

Knurrend schüttelt Du Guesclin den Kopf.

»Captal de Buch macht keinen Fehler«, antwortet er finster.

»Nun gut, dann waren es seine Unterführer, die ihren Blutdurst nicht im Zaum halten konnten. Wie auch immer: Du hast gewonnen.«

Du Guesclin schweigt.

»Tiphaine wird stolz auf dich sein«, sagt Matthis zufrieden.

»Weil ich wieder einmal ein paar tausend Menschen ins Jenseits verholfen habe?« brummt der Bretone.

»Ach was, das war Gesindel, und das weißt du. Das Heer von Captal de Buch bestand zum größten Teil aus Plünderern, Dieben und Mördern, die verdienten den Tod. Und die Gascogner fallen nicht, die ergeben sich, wenn sie nicht gewinnen können.«

Du Guesclin schaut plötzlich noch unwirscher drein.

»Halte den Mund, Grünschnabel«, brüllt er plötzlich. »Du weißt nicht, was du sagst. Ein Feind ist kein Mensch, das ist der Teufel, stimmt's? Und was sind wir in ihren Augen? Auch Teufel. Aber das ist nicht wahr, verflucht, das ist nicht wahr! Ob du Franzose, Bretone,

Navarreser oder Gascogner bist, du bist auf alle Fälle ein Mensch. Dir ist kalt, wenn es friert, und du schwitzt, wenn die Sonne scheint. Du kriegst Hunger, wenn da kein Essen ist, und du kriegst Durst, wenn die Brunnen austrocknen. Trotzdem schlagen wir einander tot, beißen uns gegenseitig die Gurgel durch, trotzdem schlagen wir aufeinander ein, als gäbe es nichts Schöneres.«

Matthis blinzelt verblüfft. Diesen Ausbruch muß er erst einmal verarbeiten. Dann schüttelt er langsam den Kopf.

»Bertrand, das meinst du doch nicht wirklich. Du bist müde. Morgen denkst du ganz anders darüber.«

»Morgen, ja. Dann werde ich wohl anders denken müssen, denn wir sind noch längst nicht am Ziel. Da wird noch eine Menge Blut fließen müssen, bis Frankreich befreit ist von dem habgierigen Pack, das uns keinen Tag Frieden gönnt. Aber auch wenn ich weiß, daß es nötig ist, die Aasgeier aus Frankreich zu vertreiben, kein Mensch kann von mir verlangen, da auch noch Gefallen dran zu finden. Wo ist Rolin?«

»Der ist mit seinem Gefangenen, Captal de Buch, zur Abtei gegangen. Der Junge hat heute sein Glück gemacht.«

Bertrand schnaubt.

»Der soll sich nicht zuviel davon erhoffen. König Karl wird den Gascogner für sich selbst fordern, und Rolin kann froh sein, wenn er einen guten Schadenersatz bekommt.«

»Warum bist du so betrübt, Bertrand? Du bist der Sieger! In ganz Frankreich wird dein Name in Zukunft mit dem größten Respekt genannt werden.«

»Laß sie machen, was sie wollen«, brummt der Eisenfresser. »Komm mit, dann kannst du mich von der Rüstung befreien und darfst meine blauen Flecken zählen. Danach habe ich dann noch Arbeit für dich.«

Kopfschüttelnd reitet Matthis hinter seinem Herrn her. Er versteht nicht ganz, warum Du Guesclin so niedergeschlagen ist. Ist es die Reaktion auf den Kampf, oder hat er tatsächlich Mitleid mit dem vernichteten Plündererheer?

5

DIE SORGEN EINES KÖNIGS

Der kleine Robert weiß nicht, ob er stolz, beleidigt oder erleichtert sein soll. Während auf dem linken Ufer der Eure die Entscheidung über das Königreich fällt, wird auf seine Mithilfe verzichtet. Er schleppt Wassereimer und Verbandsmaterial, er wird von fluchenden Soldaten angefahren, Knechte mit Tragbahren laufen ihn über den Haufen, grobe Reiter, die ihr Pferd verloren haben, schubsen ihn zur Seite. Er sieht nur fremde Gesichter um sich herum. Da ist niemand, bei dem er sich beklagen kann. Clopin, Rolin, Matthis, alle sind sie auf dem Schlachtfeld damit beschäftigt, den Thron für König Karl zu retten, und niemand braucht ihn. Nach ein paar Stunden hat er genug davon. Auch wenn sein Pflegevater ihm ans Herz gelegt hat, gehorsam zu sein und zu tun, was ihm gesagt wird, so steigt doch plötzlich seine natürliche Aufsässigkeit in ihm hoch. Verflucht noch eins, er ist kein Knecht! Noch bevor die Sonne ihren höchsten Stand erreicht hat, entzieht er sich den hundert Aufgaben, die ihm zugeschoben werden, und macht sich hinter dem Altar der Kapelle unsichtbar. Er rollt sich in eine alte Mönchskutte ein und fällt in Schlaf. Erst Stunden später schrickt er auf. Der Graf von Auxerre ist mit einem dicken Verband um den Kopf in die Kapelle gekommen und kniet nun vor dem Altar und betet für seine Genesung.

Der kleine Robert kommt aus seinem Versteck gekrochen, kniet sich hinter den jungen Edelmann und starrt mit vor Ehrfurcht aufgerissenen Augen auf den blutigen Verband. Jean de Châlons ist verwundet! Dann muß er wirklich tapfer gekämpft haben. Als der Edelmann endlich aufsteht und kurz taumelt, schießt der kleine Robert hoch und stützt ihn.

»Habt Ihr Schmerzen?« fragt er besorgt. »Soll ich Euch etwas Wein holen?«

Verwundert schaut der junge Ritter auf das Kind.

»He, wo kommst du denn her? Ja... einen Becher Wein...«

»Ihr werdet gewinnen, bestimmt«, sagt der kleine Robert, um ihn etwas zu ermuntern. »Kommt nur mit, ich kenne ein Eckchen, da wird Euch niemand belästigen.«

»Du bist ein merkwürdiges Kind«, murmelt Jean de Châlons gerührt. In seinem Schädel pocht es, er ist unglücklich, weil er sich mit blutigem Kopf aus der Schlacht zurückziehen mußte, die Fürsorge des Zwerges rührt ihn. Der kleine Robert nimmt ihn bei der Hand, bringt ihn in eine abseits gelegene Mönchszelle, in der ein unbenutztes Bett steht und in der vom Lärm auf dem Hof kaum etwas zu hören ist.

»Danke dir, Knabe...«

Stöhnend läßt sich der junge Graf auf die Pritsche fallen. Sein geschundener Schädel brummt und brennt. Der kleine Robert läuft fort, kommt gleich darauf mit einem Zinnbecher, bis zum Rand mit kühlem Wein gefüllt, zurück.

Jean de Châlons trinkt durstig, läßt sich dann aufs Bett zurückfallen.

»Habt Ihr viele Feinde getötet, bevor Ihr verwundet wurdet, Herr?« fragt der kleine Robert wißbegierig.

»Drei.«

»Dann seid Ihr ein Held.«

Jean de Châlon bezweifelt das, aber die Bewunderung des kleinen Jungen tut ihm doch gut.

»Ach was«, murmelt er bescheiden. Dieser Tag hat den stolzen Grafen Demut gelehrt. Du Guesclins Schlachtplan, gegen den er sich so heftig gewehrt hatte, stellte sich als genialer Schachzug heraus; das Königsheer ist drauf und dran, die Schlacht zu gewinnen. Doch das ist nicht das Verdienst des Grafen von Auxerre, dessen Helm zersplittert wurde und der ein großes Loch im Kopf hat.

Der kleine Robert legt seine kleine kühle Hand auf die Stirn des Edelmannes. Er ist immer noch ein bißchen verärgert, daß er nicht an der Schlacht teilnehmen durfte. Nun sieht er nur den durchbluteten Kopfverband, in seinen Augen ein grandioses Ehrenzeichen. Der Mann, der den Verband trägt, muß mindestens so tapfer sein wie Alexander der Große. Und das sagt er auch.

»Mein lieber Junge, du übertreibst«, murmelt der junge Mann. Aber er lächelt. Sein Kopfschmerz läßt etwas nach.

Der kleine Robert deckt ihn sorgfältig zu, bleibt an seinem Bett sitzen, hält die klamme Hand des Ritters. So warten sie gemeinsam auf die Rückkehr der Sieger: ein hoher Edelmann, ein kleinwüchsiges Bürgerkind. Zwei Welten. Aber an diesem heißen Nachmittag, in der kühlen Mönchszelle, da sind sie für eine Weile die besten Freunde.

»Wo ist mein Page?« brummt Du Guesclin, nachdem Matthis ihm aus der Rüstung geholfen hat. Der Kleine Robert ist natürlich wieder nirgends zu finden. Die Sanitäter wissen auch nicht, wo er geblieben ist; sie haben ihn schon den ganzen Nachmittag nicht mehr gesehen. Übrigens haben sie auch keine Zeit, ihn zu suchen, immer noch werden Verwundete hereingebracht, die sofort verbunden werden müssen.

»Laßt nur«, brummt Du Guesclin, »ich finde den Bengel schon noch. Matthis, nimm deinen Gänsekiel und das Pergament, du mußt sofort einen Brief für mich schreiben.«

»An den König? Ich habe Hunger.«

»Wer nicht? Aber eine so gute Nachricht kann nicht warten. Wie würdest du dich fühlen, wenn du unterwegs zur Krönungsstadt wärst und fürchten müßtest, jeden Moment auf eine PlündererTruppe zu stoßen, die dich ermorden will? Karl muß wissen, daß der Weg für ihn sicher ist. Beeile dich, ich will, daß du heute abend noch abreist.«

Gleich darauf schreibt Matthis den Bericht von der Schlacht, während der Gesang der feiernden Soldaten undeutlich an sein Ohr dringt. Rolin kommt und bringt ihm ein Stück Brot, einen Hühnerschenkel und einen Krug mit verdünntem Wein. Und einen beunruhigenden Bericht.

»Vicomte de Beaumont ist außer sich vor Verzweiflung: Sein Freund, der Graf von Auxerre, ist verschwunden. Man weiß, daß der Graf verwundet wurde, doch nun stellt sich heraus, daß er nicht in seiner Kammer ist, und niemand weiß, wo er steckt.«

Matthis nickt. Sobald er mit seinem Brief fertig ist, begibt er sich auf die Suche. Tief in seinem Herzen verspürt er eine große Zuneigung zu dem jungen Edelmann, der die Ehre (und die Verantwortung) des Oberbefehls zugunsten von Du Guesclin abgab und dadurch die Vernichtung der Navarreser Truppen möglich machte. Endlich findet er ihn... in der letzten Zelle am langen Gang. Und er findet nicht nur den Grafen von Auxerre, fiebrig und geschwächt von Schmerzen, sondern auch seinen kleinen Pfleger, der, als Matthis hereinkommt, schnell den Finger auf die Lippen legt.

»Still, er schläft…«

Matthis nickt, schließt die Tür und lächelt. Der Vicomte kann beruhigt sein, für seinen Freund wird gut gesorgt.

»Wo bleibst du denn«, ruft Du Guesclin seinem Herold zu, als dieser bei ihm erscheint. »Bist du fertig mit dem Brief? Gut. Ein frisch gesatteltes Pferd steht für dich bereit. Rolin Bodin wird dich begleiten. Mach nicht so ein unglückliches Gesicht, sei froh, daß ich euch beide als Kuriere losschicke. König Karl V. wird die, die ihm die gute Nachricht bringen, reich belohnen. Das habt ihr euch heute redlich verdient.«

»Rolin hat tapfer gekämpft, ich habe keinen Tropfen Blut vergossen«, antwortet Matthis kurzangebunden. Und das werde ich auch nie tun, geht es ihm durch den Kopf. Bertrand grinst. Sein Ärger scheint verflogen zu sein.

»Du«, sagt er langsam, »du warst derjenige, der gestern auf die Idee kam, neue Schlachtsignale zu erfinden und sie meinen Soldaten beizubringen. Damit hast du unsere Feinde verwirrt, denn die konnten nicht ahnen, was geschehen würde. Das ist einer der Gründe dafür, daß wir heute gewonnen haben. Und beeile dich jetzt, gleich wird es dunkel.«

»Muß ich die ganze Nacht durchreiten?« fragt Matthis.

»Das kannst du halten, wie du willst, ihr müßt nur dafür sorgen, daß ihr den König eingeholt habt, bevor er Reims erreicht hat. Ich will, daß er als Triumphator in die Krönungsstadt einzieht.

Matthis nickt, legt sich einen Mantel um die Schultern und steckt sich noch etwas Verpflegung in die Satteltasche. Rolin Bodin, der freudig erregt ist, wartet schon auf ihn. Der Schildknappe hat nichts dagegen, die ganze Nacht durchzureiten. In seinem jugendlichen Übermut malt er sich aus, wie sie irgendwo zwischen Paris und Reims auf den königlichen Zug stoßen und wie der König ihren Bericht vom Sieg aufnehmen wird.

»Ich wette, Charles fällt uns um den Hals und bricht über unseren gebeugten Häuptern in Tränen aus, er drückt uns an sein Herz und erhebt uns mindestens in den Adelsstand«, phantasiert Rolin, als sie durch das Tal traben. »Und, du kannst sicher sein, ich werde mir in

Reims ein schönes Leben machen! Man sagt, dort wohnen die hübschesten Mädchen von Frankreich.«

Matthis antwortet kaum. Genau wie Rolin hat er sich tagelang mächtig verausgabt; in der letzten Nacht war an Schlaf nicht zu denken, und auch jetzt wird wohl aus einer Nachtruhe nichts werden. Er ist müde. Immer wieder hat er Bilder des heutigen Tages vor Augen. Auch das Bild, wie Clopin mit seiner bretonischen Reiterei Captal de Buchs Reserve über den Haufen ritt – das war zugleich erhebend und schrecklich gewesen. Manchmal kann Matthis nicht begreifen, daß er es überhaupt aushält, Du Guesclin zu dienen. Er ist kein Kampfhahn, der die Gewalt verherrlicht, er ist Minnesänger, ein musikalischer junger Mann, der sein Leben der Schönheit und der Poesie geweiht hat. Dennoch ist er aus tiefstem Herzen davon überzeugt, daß er sich niemals von dem alten Eisenfresser und dessen unberechenbarer Kampfeslust freimachen kann. Etwas an dem Mann fesselt ihn, hält ihn mit Haut und Haaren gefangen. Aber was? Du Guesclins Offenheit, seine Riesenkraft oder der Funken von Genialität, der Matthis immer wieder überrascht?Aber nein, alles ist viel einfacher. Bertrand Du Guesclin ist ein Mann, der Geschichte macht. Und Matthis will sehen, wie er das anstellt.

König Karl V., der kränkliche Herrscher eines schwerangeschlagenen Königreiches, ist aus St. Denis kommend unterwegs nach Reims, um dort gekrönt zu werden. Zu schwach, um selbst zu reiten, läßt er sich in einer Sänfte tragen, der eine andere Sänfte folgt, in der die vornehm gekleidete Königin Jeanne mit zwei Hofdamen Platz genommen hat. Charles ist es lieber, allein in solch einem Tragstuhl zu sitzen.

Neben seiner Sänfte reitet der Marschall Boucicaut, vor ihm reiten der Marschall d'Auberchicourt und der Konnetabel De Brienne. Sie sind umringt von Höflingen, Rittern und Würdenträgern. Der Zug ist lang und überaus prächtig. Am Wege stehen jubelnde Menschen. Sein Volk! Karl V. liebt das Volk, dennoch hat er nun kaum einen Blick dafür. Auf seinen Schultern lastet die Zukunft von Millionen Menschen, und die meisten von ihnen haben keine Ahnung davon, daß in diesem Moment in der Normandie zwei Heere in einen tödlichen

Kampf um die Macht verwickelt sind. Dem König ist das bewußt, und die Angst schnürt ihm die Kehle zu. Wenn Captal de Buch die Gelegenheit bekommt, durchzubrechen...

Er zieht die Gardine seiner Sänfte zur Seite. Verstohlen mustert er seine Hauptleute auf ihren kostbaren Streitrössern. Boucicaut, d'Auberchicourt, De Brienne, denkt er verbittert. Die Männer, die mein Königreich verteidigen sollen. Und was tun sie? Sie reiten in voller Pracht in meinem königlichen Zug, sie lassen sich bewundern und zujubeln, das Kämpfen überlassen sie anderen. Warum kann ich Du Guesclin nicht zum Konnetabel ernennen? Ich bin doch der König, der mächtigste Mann im Reich? Aber nein, wenn ich einen ehemaligen Gutsbesitzer in einen höheren Stand erhebe, wird sich der Adel auflehnen, und das kann ich mir nicht erlauben.

Zum ersten Mal in seinem Leben grübelt König Karl V. über die Ungleichheit der Menschen. Wie viele unentdeckte talentvolle Menschen gibt es unter dem gewöhnlichen Volk? Menschen, die nie eine Gelegenheit bekamen, zu zeigen, was sie können, weil ihre Wiege in einer Hütte stand und nicht in einem Palast. Menschen, die von jung an schwer für ihr tägliches Brot arbeiten müssen, die nichts lernen können, nicht einmal denken dürfen, weil sie nicht edlen Blutes sind. Sollte die Ohnmacht der gewöhnlichen Leute das Entstehen der Plündererkompanien erklären können? In so einem wilden Haufen fragt keiner nach Herkunft oder Blutsverwandtschaft, darin kann der ärmste Hörige oder ein hundertmal getretener Bauer eine angesehene Persönlichkeit werden, falls er sein Gewissen zum Schweigen bringt. Die Truppen ziehen plündernd durchs Land, quälen die Bevölkerung, stehen außerhalb der Gesetze, außerhalb des normalen Lebens und sind Zuflucht für jeden Missetäter. Aber sind diese Banden nicht auch Zuflucht für die Unterdrückten, die Denker und Ketzer, für alle, die in ihrem niedrigen Stand ihren Ehrgeiz nicht befriedigen können?

Erschrocken zieht er die Gardine wieder zu. Was er da denkt, das ist eine Sünde! Schnell bekreuzigt er sich und versucht, seinen Gedanken eine andere Richtung zu geben. Wird es dem Grafen von Auxerre gelingen, mit seinem unzulänglichen Heer den Aufmarsch der Navarreser aufzuhalten und den Machttraum von Karl von Navarra zu zerstören? Die Frage geht dem König nicht aus dem Kopf. Marschall Boucicaut verbeugt sich ehrerbietig im Sattel und klopft an die Seite der Sänfte. Wieder zieht der König die Gardine zur Seite.

»Was ist?«

»Sire, da kommen zwei Reiter über die Felder. Sie winken mit den Armen, rufen uns etwas zu. Es scheinen Kuriere zu sein.«

»Wie weit ist es noch nach Reims?«

»Keine fünfzehn Meilen, Sire.«

»Laßt halten.«

»Ja, Sire.«

Kuriere! Karl versucht, den Kloß in der Kehle, die Angst, hinunterzuschlucken. Kuriere aus der Normandie? Der Zug kommt zum Stehen, für einen kurzen Augenblick legt der König die Hand auf sein hämmerndes Herz. Dann hält er es nicht mehr aus, mühsam steigt er aus der Sänfte. Auch Königin Jeanne streckt den Kopf heraus. »Was gibt es?« fragt sie verwundert. Karl macht eine beruhigende Gebärde. Im Staub stehend, die Hände über die Augen gelegt, späht er in die angegebene Richtung. Da nähern sich tatsächlich zwei Reiter auf erschöpften Pferden. Offensichtlich haben sie einen langen Ritt hinter sich. Während er wartet, hat er das Gefühl, kalte Hände schnürten ihm die Lungen ein. Ihm bricht der Schweiß aus.

Boucicaut, immer noch im Sattel, doch nun mit gezogenem Schwert, beugt sich dem König entgegen.

»Den einen Reiter erkenne ich, Sire, das ist Du Guesclins Herold.«

Zitternd vor Spannung schweigt der König. Ist Du Guesclin gefallen? Gebe Gott, daß das nicht geschehen ist! Er wird sich plötzlich seiner heftigen Zuneigung zu dem rauhbeinigen Bretonen bewußt.

Die erschöpften Pferde der Kuriere können nicht mehr, sie bewegen sich nur noch im Schrittempo. Unverhofft läßt sich einer der Kuriere aus dem Sattel gleiten und legt die letzten paar hundert Meter rennend zurück. Keuchend wirft er sich vor dem König in den Staub. Karl erkennt Matthis Cuvelier.

»Sire, wir haben gewonnen«, stößt der Herold hervor. »Das Heer der Navarreser ist vollkommen vernichtet.«

Nun hat der zweite Kurier sie auch erreicht; er ist ebenso außer Atem wie Matthis und trägt ein prachtvolles Schwert. Auch er geht vor dem König in die Knie, legt ihm dann sein wunderschönes Schwert zu

Füßen. Karl steht stocksteif, ist nicht in der Lage zu reagieren. Schweigend blickt er hinunter auf die gesenkten Köpfe.

»Seht, Sire, das ist das Schwert von Captal de Buch«, sagt der Schildknappe mit halberstickter Stimme. »Ich habe Captal de Buch selbst gefangengenommen. Darum erklärte Ritter Bertrand Du Guesclin mich der Ehre würdig, Euch dieses Schwert als Krönungsgeschenk anzubieten.«

Immer noch schweigt der König. Leichenblaß starrt er auf die Waffe zu seinen Füßen, auf die Pergamentrolle, die Matthis ihm reicht. Er schluckt, schluckt noch einmal, die Stimme versagt immer noch. Aber durch seinen ganzen schmerzenden Körper schwingt die Erkenntnis: Mein Thron ist gerettet!

Matthis Cuvelier, den die Stille um ihn herum verblüfft, blickt in das Gesicht des Fürsten. Darin ist nichts zu lesen. Der Herold ist leicht enttäuscht. Er hatte einen Jubelruf erwartet, einen Freudentanz... Er weiß selbst nicht genau, was, – auf alle Fälle nicht diese tiefe Stille, diese... Kälte. Hat der König die Tragweite der Neuigkeit noch nicht begriffen?

»Sire«, flüstert er aufgeregt, »es war Bertrand Du Guesclin, der gestern den Sieg für Euch errungen hat. Er hatte den Oberbefehl auf sich genommen.«

»Bertrand...«

Es ist das erste Wort, das der König spricht. Seine Stimme gehorcht ihm noch nicht ganz, aber unbändige Dankbarkeit steigt in ihm auf. Er tastet mit zitternden Händen zu seinem Gürtel, wirft den knienden Jungen plötzlich seinen Geldbeutel zu. Das ist eine so unerwartete Bewegung, daß Matthis zu spät begreift, so daß der Lederbeutel schwer in den Sand fällt. Der Klang von Gold ist deutlich zu hören.

Hinter dem König fliegt die große Neuigkeit von Mund zu Mund, aus dem langen Zug steigt Gemurmel auf. Es ist, als schlügen Wogen durch die Gesellschaft der reichen Reisenden. Höflinge kommen nach vorn, umringen den König und die Königin, die auch ausgestiegen ist. Rolin hebt den Geldbeutel auf, wechselt einen erfreuten Blick mit seinem Kameraden. Seine Familie ist arm, ruiniert durch den Krieg: Er weiß kaum, wie ein Goldstück aussieht. Und er würde Kopf und Kragen darum wetten, daß mindestens zwanzig davon in dem Beutel sind.

»Steh auf«, gebietet der König. »Dich kennen wir sehr wohl, Matthis Cuvelier. Wer ist der junge Held?«

»Ich bin Rolin Bodin, Schildknappe des Ritters Bertrand Du Guesclin.«

»Aus welcher Gegend?«

»Aus La Motte-Broons, Sire, in der Bretagne.«

Auch ein Bauernjunge, denkt der König. Er lächelt kurz. Marschall Boucicaut fragt scharf: »Von Adel?«

»Nein, Herr.«

Boucicaut spitzt überheblich den Mund. Der neue Brauch, nicht adlige Jungen zu Schildknappen zu ernennen, gefällt ihm ganz und gar nicht. Doch der König hat genug von der Hochmütigkeit seines Marschalls. Er streckt beiden Jungen die Hände entgegen.

»Wir danken euch für die guten Nachrichten, die ihr uns gebracht habt. Es ist unser Wunsch, daß ihr in unserer Sänfte mit nach Reims reist und uns währenddessen alles von der Feldschlacht erzählt.«

Rolin wird über und über rot. Was für eine Ehre! Trotzdem versteht er das noch nicht ganz. Wie kann ein König, der seinen Thron hat wanken sehen, so kalt bleiben, wenn man ihm erzählt, daß der Krieg mit Navarra zu seinem Vorteil entschieden ist? Ihm ist überhaupt nicht anzumerken, ob er Angst gehabt hat oder nun erleichtert ist. Er hat ihnen seinen Geldbeutel zugeworfen, aber das hat nicht viel zu bedeuten, das war eine Gewohnheitsgeste.

Als sich gleich darauf der Zug wieder in Bewegung setzt, sitzen Matthis und Rolin dem König in seiner Sänfte gegenüber. Rolin berichtet lebhaft vom Verlauf der Schlacht. Karl V. hört mit unbewegtem Gesicht zu, unterbricht den Jungen nicht ein einziges Mal. Was ist das doch für ein kalter Mensch, denkt Matthis. Ist dies der Mann, der Du Guesclin anflehte, ihm den Thron zu retten?

Matthis Cuvelier ist todmüde. In der sich wiegenden Sänfte fällt er beinahe in Schlaf – doch das wäre unverzeihlich. Schnell reißt er wieder die Augen auf, und um sich wachzuhalten, starrt er auf den Geldbeutel in Rolins Schoß. Warum wird der Überbringer guter Nachrichten reich belohnt und der Bote schlechter Nachrichten gescholten und sogar bestraft, überlegt er. Könige sind seltsame Menschen...

»Und so«, schließt Rolin seinen Bericht, »haben wir Captal de Buch in unsere Gewalt bekommen. Wir haben ihn vorläufig in der Abtei von Saint-Leuffroy untergebracht, und Ritter Du Guesclin ist nun dabei, die Reste von Jean Jouels und Bascon de Mareuils Truppen aufzurollen.«

Der König nickt gemessen. Er denkt an die vielen anderen Plündererbanden, die im Osten seines Reiches die Wege unsicher machen und ganze Landstriche ausrauben. Er denkt auch an die Zukunft. Nun kann er Friedensverhandlungen mit Karl von Navarra eröffnen, den Postdienst wieder einrichten, das Eintreiben der Steuern besser regeln. Er hat viel zu tun...

Plötzlich ist er so sehr in seine politischen Pläne vertieft, daß er nicht bemerkt, wie Du Guesclins Herold immer wieder einzunicken droht und der Schildknappe seine Augen nur mit Mühe offenhalten und ein herzhaftes Gähnen kaum unterdrücken kann.

Am nächsten Tag, einem Samstag, zieht der König in Reims ein. Und zwar als Triumphator. Die Glocken heißen den Zug willkommen, denn die große Neuigkeit ist ihnen vorausgeeilt. Das Volk am Straßenrand jubelt, alle Häuser sind geschmückt, von den Balkonen hängen Fahnen herab und aus allen Fenstern werden Blumen geworfen. Die Stadt ist voller Musikanten, Bettler, Taschendiebe, Kaufleute, Ritter...

Denn auch wenn die Schlacht bei Cocherel keine gewaltige Vernichtungsschlacht gewesen ist, eher ein Scharmützel von höchstens viertausend Mann, so wurde dort doch eine Entscheidung von ungeheurer Bedeutung herbeigeführt. Karl der Schlechte hat seine politische Rolle ausgespielt. Einige Plündererbanden sind aufgerieben, Jouel und Mareuil sind tot, Captal de Buch ist Gefangener. Damit ist Frankreich noch lange nicht aller Sorgen ledig, doch Du Guesclins Sieg hat vornehmlich die Wirkung, daß das Volk wieder mutig in die Zukunft sieht. Mit diesem neuen König, hoffen die Menschen, wird auch eine neue Zeit anbrechen, in der die Fehler der Vergangenheit wiedergutgemacht und die Wunden geheilt werden. Die Zeit des ewigen Verlierens ist vorbei: Cocherel ist die Wende.

Die Glocken läuten, das Volk singt, in der Kathedrale probt der Chor die mächtige Krönungsmesse von Frankreichs größtem Komponisten Guillaume de Machaut. Reims feiert und hebt das Glas auf eine hoffnungsvolle Zukunft.

Rolin Bodin teilt sich mit Matthis die Goldstücke und löst dann sein Versprechen ein und läßt es sich mit seinem Kameraden gutgehen. Das können sie sich erlauben. Mit vollen Händen geben sie das Geld aus, sie betrinken sich, kneifen Mädchen in die Wangen und stellen jede Weinstube auf den Kopf. »Wenn du ein interessantes Leben führen willst«, sagt Matthis halbtrunken zu jedem, der es hören will, »dann mußt du dich Bertrand Du Guesclin anschließen. Unter ihm nehmen Abenteuer und Überraschungen nie ein Ende.«

»Das kann man wohl sagen«, lallt Rolin. »Das Elend ist nur, daß Bertrand einen so verdammt hart arbeiten läßt.«

Um das zu feiern, bestellen sie noch einen Krug Wein. Und selbst in seinem benebelten Zustand kann Matthis Cuvelier es nicht lassen, Schlußfolgerungen aus dem zu ziehen, was er um sich herum wahrnimmt.

»Heute sind wir glücklich«, ruft er seinem Kameraden zu, »aber morgen...?«

»Heute ist nicht morgen«, hickt Rolin ausgelassen.

Das ist wahr, denkt Matthis, morgen sehen wir weiter. Wir leben heute, an einem Tag des Feierns, und das ist genug. Jeden Tag nehmen wie er ist, bis zum Boden ausschöpfen, das ist das Vorrecht des kleinen Mannes. Gottlob, daß ich kein König bin, der Jahre im voraus denken muß...

»Ich trinke auf den kleinen Robert, den Gewaltigen«, ruft er laut. Dann zieht er sich ein Mädchen auf den Schoß, küßt ihr den Hals und murmelt ihr trunken ins Ohr: »Findest du das Leben auch so schön, Schönheit?«

6

DAS GEHEIMNIS

Wenn jemand das Leben schön findet, dann ist es der kleine Robert. Vor allem, als er einige Wochen später zusammen mit den Siegern im Triumph auf die Burg Pontorson zurückkehrt, wobei er stolz die Nase in die Luft streckt, als hätte er höchstpersönlich das Königreich gerettet. Therese ist die erste, die ihn begrüßt. Tiphaine hat nichts Eiligeres zu tun, als ihrem Mann weinend um den Hals zu fallen, und Roberts Pflegeeltern sind schon vor einem Monat zu ihrer sommerlichen Rundreise durch das Land aufgebrochen. Die Erwachsenen auf der Burg nehmen ihn kaum wahr, ganz im Gegensatz zu Therese! Die rennt auf ihn zu, reißt ihn fast von seinem kleinen Pferd, umklammert ihn in fester Umarmung.

»Du hast gesiegt«, ruft sie aufgeregt. »Du hast die Navarreser aus der Normandie vertrieben. O, Robert...« Und das ist genau die Begrüßung, mit der ein Held rechnen darf, wenn er müde vom Kampf nach Hause kommt.

Therese nimmt ihren kleinen Freund völlig in Beschlag, denn der hat ja so viel zu erzählen! Bertrand Du Guesclin ist vom neuen König zum Grafen von Longueville ernannt worden. Er ist nun ein normannischer Edelmann mit Grafenkrone, und das hat im Frankreich des vierzehnten Jahrhunderts viel zu bedeuten. Doch das ist es nicht, worüber der kleine Robert nicht genug zu erzählen weiß. Von der Mühe und den Kosten, die die Verwaltung einer Grafschaft mit sich bringt, hat er keine Ahnung. Er erzählt vom Feldzug, wie er an einem kalten Maiabend in eiskaltes Wasser gesprungen ist, um Informationen für Du Guesclin zu bekommen. Die Heldentat macht großen Eindruck auf das Mädchen, denn sie kann nicht schwimmen.

»Hattest du keine Angst?« fragt sie hundertmal. Dann spitzt der kleine Robert den Mund, wie er es den Vicomte hat tun sehen, schüttelt selbstbewußt den Kopf nach dem Vorbild von Enguerrand d'Eudin und antwortet hochmütig, als wäre er Jean Châlons in Person: »Ich habe vor nichts und niemandem Angst.« Die Kälte, die Angst, die Panik, die er durchlebt hat, hat er schon lange vergessen.

Therese genießt Roberts Geschichten. Natürlich übertreibt der Junge schrecklich. Er tut so, als wären mindestens hunderttausend Mann in die Schlacht verwickelt gewesen, und nicht knapp viertausend. Daß aus klarem Himmel Donner und Blitze niedersausten, daß die Erde zitterte unter dem Dröhnen des Aufeinanderprallens, daß die Ufer der Eure bebten unter dem Schlachtenlärm. In ganz Frankreich müßten die donnernden Echos der Pferdehufe zu hören gewesen sein...

Keinen Augenblick denken die Kinder daran, daß der kleine Robert die Schlacht überhaupt nicht mitgemacht und all die Geschichten nur von Rolin gehört hat. In seiner lebhaften Phantasie ist es der kleine Robert selbst, der den Angriff der Reiterei angeführt, der die Gascogner über den Haufen geritten und Captal de Buch gefangengenommen hat.

Die Grausamkeit eines mit Menschenblut getränkten Feldes wird ihm nicht bewußt. Von der Trauer über einen gefallenen Vater oder Bruder weiß er nichts. Die Schmerzen abgerissener Körperteile, durchbohrter Eingeweide, zerrissener Lungen kennt er nicht. Er weiß nicht, was das ist, zu ersticken im Staub eines umgepflügten Schlachtfeldes, wehrlos zertrampelt zu werden von scharfen Hufen oder zu verbluten in Dreck und Schlamm. Er sieht nur die Glorie.

Dennoch steht das, was den Jungen beseelt, genau in Übereinstimmung mit der allgemeinen Auffassung jener Zeit. Gewalt, Tod und Vernichtung sind Teil des täglichen Lebens. Ritter sind Berufskämpfer und schwärmen vom Mut. Ein Menschenleben ist nicht viel wert und wird nach Besitz gemessen: Arme Schlucker zählen nicht. Aus der Schönheit eines Bauwerkes macht ein Ritter sich nichts, eine Burg ist das sichtbare Zeichen seines Standes und seiner Würde, manchmal Zufluchtsort, doch stets Machtmittel. Die Erde liefert Nahrung für Mensch und Tier, darum ist Grundbesitz eine Art des Reichtums. Die Landschaft ist unwesentlich, die Bauern werden verachtet.

Jedoch – und das ist verwunderlich, das *Volk*, die Millionen kleiner Bürger und Bauern, das Volk ist nicht so machtbesessen und streitlustig. Obwohl die Bürger und Dörfler den Mut berühmter Ritter bewundern, wollen sie tief in ihren Herzen nichts anderes als Frieden. Sie sehnen sich danach, in Ruhe ihre Arbeit zu verrichten und das Beste daraus zu machen.

Ein Schreiner kann Monate damit beschäftigt sein, einen Schrank zu zimmern, wobei er aus dem Eichenholz ein Kunstwerk hervorzaubert, prachtvoll gestaltet. Maurer und Steinmetze tun mehr als nur Mauern zu errichten: Unter ihren geschickten Händen entsteht reine Schönheit. Mönche liefern nicht nur Handschriften, sie verschönern die Blattseiten mit Blumenranken, Miniaturen und Ornamenten und wunderschönen Farben, Korbflechter, Töpfer, Kupferschläger leben sich aus in ebenmäßigen Formen und kunstvollen Verzierungen. Jeder Schloßmacher ist ein Kunstschmied. Näherinnen und Schneider bearbeiten die feinsten Stoffe und bedecken sie mit Stickereien. Aus rohen Fäden wird hauchzarte Spitze geklöppelt. Glasstücke werden bemalt, gebrannt und mit Blei zusammengefügt zu den glänzenden Bogenfenstern der Kirchen. Das ganze Leben ist erfüllt von Arbeitslust und Schönheit, doch um die Schönheit zum Erblühen bringen zu können, ist Frieden nötig. Krieg läßt Städte und Dörfer in Flammen aufgehen, vernichtet Menschen und Kunstwerke. Und je mehr die Ritter von Heldentaten und Kriegsruhm träumen, desto mehr leidet das Volk darunter und sieht die Arbeit seiner Hände der Vernichtung preisgegeben.

Dieser Gegensatz ist dem kleinen Robert kaum bewußt. Als Kind umherziehender Minnesänger hat er viele Menschen kennengelernt, um sie aber auch gleich darauf wieder aus den Augen zu verlieren. Für ihn ist die Welt eine große Bühne, die bevölkert ist mit Figuranten, die kommen und gehen und sofort wieder vergessen werden. Einige Figuren scheinen größer als lebensgroß zu sein, nur weil sie eine Hauptrolle spielen: Könige und Ritter. Sonst nimmt er die Menschen so wie sie sind, ohne sich zu fragen, wie sie so geworden sind. Darin unterscheidet sich der kleine Robert himmelweit von seinem Stiefbruder Matthis Cuvelier, dem ewigen Zuschauer und Grübler.

Doch alles geht einmal zu Ende, auch Ruhm und Glück. Während der Sommer langsam verstreicht, kommen beunruhigende Nachrichten, und Kuriere aus Paris bringen dem frischgebackenen Grafen von Longueville neue Befehle.

Die Bretagne wird schon seit zwanzig Jahren von einem Bürgerkrieg zerrissen, der mit großen Zwischenpausen immer wieder ausbricht. Das ist ein alter Unruheherd, der nicht erlöschen will. Zwei hohe Edelleute, Charles de Blois und Jean de Montfort, machen sich gegenseitig den Titel (und die Macht) des Herzogs der Bretagne streitig. Und die Nachbarländer schlagen sich in diesem Streit auf die eine oder andere Seite. Charles de Blois, ein Vetter des französischen Königs, wird von Paris unterstützt. Jean de Montfort ist ein Günstling von Eduard III. und kann mit Englands Hilfe rechnen. Der Krieg zwischen Frankreich und England, der mit dem Frieden von Brétigny 1360 vorläufig beendet wurde, wird unter dem Deckmantel des Bürgerkriegs auf dem Boden der Bretagne fortgesetzt.

Nach langem Waffenstillstand sind im Sommer 1364 wieder Kämpfe ausgebrochen. Jean de Montfort ist mit einem Heer, das hauptsächlich aus englischen Söldnern besteht, aus dem Süden herangerückt und belagert das Städtchen Auray. Als Antwort darauf fühlt Charles de Blois sich verpflichtet, ebenfalls wieder die Waffen zu ergreifen und die Stadt zu befreien. Und sein königlicher Vetter in Paris hat ihm die Hilfe Du Guesclins versprochen.

»Wunderbar«, ruft der kleine Robert. »Es geht also wieder los.«

»Ohne dich«, sagt Matthis Cuvelier. »Du bleibst bei Frau Tiphaine auf Pontorson.«

Sofort erhebt der kleine Robert ein heftiges Geschrei. Was! Er darf nicht mit? Und warum nicht? Ist er nicht der Page, der unentbehrliche Kundschafter, der sich unsichtbar machen und im Stockdunkeln durch eiskaltes Wasser schwimmen kann?

»Nein«, sagt Matthis Cuvelier unerschütterlich. »Frau Tiphaine weigert sich, dich gehen zu lassen. Sie behauptet, in den Sternen gelesen zu haben, daß dieser Feldzug mißlingen wird.«

»Das glaubt doch kein Mensch«, schreit der kleine Robert.

»Aber sie.«

»Und du?«

»Ich weiß es nicht. Ihre Vorhersagen bewahrheiten sich stets.«

»Gehst du mit?«

»Selbstverständlich.«

»Und wenn es dann wirklich mißlingt?«

»Dann werden wir weitersehen.«

»Du hast keine Angst, he«, schmeichelt der kleine Robert.

»Doch.«

Das enttäuschte den kleinen Bruder bitter.

»Und trotzdem gehst du mit?«

»Ja.«

»Aber du hast doch Angst!«

»Das ist doch nebensächlich.«

Seinen seltsamen Stiefbruder wird der kleine Robert nie verstehen können. Ist Matthis nun ein Held, oder ist er keiner? Helden kennen doch keine Angst?

Auch wenn Berton de Fleur und Marie-Claire unterwegs sind, heißt das noch lange nicht, daß der kleine Robert keinen Unterricht erhält. Frau Tiphaine legt Wert darauf, daß er lesen lernt. Dummköpfe in ihrer Umgebung kann sie nicht vertragen. Auch Therese darf am Unterricht teilnehmen, und die findet das großartig. Meistens sitzen sie dabei im Rittersaal. An diesem Nachmittag ist auch Matthis Cuvelier anwesend, und zwar schreibt er Briefe für seinen Herrn. Tief über seine vollgekritzelte Wachstafel gebeugt hört der kleine Robert durchs offene Fenster die melodischen Hammerschläge aus Clopins Schmiede. Herzerwärmende Geräusche für jeden, der damit zu tun hat, während er... Aufsässig wirft er seinen Schreibstift hin.

»Ich lerne es ja doch nie«, ruft er. »Warum darf ich nicht mit und für Charles de Blois kämpfen?«

»Du bist zu jung«, antwortet Tiphaine ruhig.

»Das sieht nur so aus, weil ich so klein bin. Ich bin sehr tapfer.«

Niemand geht darauf ein, also fragt er:

»Wer ist eigentlich Charles de Blois?«

»Unser Lehnsherr«, sagt Tiphaine, »ein heiliger Mann.«

»O ja? Was hat er denn getan, daß er so heilig ist?« fragt Therese, die auch ihren Stift hingelegt hat. Ihre Augen glänzen. Sie hört für ihr Leben gern Heiligengeschichten.

Doch jetzt blickt Matthis plötzlich auf.

»De Blois ein Heiliger?« ruft er spöttisch. »Wer das glaubt...«

Tiphaine lächelt.

»Na ja, so sieht das Volk ihn«, murmelt sie.

Matthis schüttelt den Kopf und wendet sich unmittelbar an die Burgdame.

»Ehrlich gesagt habe ich den Mann nie verstehen können. Er behauptet, seine Frau Jeanne de Penthièvre hätte Anrecht auf die ganze Bretagne als ihr rechtliches Erbe, und um das zu beweisen, hat er das halbe Erbe in Schutt und Asche gelegt.«

Tiphaine nickt wehmütig, aber Therese fragt beharrlich: »Wie kann er dann so heilig sein?«

»Er ist fromm«, sagt Matthis. »Sagen wir krankhaft fromm. De Blois beichtet jeden Tag, geht zweimal am Tag zur Kommunion, betet, bevor er an einem Turnier teilnimmt, bevor er mit einer Frau ins Bett geht, bevor er sich die Nase schneuzt... Man sagt, daß er sogar während des Kampfes noch betet und unter seinem Kettenpanzer ein Büßerhemd aus Pferdehaaren trägt. Dauernd ist er damit beschäftigt, Buße zu tun. Voriges Jahr lief er mitten im Winter mit bloßen Füßen zehn Meilen durch den Schnee, nur um eine Kiste mit Reliquien in die Kirche von Tréguin zu bringen.«

»Und kämpft er jetzt mit Frostzehen?« fragt Therese ernsthaft.

Tiphaine lacht herzlich.

»Gut möglich«, sagt Matthis lachend. »Dabei ist Charles de Blois der größte Geizkragen, den man sich vorstellen kann. Einmal schenkte er einem Kloster, das unter dem Bürgerkrieg ziemlich gelitten hatte, fünfzehn Francs für den Wiederaufbau. Fünfzehn Francs! Und da machte er auch noch so ein Aufheben, daß man glauben konnte, er hätte sich selbst an den Bettelstab gebracht.«

»Ich habe noch viel tollere Geschichten von ihm gehört«, ergänzt Tiphaine. »Eines Tages begegnete ihm auf einem Weg eine bettelarme Frau, die ihre Liebe für ein paar Centimes anbot. ›Frau‹, sagte De Blois streng, ›warum sündigst du?‹ Das arme Wesen begann zu heulen und erzählte, daß sie ihr Haus und ihren Mann im Krieg verloren hätte und keine andere Möglichkeit wüßte, ihre Kinder zu nähren. Und was meinst du, was der fromme Charles de Blois tat? Er gab ihr acht Centimes und ließ sie feierlich schwören, in Zukunft nicht mehr zu sündigen. Anstatt der armen Frau Arbeit und anständiges Unterkommen zu verschaffen, wirft er ihr acht Centimes vor die Füße und preßt ihr das Gelöbnis ab, ihre einzige Verdienstquelle aufzugeben...«

»Ja«, sagt Matthis bitter, »der Mann hat überhaupt kein Gespür für das Volk. Der hat nicht die geringste Ahnung davon, wie schlecht es den armen Schluckern in der Bretagne geht. Von allen verlangt er Tugendhaftigkeit, auch wenn der Hunger die Därme zerreißt. Aber er selbst hat eine ganze Reihe außerehelicher Kinder in die Welt gesetzt.«

»Tut er darum dauernd Buße?« fragt Therese, die wie alle Kinder gnadenlos logisch denken kann.

»Ach«, sagt Tiphaine, »wir können es ihm kaum übelnehmen. De Blois ist ein großer Edelmann. Wer mit goldenem Löffel im Mund geboren wird, der weiß nicht, was es heißt, von der Hand in den Mund leben zu müssen. Was weiß ein Vetter des Königs vom einfachen Volk? Er sieht das Volk ja nicht einmal...«

»Brecht ihr schon bald auf?« fragt der kleine Robert, und er sieht, daß Tiphaine sich schnell über ihre Stickerei beugt und sich verstohlen eine Träne abwischt.

»Morgen«, antwortet Matthis. »Und versuche gar nicht erst, mit Bitten deinen Willen durchzusetzen. Du bleibst hier, und damit genug!«

Der kleine Robert schweigt gekränkt. Therese blinzelt ihm zu und flüstert: »Du willst die gnädige Frau doch nicht schutzlos hierlassen, oder?«

Der kleine Robert nickt kurz und dankbar. Therese ist gewitzt, sie weiß genau, was sie sagen muß, um den Jungen zu trösten.

Matthis Cuvelier ist beunruhigt. Bevor Du Guesclin sich mit hundert Reitern dem Heer von Charles de Blois anschließen kann, wird er nach Paris gerufen, um vom König nähere Anweisungen zu erhalten. Seltsamerweise darf der Herold dieses Mal bei den Besprechungen nicht anwesend sein. Und Bertrand will später kein Wort darüber verlieren. Unterwegs nach Auray versucht Matthis, seinen Herrn auszuhorchen, aber er stößt auf Granit.

»Schweig, Freund. Du brauchst nicht alles zu wissen. Es ist besser, wenn manche Dinge für dich und alle anderen im dunkeln bleiben«, ist alles, was er zu hören bekommt. Matthis kann keine Geheimniskrämerei vertragen. Es ärgert ihn, über das, was um ihn herum geschieht, nicht im Bilde zu sein. Außerdem hat Du Guesclin eine Laune zum Davonlaufen. Er mault und schnauzt, selbst Clopin, sein alter Kampfgefährte und Stellvertreter, bekommt kein gutes Wort zu hören.

»Vielleicht vermißt er Rolin«, denkt Matthis. Der Schildknappe ist kurz vor ihrem Aufbruch krank geworden und mußte auf Pontorson zurückbleiben. Zur Freude des kleinen Robert, der nun einen Schicksalsgenossen hat, und zur Freude von Tiphaine, die den Jungen sehr gern hat. Aber Matthis bedauert das sehr. Mit dem Ersatzknappen, einem eingebildeten Jungen aus Dinan, kommt er nicht so gut aus. Du Guesclin übrigens auch nicht.

Wenn wir erst einmal bei Auray sind, wird seine Laune besser werdenk, denkt Matthis. Der Anblick eines Heereslagers wird ihn aufmuntern. Er irrt sich. Für einen Mann wie Du Guesclin ist Charles de Blois' Lager eine bittere Enttäuschung. Sogar Matthis, der doch auch einiges gewöhnt ist, erschrickt beim Anblick des Durcheinanders, das dort herrscht.

Auray ist eine Marktstadt und ein regionales Zentrum, hat sonst aber keine militärische Bedeutung. Die Stadt liegt zufällig auf dem Weg des vorrückenden Jean de Montfort, und bei seinem großangelegten Versuch, sich dieses Jahr die ganze Bretagne zu unterwerfen, muß er auch Auray einnehmen. Aber die Stadt hält stand, hält die Tore geschlossen, und Jean de Montfort bleibt nichts anderes übrig, als sie zu belagern. Gerade darum scheint an diesem unwichtigen Ort die Entscheidung über den schleppenden Bürgerkrieg fallen zu müssen. Warum Matthis das plötzlich weiß, ist ihm nicht ganz klar, aber als sie kurz vor Auray sind, schießt es ihm durch den Kopf: Hier wird entschieden, wer sich Herzog der Bretagne nennen darf. Rund um die Stadt herum haben sich die Söldnertruppen von Jean de Montfort hinter Palisaden und in Laufgräben verschanzt. Matthis sieht es auf einen Blick: Hier ist kein Durchkommen. Außerdem hat der englische König Charles de Montfort seinen besten Feldherrn ausgeliehen: John Chandos, den Lehrmeister des Prinzen von Wales. Der Unschlagbare...

Matthis Cuvelier, der ebenso wenig abergläubisch ist wie sein Herr, beginnt sich zu fragen, ob Tiphaine recht bekommen wird.

De Blois' Lager in den Sümpfen nördlich von Auray ist unordentlich, unübersichtlich, und von Aufgabeneinteilung kann keine Rede sein. Männer kommen und gehen, niemand weiß, ob sie zur Truppe gehören oder einfach nur gucken kommen, ob es etwas zu stehlen gibt. Von Anfang an steht fest, daß Charles de Blois selbst die Befehlsgewalt übernehmen wird. Dabei rechnet der Edelmann fest damit, daß Gott auf seiner Seite steht und die Entscheidung herbeiführen wird. Kurz: Charles de Blois rechnet mit einem Wunder. Murrend läuft Matthis umher, er fühlt sich einsam und ausgeschlossen. Du Guesclin hat sich in sein Zelt zurückgezogen, will niemanden sehen. Charles de Blois betet.

»Was für eine Bande«, brummt der Herold unzufrieden. Feldküchen gibt es nicht, jeder Soldat muß sehen, wie er sein Essen auf einem Lagerfeuer kocht. Die Pferde sind in Behelfsställen untergebracht. Unterkünfte für die Soldaten gibt es kaum. Nur die Hauptleute haben ein Zelt. Und dabei ist es schon Ende September, die Nächte werden kalt. Clopin kommt Matthis entgegen, geht aber grußlos an ihm vorbei. Dem liegt die ganze Sache auch schwer im Magen, denkt Matthis. Wind kommt auf, treibt trockenes Laub zusammen. Matthis fröstelt, ballt die Hände zu Fäusten. Zum Verrücktwerden! Er weiß überhaupt nichts, Bertrand hält ihn von allem völlig fern – das erträgt er nicht länger. Wütend läuft er zu Du Guesclins Zelt.

Als er eintritt, findet er seinen Herrn mutterseelenallein auf der Kante seines Feldbettes sitzen. Seine gewaltige Streitaxt lehnt an einer offenen Kiste, in der seine Rüstung liegt. In der zunehmenden Dunkelheit brennt flackernd eine armselige Kerze, die in einer Ecke auf dem Boden steht.

»Ich dachte, du wirst mich heute abend noch brauchen«, sagt Matthis gespielt munter, schließt die Kiste und stellt die Kerze drauf.

»Geh nur schlafen«, brummt Du Guesclin düster.

Matthis schüttelt eigenwillig den Kopf. Er hat keine Lust, schon um sieben Uhr ins Bett zu gehen. Außerdem ist nicht zu übersehen, daß Bertrand aufgeheitert werden muß.

»Soll ich dir etwas vorsingen?«

»Nein.« Fast schneidend hört sich das an. Matthis seufzt, setzt sich neben die Kerze auf den Rand der Kiste.

»Ist schon entschieden, wann wir De Montfort angreifen werden?« fragt er.

»Morgen.«

»Was?«

»Aufschub hat keinen Zweck«, sagt Du Guesclin matt.

»Muß denn nicht Kriegsrat gehalten werden?«

»Wofür? Charles de Blois hat den Befehl. Er wird uns morgen früh schon erzählen, was wir zu tun haben.«

Matthis sperrt den Mund auf

»Meinst du... meinst du, er wird De Montforts Verschanzungen stürmen, einfach so...? Das kann doch nicht gutgehen.«

Du Guesclin schweigt.

»Hast du ihm denn nicht abgeraten?« fragt Matthis eindringlich.

Schweigen.

»Und ich? Welche Aufgabe werde ich bekommen?«

Du Guesclin zuckt die Schultern.

»Du tust, was du immer tust: Du bläst das Angriffssignal und später zum Rückzug.«

»Rückzug! Du tust grad so, als hätten wir nicht die Spur einer Chance.«

»Haben wir die denn?« fragt Du Guesclin bitter. Tief in seiner mächtigen Brust rumort es.

»Na ja...« Der Herold fühlt sich verpflichtet, zuversichtlich zu bleiben. »Ich gebe zu, daß es nicht einfach sein wird, durch die Hindernisse durchzubrechen, aber Du Montfort hat keinen Du Guesclin in seiner Truppe...«

»Er hat Chandos.«

»Bertrand, du darfst es mir nicht übelnehmen, aber ich verstehe überhaupt nichts mehr. Einfach drauflos zu stürmen, das ist doch nichts für dich, das wäre ja ein Rückschritt um zwanzig Jahre. Und es ist ärgerlich, wenn ich nicht weiß, wie dein Schlachtplan aussieht, ich muß doch wissen...«

»Freund, halt deinen Mund.«

»Nein. Du kannst mir nicht weismachen, daß du morgen wie ein wilder Stier auf ein Heer losstürmst, das von einem Feldherrn wie Chandos befehligt wird. So dumm bist du nicht.«

»Pardieu, Kerl, hör auf, dummes Zeug zu reden! Warte doch ab, was passieren wird.«

Hier stimmt etwas nicht, denkt der Herold wütend. Und sehr unzufrieden, weil er sich ausgeschlossen fühlt, poltert er los: »Ich frage mich, was das alles soll. Morgen wird wieder einmal gekämpft. Na und? Wer auch gewinnt, in ein paar Wochen oder Monaten fängt der Streit wieder an. So geht es schon zwanzig Jahre lang, und das Ende ist nicht abzusehen. Solange die beiden Rivalen einander gegenüberstehen, geben sie nicht auf. Das ist nichts anderes als das sinnlose Vergeuden von Menschenleben, wobei dann die Bretagne zugrunde geht.«

»Darum muß morgen De Montfort gewinnen.«

Das ist Bertrand einfach so herausgerutscht. Matthis sieht, wie sein Herr zusammenzuckt, sich die Hand vor den Mund schlägt, als wäre er über seine eigenen Worte erschrocken. Er selbst sitzt da wie erstarrt.

»Gewinnen?« stammelt er ungläubig.

Einen Augenblick lang scheint es so, als wollte Du Guesclin sich wieder in brütendes Schweigen zurückziehen, doch dann sprudelt es aus ihm heraus:

»Wenn wir endlich Frieden haben wollen, echten Frieden, dann muß morgen De Montfort gewinnen.«

»Und das hoffst du?« Matthis kann seinen Ohren nicht trauen.

»Nicht nur ich.«

»Wer denn noch?«

»Der König.«

Mit Stummheit geschlagen starrt Matthis den Ritter an. Bertrand bewegt sich nicht. Er erwidert den Blick, seine grünen Augen flackern. Drohend und geladen hängt die Stille zwischen den beiden. Es ist ruhig geworden im Lager, die meisten Soldaten schlafen schon.

Bertrand Du Guesclin seufzt. »Versuch das doch zu verstehen«, sagt er fast traurig. »Vor ein paar Monaten haben wir die Navarreser geschlagen, und danach konnte unser König mit Karl von Navarra Frieden schließen, einen sehr vorteilhaften Frieden. Nun muß auch in die Bretagne wieder Ruhe einkehren. Nach zwanzig endlosen Jahren Bürgerkrieg wird es höchst Zeit. Aber solange die beiden Gegenspieler einander gegenüberstehen, gibt es keinen Frieden, denn keiner kann nachgeben. Einer der beiden muß das Feld räumen. Wer? De Blois.«

»De Montfort ist ein Freund der Engländer! Wenn er siegt, verkauft er die Bretagne an Eduard III.«

»Aber nein.« Bertrand reibt sich kurz die Knie, als verursache die kalte Abendluft Schmerzen in den Gelenken. »Jean de Montfort hat geschworen, daß er nach seinem Sieg den König von Frankreich als obersten Lehnsherren anerkennen wird. Und das ist alles, worauf es ankommt. Sobald König Karl V. soweit ist, wird er den Krieg gegen England wiederaufnehmen und die verlorenen Gebiete zurückzuholen versuchen. Dann darf er keinen Feind im Rücken haben.«

»Aber de Blois ist ein Vetter des Königs, unseres Königs.«

»Das ist auch der Grund dafür, daß der König nicht bekanntgeben kann, daß er insgeheim ein Bündnis mit Jean de Montfort geschlossen hat. Niemand würde das begreifen, Also bin ich, um den Schein zu wahren, an De Blois ausgeliehen, und zwar mit dem ausdrücklichen Auftrag, nicht zu siegen und nicht zu fallen.«

»Als hättest du das selbst in der Hand«, ruft Matthis spöttisch.

»O ja...« Du Guesclins Stimme klingt kalt, doch mit seinem feinen, musikalischen Gehör erkennt Matthis den Unterton der Verbitterung.

»Sind das die geheimen Befehle, die du in Paris empfangen hast und wo ich nicht dabei sein durfte?«

Du Guesclin nickt kaum wahrnehmbar.

»Verdammt, Bertrand, du redest, als wäre alles genau geregelt... Beim Himmel, dies ist eine Feldschlacht, Mann! Mit allen Gefahren, die dazugehören.«

»Meinst du?« fragt Du Guesclin trocken.

»Etwa nicht?«

Plötzlich läßt der Bretone mutlos den Kopf sinken.

»Ja«, sagt er dumpf, »es wird eine Feldschlacht. Morgen werden viele tapfere Männer sterben. Wofür? Um der geheimen Politik des Königs willen, um den Schein wahren zu helfen, daß König Karl V. seinen Vetter nicht im Stich gelassen hat.«

»Und genau das tut er!« ruft Matthis. »Das ist... Das ist eigentlich eine Form von Verrat.«

»Das ist Politik, mein Freund.«

»Aber das stinkt zum Himmel. Und du, du machst solche schmutzigen Spielchen mit? Du wirst morgen Menschen totschlagen, die geopfert werden... dem Schein, der Politik geopfert werden. Alle sind davon überzeugt, für eine ehrliche Entscheidung zu kämpfen, aber hinter ihrem Rücken ist die Entscheidung schon lange gefallen. Ich finde, das ist ein Skandal!«

»Wie soll es in dieser entlegenen Gegend denn sonst Frieden geben?« fährt Du Guesclin plötzlich auf. »Weißt du eine bessere Lösung? Wenn Montfort morgen siegt, steht der König, wie man so schön sagt, vor den Trümmern, und dann kann er nichts anderes tun, als sich den Tatsachen zu fügen. Dann ist der Schein gewahrt, der Bürgerkrieg beendet und in der Bretagne kann der Wiederaufbau beginnen. Die Komödie kostet ein paar Menschenleben, aber es werden eine Million Bauern dadurch gerettet.«

Verblüfft schüttelt Matthis den Kopf. Ihm wird schwindelig. Er ist Minnesänger. Sein Kopf ist voller Lieder, Epen, Gedichte, in denen Treue und Ehre besungen werden. Doch das ist Literatur. Die Wirklichkeit ist nicht heldenhaft, ist kein ebenmäßiges Bauwerk aus Reimwörtern und Musik. Die Wirklichkeit ist grimmig, schmutzig – und heißt Politik.

Langsam läßt er sich zu Boden sinken, seinem Herrn zu Füßen.

»Bertrand«, flüstert er, »warum hast du mir das alles erzählt? Es sollte doch sicher geheim bleiben...«

»Selbstverständlich ist es geheim.« Du Guesclin starrt trübsinnig auf seine Füße, blickt seinen jungen Freund nicht an, als er murmelt: »... aber ich mußte es jemandem erzählen, jemandem, der schweigen kann.« Plötzlich umklammern seine harten Fäuste Matthis' Schultern. »Weißt du, was das heißt, sich in einen Kampf zu stürzen und dabei zu wissen, daß man verlieren *muß*?« sagt er heiser. »Zu erkennen, daß jeder Mann, dem ich morgen den Schädel einschlage, nicht hätte sterben müssen, wenn die großen Herren ein paar Jahre früher ihren Verstand gebraucht hätten? Du bist entrüstet, aber was meinst du, wie mir zumute ist?« Er zittert. »Ich habe dieses elende Gefühl unterdrücken müssen, Matthis, es zerriß mich. Heute abend war es wieder da... und ich mußte es loswerden, ich mußte das Geheimnis mit jemandem teilen oder daran ersticken.«

Matthis krümmt sich zusammen, die knetenden Finger tun ihm weh. Warum kann ich den häßlichen Baumknorren nicht hassen, denkt er verzweifelt, warum liebe ich den verteufelten Kerl so sehr?

»Weiß... weiß niemand, was du mit dem König verabredet hast?« flüstert er. »Überhaupt niemand?«

»Nein, nicht einmal De Montfort. Der wird es schon merken...«

Die Hände lassen Matthis los. Bertrands gezeichnetes Gesicht scheint sich zu entknittern, seine Stimme klingt wie eine Säge:

»Du, Matthis... du bist noch so blutjung. Du denkst, weil du ein Dichter bist, die Welt wäre ordentlich eingerichtet und alles würde genau und gut von oben geregelt werden. Ich weiß, daß es nicht so ist. Diese Welt ist ein Jammertal, und die Menschen taugen nichts. Nach tausend Jahren Christentum taugen sie immer noch nichts. Selbst die besten von uns müssen Dinge tun, die ewig an ihrem Gewissen nagen...«

Matthis fühlt Tränen über seine Wangen laufen. Er schluckt, blinzelt, verflucht seine Schwäche – und fällt dann die wichtigste Entscheidung seines Lebens.

»Bertrand«, sagt er leise, »du bist mein Freund. Ich werde bei dir bleiben, was auch geschehen mag. Immer. Und müßte ich dabei meine unsterbliche Seele verlieren.«

Er bückt sich, ergreift die herabhängende Hand des Ritters und küßt sie. Dann springt er auf und rennt tränenblind aus dem Zelt.

Doch der Schmerz in seiner Brust wird nicht geringer, und in der ganzen Nacht macht er kein Auge zu.

7

SCHMUTZIGE HÄNDE

Auch wenn Matthis nun darauf vorbereitet ist – die Katastrophe, die sich am nächsten Tag vor seinen Augen vollzieht, trifft ihn deswegen nicht weniger hart.

Charles de Blois, der sehr fromm ist, hat gerade diesen Tag, den 29. September, für seinen Angriff gewählt. Es ist der Tag des Erzengels Michael, des himmlischen Kämpfers für das Recht, der immer mit flammendem Schwert abgebildet wird, mit dem er den höllischen Drachen besiegt. Bevor De Blois den Befehl zum Sturmlauf gibt, kniet er vor dem tragbaren Altar, den er auf all seine Reisen mitnimmt. Er betet inbrünstig um den Beistand des Erzengels und besteigt dann voller Selbstvertrauen sein Streitroß, fest davon überzeugt, daß Sankt Michael sein Flammenschwert über ihm schwingen und für seinen Sieg sorgen wird.

Es kommt anders.

Der wilde Angriff auf De Montforts Verteidigungslinie wird abgeschlagen. Als danach die englischen Söldner unter Führung von John Chandos einen Ausfall unternehmen, ihre Laufgräben verlassen, hinter den Palisaden zum Vorschein kommen und sich auf die kleine Truppe des Charles de Blois stürzen, ist alles schnell geschehen.

Da Du Guesclin ihm verboten hat, sich in den Kampf zu mischen, muß Matthis aus sicherer Entfernung mitansehen, wie sein Herr von Chandos und einer großen Anzahl von Reitern umzingelt wird. Du Guesclin ergibt sich ohne Gegenwehr. Chandos ist überrascht; er hatte erwartet, der bretonische Haudegen würde sich heftig widersetzen. De Blois, der sich nicht bewußt ist, daß über sein Schicksal bereits entschieden ist, hat sich überschäumend vor Mut in den Kampf gestürzt, und er ist überzeugt davon, daß der Erzengel ihn beschützt. Er ist ein Krieger alter Schule, tapfer und unbesonnen. Beim Volk der Bretagne ist er beliebt, weil er so fromm ist und königliches Blut in den Adern hat. Befehle erteilt er keine, er ist seinen Soldaten vorangegangen, und das ist alles. Das ist die einfache Methode: Jeder für sich und Gott für uns alle. Wem das Herz in die Hose rutscht, der kann sehen, wie er wegkommt. De Blois bemerkt nicht einmal, daß seine Soldaten schon bald zu weichen beginnen und zu Dutzenden fliehen. Er bemerkt auch nicht, daß Du Guesclin sich ohne Gegenwehr gefangennehmen läßt.

Jean Montfort nimmt nicht an der Schlacht teil, er überläßt das Kämpfen John Chandos. Als der englische Hauptmann kommt und ihm stolz den entwaffneten Du Guesclin anbietet, strahlt De Montfort über das ganze Gesicht: »Jetzt noch Charles de Blois, meine Herren«, gebietet er. »Der ist eine halbe Million wert.« Denn es ist ja nicht so, daß De Montfort nach dem Blut seines Rivalen lechzt. Nicht umsonst ist er am englischen Hof aufgewachsen, wo das Erbeuten von Kriegsgefangenen als Sportart angesehen wird. Hohe Edelleute wie De Montfort sind weniger blutrünstig als man aus ihren Worten schließen könnte. Das Kriegführen ist für sie so etwas wie Handel mit Lösegeldern. Mit ein wenig Glück wird man steinreich dabei.

Wo bleiben die bretonischen Reiter mit Clopin? denkt Matthis verzweifelt, als er sieht, daß immer mehr Soldaten aus De Blois' Heer ihr Leben durch die Flucht retten. Du Guesclins Reiterei scheint kaum am Kampf teilzunehmen. Matthis' Blick wird durch aufgeworfene Staubwolken behindert, aber soweit er das beurteilen kann, ist kein einziger Bretone auf dem Schlachtfeld. Sind sie geflohen, als sie sahen, daß Du Guesclin sich ergeben hat? Plötzlich erkennt er Clopin; gefolgt von sechs Reitern galoppiert er am Rande des Schlachtfeldes zu der Stelle, wo Charles de Blois sich heftig wehrt. Eine Staubwolke nimmt Matthis für ein Weilchen die Sicht auf einen Teil des Schlachtfeldes, aber sein Herz beginnt zu kochen. Wird Clopin dem in die Enge getriebenen Herzog helfen?

Dann hört er die Siegestrompeten des Jean de Montfort schmettern, er sieht, wie De Blois' Soldaten in alle Richtungen fliehen, weil sie in diesem hoffnungslosen Kampf nicht auch noch ihr Leben verlieren wollen. Ihm wird klar, daß es auch für ihn Zeit wird, zu fliehen. In diesem Augenblick sieht er wieder Clopin mit seiner Handvoll Reiter auftauchen. Auch die machen, daß sie wegkommen. De Blois' Fahne wird jubelnd von den Engländern erobert – aber wo ist der Herzog selbst geblieben? Nirgends kann Matthis den frommen Sonderling entdecken.

Er zerrt am Zügel, läßt seine Stute wenden und stiebt davon. Wütend denkt er: Es ist gekommen, wie es kommen mußte. Die Niederlage ist vollkommen. Jean de Montfort wird neuer Herzog der Bretagne, anerkannt von König Karl. Das Volk, das genug vom Bürgerkrieg hat, wird ihn anerkennen. Die Bretagne kann mit dem Wiederaufbau beginnen. Aber mein Gott, zu welchem Preis!

Matthis versucht, es hinzunehmen, aber sein Gesicht ist naß von Tränen. Schnell wischt er sie weg. Weit hinter sich hört er De Montforts Soldaten jubeln, und betrübt denkt er an seinen Freund Bertrand in den Händen des Feindes. Werden die Soldaten ihn ordentlich behandeln, oder werden sie ihn fesseln, quälen? Angestachelt von der Hitze des Kampfes und in ihrem wilden Siegestaumel sind sie zu allem fähig. Es könnte passieren, daß Jean de Montfort einmal seine Soldaten nicht zügeln kann. Je länger Matthis darüber nachdenkt, desto mehr beschleicht ihn die Angst.

Er schaut sich kurz um. Nein, er wird nicht verfolgt. In der Ferne sieht er aus dem Schornstein eines Bauernhauses Rauch aufkringeln. Links von sich entdeckt er die dunklen Umrisse eines kleinen Waldes, dorthin lenkt er sein Pferd.

Einmal unter den Bäumen in Sicherheit, steigt er ab und lehnt sich an einen Stamm. Angst und Zweifel zerreißen ihn fast.

»Ich muß wissen, ob Bertrand noch lebt«, murmelt er einem Rotkehlchen zu, das über seinem Kopf auf einem Zweig herumhüpft und mit schief gehaltenem Kopf zu ihm herunter schaut. »Ich *muß* es wissen.«

Das Vögelchen fliegt davon, Matthis beneidet es um seine Flügel. »Vielleicht kann ich Bertrand befreien...«

Ach, wie kommt er denn darauf! Wenn jemand schwer bewacht wird, dann ist es bestimmt Bertrand Du Guesclin. Engländer können manchmal sehr grausam mit ihren Gefangenen umgehen. Zitternd erinnert sich Matthis an Geschichten über ausgestochene Augen, herausgerissene Zungen, abgeschnittene Ohren... Was stellen sie mit Du Guesclin an?

Er hält es nicht aus. Mühsam steigt er wieder in den Sattel und reitet zurück nach Auray. Nicht geradewegs, er sorgt dafür, daß er nicht gesehen wird. Der Tag ist fast vorüber, De Montforts Soldaten haben die Verfolgung der Verlierer aufgegeben und feiern nun in ihrem uneinnehmbaren Lager. Das Städtchen Auray ist totenstill, dort sitzen natürlich die Ratsherren beisammen und beraten ernsthaft, in welche Form sie ihre Unterwerfung unter Jean de Montfort kleiden sollen.

Matthis Cuvelier nähert sich dem Lager so dicht, wie er sich eben noch traut. Dann versteckt er seine Stute in einem Gebüsch und schleicht zu Fuß weiter. Er schlägt einen großen Bogen, aber dennoch stößt er dauernd auf hohe Schanzpfähle. Auf der Suche nach einem unbewachten Durchgang kommt er nach einiger Zeit wieder auf das Feld, auf dem die Schlacht geschlagen wurde.

Das Gelände steigt etwas an, ist spärlich mit Büschen und Sträuchern bewachsen. Die Erde ist aufgewühlt, verschmutzt. Rings umher liegen die Gefallenen, die meisten schon halb entkleidet. Englische Söldner stromern herum, stehlen alles, was sie gebrauchen können. Auf Tragbahren werden die letzten Verwundeten ins Lager gebracht. Der Hang bietet den normalen Anblick eines jeden Schlachtfeldes nach dem Kampf: Tote, verlorene Ausrüstungsgegenstände, sterbende Pferde, gebrochene Lanzen, Klumpen schwarzer Erde, klebrig von Blut... Und über allem hängt eine Stille, die nach dem Lärm der Schlacht unheimlich anmutet.

Zwischen Sträuchern hockend sieht Matthis plötzlich vier Reiter über das Feld stürmen. Er erkennt ihre Farben. Vorne reitet in voller Pracht Jean de Montfort, neben ihm John Chandos, ihnen folgen zwei Ritter. Wo wollen sie hin? Vorsichtig späht der Herold durch die mit Beeren behangenen Zweige. Er sieht, wie die Sieger zum Rande des Schlachtfeldes reiten. Dort steht eine schöne alte Baumgruppe, deren verfärbte Blätter im Schein der untergehenden Sonne leuchten. Unter der goldenen Herbstpracht steht ein Grüppchen wild gestikulierender Männer. Jean de Montfort, John Chandos und die beiden Ritter reiten genau auf sie zu und steigen vor ihnen ab. Sie deuten auf den Boden und machen einen aufgeregten Eindruck. Was haben sie gefunden, daß sie sich so aufregen?

Gedeckt durch die zunehmende Dunkelheit verläßt Matthis sein

Versteck und rennt gebückt zur Baumgruppe. Er sieht einen trockenen Graben, springt hinab und kriecht dann vorsichtig weiter. Als er nahe genug herangekommen ist, hebt er den Kopf. Die Ritter sind nun weniger als zwanzig Schritte von ihm entfernt, ihre Stimmen dringen klar und verständlich an sein Ohr.

Unter den Bäumen, auf einem Bett aus goldenen Blättern, liegt ein Toter. Zwei Soldaten sind damit beschäftigt, ihm die Rüstung abzunehmen, während Jean de Montfort, hochaufgeschossen, streng und hager, schweigend zuschaut. Matthis sieht, daß er sich hinkniet und sich bekreuzigt. John Chandos entblößt sein Haupt, und plötzlich begreift der Herold, wer der Gefallene ist. Sein Herz setzt einen Schlag aus.

»Seht nur«, ruft ein Soldat, »der trug unter seiner Rüstung ein aus Haaren geflochtenes Büßergewand!«

Der tote Ritter ist nun ganz nackt. Der Soldat hält ein Hemd aus Pferdehaaren hoch, das steif von Schmutz und Schweiß ist.

»Der hat sich bestimmt davor geekelt, ins Bad zu gehen. Das Hemd stinkt meilenweit gegen den Wind.«

»Recht hat er«, kichert ein anderer, »dann kratzt es nicht so.«

»Schweig!« gebietet De Montfort streng. Er ist wieder aufgestanden, schaut düster hinab auf den Toten. »Spottet nicht über den Mann, er war aufrichtig fromm.«

»Ich frage mich«, sagt John Chandos nüchtern, »wer es war, der ihn umbrachte. Ich habe keinen unserer Männer sich rühmen hören, Charles de Blois getötet zu haben.«

De Montfort preßt die Lippen aufeinander und schweigt. Aber einer seiner Ritter ruft: »Ihr habt recht! Das ist seltsam! Man sollte annehmen, daß der, der Charles de Blois erledigt, stundenlang davon zu erzählen weiß. Und dann noch etwas: Ein Herzog, der im Kampf fällt!«

»Gefallen?« brummt De Montfort. »Wer sagt, daß De Blois gefallen ist?«

»Er ist doch tot. So tot wie ein abgefallener Baumzweig.«

»Ja, in den Rücken gestochen. Dreimal.«

»Vielleicht versuchte er zu fliehen«, meint ein Soldat.

»De Blois? Ausgeschlossen!« ruft der erste Ritter entrüstet. »Wenn es uns gelungen wäre, ihn zu umzingeln, hätte er sich ergeben, genau wie Du Guesclin. Flucht wäre ihm nicht in den Sinn gekommen. De Blois war kein Feigling.«

Alle Augen richten sich nun auf De Montfort, der kaum seine Rührung verbergen kann.

»Reinigt seine Wunden«, sagt er mühsam, »und kleidet ihn wieder an. Ob er gefallen ist wie ein tapferer Ritter oder von seinen eigenen Leuten ermordet wurde, werden wir nie erfahren. Das ist auch nicht wichtig. Ich wünsche, daß seine Leiche einbalsamiert und seiner Familie übergeben wird. Er war ein großer Edelmann, und ich erlaube es nicht, daß er nach seinem Tod geschunden wird oder in einem Massengrab verschwindet.«

»Auch sein Schwert?« fragt ein Soldat enttäuscht. »Allein der Griff ist ein Vermögen wert.«

»Tu, was ich sage!« Dann wendet De Montfort sich ab, wirft sich in den Sattel und reitet mit gesenktem Kopf, gefolgt von Chandos, zurück in sein Lager.

Nachdem die Männer mit De Blois' Leiche verschwunden sind, bleibt Matthis noch lange im Graben liegen. Sein Vorhaben, herauszubekommen, was aus Du Guesclin geworden ist, hat er fast vergessen. Er ist entsetzt über das, was er gehört und gesehen hat. Tiefe Stille fällt über das leere Feld. In der Ferne, hinter den Palisaden des Lagers, ertönt Gesang, Fackeln lodern auf. Matthis fröstelt, seine Glieder prickeln vor Kälte. Da ist ein Bild, das ihm vor den Augen bleibt und das er nicht verdrängen kann: Clopin, der mit sechs Reitern auf De Blois zureitet und in einer Staubwolke verschwindet. Danach hat kein Mensch mehr den unglücklichen Herzog gesehen, bis er am Abend tot unter der Baumgruppe gefunden wurde. Wer war es, der ihm die verhängnisvollen Stiche zugefügt hat?

Matthis ballt die Fäuste, drückt sich tief in die dürren Blätter, die im Graben liegen.

»War das nötig«, flüstert er in die Nachtstille. »War eine Niederlage nicht ausreichend, mußte sie durch ein Verbrechen besiegelt werden?«

In seinen Ohren dröhnt noch De Montforts Stimme: »Ob er gefallen ist wie ein tapferer Ritter oder von seinen eigenen Leuten ermordet wurde, werden wir nie erfahren.« Matthis weiß es: Clopin, der alte, treue Kampfgefährte von Bertrand Du Guesclin hat die schmutzige Arbeit verrichtet. Aber auf wessen Befehl?

Was sagte Du Guesclin gestern: »Du bist jung, du denkst, die Welt wäre ordentlich eingerichtet und alles würde genau und gut von oben geregelt werden. Ich weiß, daß es nicht so ist. Diese Welt ist ein Jammertal, und die Menschen taugen nichts. Selbst die besten von uns müssen Dinge tun, die ewig an ihrem Gewissen nagen.«

Ja, denkt Matthis, heute hat er seinen Lehnsherren verraten. Heute ist Bertrand zum ersten Mal in seinem Leben sich selbst untreu geworden. Die Strafe für seinen Verrat hat er sofort angenommen: Gefangennahme. Der Ratgeber des Königs, der Liebling des einfachen Volkes, ist wehrlos in den Händen seiner Feinde. Doch das nimmt nicht die große Schuld von seinen Schultern. Und ich? fragt er sich verzweifelt, wo stehe ich in einer Welt, die aus uns allen Verräter macht? Wie schuldig bin ich? Gestern noch habe ich geschworen, ihn nie zu verlassen. Was er heute auch getan haben mag, ich bin sein Freund, sein Vertrauter, beinahe ein Teil von ihm. Ich darf ihn jetzt nicht im Stich lassen. Ihn ganz allein aus dem Lager befreien, das kann ich nicht. Aber ich muß wissen, was Chandos vorhat. Ich muß dafür sorgen, daß Bertrands Leben gesichert ist und daß Chandos, am besten im Beisein von Zeugen, den Lösepreis nennt, den er für Bertrands Kopf haben will.

Matthis richtet sich auf und holt tief Luft. Endlich weiß er, was er zu tun hat. Und als ehrlicher Mann wird er es in aller Offenheit tun.

Taumelnd, steif vor Kälte, verläßt er den sicheren Graben. Nach kurzem Suchen findet er sein Pferd wieder und steigt in den Sattel. Dann reitet er, ohne irgendwo Schutz zu suchen, auf die Palisaden von De Montforts Lager zu.

Die Nacht ist dunkel, der Himmel bewölkt. Matthis ist schon ziemlich dicht an die Verteidigungslinie herangekommen, bevor einer der Posten ihn bemerkt. Ein Ruf schallt durch die Dunkelheit: »Halt!« Folgsam bringt der junge Mann sein Pferd zum Stehen. Zwei Soldaten kommen auf ihn zu und fragen, was er will.

»Ich wünsche Ritter Chandos zu sprechen«, antwortet Matthis mit soviel Würde, wie er aufbringen kann. »Ich komme als Kurier.«

»Hast du einen Freibrief für den Herrn Chandos?«

»Den hatte ich, aber das Papier ist verlorengegangen«, lügt er schlankweg.

»Bist du bewaffnet?«

»Ich habe nur einen Dolch.«

Die Wachen zögern einen Augenblick, mustern den Besucher. In ihren Augen sieht er nicht gefährlich aus.

»Laß deinen Dolch und dein Pferd am Tor zurück«, entscheidet der Älteste. »Du bekommst alles zurück, wenn du wieder gehst.«

»Gut.«

Als Matthis dann zu Fuß das Lager betritt, begleitet ihn einer der Wachposten. Der Mann zeigt ihm den Pavillon von John Chandos. Am Eingang des Pavillons stehen wieder Wachen. Der Feldherr ist noch nicht zu Bett gegangen.

In Gesellschaft von Robert Knolles, einem englischen Hauptmann, genießt er noch seinen Sieg. Matthis wird Chandos als Kurier angekündigt, und da der Feldherr nicht versteht, daß nun schon ein Kurier kommt – denn die Nachricht von seinem Sieg kann die Hauptstadt noch nicht erreicht haben – wird er neugierig.

»Laßt den Mann herein«, sagt er überrascht.

Gleich darauf steht Matthis aufrecht mitten im Zelt. Daß Robert Knolles auch da sein könnte, hatte er nicht erwartet, und die Anwesenheit des berüchtigten Plünderers bringt ihn für einen Moment durcheinander. Robert Knolles ist schon mehr als zehn Jahre Du Guesclins erbitterter Feind: Die beiden Haudegen sind schon häufig aneinander geraten, und stets war der eine dem anderen gewachsen. Matthis will vor dem großen Chandos eine Verbeugung machen, aber die gelingt ihm nur halb, denn der Anblick von Robert Knolles ist ihm doch in die Knochen gefahren.

Dieser erkennt den jungen Mann sofort, springt auf und läßt beinahe den silbernen Weinbecher aus der Hand fallen.

»Das ist doch Cuvelier, Du Guesclins Herold!« schreit er mit sich überschlagender Stimme.

»Tatsächlich?« fragt Chandos überrascht, während er Matthis von Kopf bis Fuß mustert.

John Chandos ist ein Mann mittleren Alters mit angenehmem, offenem Gesicht, hellblauen Augen und kräftigem Kinn. Sein dichtes Haar ist von grauen Strähnen durchzogen, aber am auffallendsten an ihm ist seine mächtige Stirn. Niemand kann es in dieser Gesellschaft bis zum Feldherrn bringen, wenn er nicht ein berühmter Kämpfer ist und bei Turnieren nicht zahllose Siege errungen hat. Chandos ist denn auch ein großer, muskulöser Mann, geschmeidig wie eine Katze.

Robert Knolles ist bestimmt einen halben Kopf kleiner, aber wahrscheinlich noch schwerer. Er ist ein dicker, gedrungener Kerl. Doch die Trägheit ist nur Schein: Genau wie bei Du Guesclin sind die groben Knochen eingepackt in stahlharte Muskeln. Sein Gesicht ist von wüster Schönheit; neben dem eleganten Chandos wirkt er etwas tierhaft. Das kommt vor allem durch seine Augen, die er stets halb geschlossen hat, und seine niedrige Stirn. Seine Haut ist verunstaltet durch Narben, Folgen zahlloser Kämpfe, und gibt ihm das Aussehen eines Piraten.

»Was willst du denn in der Höhle des Löwen, Cuvelier?« schreit Knolles wüst. »Hast du eine Botschaft für uns?«

Es gelingt Matthis, sich einigermaßen von seinem Schreck zu erholen.

»Meine Herren«, sagt er ehrerbietig, »hauptsächlich komme ich, um Sie zu Ihrem großartigen Sieg am heutigen Tage zu beglückwünschen. Dieser Sieg wird zweifellos zur Folge haben, daß nun Frieden in der Bretagne herrschen wird. Außerdem komme ich nicht, um eine Botschaft zu bringen, sondern eine zu empfangen.«

»Aber ja doch, den Dreisten gehört die halbe Welt«, brummt Robert Knolles. John Chandos, immer noch überrascht, macht eine versöhnliche Handbewegung. »Setz dich, Robert. Laß den Jungen sagen, was er zu sagen hat. Er ist ja nicht gefährlich.«

»Und ob der Bursche gefährlich ist«, braust Knolles auf, während er sich wieder auf seinen Schemel niederläßt. »Ihr kennt ihn nicht, Messire, aber ich kenne ihn. Er ist Vertrauter von Du Guesclin, und ich habe in meinem Leben schon genug Ärger mit dem jungen Mann gehabt. Er scheint so weich und unschuldig zu sein, aber ich versichere Euch: Der ist genauso durchtrieben wie der verfluchte Bretone. Laßt Euch durch seine schönen Worte keinen Honig um den Bart schmieren.«

»Ich komme nicht, um schöne Worte zu machen«, sagt Matthis verärgert, »ich will mich erkundigen, wie es meinem gefangenen Herrn geht. Ich würde auch gern wissen, ob Ihr ein Lösegeld für ihn fordert.«

Mit seinen Worten richtet sich Matthis ausschließlich an John Chandos, dennoch ist es Knolles, der antwortet.

»Verlaß dich drauf!« Seine Schweinsäuglein funkeln habsüchtig. »Und das Lösegeld, das ich für dich fordere, ist auch nicht gerade gering.«

»Moment«, fällt ihm Chandos, die Hand hebend, in die Rede. »Cuvelier ist Bürger, nicht Soldat. Er ist nicht unser Gefangener. Ich nehme keine Bürger als Geisel.«

»Aber ich!« schäumt Knolles.

»Und ich verbiete das«, schnauzt Chandos plötzlich streng.

Robert Knolles schnaubt enttäuscht. Matthis fühlt seine Knie weich werden. Er wendet sich wieder an den Feldherrn.

»Ist Bertrand Du Guesclin verwundet, Herr?« fragt er ängstlich.

Wieder ist es Knolles, der antwortet. Heiser schreit er:

»Der? Aber nicht doch, der paßt auf! Dein berühmter Herr, von dem man sagt, er sei der tapferste Ritter Frankreichs, hat sich ohne Hieb oder Stoß ergeben, als unsere Männer auf ihn zukamen. Der Held der Bretagne ging überhaupt kein Wagnis ein und hat keinen einzigen Kratzer abbekommen. Es sei denn«, fügt er mit grenzenloser Verachtung hinzu, »daß die Legende von seinem Mut nun auf immer aus der Welt ist.«

»Still, Robert«, sagt Chandos verärgert. »Es steht uns nicht zu, einen besiegten Gegner zu verspotten.«

»Ich mag keine Feiglinge«, brummt Knolles eigensinnig.

Obwohl sein Blut zu kochen beginnt, läßt Matthis die Beleidigung seines Herrn über sich ergehen. Seine Augen lassen Chandos nicht los. Der nickt ihm kurz zu.

»Seid beruhigt, Monsieur Cuvelier, Euer Herr ist unversehrt. Ich nehme an, daß er bereits schläft. Er hat uns sein Ehrenwort gegeben, keinen Fluchtversuch zu unternehmen, also brauchen wir ihn nicht zu bewachen. Ritter Du Guesclin ist bekannt dafür, daß er nie sein Wort bricht.«

Warum wird Matthis nun plötzlich rot? Chandos achtet nicht darauf und fährt liebenswürdig fort: »Über die Höhe des Lösegeldes, das für Euren Herrn gefordert wird, ist noch nicht entschieden. Darüber müssen wir noch verhandeln.«

»Ritter Du Guesclin ist nicht reich«, beeilt sich Matthis einzuwerfen.

»Was denn«, brüllt Robert Knolles. »Er ist gerade Graf von Longueville geworden. Soll ich dir etwas sagen, Cuvelier? Dein Herr wird mit allem, was er besitzt, die Kosten unseres Feldzuges bezahlen. Erzähl das nur seiner hübschen Frau, dann kann sie sich schon auf den Bettelstab vorbereiten.«

John Chandos wirft seinem vorlauten Hauptmann einen schnellen, mißbilligenden Blick zu, widerspricht ihm aber nicht. Matthis fühlt, daß ihm die Wangen kalt werden, als wiche alles Blut aus dem Kopf. Heiliger Antonius, steh uns bei, denkt er erschrocken. Sie wollen Bertrand ruinieren. Ungeschickt deutet er eine Verbeugung an.

»Herr, ich werde die Botschaft überbringen«, sagt er mit gedämpfter Stimme.

»Du überbringst gar nichts, du bist mein Gefangener«, schreit Robert Knolles. John Chandos schüttelt energisch den Kopf. »Nein, Cuvelier ist ein freier Mann«, sagt er scharf.

Das gibt Matthis Mut zu der Frage:

»Ist es mir erlaubt, einen Moment mit meinem Herrn zu reden?«

»Das kommt nicht in Frage, der schläft schon«, ruft Knolles wieder.

Matthis preßt die Lippen aufeinander. Ist das möglich? Kann Du Guesclin nach diesem Tag der Schande schlafen? Er seufzt verzweifelt. Dann klatscht Chandos plötzlich in die Hände. Ein Wachposten erscheint.

»Bring diesen jungen Mann zu dem Zelt, das Bertrand Du Guesclin zugewiesen wurde«, befiehlt der General auf englisch. »Laß ihn mit dem Gefangenen reden, verlier ihn aber nicht aus dem Auge.«

Matthis kann genug englisch, um ungefähr zu verstehen, was der Feldherr gesagt hat. Ein Gefühl wilder Freude steigt in ihm auf. Robert Knolles will protestieren, aber Chandos verbietet ihm kurz jedes Wort. Matthis verbeugt sich vor dem Feldherrn, diesmal sehr tief, und dann folgt er dem englischen Soldaten. Hinter sich hört er Knolles schimpfen: »Ihr seid wohl nicht ganz...«

Trotz der Tatsache, daß es nicht die geringste Mühe gekostet hat, ihn gefangenzunehmen, genießt Du Guesclin bei seinen Gegnern doch soviel Ansehen, daß man ihm ein eigenes Zelt gegeben hat. Er braucht nicht, wie die meisten Kriegsgefangenen, die Nacht unter freiem Himmel zuzubringen. Während Matthis dem Soldaten folgt, der ihn zu einem anderen Teil des Lagers bringt, überlegt er schnell. Der Posten ist ein Engländer, vielleicht versteht er ein bißchen französisch, aber sollte er auch bretonisch verstehen?

Trotz der späten Stunde ist es immer noch laut im Heereslager. Soldaten sitzen an den Feuern, singen und saufen. Die, die bereits betrunken sind, liegen übereinander und schnarchen. Der Sieg ist ausgelassen gefeiert worden.

Der Soldat bleibt vor einem verschlissenen Zelt stehen und schlägt den Vorhang zur Seite. Du Guesclin schläft nicht. Er sitzt vornüber gebeugt auf der Kante seines Feldbettes und blickt nicht auf, als Matthis mit dem Posten auf den Fersen ins Zelt tritt.

Matthis bleibt stehen, schaut auf seinen Herrn, das Herz läuft ihm über. Bertrand ist mit einem Leinenhemd und einem einfachen Wollwams bekleidet. Es ist ein ungewohnter Anblick, ihn in einem Heereslager ohne Rüstung zu sehen.

»Freund«, murmelt der Herold erstickt. Erst jetzt hebt Bertrand den Kopf. Es ist ziemlich dunkel im Zelt, die einzige Lichtquelle ist der Stummel einer Fettkerze, die in einer Ecke auf dem Fußboden steht.

»Matthis! In Himmels Namen, wie kommst du hierher?«

»Sprich in der Volkssprache«, sagt der Herold schnell, wobei er auf den wartenden Soldaten deutet. »Er ist Engländer, er braucht nicht zu verstehen, was wir sagen.«

Langsam geht er in die Knie.

»Gut. Aber warum hast du dich gefangennehmen lassen? Ich hatte dir befohlen, dich aus dem Kampf herauszuhalten. Es ist erniedrigend genug, daß ich... Du hättest auf freien Füßen bleiben müssen.«

»Ich bin frei. Ich habe mich bei John Chandos als Kurier melden lassen und ihn gebeten, dich kurz sprechen zu dürfen. Er hatte nichts dagegen, er ist ein wirklicher Ritter. Ich... ich mußte wissen, wie es dir geht, ob du noch lebst. Ich hatte keine Ruhe.«

Bertrand lacht grimmig.

»O, sie sehen sich vor mit mir«, brummt er verbissen. Dann leuchten seine Augen auf. »Aber du! Nur um zu erfahren, wie es mir ginge, bist du ins Lager gekommen und bis zu John Chandos vorgedrungen? Alle Achtung, dafür ist Mut nötig.«

»Ach«, murmelt Matthis bescheiden. Sie lächeln sich an. Beide wissen, daß Cuveliers Mut nicht auf starke Arme, Todesverachtung und tierischen Blutdurst zurückzuführen ist, sondern auf das ständige Überwinden seiner Ängste aus den Kinderjahren.

Matthis ergreift die Hände seines Herrn.

»Bertrand«, sagt er betrübt, »Charles de Blois ist tot.«

»Ich weiß, ich habe seine Leiche gesehen. Er sah schrecklich aus.«

»Er wurde von hinten erstochen, drei Stiche...« flüstert Matthis mit erstickter Stimme. »Und jeder der Stiche war tödlich.«

Du Guesclin senkt den Kopf und bekreuzigt sich. Matthis, in Augenhöhe mit seinem Herrn, fragt bebend: »Hast du den Befehl gegeben...« Er wagt es nicht, die Frage ganz auszusprechen, aber er *muß* es wissen.

Du Guesclin schweigt weiterhin.

»Der Herzog ist nicht gefallen, er wurde ermordet«, zischt Matthis ihm zu. Verdruß und Trauer schnüren ihm fast die Brust ein.

»Bertrand...«

Stille. Undeutlich dringt der Lärm des Lagers zu ihnen ins Zelt, aber zwischen ihnen hängt Du Guesclins Schweigen wie ein schwarzer Vorhang. Endlich hebt der Bretone den Kopf – und liefert sich aus.

»Ja«, sagt er heiser. »Bevor der Kampf begann, habe ich Clopin meine Anweisungen gegeben. Es muß zum Frieden kommen, um jeden Preis.«

»Und was«, brummt Matthis unversöhnlich, »ist ein Frieden wert, der nur zustande kommt, nachdem ein edler Mensch geopfert wurde und du deine Ehre verloren hast?«

»Großer Gott, Matthis, begreifst du denn gar nichts? So lange die beiden Rivalen sich gegenüber stehen, kann es keinen Frieden geben. Einer von ihnen mußte sterben. Der Verlierer... Es geht um die Bretagne, um das Glück und um das Recht auf Leben für eine Million Menschen. Nicht um die empfindliche Ehre eines Du Guesclin.«

»Hilf mir«, schluchzt Matthis, der den Kopf auf die Knie seines Herrn gelegt hat, »ich schaffe das nicht. Es ist alles so schrecklich.«

Bertrand streckt die Hand aus, als wolle er den Kopf seines Freundes streicheln, dann überlegt er es sich.

»Geh nach Hause, Junge«, sagt er leise.

»Was soll ich Tiphaine sagen?«

»Tröste sie, singe für sie, hilf ihr, das Lösegeld für mich aufzutreiben. Das wird wohl mindestens vierzigtausend Francs betragen, und das ist mehr, als ich jemals besessen habe.«

»Vierzigtausend?« ruft Matthis entsetzt.

»Nenne es den Preis für den Frieden. Geh jetzt. Sage Tiphaine, daß ich sie liebe und ... ach nein, sag ihr nichts, sie weiß das alles schon.«

Der englische Soldat hüstelt ungeduldig. Matthis erhebt sich.

»Auf Wiedersehen, Bertrand«, murmelt er gerührt.

Es schmerzt ihn, seinen Freund in diesem Zustand zurücklassen zu müssen: erniedrigt, mit zermartertem Gewissen. Nie zuvor hat sich Matthis so klein, so machtlos und hilflos gefühlt.

Zwei Stunden später ist er unterwegs nach Pontorson. Im Osten bricht der Tag an.

8

HALTE DICH BEREIT

Für den kleinen Robert bricht eine Welt zusammen. Zuerst kommt Clopin mit seinen hundert Reitern und bringt die Nachricht von der Niederlage bei Auray. Am nächsten Tag kommt Matthis an, der große Bruder, den er immer so beneidet, und der sieht aus wie eine Leiche, die drei Tage im Wasser gelegen hat. Der kleine Robert versteht überhaupt nichts mehr. Als Helden sind sie ausgezogen, um große Taten zu vollbringen, als geschlagene Hunde kommen sie zurück, ohne Bertrand Du Guesclin.

»Es ist ihre eigene Schuld«, sagt er schmollend zu Therese, »sie hätten mich mitnehmen müssen.«

Er hat Mitleid mit der lieben Burgdame, die blaß und aufgelöst flüstert: »Ich wußte es, die Sterne lügen nicht.« Und dann sucht sie Trost in ihren Büchern.

Tiefungücklich irrt der Page durch die Gänge der Burg und sucht bei Frau Béchet in der riesigen Küche und bei Therese Ablenkung. Als das Töchterchen der Köchin sein kummervolles Gesicht sieht, unterläßt sie es, ihn zu ärgern und versucht, ihn zu trösten. Auf dem mit Mehl bestäubten hölzernen Küchentisch malt sie ungeschickt einen Kreis mit Speichen, wie ein Wagenrad.

»Siehst du«, sagt sie, »das ist das Glücksrad. Frau Tiphaine hat mir davon erzählt. Alle Menschen haben so ein Rad, und das dreht sich. Dies bist du.« Sie legt eine getrocknete Pferdebohne auf eine willkürliche Stelle des Kreises, »und weil sich das Rad dreht, bist du irgendwann ganz oben, und dann geht es dir gut. Aber das Rad dreht sich weiter, und dann sitzt du unten, und dann läuft alles falsch.«

»Die Bohne liegt zu hoch«, meint der kleine Robert. »Ich sitze jetzt auf dem tiefsten Punkt.«

»Weil dein Herr in Gefangenschaft ist? Aber nein, du bist erst auf halbem Wege, es kommt noch viel schlimmer! Du sitzt hier irgendwo, zwischen hoch und niedrig.«

»Stimmt nicht.«

»Stimmt doch.«

»Stimmt nicht.«

»Was weißt du denn davon? Frau Tiphaine hat das ganz genau für mich aufgezeichnet, genau so, wie ich das jetzt auch für dich tu. Sie weiß alles davon. Wir sitzen hier!« Wieder deutet ihr Finger auf die halbe Höhe. »Und jetzt ist alles möglich. Das Rad kann sich nach links drehen, dann kommst du nach unten, und das ist schrecklich. Oder es dreht sich zurück, dann kommst du wieder nach oben, und das ist gut. Dann stehst du unter einem glücklichen Stern.«

Zweifelnd blickt der kleine Robert auf den verstaubten Tisch und das primitive Rad. Er denkt über Thereses Worte nach.

»Was passiert, wenn das Rad sich so weit dreht, daß ich ganz unten ankomme?« fragt er ängstlich.

»Das ... das weiß ich nicht. Vielleicht passiert dir ein Unglück, oder du wirst krank. Aber weißt du, du brauchst nie zu verzweifeln, hat Frau Tiphaine gesagt, denn das Rad dreht sich dauernd, und wenn man mal ganz unten ist und alles schiefgeht, dann kann es nur noch nach oben gehen, und das ist eine wahre Erleichterung.«

Wütend wischt der kleine Robert mit der Hand über den Tisch, daß das Mehl nur so aufstiebt.

»Ich will es nicht sehen«, ruft er. Den Gedanken, daß er hilflos seinem Schicksal ausgeliefert ist und daß dieses Schicksal ihm übel mitspielt, kann er nicht vertragen.

»Stell dich nicht so an«, sagt Therese. Verbissen ergänzt sie die verwischte Zeichnung und legt die Bohne wieder auf halbe Höhe. »Siehst du«, sagt sie eigensinnig, »wenn du das Böhnchen bist, festgeklebt am Glücksrad, dann kannst du doch immer noch dagegenstrampeln. Wenn das Rad sich so zu drehen droht, daß du nach unten kommst, dann mußt du dich dagegenstemmen, dich wehren, dich irgendwo festhalten, so daß du nicht ganz unten landest.«

»Geht das denn?« fragt der kleine Robert.

»Man kann es versuchen.«

»Aber es ist ein so großes Rad und eine so kleine Bohne!«

»Das ist wahr.« Gemeinsam denken sie eine Weile darüber nach.

»Jetzt weiß ich es«, ruft Robert plötzlich. »Das macht überhaupt nichts aus, daß es eine kleine Bohne ist, wenn sie nur stark ist und... und... und tapfer und nicht aufgibt! Dann kann sie das Rad bremsen oder es zwingen, sich weiterzudrehen, bis sie doch wieder oben ist.«

»Das glaube ich auch«, nickt Therese erleichtert.

Zufrieden darüber, das Problem gelöst zu haben, gehen sie Hand in Hand zum Rittersaal, um zu sehen, ob Frau Tiphaine noch etwas braucht. Denn beide lieben sie die schöne Bretonin, die so gelehrt ist und nun so viel Kummer hat.

Ein Unglück kommt selten allein. Aber wer alleine kommt, und zwar an einem stürmischen Abend im Oktober, das ist Marie-Claire, auch Gottes Schmetterling genannt. Tief über den Hals des verschwitzten Pferdes gebeugt, mit zerrissenen Kleidern, zerzausten Haaren und gezeichnetem Gesicht kommt sie auf die Vorburg zugeritten, läßt sich schluchzend in die Arme des eiligst herbeigeeilten Clopin fallen und verliert dann das Bewußtsein.

Der Hauptmann trägt sie zum Hauptgebäude, legt sie im großen Saal auf den Tisch. Tiphaine springt entsetzt von ihrem Stuhl auf und starrt mit aufgerissenen Augen auf Marie-Claire, auf den zerrissenen Mantel und das mit Blut und Schmutz beschmierte Kleid.

»O mein Gott«, flüstert sie, »sie sind einer Kompanie in die Hände gefallen... Wo ist Berton?«

Clopin schüttelt mutlos den Kopf. Über das Schicksal von Berton de Fleur, Frankreichs großen Dichter, macht er sich keine Hoffnungen mehr. Daß Marie-Claire allein gekommen ist, sagt alles. Sie hätte Berton nie und nimmer im Stich gelassen, wenn er noch lebte.

»Ruf Frau Béchet«, sagt Tiphaine tonlos. Sie legt ihre Hand auf die kalte, bleiche Wange ihrer Freundin. »Gottes Schmetterling«, murmelt sie, »was hat man dir angetan?«

Matthis Cuvelier, der von einem Wachtposten benachrichtigt worden ist, kommt in den Saal gestürmt. Hinter ihm, neugierig wie Eichhörnchen, folgen die Kinder. Der kleine Robert sieht seine Mutter und fängt an zu schreien. Therese schlägt sich die Hand vor den Mund und wird leichenblaß.

»Ist sie... ist Mutter tot?« fragt der kleine Robert ängstlich.

Tiphaine achtet nicht auf ihn, sie ist zu stark beschäftigt. Frau Béchet kommt mit einer Kanne warmem Wasser und sauberen Decken. Gemeinsam ziehen die beiden Frauen die erschöpfte Marie-Claire aus, waschen sie, wickeln sie in Wolldecken ein. Matthis gießt für seine Pflegemutter etwas warmen Wein ein. Endlich schlägt Gottes Schmetterling die Augen auf.

»Berton«, flüstert sie heiser.

»Ja, ja... wo ist er?«

»Ungefähr acht Meilen östlich... bei Landivy...«

»Clopin, geh und such ihn«, sagt Tiphaine rasch. »Nimm zwanzig Mann mit.«

Zähneknirschend verschwindet der Hauptmann. Der kleine Robert steht in einer Ecke des Saales und weint leise; er hat ganz vergessen, daß er ein Held ist. In diesem schrecklichen Moment ist er nichts anderes als ein kleiner Junge, der mit den Schrecken eines von Banditen heimgesuchten Landes konfrontiert wird. Therese hat ihm ihren mageren Arm um die Schulter gelegt, die Tränen laufen ihr über die Wangen. Sie ist heftig erschrocken, von ihrer normalen Lebhaftigkeit ist nichts geblieben, dennoch versucht sie, ihren kleinen Freund zu trösten.

Sich auf Tiphaine stützend erzählt Marie-Claire stammelnd und zögernd ihre Geschichte. Berton de Fleur und sie hatten am frühen Morgen die Stadt Domfront verlassen, in der Hoffnung, gegen abend Pontorson zu erreichen. Sie hatten von der Niederlage bei Auray und Du Guesclins Gefangennahme gehört; das hatte sie zu dem Entschluß gebracht, einen Monat eher als ursprünglich geplant nach Pontorson zurückzukehren. Außerdem machte Marie-Claire sich Sorgen um ihr Pflegekind; sie hatte Angst, dem Jungen könnte auch etwas zugestoßen sein. Aber auf halbem Wege, kurz vor Landivy, verlor ihr Pferd ein Hufeisen. Auf der Suche nach einem Schmied verloren sie viel Zeit, und als das lahme Tier endlich wieder beschlagen war, war es schon später Nachmittag. Sie beschlossen, dennoch weiterzureisen. Kurz hinter Landivy stießen sie auf eine Plündererkompanie. Das waren acht Reiter, die plötzlich aus einem Wald zum Vorschein kamen. Die Kerle waren maskiert und nicht zu erkennen...

»Was... was taten sie?« flüstert Frau Béchet verängstigt. Marie-

Claire beißt sich auf die geschwollenen Lippen, schlägt die Augen nieder.

»Was tun Banditen, wenn sie unschuldige Reisende überfallen?« sagt sie heiser und bitter. »Sie töten Männer, vergewaltigen Frauen... und es war schon so dunkel...« Sie zittert. Frau Béchet bekreuzigt sich entsetzt.

»Erzähl nicht weiter«, bittet Tiphaine. »Den Rest können wir uns denken. O Gott, Marie-Claire, daß dir so etwas widerfahren mußte! Die Kerle werden der versprengte Rest von Bascon de Mareuils Truppe gewesen sein. Ich habe gehört, daß die sich an der Grenze zwischen der Bretagne und der Normandie herumtreiben.«

»Berton«, flüstert Marie-Claire mit bleichem Gesicht, »ich sah ihn fallen. Sie zerrten ihn aus dem Wagen... ich schrie, da wurde ich von drei Kerlen aus dem Wagen gerissen und...« sie stockt zitternd.

»Dir ist es gelungen, zu entkommen«, sagt Tiphaine leise.

»Sie haben nicht damit gerechnet, daß ich auch einen Dolch hatte. Sie belästigten mich, ich habe zwei getötet, glaube ich. Unverhofft konnte ich mich losreißen, ich sah ein Pferd... Wie ich in den Sattel gekommen bin, weiß ich nicht. Sie verfolgten mich, gaben es dann aber auf. Ich...« Marie-Claire verbirgt das Gesicht in den Händen, »ich hatte solche Angst. Berton hatte nicht die Spur einer Chance, ich sah, wie sie ihn...Tiphaine, sie haben ihn getötet! Sie haben Berton ermordet!« Ihre Stimme überschlägt sich, die Burgdame zuckt zusammen.

»Bertrand wird ihn rächen. Berton de Fleur war sein Freund«, verspricht sie gerührt.

Matthis steht hilflos und schweigend daneben. Einer Situation wie dieser fühlt sich der Herold nicht gewachsen. Er kann nur gut mit Frauen umgehen, wenn sie lachen, fröhlich sind, sein blondes Haar bewundern. Nicht, wenn sie weinen, mißhandelt werden, leiden.

»Liebe Freundin«, sagt Tiphaine leise, »ich werde dich ins Bett bringen.«

»Nein!«

»Du bist erschöpft, verletzt, du brauchst Ruhe«, sagt die Burgdame.

»Nein, ich warte auf Clopin.«

Clopin der Schreckliche und seine Reiter kommen im Morgengrauen mit Berton de Fleurs Leiche zurück.

»Es ist nicht zu fassen«, flüstert der Hauptmann seiner Herrin zu. »Er hat mindestens zwanzig Messerstiche abbekommen. Um ihn herum lagen drei tote Banditen, er muß wie ein Teufel gekämpft haben. Armer Berton, für einen Minnesänger war er ein tapferer Mann. Etwas weiter weg lagen noch zwei von den Schurken, einer von ihnen lebte noch, der hatte den Bauch aufgerissen und blutete wie ein Schwein.«

»Was hast du mit ihm gemacht?«

»Die Arbeit von Gottes Schmetterling vollendet, was sonst?«

»Und der Wagen?«

»Ihr Planwagen war verschwunden, genau wie die überlebenden Banditen. Wir haben auch nicht mehr nach ihnen gesucht. Die toten Strauchräuber haben wir am Waldrand begraben und Berton de Fleur mitgebracht. Gott sei seiner ritterlichen Seele gnädig. Wie geht es Gottes Schmetterling?«

»Sie schläft. Frau Béchet hat ihr einen Mohnblütentee gegeben. Sie wollte nicht ins Bett. Sie wollte warten, bis ihr zurückkommt, aber ich habe sie überredet... Ich wollte nicht, daß sie Berton sieht, bevor er gewaschen und aufgebahrt ist. Sie muß Abschied von ihm nehmen können, wie sie ihn gekannt hat: Ein schöner Mann, die Ruhe selbst.«

»Gnädige Frau«, sagt der Krieger bewegt, »Ihr seid ein Wunder. Ihr weint nicht einmal.«

»Es ist nicht mein Mann, der getötet wurde. Tränen bringen Berton de Fleur nicht zurück, und der Tod lauert überall auf uns. Trotzdem ist es seltsam«, murmelt Tiphaine mit gefalteten Händen, »schon seit Jahren lebe ich in Angst. Mein Mann hat einen gefährlichen Beruf, jeden Tag kann die Nachricht kommen: Bertrand ist gefallen. Das ist mir nie in den Kopf gekommen, daß es Marie-Claire treffen könnte, genauso unerwartet und unwiderruflich: Sie schienen so unantastbar zu sein, so unzertrennlich, die beiden. Das innigste Liebespaar von Frankreich... Nun wird Gottes Schmetterling allein auf sich gestellt sein. Wir müssen ihr helfen, Clopin, wir müssen alles tun, um ihren Schmerz zu lindern. Ich weiß, was Einsamkeit bedeutet, Bertrand ist oft monatelang von zu Hause weg. Aber Gottes Schmetterling kennt die Einsamkeit nicht, sie wird es schwer haben.«

»Die Bretagne ist das Land der Witwen«, murmelt der Hauptmann bitter. »Zwanzig Jahre Krieg...«

»Marie-Claire ist keine Bretonin, sie ist nicht hervorgebracht worden von dem Granitboden unseres Landes, nicht aufgewachsen an unserer sturmgepeitschten Küste. – Komm, an die Arbeit. Wir müssen fertig sein, bevor sie aufwacht.«

Am Nachmittag versammeln sie sich in der Kapelle von Pontorson. Der Regen trommelt auf das Dach, die Bleiglasscheiben knirschen unter der Gewalt des Windes. Mit geschlossenen Augen und gefalteten Händen liegt Berton de Fleur vor dem Altar auf einer Bahre, der Hauskaplan entzündet die Kerzen. Marie-Claire, blaß und beherrscht, schaut auf den Toten, der zu schlafen scheint – aber sie empfindet nichts. Große, gähnende Leere ist in ihr. Sie weiß, daß Tiphaine und Matthis Cuvelier neben ihr stehen, sie hört Frau Béchet beten, sie fühlt, wie sich der kleine Robert in ihre Röcke verkrallt, sie sieht, wie Therese schluchzend Berton einen Strauß Herbstblumen zu Füßen legt, doch nichts von all dem dringt wirklich zu ihr durch. Sie kann nicht einmal weinen. Tränen kommen nur einem Menschen, der gerührt ist, der sich bewegen kann und in dem noch Leben ist. Marie-Claire ist versteinert. Sie kann einfach nicht glauben, was sie sieht.

Matthis nimmt behutsam ihren Arm, er fühlt, wie steif ihre Muskeln sind, als stemme sie sich gegen eine sie bedrängende Gewalt.

... und sie ist noch jung, schießt es ihm durch den Kopf. Dreiunddreißig! Sie hat noch ein halbes Menschenleben vor sich. O, liebe Marie-Claire, ich bitte dich, zerbreche nicht daran. Frankreich kann Gottes Schmetterling nicht entbehren.

Am nächsten Tag wird Berton de Fleur in der Kapelle der Festung begraben. Ein kleiner Chor singt die Totenmesse. Matthis kniet neben seiner Pflegemutter, als der schwere Granitblock auf das Grab gerollt wird. Er seufzt tief. Ihm ist, als sähe er einen alten Traum verschwinden, einen Traum der Ritterlichkeit und Ehre. In grausamem Gegensatz zum Sarg, der in einem schwarzen Loch versinkt, während draußen die Herbststürme trockne Blätter vor sich herjagen, geht ihm ein Lied durch den Kopf, das Berton einst komponiert hat: »Im April ist alles erblüht...« Berton de Fleur war einst sein Lehrmeister, der Mann, der ihm die Schätze der französischen Kultur erschloß.

»Traure nicht, Mutter«, flüstert er, ohne den Sinn dessen zu erfassen, was er sagt. Es ist das erste Mal, daß er sie Mutter nennt, und es ist das Zauberwort, das sie aus ihrer Erstarrung reißt. Plötzlich öffnet sie sich, bricht sie in Tränen aus. Doch diese Traurigkeit wirkt wie eine Befreiung. Marie-Claire ist endlich in der Lage, die Wahrheit zu erkennen, menschlich zu trauern und ihren Kummer zu verarbeiten.

Es ist gut, denkt Matthis später, daß wir, ihre Pflegekinder und ihre besten Freunde, bei ihr sind, um sie zu trösten. Dennoch wird niemand die Leere, die Berton hinterlassen hat, füllen können. Sie waren so miteinander verwachsen...

Er kann sich nicht gut vorstellen, was es heißt, jemanden zu verlieren, den man so unermeßlich geliebt hat. Obwohl Matthis Sänger und Dichter ist, kennt er die Liebe doch nur als flüchtige Begegnung, kurzes Abenteuer, einen Spaß hier und ein frohes Stündchen dort... In dieser Hinsicht ist er ein echter Minnesänger: Ungebunden und leichtsinnig. Das wäre Berton de Fleur auch gewesen, wenn er Marie-Claire nicht kennengelernt hätte, um mit ihr eine unverbrüchliche Zweisamkeit zu bilden. Ein Banditenmesser hat dieses starke Band gewaltsam durchschnitten. Wird Marie-Claire dieses Unglück jemals überwinden?

Auch für den kleinen Robert ist der plötzliche Tod Berton de Fleurs ein schwerer Schlag gewesen. Auch wenn ihm seine Pflegeeltern mehr oder weniger fremd geblieben sind, so findet er es doch schrecklich, Marie-Claire ohne die hohe Gestalt ihres Mannes in ihrer Nähe sehen zu müssen. Trotz der Soldaten in der Vorburg und in den Nebengebäuden scheint Pontorson plötzlich eine Festung mit ausschließlich Frauen zu sein. In der Küche regiert Frau Béchet, im Rittersaal Frau Tiphaine, in den Vorratskammern und Schlafzimmern Marie-Claire. Sie geben die Befehle, und die Männer führen sie aus. Matthis Cuvelier ist nach Paris abgereist, und Rolin Bodin hat er mitgenommen. Der Winter tobt gegen die Mauern der Burg, mit Stürmen, donnernden Windböen, nassen Schneeböen, trübsinnig machendem, trommelndem Regen. Der kleine Robert muß dauernd an das Glücksrad denken, das Therese für ihn auf den Küchentisch gemalt hat.

»Du mußt nicht weinen«, sagt er eines trüben Nachmittags zu seiner Pflegemutter, »Vater ist im Himmel, das weiß ich bestimmt. Und dein Böhnchen kommt schon wieder nach oben. Therese sagt das auch. Da du nun einmal unten bist, kann es nur noch aufwärts gehen.«

»Wovon redest du?« fragt Gottes Schmetterling überrascht.

»Über das Glücksrad. Deines hat sich gedreht, du sitzt auf dem tiefsten Punkt. Aber da bleibst du nicht. Schon bald dreht sich das Rad weiter.«

Marie-Claire lächelt.

»Ich weiß, Junge. Aber was hat das mit einer Bohne zu tun?«

Der kleine Robert erzählt ihr von der Zeichnung und der Pferdebohne auf dem Rad.

»Hat Therese dir das erzählt? Das ist ja lustig... Wie kommt sie zu der Weisheit?«

»Durch Frau Tiphaine.«

»Und hat Therese dir auch gesagt, daß du dich dagegenstemmen mußt, wenn das Rad sich so gedreht hat, daß du unten angekommen bist?«

»Sie sagt, das ist möglich. Geht das wirklich, Mutter?«

»Ja.«

»Und... du stemmst dich dagegen?«

»Was denkst du denn?«

»Versuchst du, Vater zu vergessen?«

»Nein, Kind, das könnte ich nicht. Ich will es auch nicht, ich trauere. Er war ein guter und edler Mensch, ich vermisse ihn, ich trauere um ihn, aber mein Leben ist noch nicht beendet, und ich werde nicht ewig trauern. Mein Böhnchen, wie ihr Kinder das nennt, wird wohl noch ein Weilchen unten bleiben, ganz unten, um sich auszuruhen. Wenn es sich dann ausgeruht hat, wird es sich wehren und das Rad wieder in Bewegung bringen.«

»So daß es sich dreht und deine Bohne wieder steigt?«

»Ja.«

»Ich werde dir helfen, wenn es so weit ist«, verspricht der Junge treuherzig.

Das kindliche Gespräch mit dem kleinen Robert hat Marie-Claire gutgetan. Sie gönnt sich die Zeit, den Schmerz über Bertons Tod zu verarbeiten, weil sie sich daran, daß ihr etwas fehlt, an die einsamen Nächte und die Leere um sie herum, gewöhnen will. Aber die Gewöhnung stellt sich nicht ein. Tief in ihrem Herzen wächst die unerbittliche Überzeugung, daß Berton de Fleur gerächt werden muß.

Einige Wochen nach Neujahr kommen Matthis Cuvelier und Rolin Bodin aus Paris zurück. Sie bringen gute Nachrichten mit. Jean de Montfort hat sich an die geheime Absprache mit dem König gehalten. Mit starrem Gesicht legte er den Treueid auf das französische Königshaus ab, und der stolze bretonische Adel beugte das Haupt vor De Montfort und erkannte ihn als rechtmäßigen Herzog an. Für die Freiheit von Bertrand Du Guesclin fordert der Herzog vierzigtausend Francs, und König Karl hat sich bereit erklärt, sie zu bezahlen. Diese Bereitschaft darf allerdings nicht den Eindruck erwecken, daß alles ein vorab geregeltes Spiel gewesen sei. Es werden also einige Monate vergehen, außerdem wird König Karl V. so tun, als wären die Vierzigtausend ein Kredit, mit der Grafschaft Longueville als Pfand. In einem Brief, den Matthis bei sich hat, beruhigt der König Tiphaine: Der Kredit ist nur eine Formsache und braucht nicht abgezahlt zu werden. Bertrand wird zu Beginn des Sommers wieder frei sein.

Damit haben alle Parteien erreicht, was sie sich zum Ziel gesetzt hatten. Nach zwanzig Jahren des Elends herrscht Frieden in der Bretagne, und die Bevölkerung kann mit dem Wiederaufbau beginnen. Die unbebauten Felder werden gepflügt und eingesät, die Ruinen werden weggeräumt, die ausgebrannten Bauernhöfe werden wiederaufgebaut. Die Sonne bricht durch, und im Sommer 1365 kommt Bertrand Du Guesclin nach Hause. Zu Hause, das ist nicht das Schloß Longueville in der Normandie, das ist das alte vertraute Pontorson. Als die erste Freude über seine Rückkehr vorbei ist, wendet sich Du Guesclin an Marie-Claire, die in ihrem dunkellila Kleid aufrecht und schlank vor ihm steht.

»Liebe Freundin, trotz des Trauerkleides siehst du aus wie der Frühling. Du bist fast so schön wie Tiphaine«, sagt er für seine Verhältnisse ungewöhnlich höflich.

»Marie-Claire ist immer eine stolze Frau gewesen«, murmelt Matthis, und das hört sich beinahe wie ein Vorwurf an.

»Ehrlich gesagt«, fährt Du Guesclin fort, »habe ich befürchtet, du könntest dich nach Bertons Tod in ein Kloster zurückziehen.«

»Nein«, sagt Gottes Schmetterling fest. »Ein Kloster ist nichts für mich, dann müßte ich ergeben und gehorsam werden. Und ich habe noch etwas Wichtiges zu tun.«

Forschend blickt der Ritter sie an.

»Wir sind froh«, ruft Matthis schnell, »daß du bei uns geblieben bist, du bist Tiphaine eine so gute Freundin.«

Aber Bertrand läßt sich nicht ablenken, unverwandt blickt er Marie-Claire an.

»Darüber haben wir nicht gesprochen«, murmelt er. »Du sagtest, du hättest etwas Wichtiges zu tun. Was?«

Marie-Claire schlägt plötzlich die Augen nieder.

»Berton«, sagt sie leise. »Er war so gut und ehrlich, er war ein großer Dichter und ein treuer Sohn Frankreichs. Ich will, daß der Mord an meinem Mann gerächt wird. Ich bin in der Welt geblieben, um meinen Anteil an der Rache leisten zu können.«

Verblüfft schüttelt Matthis Cuvelier den Kopf, ihm läuft es kalt über den Rücken.

»Marie-Claire«, ruft er besorgt, »Krieg ist Männersache.«

Trotzig wirft sie den Kopf in den Nacken.

»Den kenne ich durch und durch. Ich wurde in Flandern geboren, doch von dem Augenblick an, da ich Fuß auf französischen Boden setzte, habe ich dieses Land geliebt und es am Krieg zugrunde gehen sehen. Die Männer kämpften, die Frauen litten, wurden mißhandelt und vergewaltigt, zu Witwen gemacht. Berton und ich streiften durch unser Land, unsere Herzen bluteten für die Bauern und Bürger, für die dem Tode geweihten Soldaten und für die Ritter, die in vergeblichen Schlachten geopfert wurden. Krieg ist Männersache – aber meinst du wirklich, daß die Frauen nicht mitzählen? Unser halbes Königreich besteht aus Frauen. Über den blutenden Wunden des liebsten Mannes der Welt habe ich geschworen, daß ich ihn und alle meine mißhandelten französischen Schwestern rächen werde.«

»*Wir* werden Berton rächen, Marie-Claire«, sagt Matthis, der noch nie einen Tropfen Blut vergossen hat.

»Dieses Land«, fährt Marie-Claire hartnäckig fort, »leidet nicht nur unter den Angriffen von außen, es wird vor allem ausgehöhlt durch die Kompanien. König Karl V. hat Frieden mit Navarra geschlossen, nun ist auch Frieden in die Bretagne eingekehrt, er bekommt endlich Zeit, gegen die Kompanien vorzugehen. Ich weiß, Bertrand, daß er dir diese Aufgabe übertragen wird. Dabei wirst du alle Hilfe, die deine Freunde dir geben können, nötig haben. Berton de Fleur war dein Freund, auf den hättest du dich verlassen können, aber er ist tot. Ich werde seine Stelle einnehmen.«

»Liebe Freundin«, sagt Tiphaine mit Wehmut in der Stimme, »vergiß es. Es ist die Pflicht der Frauen, zu Hause zu bleiben, die Herdfeuer brennend zu halten und unsere Männer gehen zu lassen, die das untereinander auskämpfen werden. Wir müssen uns davon fernhalten. Wir sind die Heimat, die die Männer auffangen muß, wenn sie triumphierend oder geschlagen zurückkehren und Ruhe haben wollen. So ist die Welt nun einmal eingerichtet.«

»Richtig«, nickt Matthis erleichtert. Vor Tiphaines Weisheit hat er Achtung.

»Nein!«

Das ist die gebrochene Stimme von Bertrand Du Guesclin, der sich endlich zu einer Entscheidung durchgerungen hat. Seine stechenden, grünen Augen lassen Marie-Claire nicht los, hinter seiner breiten Stirn scheinen die Gedanken wie Blitze hin und her zu zucken.

»Gottes Schmetterling hat recht«, donnert er. »König Karl muß versuchen, die Plündererkompanien aus dem Land zu drängen. Und die Aufgabe wird er mir übertragen. Nicht zum ersten Mal. Aber die Kompanien sind im ganzen Land verstreut. Wenn ich einen Landstrich von Banditen gesäubert hatte, tauchten irgendwo anders drei neue Banden auf. Das Übel scheint unausrottbar zu sein, so lange wir keine Möglichkeit haben, sie alle zusammenzukriegen, sie auf einen Haufen zu kehren und aus dem Land zu fegen. Damit, sie einzeln zu bekämpfen, erreichen wir nichts. Wir müssen sie alle gleichzeitig weglocken.«

»Das hat König Johann – Gott sei seiner Seele gnädig – schon einmal versucht, indem er einen Kreuzzug gegen die Türken vorschlug«, fällt Tiphaine ihm ins Wort. »Aber die Kompanien hatten keine Lust und ließen den König mit seinem Aufruf allein.«

»Ich habe jetzt einen besseren Plan«, nickt Du Guesclin, »und dabei kann ich die Hilfe von Gottes Schmetterling gut gebrauchen.«

»Ist das dein Ernst? Ich bin zu allem bereit«, erklärt Marie-Claire fest.

»Einen Moment«, ruft Matthis, der meint, für Bertons Witwe verantwortlich zu sein. »Was sind das für Pläne? Du willst Marie-Claire doch nicht in Männerkleider stecken und sie lehren, mit einem Schwert umzugehen?«

Mit funkelnden Augen dreht Du Guesclin sich zu ihm um.

»Nein, du Tor, natürlich nicht. Habe ich dich jemals etwas tun lassen, was du nicht beherrschst? Du hast mir treu gedient, doch immer auf die Art, für die Gott dich geschaffen hat. Auch Marie-Claire ist ein Geschöpf Gottes. Sie hat ihre Talente und Möglichkeiten. Die werde ich ausnutzen. Nicht mehr, aber vor allem nicht weniger.«

»Alles, was ich von dir verlange, Bertrand, ist, daß du mir etwas zu tun gibst«, sagt Marie-Claire schnell.

»Das werde ich tun, Frau, vielleicht mehr als du schaffen kannst. Zuerst mußt du deine Trauerkleidung ablegen und deine schönsten Kleider aus der Kiste holen. Ich nehme dich mit nach Paris. Dort werden wir dem König meinen Plan vorlegen, und weil da politisch gesehen noch einige Schwierigkeiten zu bewältigen sind, wirst du mir helfen, meine Absichten durchzusetzen.«

»Aber...« beginnt Matthis wieder. Bertrand gebietet ihm zu schweigen, und der Herold gehorcht. Aber er weiß nicht so recht, was er von der Sache halten soll.

Der kleine Robert -- wer achtet schon auf den kleinwüchsigen Kerl, der stets von allen übersehen wird – meldet sich plötzlich zu Wort.

»Und ich? Darf ich auch mit?« fragt er verlegen.

»Ja«, entscheidet Du Guesclin zur allgemeinen Überraschung. »Du darfst auch mit, Knirps. Deine Mutter hat recht, jede lebende Seele, die mir helfen kann, die verdammten Banditen aus dem Land zu treiben, ist willkommen. Und wenn einer nur vier Fuß hoch ist. Wer wenig hat, lernt, selbst Brennesseln zu essen und mit einem Strohhalm ein Schiff zu steuern.«

»Ich bin kein Strohhalm«, sagt der kleine Robert entrüstet.

Bertrand lacht dröhnend und streicht dem Kind über die Haare.

»Dann wirst du die Brennessel sein, die den Plünderern im Fleische bleibt, bis sie um Gnade betteln.«

»Schön«, sagt der kleine Junge zufrieden. Unverhofft zieht er den kurzen Dolch aus dem Gürtel und wirft ihn mit überraschender Kraft an die Kaminverkleidung, wo er zitternd in einem schnörkeligen Ornament stecken bleibt. »Da, dreckige Mörder«, zischt er. Matthis schaudert. Was ist mit uns, den Kindern des Lichts, geschehen? fragt er sich beunruhigt. Sind wir denn keine Minnesänger mehr, die freien Vögel unter den Menschen? Sind wir nur noch Instrumente der Rache, in Händen von Du Guesclin, dem Rächer Frankreichs? O, Berton de Fleur, es darf nicht wahr sein, daß mit dir alle Poesie aus dem Leben verschwunden ist!

Tiphaine hat sich in einen Sessel fallen lassen und weint still.

»Wer soll mir die Einsamkeit erleichtern?« fragt sie schluchzend, als Du Guesclin sich erschrocken über sie beugt. »Marie-Claire, der kleine Robert, Matthis, Rolin... alle folgen dir. Ich behalte niemanden hier, mit dem ich mich unterhalten kann.«

»Dir«, sagt Bertrand warm, »kaufe ich ein Haus auf Mont Saint-Michel. Dort bist du sicher, und dort sind Hunderte von Mönchen, mit denen du über Philosophie und Physik streiten kannst. Da kriecht die Gelehrtheit aus jeder Mauerritze, du wirst dich keinen Moment langweilen, liebe Gräfin von Longueville.«

Das tröstet sie. Denn so seltsam das auch sein mag, der grobe Held der Bretagne, der nicht schreiben und lesen kann, ist mit einer Gelehrten verheiratet.

Der kleine Robert, der begeistert ist, daß er die neuen Abenteuer aus nächster Nähe mitmachen wird, rennt in die Küche, um Therese die große Neuigkeit zu erzählen.

»Das Rad hat sich gedreht«, ruft er seiner Freundin zu. »Der Tiefpunkt ist überwunden! Du hattest recht, Therese, unsere Böhnchen steigen wieder.«

»Was redet das Kind da«, stammelt Frau Béchet verblüfft.

Aber Therese hebt ihren kleinen Freund an und wirbelt ihn herum.

»Ich wußte es, ich wußte es«, jubelt sie.

Dann stellt sie den Pagen wieder auf seine Füße.

»Das kommt durch Mutter«, sagt der kleine Robert ernst. »Ihre Bohne mußte erst eine Weile ruhen. Jetzt ist sie wieder in Bewegung gekommen, und das Rad beginnt sich zu drehen.«

»Ich habe mir noch nie soviel Unsinn auf einmal anhören müssen«, klagt Frau Béchet.

Therese blinzelt, der kleine Robert erwidert das Blinzeln. Das Glücksrad ist unser Geheimnis, denkt er genießerisch. Erwachsene haben keine Ahnung davon.

9

DIE ANWERBER

Die Anzahl der Banditen, vereinigt in selbständigen Truppen, die durch Frankreich toben und das Land aussaugen, wird auf mindestens dreizehntausend geschätzt. Alle zusammenzurufen und aus dem Land zu jagen, scheint eine unlösbare Aufgabe zu sein. Trotzdem hat Bertrand Du Guesclin große Hoffnung, daß es ihm gelingen kann. Er hat im Zusammenhang mit der gegenwärtigen Lage in Spanien einen Plan.

Die Iberische Halbinsel ist in diesem Jahrhundert aufgeteilt in eine ganze Anzahl von Königreichen: Navarra, Aragonien, Kastilien, Portugal und Granada. Vor vielen Jahrhunderten eroberten die Mauren den größten Teil Spaniens, aber im Laufe der Zeit wurden diese Eindringlinge zurückgedrängt in ein letztes Bollwerk: Granada und Umgebung. Die befreiten Gebiete wurden aufgeteilt, und zwar zwischen Portugal, Kastilien und Aragonien. Aber diese Nachbarländer fanden keine Möglichkeit, miteinander in Frieden zu leben. Kastilien, regiert von Peter dem Grausamen, führt schon acht Jahre lang Krieg mit Aragonien, regiert von Peter dem Würdigen. Dabei hat Kastilien die besseren Siegesaussichten, und Peter der Grausame hat schon große Teile Aragoniens erobert. Das hat Peter den Würdigen dazu gebracht, Frankreich um Hilfe zu bitten. Der Plan, den Du Guesclin König Karl V. vorlegt, läuft darauf hinaus:

»Der König von Aragonien bittet um Soldaten. In Frankreich treiben sich derzeit dreizehntausend Banditen herum, die es gewöhnt sind, aus Raffgier zu kämpfen. Laßt uns die Truppen zusammenrufen und nach Spanien schicken, wo sie für Aragonien kämpfen können.«

Das hört Karl V. nicht ungern. Denn außer der Tatsache, daß Peter der Grausame ein Verbündeter Englands ist, hat der französische König mit dem Tyrannen Kastiliens auch noch persönlich abzurechnen.

Peter hat seine Frau, Karls Schwägerin, von maurischen und ketzerischen Helfern ermorden lassen, und das ist Königsmord, der nach Rache schreit. Peter der Grausame hat seinen Namen nicht umsonst bekommen. Und noch ein Umstand kommt hinzu: Peter hat einen Halbbruder, Don Heinrich, auch der Bastard genannt. Dieser Don Heinrich hat schon einmal versucht, seinen tyrannischen Bruder vom kastilischen Thron zu stoßen, doch der Staatsstreich mißlang, und seitdem treibt er sich als Verbannter in Südfrankreich herum. Don Heinrich hat König Karl V. ein feierliches Versprechen gegeben: Sollte es ihm gelingen, seinen Halbbruder abzusetzen und selbst König von Kastilien zu werden, wird er ein Bündnis mit Frankreich schließen, für ewige Zeiten.

Karl V., der zur Zeit, da er den Kampf gegen England wieder aufnimmt, gern einen starken Bundesgenossen im Rücken haben möchte, hat dem Bastard alle mögliche Hilfe und Unterstützung zugesagt.

Und mitten in dieses politische Wespennest sticht Du Guesclin mit seinem Plan.

»Mit den kampflustigen Kompanien werde ich für Peter den Würdigen Aragonien wieder die alten Grenzen geben können. Ich werde Peter den Grausamen schlagen und an seiner Stelle Don Heinrich auf den Thron von Kastilien setzen. Das sind zwei Fliegen auf einen Streich. Spanien scheint ein garstiges Land zu sein. Da werden eine Menge Banditen ihr Leben lassen und in der braunen Erde ihr Grab finden.«

König Karl V. nickt nachdenklich und läßt seinen Blick über die Leute wandern, die Du Guesclin mit nach Paris gebracht hat: den jungen klugen Matthis Cuvelier, einen zwergenhaften Pagen mit lustigem Gesicht und braunem Lockenhaar, und vor allem Gottes Schmetterling, die berühmte Minnesängerin, die vor kurzem ihren Mann verloren hat, und die in ihrem langen, grünen Kleid und mit ihren dunklen Haaren, die von einem unechten Schmuckstück, das aber dennoch Geschmack verrät, zusammengehalten werden, immer noch wie der blühende Frühling aussieht. Sie wirkt jünger als sie ist, denn ihre Figur ist nicht durch das Gebären vieler Kinder oder das Verrichten schwerer Arbeit verdorben worden. Sie hat die Haltung und den Augenaufschlag einer edlen Dame, aber der König weiß, daß sie ein Kind des Volkes ist.

Im Frankreich des vierzehnten Jahrhunderts treiben sich viele malerische Gestalten herum. Trotzdem wundert sich der König über die sonderbare Gesellschaft zu seinen Füßen. Sind das die engsten Mitarbeiter von Bertrand Du Guesclin? Dieses Grüppchen seltsamer Originale? Doch dann denkt der König daran, daß die Plündererkompanien aus dem Abschaum der Menschheit zusammengesetzt sind: Wer nicht in das geordnete Zusammenleben paßt, wird Bandit. Und um diese Plünderer zusammenzurufen und nach Spanien zu locken, dafür kann man alltägliche, anständige Bürger nicht gebrauchen, dafür hat man Sonderlinge nötig.

»Ritter Bertrand«, sagt der König, »wir können Euch zur Ausführung Eures Planes nur fünfzigtausend Francs zur Verfügung stellen.«

»Die ganze Sache könnt Ihr vertrauensvoll mir überlassen«, dröhnt Du Guesclin, dessen Bescheidenheit sprichwörtlich ist.

Der König fragt nicht, *wie* sein treuer Untertan die Sache in Angriff nehmen will. Ihm ist völlig klar, daß gesetzliche Maßnahmen gegen die ungesetzlichen Truppen unzureichend sind. »Geht mit Gott, Freund«, sagt er leise. »Denkt daran, daß wir hinter Euch stehen und Eure Taten bedingungslos gutheißen.«

Damit gewährt Karl V. seinem Untertan Freiheiten, über die man nur staunen kann.

Matthis Cuvelier hat weniger Vertrauen in das Gelingen der Pläne. Kaum sind sie wieder draußen, da wendet er sich auch schon erregt an seinen Herrn.

»Heiliger Antonius, Bertrand, das kann nicht gelingen«, ruft er aus. »Wie willst du der Führer der vereinten Truppen werden – und wie stellst du dir das vor, die Banditen so verrückt zu machen, daß sie dir nach Spanien folgen? Dein Leben lang bist du der erbitterte Feind dieser Leute gewesen. Wieder und wieder hast du ihnen auf den Fersen gesessen, sie auseinander getrieben und sie in alle Himmelsrichtungen gejagt. Du hast Bascon de Mareuil und Jean Jouel getötet, du hast Plünderer bis in die entlegensten Winkel der Bretagne verfolgt und ihnen das Leben so schwer gemacht, daß sie in den Osten ausweichen mußten. Wie kannst du erwarten, daß sie sich nun wie brave Lämmchen unter deiner Fahne versammeln? Sobald du dich in ihrer Mitte zu zeigen wagst, werden sie sich an alle Niederlagen und Erniedrigungen der Vergangenheit erinnern. Wie ein Mann werden sie über dich herfallen und dich totschlagen.«

»Aber nein«, antwortet Du Guesclin scheinbar unbekümmert. »Diesmal komme ich als Freund, der Geschenke bringt.«

»Die lumpigen fünfzigtausend Francs? Das ist doch unmöglich! Wie willst du damit gut zehntausend Räuber abfinden – fünf Francs pro Mann! Die sind es gewöhnt, mit Tausenden zu rechnen.«

Die engen Straßen sind belebt. Die Sonne scheint, Paris räkelt sich in ihren Frühjahrsstrahlen, auf der Seine fahren Frachtkähne auf und nieder. Matthis Cuvelier kennt dieses Bild der Hauptstadt, und zum wiederholten Mal in seinem Leben erliegt er der Verzauberung. Doch die Aufgabe, die Du Guesclin auf sich genommen hat, beunruhigt ihn zu sehr, um auch diesmal wieder in vollen Zügen genießen zu können.

Bertrand ist stehen geblieben und deutet auf den Eingang einer Taverne.

»Laßt uns auf das Gelingen unseres Vorhabens trinken«, schlägt er vor.

Zu viert gegen sie hinein, Du Guesclin bestellt einen Krug Wein. Marie-Claire, der kleine Robert und Matthis setzen sich neben den Haudegen auf die Holzbank. Zu dieser Mittagsstunde ist es in der Schankstube noch ruhig. Ein paar Kaufleute, die mit einem Binnenschiffer in einer Ecke sitzen und verhandeln, blicken kurz auf, betrachten ausgiebig Marie-Claire, wechseln ein paar Blicke und wenden sich dann wieder ihren Geschäften zu. Matthis ist vor Ärger rot geworden: Was denken die Leute eigentlich von seiner Pflegemutter?

Bertrand nimmt einen langen Zug, stellt den Krug heftig auf den schmutzigen Tisch und blinzelt Marie-Claire zu.

»Meinst du auch, es sei unmöglich, die Truppen zusammenzubekommen, liebe Freundin?«

Sie schüttelt den Kopf.

»Die Truppen«, sagt sie ruhig, »bestehen aus nichts anderem als aus zusammengewürfelten Strauchräubern, ruinierten Bauern, verarmten Rittern, arbeitslosen Söldnern, Sonderlingen und Flüchtlingen, kurz: Gestrandeten. Wie Heuschrecken stürzen sie sich auf Felder, Wege und Dörfer. Sie fressen das Land kahl, die Bauern zittern vor ihnen, der Adel wagt es nicht, etwas gegen sie zu unternehmen. Reisende werden überfallen, beraubt, ermordet. Aber in Wirklichkeit, Matthis, sind die Banditen arme Würmer. Jedes Häppchen Brot, jedes Goldstück müssen sie stehlen. Häufig müssen sie dafür kämpfen. Kein anständiger Mensch will etwas mit ihnen zu tun haben; der Papst hat sie mit dem Bann belegt. Das drückt schwer auf ihr Gewissen. Der Weg in den Himmel ist ihnen versperrt, von allen ehrlichen Menschen werden sie gefürchtet, aber vor allem verachtet.«

»Erzähl mir nichts«, brummt Matthis. »Ich kenne sie besser als du. Hast du vergessen, daß wir länger als ein Jahr ihre Gefangenen waren?«

»Nein. Aber gerade darum weiß ich, daß die Plünderer tief in ihren Herzen nichts anderes wünschen als Wiederherstellung ihrer Ehre, Versöhnung mit der Kirche, Geld und Vergnügen. Und das, Matthis, ist genau das, was wir ihnen anbieten.«

»Die Banditenhauptleute werden uns herzhaft auslachen, wenn wir mit schönen Versprechungen kommen, von denen sich schließlich herausstellt, daß sie auf lausigen fünfzigtausend Francs beruhen«, antwortet Matthis praktisch denkend. »Und aus Enttäuschung werden sie uns einen Kopf kürzer machen.«

»Marie-Claire«, klagt Bertrand, »wie hast du das nur geschafft, aus einem so netten Jungen so einen Schwarzseher zu machen?«

»Ich bin kein Schwarzseher«, braust Matthis auf. »Ich sehe die Dinge nur so, wie sie sind.«

»Die fünfzigtausend Francs bekommen die Plünderer nie zu sehen«, sagt Bertrand ungerührt. »Die gebe ich für Gottes Schmetterling aus. Hast du das gehört, Marie-Claire? Das kann mich nicht interessieren, was das kostet, aber ich will, daß du zehn Jahre jünger wirst, eine Frau von Schönheit und Grazie, der verführerischste Lockvogel, der jemals zehntausend Banditen vorangeschritten ist, um sie über die Grenzen zu locken. Matthis, mach nicht so ein bedenkliches Gesicht, deine Mutter weiß, was ich von ihr erwarte, und sie hat mir versprochen, es zu tun.«

»Und ich?« fragt der kleine Robert draufgängerisch, »was soll ich tun?«

»Du«, brummt Du Guesclin, »du bleibst mein Page, aber vorläufig wirst du eine andere Rolle spielen. Du wirst der Narr unserer Gesellschaft. Der Messerwerfer, der Akrobat, der Witzbold. Das Wunderkind von Gottes Schmetterling, der verwöhnte Benjamin des fleischgewordenen Abenteuers. Du wirst sehr wichtig werden, Knirps. Den Zwerg mit den goldenen Händchen, so werden wir dich nennen, und niemand wird wissen, daß du auch noch etwas anderes kannst als nur Kunststückchen.«

»Wunderbar«, sagt der kleine Robert. »Aber eigentlich bin ich Kundschafter von Beruf.«

»Auch in der Hinsicht wirst du mir gute Dienste erweisen können«, verspricht der Ritter, und damit ist das Kind beruhigt. Etwas anderes vorzutäuschen als er ist, das stellt er sich sehr spannend vor. Gesindel zum Narren zu halten, geheime Aufträge auszuführen, das ist etwas nach seinem Geschmack. Außerdem werden sie eine lange Reise in ein fremdes Land machen. Heiliger Dionysius, ist das Leben aufregend! Und bevor seine Mutter es verhindern kann, hat der kleine Robert schon einen Schluck Wein aus ihrem Glas getrunken.

Schon sehr bald merkt der kleine Robert, daß Du Guesclin nicht übertrieben hat, als er sagte, sie würden viel zu tun bekommen. Fast ein Jahr lang sind Marie-Claire und ihre beiden Pflegekinder unermüdlich tätig. Matthis schreibt unzählige Briefe, mit denen Kuriere in alle Himmelsrichtungen enteilen. Als Treffpunkt für die Truppen hat König Karl V. seine Burg Châlons-sur-Saône zur Verfügung gestellt, eine gewaltige Festung in einem breiten Tal. Die von den Kurieren überbrachten Einladungen gelten gleichzeitig als Freigeleitbriefe. Du Guesclin gibt den Plünderern in den Briefen deutlich zu verstehen, daß sie nicht in die Falle gelockt werden sollen: Auf Châlons werden sie sicher sein. Er wolle nur verhandeln, keine Rache.

Währenddessen ist Gottes Schmetterling unermüdlich damit beschäftigt, eine Unterhaltungstruppe zusammenzustellen, wie es noch nie eine gegeben hat. Gemeinsam mit Clopin und dem kleinen Robert tritt sie auf Jahrmärkten und Kirmessen auf und engagiert Künstler: Musikanten, Sänger, Wahrsagerinnen, Akrobaten, Zauberkünstler. Sie bietet diesen Herumreisenden einen ansehnlichen Vorschuß, sie steckt sie in neue Kleider und kauft ihnen gute Instrumente. Sie schreibt Musikpartituren für die Musikanten, sie schult den Zauberkünstler, dem durch mangelhaftes Üben seine Nummern mißlingen, sie gebietet über Knechte und Kinder. Sie bringt die ganze Truppe in Châlons unter und läßt sie von früh bis spät üben. Unermüdlich schmiedet sie die hier und da aufgelesenen Kirmeskünstler zu einer echten Einheit zusammen. Ihrem glänzenden Ruf, ihrer Autorität und ihrem Können unterwerfen sich die Künstler gern. Sie werden für mindestens ein Jahr feste Arbeit haben, gut bezahlt werden und eine weite Reise machen: Für all diese Vorteile sind sie bereit, vorübergehend auf ihre Freiheit zu verzichten und sich von einer Frau befehligen zu lassen.

Als dann im Spätsommer Du Guesclin und Matthis kommen, kann sie ihnen eine Truppe vorstellen, die wie ein Uhrwerk abgestimmt ist. Selbst Matthis sperrt vor Erstaunen den Mund auf.

»Wo hast du all die begabten Leute her, Marie-Claire?« ruft er. »Jeder einzelne von ihnen ist ja etwas Besonderes.«

»Aus ganz Frankreich«, antwortet sie fröhlich. »Ich habe zwanzigtausend Francs anlegen müssen, aber sie sind es wert. Mit ihrer Hilfe werde ich die verfluchten Frauenschänder in den Untergang jagen.«

»Ist das alles, woran du denken kannst?«, fragt Matthis schaudernd.

»Berton muß gerächt werden – und Kunst ist auch eine Waffe«, sagt sie halsstarrig.

Er schweigt. Er muß sich noch daran gewöhnen, Marie-Claire zu sehen, ohne daß die lange Gestalt von Berton de Fleur hinter ihr auftaucht und ohne seine ruhige Stimme zu hören, die ihr ungestümes Temperament bremst. Später am Tag beklagt er sich bei Bertrand Du Guesclin.

»Eigentlich ist das erniedrigend, was du meine Pflegemutter tun läßt... vor Dieben und Mördern aufzutreten. Womit hat sie die Schande verdient?«

»Mein lieber Freund, vergiß endlich einmal deine Vorurteile«, antwortet Bertrand geduldig. »Gottes Schmetterling braucht eine Aufgabe. Bist du blind? Siehst du nicht, daß sie vor Schmerz zerbricht?«

»Sie? Das glaubst du...«

»Man merkt es ihr nicht an, aber ich habe es in ihren Augen gelesen. Sie muß etwas zu tun haben, was sie ganz in Beschlag nimmt. Vor allem deswegen habe ich sie eingeschaltet. Ich will nicht, daß sie sich hinter

Klostermauern oder in einen Turm verkriecht. Sie muß bleiben, was sie immer gewesen ist: die Stimme des französischen Volkes. Sängerinnen wie sie stacheln den Mut der Leute an, stärken ihre Widerstandskraft gegen die Unterdrückung, verbreiten die neuen Gedanken, die sich ankündigen. Auf ihre Art und Weise ist Gottes Schmetterling für ein freies Frankreich genauso wichtig wie König Karl V., du oder ich.«

Im Gegensatz zu seinem Stiefbruder plagen den kleinen Robert keine Bedenken. Er genießt in vollen Zügen. Ihm fehlt sogar die Zeit, Therese zu vermissen, denn auch wenn er sich an erster Stelle als Soldat und Kundschafter fühlt, so hat er dieses Jahr doch eine Menge Kunststückchen dazugelernt, und darauf ist er besonders stolz. Und der Einzug der Plündererkompanien in Châlons versetzt den Jungen in einen wahren Begeisterungstaumel. Soviel wüste Soldaten...

Denn sie kommen, die Plünderer! Aus allen Teilen des Landes strömen sie herbei, neugierig, was Du Guesclin ihnen vorzuschlagen hat. Sie vertrauen seinem Wort, denn sogar unter den Banditen hat der bretonische Haudegen den Ruf, vertrauenswürdig zu sein. In einem der offenen Fenster des Burgturms stehend sieht der kleine Robert sie kommen. Hinter ihm, ihre Hand auf seine Schulter gelegt, steht seine Pflegemutter. Er fühlt, daß ihre Hand zittert.

Da ist Hugh de Calverley, ein riesengroßer, rothaariger Engländer, dessen Truppe mindestens tausend Mann stark ist. Die Hauptleute und ihre Unterführer werden in der Burg einquartiert, die Mannschaften lagern auf den umliegenden Feldern. Rund um die Burg herum sieht der kleine Robert die Zeltlager wachsen, der Lärm dringt bis in die Turmkammer.

Tag für Tag sind welche angekommen, wilde Kompanien mit ihren Hautpleuten. Jake de Wyn ist dabei: Der Krieger-Minnesänger-Strauchräuber, der die Minnesänger vor einigen Jahren achtzehn Monate lang gefangengehalten hat, sie aber schließlich freilassen mußte; er ist also ein alter Bekannter von Gottes Schmetterling. Eustache d'Auberchicourt ist gekommen: Der Hennegauer Abenteurer, dessen Namen manchen Ritter blaß werden läßt. James le Pipe ist da, mit seinem wüsten Anhang von sechshundert Reitern – und viele, viele andere. Einer wie der andere rohe Kerle, prahlerische Abenteurer,

Räuber, Mörder. Verbrecher, die vor keinem Schurkenstreich zurückschrecken. Sind unter ihnen auch die Mörder von Berton de Fleur?

»Sie sehen so stark aus«, sagt der kleine Robert anerkennend.

»Das sind gute Soldaten, stimmt's, Mutter? Die können ganz bestimmt gut kämpfen.«

Marie-Claire unterdrückt ein Frösteln.

»Ja«, sagt sie leise, »kämpfen können die Kerle.«

»Und gehen die alle mit nach Spanien?« fragt er hoffnungsvoll.

»Wenn wir sie überreden können...«

Abend für Abend werden im geräumigen Prunksaal der Burg Feste gefeiert. Dann tritt Du Guesclins Unterhaltungstruppe vor den Hauptleuten und deren Anhang auf. Gottes Schmetterling ist der strahlende Mittelpunkt. Neben ihr glänzt ein wunderlicher kleiner Junge: der kleine Robert. Und Abend für Abend fallen den Banditen die Augen aus dem Kopf. So etwas haben sie noch nie gesehen. Marie-Claire tanzt für sie, ihre seidenen Röcke schwingen um sie herum, das Orchester begleitet das Wirbeln ihrer Füße mit aufpeitschender Musik. Danach treten die Akrobaten und Zauberkünstler auf. Die werfen mit Tellern, die sie geschickt wieder auffangen. Sie spielen mit Bällen, schlagen Purzelbäume, machen Handstand, lassen Eier in ihren Ärmeln verschwinden und holen sie hinter ihren Ohren wieder hervor. Sie zaubern Tauben aus Weinkrügen und Geldstücke aus ihrer Nase. Die Musikanten fiedeln lustig darauf los, die Wahrsagerinnen laufen geheimnisvoll umher, sagen den Gästen mit leiser Stimme eine großartige Zukunft voraus. Dann tritt plötzlich wieder Gottes Schmetterling auf, die ein sehr zärtliches Liebeslied singt, ihr folgt Matthis Cuvelier, der Herold mit der goldenen Stimme, der ein Spottlied auf die Beamten des Königs zum besten gibt. Der Wein fließt in Strömen, die schwungvolle Vorstellung läßt die Plünderer alles Mißtrauen vergessen. Sie jubeln, stampfen mit den Füßen, tanzen um Gottes Schmetterling herum, für sie ist es die beste Zeit ihres Lebens. Ha, der bretonische Haudegen weiß, wie ein Mann sich nach einem harten Winter voller Raubzüge vergnügen will! Sie schlagen Du Guesclin auf die Schulter, nennen ihn Kamerad und Waffenbruder. Jubelnd trinken sie Marie-Claire zu. Sie lachen, brüllen, amüsieren sich. Dann, trunken vor Freude,

Wein und Vergnügen, unterschreibt ein großer Teil der Soldaten die Listen, die ihnen Matthis Cuvelier unter die Nase hält. Es ist eine gewaltige, fröhliche Anwerberei. Möchte Du Guesclin, daß sie nach Spanien gehen, um dort zu kämpfen? Oh ja, für so einen Kerl gehen sie durchs Feuer, der weiß, was einem Soldaten zusteht.

Aber etliche Anführer und ihre Gefolgschaft, häufig englischer Herkunft, sind nicht so einfach zu überzeugen. Ein Kompaniehauptmann fühlt sich verantwortlich für das Wohlergehen seiner Männer. Er fordert Garantien, Vorauszahlung. Welche Garantien kann Du Guesclin ihnen dafür geben, daß das spanische Abenteuer ihnen ausreichend Vorteile bringen wird? Denn er kann ihnen wohl eine interessante Reise durch ein sehenswertes Land vorgaukeln, was sie in erster Linie wissen wollen, das ist, was ihnen der Feldzug nach Kastilien an Beute und Sold einbringen wird. Geld wollen sie sehen, bevor sie auch nur einen Schritt in südliche Richtung machen.

Die fünfzigtausend Francs des Königs sind zum größten Teil für Marie-Claires Unterhaltungstruppe und die Feste auf der Burg Châlons ausgegeben worden. Aber auch wenn Du Guesclin den habgierigen Kerlen keinen Vorschuß auszahlen kann, so hat er doch eine geheime Waffe, die er gegen ihr Zögern einsetzen kann: Gottes Schmetterling, die verkörperte Poesie.

Marie-Claire, die ihren Tanz beendet hat, versammelt die Unwilligen um sich und erzählt. Das ist ihr Beruf: zauberhafte Geschichten zu erzählen. Ohne mit der Wimper zu zucken, gräbt sie ein altes Gerücht aus: »Peter der Grausame, König von Kastilien, ist ein untergeschobenes Kind«, vertraut sie den Banditen an.

»Seine Mutter, die Königin, brachte ein Mädchen zur Welt und war darüber sehr traurig«, erzählt sie geheimnisvoll. »Sie hatte leidenschaftlich auf einen Thronfolger gehofft. Darum nahm ein spanischer Feldherr das Töchterchen, mit Wissen der Königin, und vertauschte es mit einem Säugling jüdischer Eltern. Der König wußte nichts von diesem Betrug und sah den kleinen Peter als seinen leibeigenen Sohn und Nachfolger an. Nach seinem Tod erbte Peter das Königreich, auf das er kein Recht hat.

Doch, wie ihr wißt, hat Peter einen jüngeren Stiefbruder, Don Heinrich, auch der Bastard genannt. Don Heinrich ist tatsächlich ein

Sohn des Königs von Kastilien, auch wenn seine Mutter die Maitresse des Königs war. Don Heinrich hat bereits einen Versuch unternommen, Peter den Grausamen abzusetzen, aber das mißlang. Er mußte fliehen und hält sich nun in Südfrankreich auf, festentschlossen, einst seinen gehaßten Bruder zu vertreiben. Darum werden wir ihm helfen. Wir werden den falschen Peter verjagen und an seiner Stelle Don Heinrich auf den Thron von Kastilien setzen.«

Die Männer um sie herum nicken hingerissen. Es kann sie nicht interessieren, wer Herrscher von Kastilien ist, ein Bastard oder ein untergeschobenes Kind. Aber sie hören gern Geschichten, vor allem, wenn sie von strengen Staatsgeheimnissen umwoben sind. Den verbannten Bastard kennen sie, haben zumindest von ihm gehört, denn er ist jahrelang durch Frankreich geirrt, manchmal im Dienst des französischen Königs, manchmal nicht anders als sie: ein Plünderer, der sich durch Raub und Erpressung ernähren muß. Für diesen Don Heinrich empfinden sie die Sympathie der Gleichgestellten. Der ist ein Kerl wie sie, das gefällt ihnen. Also heucheln sie große Entrüstung über den Betrug einer bereits verstorbenen Königin. Einfach das eigene Kind mit dem einer anderen vertauschen! Schändlich!

Geschichten von untergeschobenen und geraubten Kindern regen immer wieder die Fantasie an...

Dann dämpft Marie-Claire die Stimme und beschreibt den Männern – als wäre sie selbst schon dort gewesen –, wie schön Kastilien ist, wieviel es dort zu plündern und zu brandschatzen gibt, wie schön und feurig die Frauen dort sind. Die Kerle hören mit flackernden Augen zu, schauen dabei Gottes Schmetterling an, und ihre Herzen werden warm. Ja, eine schöne spanische Edelfrau in den Arm nehmen, das möchten sie schon! Sie blicken auf Matthis Cuvelier in seinen schmukken Heroldkleidern und denken: Wir werden mit Juwelen behangen zurückkehren. Sie werfen einen Blick auf die breiten Schultern und das häßliche Gesicht von Du Guesclin und denken: einfach draufschlagen. Die verfluchten Kastilier einen Kopf kürzer machen. Mann, ist das ein Leben!

Dann lassen wieder einige Hundert bereitwillig ihre Namen auf die Listen schreiben. Der kleine Robert, sehr erregt über soviel Heldenmut in seiner Umgebung und herausgeputzt wie ein Zwerg-Schildknappe, springt auf den Tisch und schwenkt ein bemaltes Holzschwert über dem Kopf. Mit hoher Stimme ruft er: »Tod den Mauren!« und strauchelt über die aufgerollten Spitzen seiner Schnabelschuhe. Die Banditen lachen Tränen über ihn und drängeln sich an Matthis heran, ihre Namen anzugeben. Matthis schreibt und schreibt, bis ihm die Finger weh tun.

Aber die Stärksten und Mächtigsten unter den Plündererhauptleuten sträuben sich immer noch. Jake de Wyn, James le Pipe, Eustache d'Auberchicourt und vor allem Hugh de Calverley verbieten ihren Männern, sich eintragen zu lassen.

»Sind wir Kreuzritter?« dröhnt der rothaarige englische Riese. »Was kümmert es mich, daß Peter der Grausame gemeinsame Sache mit den Mauren von Granada macht oder daß er ein untergeschobenes Kind ist und zu Unrecht einen Thron besetzt hält? Wenn ich das richtig verstanden habe, wird von uns verlangt, das ausgedehnte Kastilien zu überrennen, weil die Truppen von Aragonien den Kastiliern nicht gewachsen sind. Das heißt, daß wir kämpfen müssen, Festungen und Städte stürmen, und das wird Blut kosten, Bertrand Du Guesclin! Während der Papst uns in den Bann gestellt hat und die Kirche uns die Sterbesakramente verweigert... Begreift ihr, was das heißt? Ein tödlich verwundeter Soldat muß ohne Vergebung sterben und wird auf dem kürzesten Weg in die Hölle fahren. So einem Wagnis kann ich meine Männer nicht ausliefern.«

Es ist weniger gefährlich, wehrlose Bauern zu überfallen, denkt Matthis bitter. Pardieu, was ist das doch für ein Gesindel!

Hugh de Calverley dreht sich um und brüllt seinen Männern zu: »Wir sind alle verdammt. Soll ich eure unsterblichen Seelen für ein unsicheres Abenteuer aufs Spiel setzen, wobei ich vorhersagen kann, daß ein Teil von uns fallen wird? Das kann niemand von mir verlangen.«

Bertrand Du Guesclin kann sich kaum ein Grinsen unterdrücken, als er von den Gewissensbissen hört. Er weiß, wieviel Habgier dahinter steckt. Hugh de Calverley legt es darauf an, den Preis für sein Mitmachen so hoch wie möglich zu schrauben. Aber er muß gewonnen werden, was es auch kosten mag. Seine Kompanie ist mehr als tausend Mann stark...

Jake de Wyn gibt ihm recht. Er ist ein prächtig gekleideter Kerl mit dickem Bauch und hoher Stirn. Außerdem ist er Dichter, ein musikalischer Bandit, eine seltsame Mischung aus Soldat und Minnesänger. Er hat – selbstverständlich – einen Beinamen. Der Ewig Verliebte. Aber all seine Liebesabenteuer haben ihn nicht daran gehindert, ein berüchtigter Plünderer zu werden, ein Engländer, der sein Herz an das angenehme Klima und die herrlichen Landschaften Frankreichs verlor, während er eben diese herrlichen Landschaften mit schonungsloser Schreckensgewalt überzieht. Mit einem Blick auf Marie-Claire sagt er feierlich:

»Bertrand Du Guesclin, ich bin der unglücklichste Ritter Europas. Ich würde Gottes Schmetterling bis ans Ende der Welt folgen. Für sie möchte ich ein Königreich erobern, um es ihr untertänigst zu Füßen zu legen. Doch wenn ich sterbe, werde ich auf ewig verdammt und von diesem Engel geschieden sein. Sag mir, wie ich diesem schrecklichen Schicksal entgehen kann, und ich werde für dich Kastilien überrennen.«

Übertreiben ist sein Beruf, denkt Matthis spöttisch.

Bertrand Du Guesclin nickt den Kerlen grinsend zu.

»Meine Herren«, sagt er beruhigend und nicht ohne Spott, »Sie haben recht. Die Verbrechen, die Sie am französischen Volk begangen haben, werden Ihnen nicht so einfach vom Himmel vergeben werden. Nicht umsonst hat der Papst über Sie alle den Bannfluch ausgesprochen. Aber wie ich schon sagte: Dies wird ein heiliger Krieg, daran teilzunehmen können Sie als Bußhandlung betrachten. Lassen Sie die armen französischen Bauern eine Zeitlang in Ruhe und ziehen Sie mit mir nach Spanien. Dort finden Sie an jeder Straßenecke einen Priester, der einfach dazu zu bewegen ist, Ihnen Vergebung für Ihre vielen Sünden zu gewähren. Vor allem, wenn sich herausstellt, daß Sie gekommen sind, den verdammten Ketzer Peter den Grausamen zu vertreiben.«

»Das sind leere Versprechungen«, widerspricht Hugh de Calverley. Seine Freunde nicken zustimmend. Auch sie wollen etwas hören, was ihnen mehr Sicherheit bietet. Der kleine Robert zupft seine Pflegemutter am Ärmel. »Wollen sie nicht?« flüstert er enttäuscht. Er hatte sich das so aufregend vorgestellt, mit dem rothaarigen Riesen in den Krieg zu ziehen, und mit dem prunkhaften Jake de Wyn, der so große Worte spricht, oder mit James le Pipe, der als unbesiegbar bekannt ist. Wenn sich ausgerechnet diese Männer weigern, mit nach Spanien zu gehen, wird es nicht halb so schön werden, denkt das Kind. Marie-Claire drückt den Jungen an sich. »Warte nur ab«, flüstert sie ihm ins Ohr. Ritter Bertrand legt nie alle Argumente zugleich auf den Tisch. Den besten Trumpf behält er noch in der Hand.«

Es ist still geworden in dem erst so lärmerfüllten Saal und Hugh de Calverley, Jake de Wyn und die anderen Gäste umringen Du Guesclin. Gespannt warten sie auf das Ergebnis des Wortstreits. Denn was der rote Engländer da ausgesprochen hat, das ist etwas, das sie alle beschäftigt: die unentrinnbare Verdammnis, die am Ende ihres gewalttätigen Lebens auf sie wartet. Die Angst vor der Hölle, vor dem letzten Urteil, das ist eine tiefverwurzelte Angst, die sie Tag für Tag in ihrer zügellosen Jagd nach Beute und Macht verdrängen, die sie aber in ihren Träumen quält und stets im Hintergrund vorhanden ist. Kann der Bretone sie von dieser Angst befreien? Sie bezweifeln es.

Bertrand Du Guesclin stemmt die Hände in die Hüften, streckt sein massives Kinn vor und grinst dämonisch.

»Was würden die Herren davon halten«, sagt er langsam und nachdrücklich, »wenn wir auf unserem Weg nach Spanien einen kleinen Umweg über Avignon machten? Papst Urban ist ein frommer Mann und sein Herz ist voller Nächstenliebe. Er wird sicher dazu zu bewegen sein, den auf Ihnen lastenden Bannfluch aufzuheben. Sicher, wenn vor den Mauern seiner Stadt achttausend bis an die Zähne bewaffnete Krieger erscheinen. Was würdet Ihr selbst tun, wenn Ihr Papst wäret und einem Heer wie dem unseren gegenüber stündet? Ihr würdet Euch für die Klugheit entscheiden, Hugh de Calverley, und dem Heer alles geben, was verlangt wird: Gold, Vergebung der Kirche, den Segen... alles! Denn, meine Herren, auch wenn ein Papst nach seinem Tod auf schnellstem Wege in den Himmel kommt, so ist er mit seinem irdischen Leben doch sehr vorsichtig.«

Einen Augenblick lang starren die Kerle ihn stumm an, dann steigt brüllendes Gelächter auf. Sie schlagen einander auf die Schultern. Auf Hugh de Calverleys rotem Gesicht macht sich ein Grinsen breit.

»Hörte ich da etwas über Gold, Messire Bertrand?« fragt er listig.

»So ist es. Papst Urban hat nicht nur ein Herz voller Nächstenliebe, er hat auch Schatzkammern voll Gold, Juwelen und Kostbarkeiten von unschätzbarem Wert. Außer seiner Liebe wird er uns zweifellos als Zeichen der Dankbarkeit einen Teil der Schätze geben. Wir wollen schließlich einen Ketzerkönig, einen Heiden, einen Tyrannen vom Thron Kastiliens vertreiben!«

Hugh de Calverley strahlt über das ganze Gesicht, aber er ist nicht dumm, und die Verantwortung für Du Guesclins frechen Vorschlag will er nicht übernehmen.

»Ihr schlagt also vor«, sagt er sachlich, »daß wir den Papst höchstpersönlich erpressen.«

Bertrand Du Guesclin verzieht keine Miene.

»Ja«, antwortet er kalt. »Und ich bin bereit, die Führung dieses Unternehmens zu übernehmen.«

Die Plünderer jubeln. Das finden sie ganz gewaltig! Endlich können sie es dem heiligen Vater heimzahlen, daß er jahrelang ihre Kameraden ohne den Trost der Kirche umkommen ließ. Welche großartige Aussicht!

Lallend, laut lachend und brüllend schlagen sie sich auf die Schultern, stoßen sich in die Seiten, heben Gottes Schmetterling hoch über ihre Köpfe. Und dann wollen sie noch mehr Musik, wollen sie tanzen. Marie-Claire springt auf einen Tisch, mitten zwischen die Essensreste und umgefallenen Bierkrüge, schwenkt die Röcke und läßt ihr Tamburin rasseln. Matthis begleitet sie auf der Fidel, die Musikanten fallen mit Flöte, Dudelsack und Trommeln ein, die Akrobaten tollen ausgelassen herum. Es wird ein stürmisches Fest, und um das letzte Zögern der Kerle auszuräumen, verspricht Bertrand Du Guesclin ihnen, nicht nur seinen singenden Herold, sondern die ganze Unterhaltungstruppe mit nach Spanien zu nehmen, damit die Männer sich auch dort nicht einen Augenblick zu langweilen brauchen. Hugh de Calverley schreit: »Bravo«, küßt Marie-Claire, schüttelt Matthis die Hand, trägt sich dann in die Liste ein. James le Pipe, Jake de Wyn und Eustache d'Aubrechicourt folgen ohne zu murren seinem Beispiel. Die übrigen drängeln sich, um doch auf alle Fälle auch dabei sein zu dürfen...

Matthis hebt kurz den Kopf, schaut seiner Pflegemutter in die Augen. Marie-Claire nickt ihm zu. Vor ihren Füßen liegen die Listen, auf denen die Banditen ihr Todesurteil bekräftigt haben. Lachend sprenkelt sie Wein über ihre gebeugten Häupter; sie ermuntert sie, lobt ihren Mut und ihre Einsicht. Ihre Augen glitzern.

Wo ist die zarte Marie-Claire geblieben, die vor langer Zeit Gutenachtlieder für mich sang, die mich lesen lehrte und mir kindliche Dummheiten verzieh? fragt sich Matthis verwirrt. Betrand hat recht, sie hat sich verändert. Ich fange jetzt erst an zu begreifen, welchen großen Einfluß Berton de Fleur mit seiner Redlichkeit, seiner ehrlichen Liebe auf sie hatte. Ohne ihn ist sie ein anderer Mensch, eine gefährliche Frau. Und seltsam – plötzlich passen der kleine Robert und sie wieder zusammen. Es sieht so aus, als könnte der Junge sie nun als Mutter akzeptieren, nachdem er sich so viele Jahre gegen sie gewehrt hat. Weil sie sich so verändert hat?

10

DAS GOLD DES PAPSTES

Südlich von Burgund liegt das päpstliche Gebiet von Avignon. Die weißgestrichene Stadt flimmert in der Sonne. An der breiten Ringmauer, die die päpstlichen Paläste, die Häuser der Kaufleute und die Geschäfte gegen die Zufälle der gewalttätigen Zeit schützen soll, wird noch eifrig gearbeitet. Es ist nicht das erste Mal, daß ein Plündererheer vor den Mauern erscheint und die Tore bedroht. Aber noch nie war es so groß, und noch nie stand es unter so einem tüchtigen Befehlshaber wie diesmal, im Sommer 1365.

Bertrand Du Guesclin hat sein Lager auf den von der Stadt aus einzusehenden Hügelhängen aufschlagen lassen. Als erstes hat er Heerschau abgehalten. Von den schätzungsweise dreizehntausend Plünderern sind ihm mindestens siebentausend gefolgt. Noch nicht genug, denkt er, aber der Rest wird schon noch kommen... Übrigens macht es ihm nichts aus, ob er den Befehl über zweihundert Reiter oder über Tausende von Rauhbeinen hat; er sorgt mit strenger Hand für Disziplin, und das ausgebreitete Lager sieht ordentlich aus.

Papst Urban hat schon von ihrem Kommen gehört. Er beeilt sich, Bertrand Du Guesclin ein paar hohe Geistliche, darunter einen Kardinal, entgegenzuschicken. Sie warnen den Feldherrn, daß er seine unsterbliche Seele aufs Spiel setzt, wenn er seine Truppen nicht schnell in einem großen Bogen um das päpstliche Gebiet herumführt.

Bertrand haust in einem prächtigen Pavillon, eines Befehlshabers würdig, und er empfängt die päpstlichen Abgesandten mit ausgesuchter Höflichkeit, doch zugleich läßt er Matthis und Rolin die Hauptleute zusammentrommeln. Zu Dutzenden strömen sie in das große Zelt. Grimmig hören sie zu, als die Botschaft des Papstes Urban verlesen wird.

Würdevoll und scheinbar unbewegt stehen die hohen Geistlichen in ihrer Mitte, aber tief in ihrem Inneren fühlen sie sich nicht so sicher, mit all den wüsten Gestalten um sich herum. Von solchen gottlosen Kerlen kann man alles erwarten, nur keine Ehrerbietigkeit vor kirchlichen Würdenträgern.

Bertrand rührt sich nicht, so lange Matthis vorliest, aber sobald der Herold das Pergament sinken läßt, wendet er sich lächelnd an den Kardinal.

»Was meint der heilige Vater mit dieser Drohung?« fragt er mit gespielter Unbefangenheit. »Daß ich auch in den Bann gestellt werden soll? Ich, Bertrand Du Guesclin, der Freund des Königs?«

Matthis muß lächeln. Bertrand ist in Frankreich so bekannt, daß ein päpstlicher Bannfluch einen allgemeinen Volksaufstand zur Folge haben würde. Das begreift natürlich auch der Kardinal. Obwohl Papst Urban seinen Gesandten ans Herz gelegt hat, mit den Führern der Plündererbanden streng ins Gericht zu gehen, stehen sie da, als hätte ihnen jemand den Mund verschlossen. Sie trauen sich nicht.

Hugh de Calverley, der alle anderen hoch überragt, flucht aus vollem Herzen. Er stampft vor, reißt Matthis den Brief aus den Händen und läßt seine blauen Augen über die Zeilen fliegen. Dann wirft er dem Kardinal das Pergament vor die Füße.

»Nom de Dieu!« brüllt er den erschrockenen Geistlichen an, »wir sind nicht hierhergekommen, um noch mehr Verfluchungen auf unsere Häupter zu laden. Wir sind gekommen, um Vergebung zu erhalten! Wir verlangen, daß der Papst den Bannfluch, der auf uns lastet, sofort aufhebt.«

»Richtig«, fällt Du Guesclin ein. »Und dann ist da noch etwas: Der Papst muß verstehen, daß meine Männer Hunger haben. Sie sind nicht so schlecht, wie der Heilige Vater meint. Sie haben keine gesicherte Existenz, das ist ihr ganzes Problem. Wenn sie kein Geld bekommen, werden sie es stehlen. Dann werden sie die Dörfer und Gehöfte plündern, sie werden Avignon stürmen und die Stadt ausrauben, bis kein Sou mehr zu finden ist.«

»Ihr droht uns«, fährt der Kardinal auf, rot vor Verärgerung.

»Ich nenne die Tatsachen, Hochwürden. Und wenn die Tatsachen so sind, daß Ihr Euch bedroht fühlt, dann tut mir das leid. Aber es ist nicht meine Schuld.«

»Ihr trotzt der Macht des Papstes«, sagt der Kanonikus, der hinter dem Kardinal steht.

Bertrand, der überhaupt nicht beeindruckt ist, nickt ihm barsch zu. »Ihr habt es begriffen«, sagt er.

Dem Kardinal läuft es kalt über den Rücken. Draußen vor dem Zelt hört er die Soldaten brüllen, ein Trinkgelage ist im Gange. Das Ausmaß des Lagers ist furchteinflößend, er schätzt die Anzahl der Soldaten auf mindestens siebentausend Mann. Und was für Männer!
Was kann er allein mit all seiner Würde gegen soviel geballte Wildheit tun?

»Ritter Du Guesclin«, stammelt er, »was... was sind Eure Forderungen?«

Grinsend stemmt Bertrand die Arme in die Hüften.

»Volle Vergebung für jeden Soldaten und zweihunderttausend Francs, um sie unter ihnen zu verteilen.«

Das ist eine unglaublich hohe Forderung. Der Kardinal muß erst einmal kurz schlucken. »Herr, das ist ein Vermögen!«

»Der Papst ist reich genug«, fährt Hugh de Valverley auf. Die Hauptleute werfen einander zufriedene Blicke zu. Soviel hatten sie nicht zu erhoffen gewagt. Was ist das für ein Teufelskerl, der ohne Hemmungen den Papst unter Druck setzt? Ihre Hochachtung vor dem Bretonen nimmt von Minute zu Minute zu. »Seht«, sagt Du Guesclin, auf seine Art freundlich, doch das klingt drohend genug, »ich hege in meinem Herzen keinen Groll gegen den Heiligen Vater. Was ich ihm allerdings übelnehme, das ist die Tatsache, daß er seine Macht mißbraucht und armen Sterblichen den Weg zum Himmel versperrt. Das finde ich ungerechtfertigt. Also bin ich hergekommen, um das Unrecht aus der Welt zu schaffen. Diese Männer sind nach Kastilien unterwegs, um das Land von einem Ketzer zu befreien. Es ist erforderlich, daß sie das mit ruhigem Gewissen tun können und nicht mit der Gewißheit: Wenn ich falle, fahre ich direkt zur Hölle.«

»So ist es«, dröhnt der rote Riese.

Bevor der Kardinal Zeit hat, die Worte zu verdauen, wendet Bertrand sich an seinen Herold.

»Schreib es auf«, befiehlt er. »Punkt für Punkt, es dürfen keine Mißverständnisse über unsere Forderungen bestehen.«

Matthis nickt und beginnt sofort mit der Arbeit.

»Die zweihunderttausend Francs müssen innerhalb einer Woche mir persönlich ausgehändigt werden«, diktiert Du Guesclin.

»Innerhalb einer Woche!« ruft der Kardinal erschrocken. »Herr, das ist unmöglich.«

»Warum unmöglich? Papst Urban braucht doch nur ein paar Kisten aus seiner Schatzkammer zu schleppen und auf Maulesel laden zu lassen«, sagt der Bretone kalt.

»Zwei Wochen...« bettelt der Kardinal.

»Nein. Meine Männer können nicht warten. Sie haben eine lange Reise vor sich. Außerdem: hier sehen sie um sich überall wohlhabende Dörfer, reiche Abteien, steinreiche Kaufleute. Was meint Ihr, wie lange ich sie daran hindern kann, zu plündern?«

Der Kardinal zittert.

Matthis reicht seinem Herrn den Brief mit den harten Forderungen, wonach Bertrand ihn schnell unterschreibt und dem Kardinal überreicht.

»Bitte, Hochwürden. Geht in Frieden, und Gott segne Euch«, sagt er fromm.

Kochend vor Wut ziehen die hohen Geistlichen ab, tief in ihren Herzen jedoch froh, daß sie lebend davongekommen sind.

Avignon ist eine wohlhabende Stadt. Schon allein die Tatsache, daß der Papst hier residiert, zieht ganze Pilgerströme an. Und eine Hofhaltung, ob sie nun die eines Königs oder die eines Papstes ist, ist immer eine Quelle der Bestechlichkeit. Im Laufe der Jahrhunderte ist die mächtige katholische Kirche zu einem Handelsunternehmen angewachsen. Papst, Kardinäle, Bischöfe, Kanoniker und niedere Geistliche treiben einen ersprießlichen Handel mit Ablässen und allerlei Tröstungen. Versuche, die Mißstände in der Kirche zu beseitigen, wurden oft genug unternommen, scheiterten aber immer wieder an der angeborenen Habgier der Menschen, die darin verwickelt waren. Das weiß Matthis Cuvelier genauso gut wie jeder andere. Nicht umsonst singt das Volk Spottlieder auf die Mönchsorden und die Geistlichkeit. Matthis ist nicht weniger fromm als seine Zeitgenossen, aber er weiß, daß die Reichtümer der Kirche nicht vom Himmel gefallen sind: Sie sind zusammengetragen worden von Generationen schwer arbeitender Menschen. Darum hat er überhaupt nichts dagegen, daß sein Herr den Papst erpreßt.

Papst Urban ist ein friedliebender Mensch, aber vor allem ist er habgierig. Es gefällt ihm gar nicht, einen Teil seines unermeßlichen Reichtums an eine Truppe von Plünderern abzugeben. Also läßt er sich etwas anderes einfallen. Er ordnet eine Zwangskollekte unter den Bürgern an. Innerhalb weniger Tage kommen auf diese Weise zweihunderttausend Francs zusammen, eingetrieben von der päpstlichen Leibwache. Dabei sind es dann vor allem die nicht so reichen Einwohner von Avignon, die sich fragen, wo denn da der Unterschied wäre, geplündert zu werden von den wilden Kompanien oder durch die Kirche... Achttausend Banditen Vergebung für begangene Sünden zu schenken, kostet allerdings gar nichts. Urban schickt einen ganzen Trupp von Priestern in Du Guesclins Lager, um dem Gesindel die Beichte abzunehmen und Absolution zu erteilen. Bebend verrichten die Priester ihre Arbeit. Voller Entsetzen hören sie die Beichten – sie wußten nicht einmal, daß es so viele Sünden überhaupt gibt! –, und danach teilen sie verschwenderisch die Hostie aus. Der Bannfluch, der schon so viele Jahre auf den Kompanien lastet, wird in der gleichen Woche durch päpstliche Verfügung aufgehoben.

Während die Vergebungsarbeit noch in vollem Gange ist, kommt im Lager eine Karawane von Eseln an, beladen mit Geldsäcken. Zu Du Guesclins Verwunderung wird die Karawane nicht vom Kardinal oder einem anderen hohen Geistlichen, sondern vom Profos von Avignon begleitet. Das erregt Bertrands Argwohn. Daß Papst Urban seine Schätze einem Bürger anvertraut, auch wenn das ein angesehener Mann ist, und nicht jemandem aus seiner Umgebung, das ist zumindest verdächtig. Woher kommt das Geld eigentlich?

Die Ankunft des Geldes hat die Hauptleute wieder zum Zelt ihres Anführers eilen lassen. Voller Verlangen stehen sie da, ihre Augen schätzen gierig die schweren Säcke ab. Bertrand Du Guesclin läßt einen Sack abladen und öffnen. Hugh de Calverley kann sich nicht beherrschen, er drängt sich vor, blickt Bertrand über die Schulter und will mit beiden Händen in den Sack greifen.

»Halt«, schnauzt Du Guesclin ihn an, »für die Verteilung sorge ich!«

James le Pipe, der sich auch vorgedrängelt hat, nickt erleichtert, denn er traut dem roten Riesen nicht ganz. Der will für sich und seine Kompanie selbstverständlich den Löwenanteil haben.

Bertrand hat nicht die geringste Eile. Er wühlt im Geldsack, schüttelt den Kopf, läßt einen zweiten Sack öffnen. Argwöhnisch wendet er sich an den vornehmen Profos.

»Monsieur«, donnert er, »wo kommt dieses Geld her? Es sind ausschließlich Münzen.« Er greift in den Sack, holt eine Handvoll heraus. »Seht, wenig Gold, viel Silbergeld, sogar Kupfer... Verwahrt der Heilige Vater wertlose Kupfermünzen in seinen Schatzkammern?«

Der Profos beginnt zu schwitzen. Um sich herum sieht er die gierigen Blicke der Hauptleute. Die Kerle treten vor Ungeduld und Habgier von einem Bein aufs andere. Hilfesuchend schaut er zur Seite, zum jungen Herold, der wenigstens ein anständiges Gesicht hat.

»Matthis, was hältst du davon? Sind das alles zusammen zweihunderttausend Francs?« fragt Du Guesclin mißtrauisch.

»Danach sieht es aus«, murmelt Matthis. Er ist beeindruckt. Soviel Reichtum hat er noch nie auf einem Haufen gesehen. Er hat das Gefühl, als könnte man damit die ganze Welt kaufen. Die Hauptleute drängen weiter nach vorn, aber Du Guesclin hält sie mit einer einzigen Gebärde zurück. »Wartet«, brüllt er. Dann wendet er sich erneut an den Profos. »Monsieur, das stinkt. Ich sehe nur Geld, sogar Kupfermünzen. Keine Juwelen, keine Perlen oder silberne Leuchter. Soll ich Euch etwas sagen? Ich glaube nicht, daß dieser Schatz aus den Kellern des päpstlichen Palastes kommt.«

»Ich... ich weiß nichts darüber«, zittert der Profos.

»Ihr lügt, Monsieur! Aus wessen Taschen wurden die Münzen gezogen?«

Der Profos wischt sich die Stirn und bekennt seufzend: »Sie sind im Laufe der letzten Woche von den Bürgern von Avignon aufgebracht worden. Eine außergewöhnliche päpstliche Steuererhebung...«

Mehr zu sagen wagt er nicht, denn Du Guesclins Gesicht läßt ihm den Schrecken in die Glieder fahren.

»Das habe ich mir doch gedacht! So laufen in diesem Moment durch die Straßen von Avignon Kinder, die nichts mehr zu essen bekommen können, weil die Priester die letzten Kupfermünzen ihrer Eltern beschlagnahmt haben? Monsieur, so lautete die Vereinbarung nicht. Unsere Forderung war: Zweihunderttausend Francs aus den Schatzkammern des Papstes, nicht aus den Taschen des Volkes!«

Der Profos senkt den Kopf und seufzt.

»Bindet die Säcke zu und ladet sie wieder auf«, befiehlt Du Guesclin wütend, »ich will sie nicht haben.«

»Einen Moment«, schreit Hugh de Calverley, »bist du verrückt geworden? Das Geld zurückgeben? Und wir?«

»Was macht das aus, woher das Geld kommt«, ruft James le Pipe entrüstet. »Es ist da, und wir wollen es haben!«

Bertrand zieht sein Schwert und streckt es ihnen drohend entgegen.

»Pardieu, Ihr Aasgeier, haltet das Maul! Hier befehle ich! Ich habe noch nie das Volk bestohlen, und damit werde ich auch heute nicht beginnen. Monsieur Profos, wenn Euch Euer Leben lieb ist, nehmt die Säcke schnell mit nach Avignon und laßt alles dem Volk von Avignon zurückgeben. Hört Ihr? Bis zum letzten Sou. Danach kommt Ihr wieder, mit Kisten voll Gold, aber dann aus den Kellern des Papstes Urban. Ich werde Euch zehn Mann mitgeben, die werden darüber wachen, daß alles genau so gemacht wird, wie ich es gesagt habe. Und wenn Ihr nicht innerhalb von vierundzwanzig Stunden mit dem Geforderten zurück seid, dann werde ich meinen Männern den Befehl geben, die Stadt zu stürmen und das Geld selbst zu holen. Ich kann nur nicht garantieren, daß sie, wenn sie einmal in den Palast des Papstes eingedrungen sind, aufhören werden zu plündern, sobald die zweihunderttausend Francs beisammen sind. Meine Soldaten sind keine besonders guten Rechner.«

Als die Hauptleute das hören, beruhigen sie sich einigermaßen. Hugh de Calverley erkennt die vergnügliche Seite der Lage und grinst breit. Wie ein Turm überragt er den erschrockenen Profos.

»So ist es, Monsieur«, dröhnt er. »Ritter Du Guesclin hat recht. Dem Papst werden die Zweihunderttausend kaum fehlen, und wenn es nach uns geht, brauchen die armen Schlucker von Avignon keinen Hunger zu leiden. Ich werde selbst mit Euch gehen und darauf achten, daß unsere Forderungen erfüllt werden. Und das kann ich tun, ohne Gefahr zu laufen, denn in diesem Lager haben wir mindestens hundert Priester, die wir bis morgen abend als Geiseln festhalten werden.«

Der Profos, stark eingeschüchtert, nickt blaß. Bertrand wendet sich schnell an Matthis.

»Du gehst auch mit«, entscheidet er. »Du bist ein Federfuchser und ein Teufel in Menschengestalt, wenn es darauf ankommt, Listen zu führen. Paß gut auf, daß die Bürger bis zum letzten Sou zurückbekommen, was sie haben opfern müssen.«

»Auf mich kannst du dich verlassen«, sagt Matthis begeistert. Er ist maßlos stolz auf seinen Herrn.

Vierundzwanzig Stunden später ist die Sache zu jedermanns Zufriedenheit geregelt. Der einzige, der sich als Opfer fühlt, das ist der Papst. Urban wagt es aber nicht mehr, Drohungen auszustoßen. Doch später schreibt er an Karl V. einen entrüsteten Brief, in dem er sich über das Benehmen des Ritters Bertrand Du Guesclin beklagt. Der König nimmt den Brief nur zur Kenntnis und schickt eine beschwichtigende Antwort. Daß der Bretone ungewöhnliche Maßnahmen ergreifen mußte, um die Kompanien nach Spanien zu bringen, war zu erwarten. Karl denkt gar nicht daran, dem alten Haudegen deswegen eine Standpauke zu halten.

Matthis Cuvelier, Hugh de Calverley und acht schwerbewaffnete Soldaten kommen am nächsten Tag gegen Sonnenuntergang mit einem Konvoi aus Avignon im Lager an. Diesmal sind es Kisten, mit denen die Esel beladen sind. Bleischwere Kisten, bis zum Rand gefüllt mit Münzen, Juwelen, Silberbechern, sogar Goldstäbe sind dabei. Und nicht eine Kupfermünze...

Bertrand überläßt den Hauptleuten die Verteilung des Schatzes. Ob sie dabei ganz ehrlich vorgehen, interessiert ihn eigentlich nicht, sie sollen einander auf die Finger sehen. Er achtet nur darauf, daß seine bretonischen Reiter ihren gerechten Anteil bekommen.

Marie-Claire und ihre Künstlertruppe kommen ebenfalls nicht zu kurz. Bertrand hängt Gottes Schmetterling eigenhändig eine große, schwere Perle an einer dünnen, goldenen Kette um den Hals. Ein kostbares Schmuckstück, das Berton de Fleur nie für sie hätte kaufen können. Mit diesem seltenen Kleinod besiegelt sie den Bruch mit der Vergangenheit. Sie ist keine brave Ehefrau mehr, sie ist eine Abenteuerin geworden, die mit achttausend Banditen unterwegs in ein fremdes

Land ist. Die Perle erhöht ihren Wert als Köder, wird aber zugleich auch das Symbol der Frau, die sie trägt, das sichtbare Symbol des Zieles, das sie sich gesteckt hat: Frankreich von den Plünderern zu befreien.

Und so, die Taschen voller Gold, dauernd beschäftigt und abgelenkt durch Du Guesclins Kirmestruppe, ziehen die Banditen an die spanische Grenze. Angeführt von zwanzig gefürchteten Hauptleuten, einer Handvoll Edelleute, die Karl als »Beobachter« mitgeschickt hat, und das Ganze unter dem Kommando von Bertrand Du Guesclin.

11

DER BASTARD VON KASTILIEN

Die Mär, es sei ein Heer für Spanien zusammengestellt worden, unter der Führung von Bertrand Du Guesclin, für einen Feldzug, bei dem eine Menge zu rauben und zu verdienen sein soll, wirkt immer noch anziehend auf Kompanien. Das französische Volk sieht sie alle mit Erleichterung abziehen. Peter der Würdige von Aragon sieht sie mit schwerem Herzen näherkommen. Zwar hat er selbst um Hilfstruppen gebeten, da er nun aber sieht, daß sich knapp zehntausend ehemalige Banditen seinen Grenzen nähern, bekommt er es doch mit der Angst zu tun. Er fordert, daß das Heer nicht als eine große Masse in sein Land kommt, sondern in Abteilungen. In Absprache mit Du Guesclin hat er ihre Aufnahme so gut wie möglich geregelt. Er hat Kommissare ernannt: spanische Edelleute, die den einzelnen Kompanien entgegenreiten, als Führer dienen und dafür sorgen müssen, daß die wüsten Kerle nicht außer Kontrolle geraten. Als Sammelzentrum ist die Stadt Saragossa vorgesehen, nicht weit von der Grenze zu Kastilien.

Die Etappen der Anmarschwege sind im voraus festgelegt worden. Überall liegen Lebensmittelvorräte bereit und sind Zeltlager aufgebaut, die die Truppenteile aufnehmen können. Sie werden verwöhnt, die Schurken! Die Bevölkerung von Aragonien ist zum Teil ausgesiedelt, aber an festen Plätzen werden Märkte abgehalten, auf denen die fremden Soldaten ihre Einkäufe erledigen können. So sehr sie die Plündererbanden auch fürchten, wollen die Aragonier doch gern etwas verdienen und ihren Teil der vom Papst erbeuteten Schätze haben.

Sie werden die Reisenden genannt, in der Hoffnung, diese Bezeichnung verleihe ihnen ein Gefühl der Würdigkeit. Doch die Banditen kennen ihre Macht nur zu gut, sie wissen, wie gefürchtet sie sind, und das, meinen sie, verleiht ihnen Würde genug. Aus reinem Übermut überfallen sie Abteien, um in den gefüllten Weinkellern zu zechen. Aber der Winter naht, in den Bergen schneit es schon, sie müssen sich beeilen, wenn sie vor Beginn der kalten Jahreszeit in Saragossa sein wollen. Dort sammeln sie sich, werden sie unter strenge Aufsicht gestellt. Aber dort ist auch Marie-Claire mit ihrer Unterhaltungstruppe, die sie beschäftigt und ablenkt.

Saragossa, im fruchtbaren Tal des Ebro gelegen, ist eine schöne Stadt. Einst war auch diese Stadt im Besitz der Mauren; die Gebäude, Höfe und Türme zeigen das noch sehr deutlich. Saragossa hat etwas Orientalisches. Auf den Plätzen plätschern Brunnen; sogar mitten im Winter, wenn die Stadt wie ein riesiges Stück Zuckertorte inmitten der weißen Felder liegt und auf den Frühling wartet, hat die Stadt ihren eigenen Zauber. Die Kompanien werden außerhalb der Stadt in Zeltlagern untergebracht – und führen sich schlecht auf. Als Bertrand Du Guesclin, der erst dem König von Aragonien einen Besuch abstatten mußte, Anfang Januar in Saragossa eintrifft, wird er von den Aragoniern sofort mit Klagen überschüttet.

Hugh de Calverley nimmt die Klagen der Bevölkerung nicht ernst.

»Tja, was kann man von meinen Männern anderes erwarten, Ritter Bertrand«, sagt er ungerührt. »Sie können sich nun einmal schwer damit abfinden, daß der eine mehr besitzt als der andere.«

»Ich werde ihnen zeigen, was sie erwartet, wenn sie sich nicht anständig benehmen«, brummt Du Guesclin und ergreift Maßnahmen, die an Deutlichkeit nichts zu wünschen übriglassen. Erstmals in der Geschichte wird eine Spezialeinheit zusammengestellt, die als Militärpolizei auftreten soll. Diese Polizeieinheit besteht aus bretonischen Reitern und steht unter der Führung von Clopin dem Schrecklichen. Diesmal macht er seinem Namen alle Ehre. Überall, wo Unregelmäßigkeiten entstehen, taucht er sofort mit seinen Reitern auf.

»Dem Banditengesindel auf den Pelz zu rücken, wenn es unschuldige Bürger belästigt, das gefällt mir«, sagt er schmunzelnd zu Matthis. »Laß die hohen Herren sich gegenseitig Komplimente machen, Waffenrüstungen bewundern und sich über die Rangordnung am Tisch streiten, ich werde den Wüstlingen, die vor der Stadt lagern, währenddessen eine Lektion in Bescheidenheit erteilen.«

Nach drei Tagen ist Clopin der meistgefürchtete Mann im Plündererlager. Überall, wo er seine furchteinflößende, weißgestrichene Keule schwingt, kehrt sofort Ruhe ein. Streithähne beenden schnell ihre Meinungsverschiedenheiten, Räuber suchen das Weite, Betrüger packen ihre Sachen. Ein kleines Steingebäude außerhalb der Stadt wird verstärkt und bekommt Gitter vor die Fenster; danach dient es als Militärgefängnis. Wer darin landet, für ungefähr drei Tage, muß die ganze Zeit Hunger, Durst und bittere Kälte erleiden – und das ist etwas, wovor allen Soldaten graust. In der ersten Woche ist das Häuschen überfüllt, doch nach kaum zehn Tagen ist es meistens leer. Schurken lernen schnell.

Aber Du Guesclin kann nicht nur strenge Strafen aussprechen, er versteht es auch zu belohnen. Jede Abteilung, die sich fünf Tage hintereinander gut betragen hat, darf eine Vorstellung seiner Unterhaltungstruppe besuchen. Das ist ein Vorrecht, für das die Kerle buchstäblich kämpfen. Eine Vorstellung von Marie-Claire und ihren Artisten wollen sie nicht versäumen, dagegen kann kein Würfelspiel und kein Raubzug ankommen. Die Banditen sind nicht viel gewöhnt, bei den Sprüngen und Kunststücken der Artisten gucken sie sich die Augen aus. Gerührt sitzen sie da und heulen, wenn Marie-Claire ihre traurigen Lieder singt. Sie stampfen und schreien, wenn sie tanzt. Sie jubeln dem kleinen Robert zu, wenn der seinen Dolch zielsicher in den roten Punkt auf einer Holztafel wirft. Und Matthis Cuvelier feuert sie zu noch mehr Begeisterung an.

»Gottes Schmetterling ist nicht nur schön, sie bringt auch Glück«, erzählt er den Kerlen. »Fragt nur Jake de Wyn. Der kennt sie schon sehr lange; sie ist einmal für viele Monate seine Gefangene gewesen. Doch sobald er sie freiließ, wendete sich das Glück gegen ihn, verlor er fast seine ganze Kompanie. Es hat Jahre gedauert, bis er eine neue versammelt hatte.«

»Sie bringt Glück.«

Das wird das Zauberwort. Glück können die Abenteurer gebrauchen, vor allem in diesem strengen Winter. Sie hatten gedacht: Wir gehen in den Süden, je weiter wir kommen, desto wärmer wird es. Aber da haben sie sich getäuscht! Das Klima ist schrecklich. Durch das Lager weht ein schneidender Nordwind, der Kälte und Schnee bringt. Die weiße Schneemasse verändert sich innerhalb eines Tages in schmutzigen Matsch, der an Schuhen und Kleidung klebt und dann gefriert. Tagsüber taut es manchmal, dann leckt es durch die Zelte und alles wird zu Schlamm. Nachts friert es stark, dann wird der Schlamm zu eisigem Gestein und liegen die Männer zitternd unter ihren dünnen Decken. Das Klappern von Silberstücken kann die Söldner nicht mehr erwärmen, in den verlassenen Dörfern gibt es wenig zu stehlen, die Zuckertortenstadt hält die Tore geschlossen, Brennholz ist knapp. Ihr einziger Trost in diesem barbarischen Land ist Marie-Claires Kirmestruppe.

Matthis Cuvelier hat dafür gesorgt, daß Gottes Schmetterling und ihre Artisten in einem aus Steinen gemauerten Bauernhaus warm untergebracht werden, genügend Brennmaterial für ein Tag und Nacht loderndes Feuer und ausreichend Stroh haben, um Menschen und Tiere in diesem kalten Winter warm ruhen zu lassen. Bertrand Du Guesclin besucht sie regelmäßig; für ihn ist Marie-Claire ein Stück Zuhause, mit ihr kann er sich über Tiphaine unterhalten.

Eines Abends, als sie am Kaminfeuer sitzen, sagt Matthis plötzlich:

»Warum bleiben wir eigentlich so lange in Saragossa? Wäre es nicht besser, wenn die Männer Bewegung hätten? Ich weiß zwar, daß Spanier im Winter keine Feldzüge unternehmen, aber Kompanien doch. Und ich glaube nicht, daß nun noch mehr kommen werden, wir scheinen so ziemlich vollständig zu sein. Dieser lange Aufenthalt macht die Kerle unruhig.«

»Wir müssen auf den Bastard warten«, antwortet Du Guesclin. »Don Heinrich hat eine kleine Truppe aus kastilischen Verbannten aufgestellt und ist unterwegs hierher. Wir können erst aufbrechen, wenn er hier ist, so lautet die Verabredung.«

»Dann hoffe ich, daß er bald kommt«, sagt Matthis. »Wenn hier Meuterei ausbricht, versinkt alles im Chaos.«

»Ich hoffe, Don Heinrich kommt erst in drei Monaten«, murmelt Marie-Claire unverhofft. Sie gibt dem kleinen Robert einen Wink, daß der noch einen Holzscheit aufs Feuer legt, und lächelt still vor sich hin. Verständnislos starrt Matthis sie an.

»Du bist nicht ganz bei Verstand«, ruft er aus. »Die Kerle liegen da draußen und erfrieren.«

»Das ist auch der Zweck der Sache, mein Sohn«, antwortet Marie-Claire lieb. »Hast du vergessen, warum wir sie nach Spanien gelockt haben? Nicht einer angenehmen Reise wegen, und noch weniger, um ihnen einen Gefallen zu tun. Um sie sterben zu lassen, Matthis, und für nichts anderes.« Mit funkelnden Augen wendet sie sich an Du Guesclin. »Nicht einer darf diesen Feldzug überleben, nicht einer darf nach Frankreich zurückkehren, um dort sein Räuberleben wieder aufzunehmen. Sie müssen umkommen, Mann für Mann. Du bist zu gut zu ihnen, Bertrand, du plagst dich den ganzen Tag für sie ab, sorgst dafür, daß es ihnen an nichts fehlt. Aber die Schurken haben es nicht verdient, daß du dich für sie abrackerst. Laß den Winter sie krank und elend machen und ihre Reihen lichten.«

Du Guesclin schweigt mit düsterem Gesicht. Matthis rutscht auf seiner Bank unruhig hin und her.

»Marie-Claire, wie hast du dich verändert«, sagt er vorwurfsvoll. »So blutrünstig habe ich dich nie gekannt. Das... das paßt nicht zu dir.«

Stolz wirft sie den Kopf in den Nacken.

»O ja, ich habe die Kompanien immer gehaßt. Sie haben die Eltern des kleinen Robert ermordet. Sie haben meinen Mann ermordet. Sie haben mich geschändet und mißhandelt. Unserem Land haben sie unermeßlichen Schaden zugefügt. Sie sind eine größere Plage als die Pest. Die Pest ist ehrlich, die tötet auch Reiche und Mächtige. Die Kompanien aber haben es immer auf die Schwachen und Hilflosen abgesehen. Ich will sie leiden sehen, die verfluchten Räuber, so wie sie die armen französischen Bauern haben leiden lassen. Ich will sie elend umkommen sehen, einen nach dem anderen. Dafür bin ich mitgegangen nach Spanien, dafür habe ich für sie getanzt und gesungen. Um sie fortzulocken aus unserem schönen Frankreich und sie hier in ihren Untergang zu jagen.«

Matthis erschaudert.

»Ich verstehe...«, beginnt er. Dann fällt ihm der Ritter barsch in die Rede und schnauzt: »Halte den Mund, du verstehst überhaupt nichts!«

»Aber sie hat recht! Die Kompanien...«

»Schweig!« donnert Bertrand. Und als sie ihn erschrocken anblikken, schreit er: »Die Kompanien, die ihr verflucht, bilden nun *mein* Heer. Ich bin verantwortlich für sie. Zehntausend Mann, über die ich den Befehl habe, mit Wissen und Willen in den Tod jagen – das kann ich nicht. Und das werde ich auch nicht tun!«

»Wie kannst du nur Mitleid mit den Mördern haben?« ruft Marie-Claire.

»Es sind Soldaten, meiner Führung anvertraut«, brummt der Bretone kurzangebunden.

Marie-Claire schnaubt entrüstet.

»Nein«, sagt sie scharf, »das ist es nicht. Du haßt die Plünderer nicht weniger als ich, und du bist früher sehr oft gegen sie vorgegangen, vollkommen ohne Mitleid. Es ist etwas anderes, was dir entgegensteht. Du hast entdeckt, daß Jake de Wyn nicht nur ein gewaltiger Dieb, sondern auch ein interessanter Kerl ist. Du hast entdeckt, daß Hugh de Calverley nicht nur ein englischer Schurke, sondern auch ein tapferer Ritter ist. Du hast gesehen, daß Eustache d'Auberchicourt nicht nur ein gewissenloser Ausbeuter ist, sondern außerdem ein gebildeter Mann mit feinen Manieren. Jeder der Banditen hat etwas Gutes an sich, etwas, das du achten kannst. Wenn es nicht deine Feinde wären, hätten es deine Freunde sein können, nicht wahr? Aber sie dürfen nicht unsere Freunde werden! Dafür haben sie zu viele Verbrechen begangen. Denk daran, wie sie unsere Wälder in Brand gesteckt haben, unsere Schlösser in Trümmerhaufen verwandelt haben, denk an ihre Missetaten, nicht an die Tatsache, daß sie Menschen sind.«

Bertrand springt auf, reißt seinen Mantel vom Haken und stampft wütend aus dem Haus. Matthis, der sehr erschrocken ist, läuft ihm nach. Draußen, auf dem vereisten Hof, findet er seinen Herrn. Fest in seinen Mantel gehüllt steht er da und tritt auf einen Schneehaufen ein.

»Bertrand, verzeih ihr«, ruft Matthis. »Du weißt, wie sehr sie sich für etwas einsetzen kann.«

Bertrand dreht ihm sein weißes Gesicht zu.

»Und sie hat recht. Pardieu, das ist das Unerträgliche, sie hat recht! Sie kennt mich besser als jeder andere ... Aber ich kann es nicht, nicht mehr. Ich konnte es bei Auray, mir selbst untreu werden, aber nie wieder. Und ich habe einen heiligen Eid geschworen, daß ich diese Kerle durch alle Schwierigkeiten hindurch bringen werde. Ich werde ihre Leben schonen und ihnen jede Chance bieten, die es in den Unabwägbarkeiten des Krieges für Soldaten gibt.«

»Aber dann werden sie nach Beendigung dieses Feldzuges nach Frankreich zurückkehren«, ereifert sich Matthis. »Der König...«

»Was kann mich die Politik von König Karl kümmern? Das ist nur ein Mensch. Ich habe hier zehntausend, deren Leben von meinen Entscheidungen abhängt. Und ich wähle die zehntausend.«

Wütend stampft er davon, als gäbe es seinen Herold überhaupt nicht mehr. Als gäbe es überhaupt niemanden mehr, nur die Banditen, die sich vertrauensvoll unter seine Fahne geschart haben: eine riesige Truppe lästiger, unbezähmbarer, aber doch so wertvoller Kinder.

Mit offenem Mund schaut Matthis ihm nach.

Vier Wochen, nachdem Du Guesclin in Saragossa eingetroffen ist, wird endlich Don Heinrichs Kommen gemeldet. Es ist ein strahlender Februartag. Die Sonne wirft gleißendes Licht auf die weißen Felder, mehr denn je sieht Saragossa aus wie eine Stadt aus einem Märchen. Auf dem Ebro treiben schmelzende Eisschollen. Die Soldaten haben ihre Zelte und Strohhütten verlassen; singend putzen sie ihre Waffen. Sie genießen die Sonne und denken nicht mehr daran, wie sie jede Nacht unter den zerfetzten Fellen, dünnen Decken und verschlissenen Mänteln liegen und zittern. Die Nachricht, daß der Bastard im Anzug ist, fliegt von Mund zu Mund und wird mit wilder Freude aufgenommen. Endlich wird die Untätigkeit vorbei sein! Die Banditen strömen zusammen, starren auf den Weg, der sich den Fluß entlang schlängelt und auf dem Don Heinrich erwartet wird.

Hugh de Calverley stürzt aufgeregt in Du Guesclins Pavillon. »Er kommt!«

Bertrand ergreift sein Schwert, ruft Matthis und Colin, springt auf Blitzstrahl und galoppiert dem Thronanwärter entgegen. Auch Marie-Claire kommt auf einem schönen, braunen Pferd angaloppiert. Einer ihrer Musikanten hat sie benachrichtigt. Hinter ihr sitzt der kleine Robert, zappelnd vor Ungeduld. Zum ersten Mal in seinem kurzen Leben wird er einen spanischen Prinzen zu sehen bekommen...

Don Heinrich, auch der Bastard genannt, dessen offizieller Titel Herzog von Trastámara lautet, hält würdevoll Einzug im Lager der zehntausend Räuber. Er ist ein netter, noch ziemlich junger Mann mit scharfgeschnittenem, dunklem Gesicht, kurzem Vollbart und feurigen, schwarzen Augen. Sein Einzug ist eindrucksvoll, denn er hat ungefähr achthundert Mann mitgebracht: Geflohene oder verbannte Kastilier. Nach altem Brauch wird sein Zug von seinem Fahnenträger und vierzig berittenen Trommlern angeführt. Vor allem die Trommler sind für die Franzosen eine Offenbarung.

Kriegstrommeln sind eine Erfindung der Mauren. In Frankreich wirbeln die Trommeln nur bei einer Hinrichtung; ihr Klang hat für sie etwas Unheilvolles, daß es ihnen kalt den Rücken runterläuft. Doch dies hört sich anders an. Die flotten Wirbel, die Don Heinrichs Soldaten hören lassen, feuern den Mut an, straffen die Muskeln, stacheln die Männer zu großen Taten und wilden Träumen an. Der Trommelklang donnert über das stille, winterliche Land, wird durch die Flüsse verstärkt, kommt als Echo von den hohen Mauern von Saragossa zurück – es ist ein Klangmeer, rhythmisch und überwältigend.

Ziehen die Spanier so in den Krieg? denkt Du Guesclin, während er dem Bastard entgegenreitet. Kein Wunder, daß die Mauren ihrerzeit fast ganz Spanien überrennen konnten. Wer das hört, der denkt an nichts mehr und läßt sich von nichts mehr aufhalten. Sieh da, jetzt bin ich fünfundvierzig Jahre alt und kann immer noch etwas lernen.

Bertrand lernt niemals etwas, ohne Lehren daraus zu ziehen. Mit solchen Trommlern, vor allem, wenn es so viele sind, können Wunder verrichtet werden. Er beugt sich zu Matthis, der neben ihm reitet, vor und ruft ihm zu: »Wo du sie herholst, kann mich nicht interessieren, aber ich will hundert von den Dingern haben, verstanden?«

Der Bastard zügelt sein schneeweißes Pferd, hinter ihm stellen sich die Kastilier ordentlich in Reih und Glied auf, die Trommeln lassen einen letzten Wirbel hören und verstummen dann. Bertrand steigt ab, geht dem Prinzen entgegen und kniet ehrerbietig nieder.

»Willkommen, Sire«, sagt er schlicht. Don Heinrich springt vom Pferd, ergreift die Hand des Bretonen und richtet ihn auf.

»Kniet nicht vor mir, Ritter Du Guesclin! Vorläufig bin ich nichts als ein Verbannter, ein Rebell. Daß Ihr gekommen seid, für meine Rechte einzutreten, erfüllt mich mit tiefer Dankbarkeit. Seid mein Freund.«

Herzlich umarmt er den Haudegen, während im Hintergrund die französischen Söldner jubeln. Das Schauspiel gefällt ihnen.

Du Guesclin, der angenehm überrascht ist, stellt seine Heerführer und Hauptleute vor. Don Heinrich läßt sich anmerken, daß er beeindruckt ist, vor allem von dem rothaarigen Riesen Hugh de Calverley. Dann steht er plötzlich vor Marie-Claire, die ebenfalls abgestiegen ist und den kleinen Robert an der Hand hat. Auf das Kind achtet er nicht, er sieht nur eine schöne Frau im vornehmen Tuchmantel, unter dem ein grünes Kleid hervorschimmert und die ihm lächelnd die Hand entgegenstreckt.

»Seid gegrüßt, gnädige Frau«, sagt der Prinz und küßt ihr die Hand. Zarte Hände hat sie! Er weiß nicht, ob er es mit Du Guesclins Ehefrau, Geliebter oder Tochter zu tun hat, aber daß sie etwas Besonderes ist, steht für ihn fest.

Hugh de Calverley tritt ungefragt vor und grinst bis an die Ohren.

»Sire, dies ist Marie-Claire de Fleur, auch Gottes Schmetterling genannt«, trompetet er Don Heinrich ins Ohr. »Sie ist unsere Glücksfee.«

Der Bastard, feuriger Spanier, der er ist, verliebt sich sofort. Auf einem Schloß in Narbonne in Südfrankreich hat er Frau und Kinder zurückgelassen und ist ausgezogen, sich ein Königreich zu erobern, wobei ihm klar ist, daß ihm das nur mit Hilfe eines ganzen Heeres von Strauchdieben, Räubern und Mördern gelingen kann. Nun plötzlich zu entdecken, daß dieser wilde Haufen nicht nur vom berühmtesten Krieger seiner Zeit angeführt wird, sondern daß auch eine Frau, die aussieht wie der Sommer, dazugehört, das verschlägt ihm die Sprache. Wie viele Überraschungen hält Du Guesclin noch bereit?

Entzückt blickt er Marie-Claire in die Augen, wobei er ihre Hand lange festhält. Dann sieht er plötzlich, was ihm beim ersten Anblick nicht aufgefallen war. Feine Falten in den Augenwinkeln, ein kummervoller Zug um den Mund, das erste Anzeichen eines Doppelkinns, Augen, die viel gesehen und oft geweint haben.

Mein Gott, denkt er erschrocken, sie ist älter als ich!

Aber dann lächelt sie ihn an, und sofort gerät er wieder in ihren Bann. Hell klingt ihre Stimme in seinen Ohren.

»Seid gegrüßt, Don Heinrich. Ich kann Euch nicht sagen, wie sehr

Euer Kommen mich freut. Möge Gottes Segen auf Eurem rechtschaffenen Vorhaben ruhen.«

Was für ein Schatz, denkt er erfreut. Stürmisch küßt er ihr abermals die Hand.

Nun kann endlich an Handlungen gedacht werden. Du Guesclin, der erleichtert ist, daß er zu Taten übergehen kann, schickt Hugh de Calverley mit zweitausend Mann los, um die starken kastilischen Festungen Borja und Magallon einzunehmen. Er selbst zieht mit dem größten Teil des Heeres in nordwestliche Richtung durchs Ebrotal. Das abscheuliche Wetter kann die Kompanien nicht daran hindern, eine Stadt nach der anderen, eine Festung nach der anderen einzunehmen. Matthis Cuvelier ist es gelungen, für seinen Herrn ungefähr sechzig Kriegstrommeln aufzutreiben. Die aufreizenden Trommelwirbel scheinen den Soldaten Flügel zu geben.

»Kastilien für König Heinrich!«

Mit diesem Ruf auf den Lippen, angefeuert von der donnernden Gewalt der Trommeln, den schmetternden Trompetenklängen und ihrer eigenen Kampfeslust, fallen die Plündererbanden in Nord-Kastilien ein, dringen immer weiter vor, bis sie in der schnell eroberten Stadt Logrono den Frühlingsanfang erleben. Als dann die Nachricht kommt, daß es Hugh de Calverley gelungen ist, seinen Auftrag auszuführen und damit die stärksten Bollwerke an der Grenze zwischen Kastilien und Aragonien nun auch in französischen Händen sind, wird auch den letzten klar, daß dieses Heer unschlagbar ist.

Danach rücken sie auf die Hauptstadt Peter des Grausamen vor. Wenn Burgos fällt...

12

BURGOS

Die kleine Festungsstadt Belorada, die zwischen den beiden großen Städten Logrono und Burgos liegt, leistet den vorrückenden Kompanien heftigen Widerstand. Das bedeutet einige Tage Aufenthalt, denn länger wird es nicht dauern, um den Widerstand zu brechen. Bertrand Du Guesclin kümmert sich kaum darum. Er gibt Jake de Wyn den Befehl, die Festung zu nehmen, und während der Engländer mit viel Verstand den Angriff vorbereitet, ruft Du Guesclin seinen Herold zu sich.

»Matthis, ich habe Arbeit für dich.«

»Gern«, sagt der junge Mann. »Wenn ich nur nicht Trompete spielen muß, um Jake de Wyns Angriff auf Belorado zu begleiten.«

»Jake hat seinen eigenen Trompeter, und er ist Manns genug, die Festung ohne Hilfe einzunehmen«, antwortet Du Guesclin nicht ohne Hochachtung in der Stimme. »Ich will, daß du nach Burgos gehst.«

Matthis blinzelt überrascht.

»Was soll ich denn da?«

»Dich umsehen, natürlich. Wir sind höchstens noch zehn Meilen von der Hauptstadt entfernt. Mit dem Pferd bist du in ein paar Stunden dort. Du dringst in die Stadt ein, hältst die Augen offen und notierst, was da vor sich geht. Ich habe gehört, daß Peter der Grausame sich im Augenblick dort aufhält, und ich will wissen, welche Maßnahmen der Ketzer ergreift, um seine Hauptstadt zu verteidigen.«

»Ich soll spionieren gehen!« schnaubt Matthis. Er steht mit Du Guesclin im Wohnraum eines alten Bauernhauses, dessen Bewohner geflohen sind. Draußen, weit weg, hört er die Trommeln wirbeln. In diesem Moment stürmt Jake de Wyn Belorado! So eine Festung einzunehmen, kann man einer geübten Kompanie zutrauen. Doch eine Stadt wie Burgos, eine Hauptstadt, das ist etwas anderes. Ihm ist klar, daß

Du Guesclin wissen möchte, was seine Truppe zu erwarten hat. Aber in die Hauptstadt des Feindes einzudringen, sich unter Tausende von mißtrauischen Menschen zu mischen...

Bertrand, der sein Zögern bemerkt, grinst.

»Je mehr ich von Burgos weiß, desto einfacher wird es sein, die Stadt einzunehmen«, sagt er. »Und das ist keine Aufgabe, die ich dem kleinen Robert übertragen kann. Ich muß wissen, wie man in Burgos die Verteidigung plant. Türme und Mauern zu zählen ist keine Kunst, das kann ich auch. Aber welche Befehle bekommen die Bürger? Sollen sie Straße für Straße, Haus für Haus verteidigen? Wenn das so ist, wird es nicht einfach werden. Du bist ein schlauer Kopf, darum schicke ich dich los. Je besser ich unterrichtet bin, desto weniger Soldaten werde ich verlieren.«

»Hör zu, Bertrand, ich verstehe ja, was du meinst, aber das ist ein unmöglicher Auftrag. Ich spreche nur sehr gebrochen kastilisch«, wirft Matthis ein. »Selbst wenn es mir gelingen sollte, unbemerkt in die Stadt zu kommen, so kann ich doch mit niemandem reden. Ich kann mich nur umsehen, und sobald mich jemand anspricht, bin ich verloren.«

»Du hast recht.« Bertrand denkt einen Moment nach. »Du mußt einen Dolmetscher haben«, sagt er dann. »Einen, der französisch und kastilisch spricht und der sich in der Stadt auskennt. Ich nehme an, daß der Bastard wohl so jemanden in seiner Truppe hat.«

»Wenn ich mit einem Dolmetscher nach Burgos komme, werde ich mich noch verdächtiger machen«, widerspricht der Herold.

Du Guesclin beginnt zu lachen.

»Ei der Tausend, Matthis, du bist doch Minnesänger! Sollte ein französischer Minnesänger nicht durch Spanien ziehen und sein Brot verdienen können? Wer kann so schön singen wie du? Nimm deine Laute mit, singe und spiele für die Bürger, sie werden dich auf Händen tragen, sobald du deine Kehle geschmiert hast. Erzähle ihnen, du hättest aus Frankreich fliehen müssen, binde ihnen das eine oder andere schöne Märchen unter die Nase. Sie werden dir nicht mißtrauen, sie werden bezaubert sein von deiner Stimme. Bist du ein so einfältiger Tropf, daß ich den ganzen Plan in allen Einzelheiten erklären muß? Gebrauch deinen Kopf, dafür hast du ihn.«

Draußen nimmt der Lärm zu. Die Trommeln dröhnen kampfeslustig, eine helle Trompete übertönt sie. Mit schief gehaltenem Kopf hört Du Guesclin hin, als könnte der Lärm ihm über die Situation unter den Mauern von Belorado Auskunft geben. Dann wendet er sich wieder an Matthis.

»Nimm dein Pferd, such dir einen guten Dolmetscher und mach, daß du nach Burgos kommst. Du kannst noch vor der Mittagsstunde dort sein. Innerhalb von drei Tagen erwarte ich dich zurück.«

Matthis nickt und verläßt den Bauernhof. Er verschwendet keine Zeit, kümmert sich nicht um die Staubwolken in der Ferne, wo der Kampf tobt. Er geht und sucht seine Pflegemutter.

Er findet Gottes Schmetterling zwischen zwei halb eingestürzten Häusern an einem Brunnen, wo sie mit ihren Artisten probt. Matthis nimmt sie zur Seite und erzählt ihr, welchen Auftrag er von Du Guesclin bekommen hat.

»Ich soll als Minnesänger gehen und ich brauche jemanden, der kastilisch kann und als Musikant zu tarnen ist. Hast du so jemanden in deiner Truppe?«

»Nein«, antwortet sie, »das sind alles Franzosen. Aber ich kenne einen Soldaten von Don Heinrich, der aus der Gegend von Burgos stammt. Der junge Mann hat eine gute Stimme, er ist musikalisch und wird meistens als Trommler eingesetzt. Seine Name ist Alphonso Badolo, oder so ähnlich. Wenn ich Don Heinrich frage, ob er den Trommler für eine Zeit entbehren kann, wird er sicher nicht nein sagen.«

»Spricht der Junge französisch?«

»Selbstverständlich. Er hat sich nach seiner Flucht aus Burgos zwei Jahre in Frankreich herumgetrieben, genau wie die meisten Soldaten des Bastards.«

Marie-Claire ruft ihren Artisten ein paar Worte zu und springt dann hinter Matthis aufs Pferd.

»Don Heinrich hat vorläufig in einem alten Kloster Quartier bezogen«, sagt sie. »Ich werde es dir zeigen.«

Sie traben davon, und Marie-Claire deutet auf einen bewaldeten Hügel.

»Da hinten...« Zu Matthis' Überraschung beginnt sie plötzlich zu singen. Es ist ein Lied, das Berton de Fleur vor langer Zeit für sie geschrieben hat, als sie beide noch sehr jung waren. Ein Liebeslied. Mit dem Lärm des Kampfes um Belorado im Hintergrund klingt ihre Stimme hell und lieblich. Es ist ein Gegensatz, der Matthis durch Mark und Bein geht.

> Wie rote Mauern um eine Sadt in heller Sonne,
> wie ein Engel auf einer Regenwolke,
> wie eine sprießende Blume am Wegesrand
> oder die aufblitzende Klinge eines Dolches
> unter dem hohen Himmel der Bretagne,
> So schön bist du, o Liebste mein!

Ja, denkt Matthis gerührt, so hat Berton de Fleur sie gesehen und mit Worten beschrieben. Wie sehr muß er sie doch geliebt haben! Warum kann ich so etwas nicht schreiben? Berton war ein größerer Dichter als ich jemals werden kann... weil er die Liebe kannte? Diese große Liebe?

Nachdenklich läßt Matthis den Kopf sinken. O, er hat Mädchen genug gehabt in seinem jungen Leben: Nette, fesche Mädchen. Für ein Stündchen, für eine Woche. Minnesänger heiraten selten; und Matthis hat auch keine große Lust dazu. Aber er hat auch nie ein Mädchen kennengelernt, die in ihm den Gedanken an einen Engel auf einer Regenwolke wachgerufen hätte...

»Wir sind da.«

Matthis steigt ab, streckt Marie-Claire die Arme entgegen, um ihr vom Pferd zu helfen, aber ein herbeigeeilter Soldat kommt ihm zuvor und stellt sie höflich lächelnd auf die Erde. Sie stehen auf dem großen Innenhof eines Klosters. Matthis sieht, wie sich die Schildwachen vor Gottes Schmetterling verbeugen; ein Hauptmann kommt angelaufen und führt sie hinein. Nicht ohne Überraschung folgt Matthis ihnen.

Für Marie-Claire scheint Don Heinrich jederzeit zu sprechen zu sein. Er empfängt sie mit tiefer Verbeugung und Handkuß. Matthis nickt er freundlich zu, und dann bittet er seine Besucher, Platz zu nehmen. Der Herold blickt verwundert vom einen zum anderen. Marie-Claire sieht lieblich aus in ihrem hellen Kleid. Die schwarze Perle strahlt auf ihrer Brust. Während sie den Grund ihres Kommens erklärt, läßt der gutaussehende Bastard sie nicht aus den Augen.

Junge, sind die beiden gute Freunde geworden, denkt Matthis beunruhigt. Kaum hat Marie-Claire das letzte Wort gesprochen, nickt Don Heinrich mit blitzenden Augen.

»Burgos«, sagt er wehmütig. »Ich habe die Stadt schon zehn Jahre lang nicht mehr gesehen. Und wenn Ritter Bertrand vorhat, Burgos ohne großes Blutvergießen und ohne Zerstörung der Stadt in die Hände zu bekommen, werde ich ihm gern behilflich sein.«

Er steht auf und gibt dem Posten an der Tür den Befehl, Alphonso Badolo zu rufen. Dann wendet er sich wieder seinen Besuchern zu.

»In ganz Kastilien gibt es nur zwei Städte, die sich rühmen können, schöner als Burgos zu sein – und das sind Toledo und Córdoba. Seid Ihr schon einmal in Toledo gewesen, Senor Cuvelier?«

»Noch nicht, Sire. Aber ich hoffe, mit Gottes Hilfe in nicht allzu ferner Zeit dort durch die Straßen schlendern zu können«, antwortet Matthis höflich.

Heinrich nickt freundlich. Insgeheim fragt Matthis sich, ob der Mann noch so liebenswürdig sein wird, wenn er erst einmal König geworden ist. Don Heinrich schaut Marie-Claire an.

»Sobald wir Burgos eingenommen haben, hoffe ich, daß Gottes Schmetterling uns die Ehre geben wird, in unserem Palast zu logieren.«

Das wird ja immer toller, denkt Matthis verblüfft.

»Mit meiner ganzen Kirmestruppe?« fragt Marie-Claire lachend.

»Eure Untergebenen können Nebengebäude bewohnen«, entscheidet der Bastard, als wäre er schon Herr und Meister des Landes, das ihn vertrieben hat. »Ich werde mich persönlich darum kümmern, daß Gottes Schmetterling das schönste Gemach im königlichen Palast zugewiesen bekommt.«

»Ich danke Euch, Sire, Ihr tut mir zuviel Ehre an«, antwortet sie mit einer leichten Verbeugung. Sie lächeln sich an, Matthis ärgert sich tot.

In dem Moment kommt der Soldat mit Alphonso Badolo zurück. Der junge Mann bleibt ehrerbietig in der Tür stehen.

»Alphonso«, sagt der Bastard und deutet dabei auf Matthis, »dies ist Du Guesclins Herold, der im Begriff ist, mit einem Auftrag des Oberbefehlshabers nach Burgos zu gehen. Dabei braucht er einen klugen Dolmetscher. Ich will, daß du mit ihm gehst und ihm als Führer und

Helfer dienst. Ihr müßt euch als reisende Musikanten ausgeben und die Augen offen halten. Verstanden?«

Der Trommler nickt, verbeugt sich, strahlt über das ganze Gesicht. »Ich habe noch Verwandte in der Stadt«, sagt er. »Einen Onkel und eine Tante. Vielleicht können wir da unsere Zelte aufschlagen. Die Leute werden froh sein, ihren Neffen wiederzusehen.«

»Ist dir deine Familie nicht böse, weil du dich Don Heinrich angeschlossen hast?« fragt Marie-Claire nüchtern. Der Kastilier lacht ihr fröhlich zu. »Bei uns sind Familienbande wichtiger als Politik, edle Frau. Ich mußte vor zwei Jahren mein Land verlassen, weil ich in einem Wutausbruch einen Magistratsherrn von Burgos beleidigt habe, und das hätte mich den Kopf gekostet, wenn ich nicht geflohen wäre. Aber die alte Geschichte wird man nun wohl vergessen haben. Wer denkt denn in Burgos an Kleinigkeiten, wenn ein französisches Heer sich den Mauern nähert und der Tyrann Peter den Thron unter sich wanken fühlt?«

Matthis freut sich plötzlich auf das Abenteuer. Dieser Alphonso scheint ein netter und sehr brauchbarer junger Mann zu sein.

»Wir sollten sofort aufbrechen, Alphonso«, ruft er munter. »Mit deiner Hilfe kann es eine feine Sache werden.«

Doch da irrt Matthis Cuvelier sich. In Burgos wartet Unheil auf ihn. Das wird er schnell genug merken…

Durch hohe Berge im Nordwesten gegen die Regenwolken aus dem Ozean geschützt, durch grimmige Gebirge gegen den scharfen Winterwind aus Nordosten abgeschirmt, liegt in einer fruchtbaren Ebene die Hauptstadt von Alt-Kastilien. Burgos ist eine geschlossene Stadt mit hohen Mauern, mit kunstvoll gestalteten Toren und hat im Herzen der Stadt eine Kathedrale, die nicht weniger Platz einnimmt als ein ganzes Dorf. Spitze, noch nicht vollendete Türme, die aus Spitzen geklöppelt zu sein scheinen, ragen hoch in die blaue Frühlingsluft. Mächtige Kloster umringen die Kirche. Die Kapelle von St. Nicolás, auf der einen Seite der Kathedrale, ist fester Rastplatz der Pilger, die auf dem Wege nach Santiago di Compostella sind. Denn Burgos ist nicht nur Hauptstadt, sondern auch Wallfahrtsort auf dem Weg von Frankreich nach Santiago di Compostella. Da diese Stadt nie in maurischen Händen gewesen ist, erinnern die Kathedrale, die Paläste, die Klöster und die Kirchen stark an französische Bauwerke. Aber als Matthis mit Alphonso, nachdem sie ihre Pferde bei einem Bauern außerhalb der Stadt untergestellt haben, am Nachmittag durch die Straßen läuft, entdeckt er doch einen großen Unterschied im Baustil. Die mächtigen Gebäude haben so überwältigende Verzierungen, als hätten die Spanier Angst vor der Schlichtheit. Jede glatte Mauer ist verziert mit kunstvollen Figuren, gemalten Wappen, nutzlosen Türmchen und Balustraden. Das ist alles sehr prächtig, überladen und dadurch überwältigend. Matthis, gewöhnt an die einfachen Kirchen in seinem Vaterland, gerät dadurch in Verwirrung. Was versuchen die Spanier hinter all dem überflüssigen Zubehör zu verbergen? Alphonso kennt sich gut aus in der Stadt und spielt den Führer. Neugierig Umschau haltend, die Laute auf dem Rücken, schlendert Matthis hinter ihm her. Es geht lebhaft zu auf der Straße, und ihm kommt es so vor, als seien die Leute von einer unterdrückten Erregung beherrscht. Angesichts der sich nähernden Truppen unter Du Guesclins Befehl ist das verständlich. Pilger sieht er wenige, es ist erst März, die Reisezeit hat gerade erst begonnen.

Es hat Matthis und seinen Kameraden nicht die geringste Mühe gekostet, in die Stadt hinein zu kommen. Minnesänger und Musikanten sind überall willkommen. Nun führt Alphonso den Herold durch enge, winklige Straßen, in denen schwarze Schweine herumlaufen und graue Hühner in den Abfällen picken. Die Häuser sind klein und dunkel, viele haben nur ein paar Luftlöcher, durch die Tageslicht hereinfallen kann. Die Menschen leben auf der Straße, nehmen ihre Mahlzeiten auf den Vortreppen ein, rufen sich Neuigkeiten zu, schauen spielenden Kindern zu. Sie machen einen verschmutzten, armen Eindruck. Als sie die beiden gutgekleideten jungen Männer vorbeigehen sehen, rufen sie etwas hinter ihnen her. Alphonso beachtet das nicht.

»Was wollen sie?« fragt Matthis leise.

»Nichts Besonderes. Sie bitten uns, für sie zu spielen. Komm mit, diese Gegend zählt nicht, hier wohnen nur Arme.«

Matthis schaut sich noch einmal um. Die meisten Frauen sind formlos, sehen alt und verbittert aus. Aber als er ein junges Mädchen aus einem der höhlenartigen Häuser kommen sieht, hält er überrascht den Atem an: Was für eine Schönheit! Alphonso bemerkt es und muß lachen.

»O, wenn sie jung sind, sind sie wunderschön«, sagt er leichthin, »aber das dauert nicht lange. Hart arbeiten, viele Kinder bekommen, vom Mann verprügelt werden, das läßt sie schnell alt werden.«

»Ja«, antwortet Matthis verblüfft. Er denkt an seine Pflegemutter: Die ist noch schlank und geschmeidig. Es scheint für eine Frau unglaublich viel auszumachen, an was für einen Ehemann sie gerät.

Nun kommen sie auf den Platz vor der Kathedrale. Die Kirche hat einen so gewaltigen Umfang, daß man sie mit einem Blick gar nicht ganz erfassen kann. Das Gebäude ist asymmetrisch, die Portale an der Vorderseite sind wahre Kunstwerke aus Stein. Alphonso aber achtet kaum darauf, der hat es eilig. Schnell zieht er Matthis in eine steile Seitenstraße.

Nun kommen sie langsam in eine bessere Wohngegend. Die Häuser erinnern weniger an dunkle Höhlen. Sie kommen an Geschäften vorbei, an Kramläden, an Händlern, die Krüge anbieten. Die Gebäude sind größer, haben mehrere Stockwerke, richtige Fenster und nicht selten einen Balkon. »Hier ist es«, sagt Alphonso plötzlich.

Sie stehen vor dem Haus eines Schneidermeisters. Zu ebener Erde ist das Geschäft. Darinnen ist es ziemlich dunkel, und damit dort trotzdem gearbeitet werden kann, hat der Schneider eine Öllampe hingestellt. Er selbst sitzt mit gekreuzten Beinen auf dem Tisch hinter den offenen Fensterläden – das schlechte Licht der Öllampe ist für seine Lehrjungen. Es sieht unordentlich aus in der Werkstatt, überall liegen Stofflappen, Garnspulen und Bandmaße herum. Auf dem Lehmfußboden stehen niedrige Schemel, auf denen die Lehrjungen sitzen und nähen. Als die beiden Besucher hereinkommen, rappelt sich einer der Lehrjungen auf und will etwas sagen, denn er glaubt, Kunden vor sich zu haben. Auch der Schneidermeister läßt kurz die Nadel sinken, blinzelt kurzsichtig in ihre Richtung. Es ist ein magerer Mann mit gekrümmtem Rücken, scharfem Gesicht und auffallend kleinem Mund. Matthis sieht, daß die Augen rot umrandet sind, und er fragt sich, wie lange es wohl dauern wird, bis der Mann bei diesem schlechten Licht ganz blind sein wird.

»Sei gegrüßt, Onkel Manuel«, sagt Alphonso munter.

Einen Moment lang ist es still, neugierig starren die Lehrlinge die Besucher an, Onkel Manuel blinzelt mit den geplagten Augen.

»Kenne ich Euch?« fragt er mißtrauisch.

»Aber ich bin doch Alphonso, dein Neffe!»

Der Mann rutscht etwas dichter heran, kommt aber nicht vom Tisch herunter. Er blinzelt, kneift die Augen zu, öffnet sie wieder.

»Alphonso...«, sagt er zögernd. »Albertos Sohn?«

»Ja. Kennst du mich nicht mehr?«

Das Männlein nickt kurz.

»Jetzt sehe ich es. Du bist groß geworden.« Er legt den Rock, an dem er gearbeitet hat, zur Seite. »Man sagte, du seiest nach Frankreich gegangen.«

»Jetzt bin ich wieder hier! Wie geht es meiner Mutter?«

Onkel Manuel schüttelt den Kopf und bekreuzigt sich.

»Die arme Frau... Gott sei ihrer Seele gnädig.«

»Dann bin ich nun Waise«, stellt Alphonso fest, ohne sich große Erregung anmerken zu lassen. Pflichtgemäß bekreuzigt auch er sich.

»Ich werde eine Messe für ihr Seelenheil lesen lassen.«

Matthis Cuvelier steht etwas verloren daneben. Er hat ein paar Worte verstehen können und meint so ungefähr zu wissen, worum es geht. Jetzt richtet sich der Schneider auf und blickt ihn an.

»Kenne ich deinen Freund?«

»Das ist Matteo, ein Minnesänger aus Frankreich. Wir reisen zusammen und hoffen, in Burgos Vorstellungen geben zu können. Können wir vorläufig bei dir unterkommen?« Dann übersetzt Alphonso seinem Freund schnell das Nötigste.

»Hm.« Der Schneidermeister scheint nicht sehr angetan zu sein. Er nimmt seine Arbeit wieder in die Hand. »Unterkommen... du hast sicher kein Geld?«

»Zur Not für eine Nacht«, bittet Alphonso. »Sobald wir etwas verdient haben, gehen wir in eine Herberge.«

»Bettler«, brummt der Schneider auf einem Faden herumbeißend. »Besuchen ihre Verwandtschaft nur, wenn sie kein Geld mehr haben. Sobald sie dann etwas verdient haben, bringen sie es in die Kneipe...«

»Wie geht es Tante Eulalia?« fragt Alphonso, ohne sich von der Nörgelei seines Onkels beeindrucken zu lassen.

»Klagen ohne Ende, wie gewöhnlich«, brummt der Schneider. Nach einem erzürnten Blick auf seine Lehrjungen, die sich schnell wieder über ihre Stofflappen beugen, arbeitet er eifrig weiter. Matthis ist nicht ganz wohl in seiner Haut. Was Alphonso auch über Familienbande gesagt haben mag, er hat das Gefühl, sie seien hier nicht sehr willkommen. Er sieht den verkniffenen Mund des Schneiders und hat eine Idee. Er tastet an seinen Gürtel, holt eine Silbermünze heraus und knallt sie vor dem Mann auf den Tisch.

»Bitte, ich kann für meine Übernachtung bezahlen«, sagt er auf französisch. Beim Anblick des Geldes leuchten Onkel Manuels Augen auf. Aber er hat nicht verstanden, was Matthis gesagt hat. Alphonso übersetzt es ihm. Der Schneider nickt.

»Ihr könnt heute nacht bei den Lehrjungen schlafen«, beschließt er. Die Silbermünze hat seine Laune wesentlich verbessert, denn jetzt deutet er hinter sich. »Geh nach oben«, sagt er. »Deine Tante meint, sie sei krank, aber dafür wird Rosita euch dann eben etwas zu essen geben.«

Hinten im Raum ist eine enge, steile Treppe, die zum zweiten Stockwerk führt. Alphonso geht vor. Sie kommen in einen dunklen Zwischenflur, wo sofort eine Tür aufgerissen wird. Undeutlich sieht Matthis die Umrisse eines Mädchens. Sie muß noch jung sein, ihre Stimme klingt jung und hell, als sie ausruft: »Alphonso! Mein lieber Vetter, was ist das lange her!« Sie fliegt dem jungen Mann an den Hals, küßt ihn überschwenglich auf beide Wangen, zieht ihn in den Wohnraum. Sie hat noch scharfe Augen. »Mutter, sieh doch nur, wer da ist, unser Vetter Alphonso!« Doch dann sieht sie da plötzlich noch jemanden stehen und fährt erschrocken zurück.

Matthis folgt Alphonso, der ins Zimmer tritt und dann sofort weiter zum Fenster geht, wo in einem hölzernen Lehnstuhl, gebettet in weiche Kissen, eine dicke, dunkle Frau sitzt: Tante Eulalia. So dürr und mager ihr Mann ist, so fett ist sie. Ihr zu Füßen spielen zwei Kleinkinder, die neugierig und verlegen zu Matthis hochstarren. Stöhnend reicht die Dame erst Alphonso und dann Matthis die mollige Hand.

»Willkommen, Neffe. Ach, das ist ja so traurig, daß du deine Mutter nicht mehr lebend antriffst. Sie war eine so gute Frau, und sie hat unter deiner Flucht so gelitten. Sie dachte, du würdest nie zurückkommen. Darum hat sie in ihrem Testament ihren ganzen Besitz uns vermacht. Aber das war, das weiß Gott, bestimmt nicht viel. Die arme Frau ...«

Matthis kann den Wortschwall nicht verarbeiten, er versteht nur die Hälfte, hört nur, daß es so klagend klingt, als hätte sich die ganze Welt verschworen, es Tante Eulalia so schwer wie möglich zu machen. Er wirft einen Blick zur Seite, auf das Mädchen, das ihn viel mehr interessiert. Und da fährt ihm ein ungekannter Schreck durch die Glieder.

»Rosita, schenk Bier ein«, befiehlt Tante Eulalia scharf. Das Mädchen dreht ihnen den Rücken zu, öffnet einen Schrank. Matthis kann den Blick nicht von ihr wenden. Wie durch Nebel dringt es zu ihm durch, daß Alphonso ihn seiner Tante Eulalia mit dem verabredeten Märchen vorstellt, er sei ein französischer Minnesänger, der wegen einer verbotenen Liebe Frankreich verlassen mußte. Tante Eulalia nickt, wischt sich eine Träne ab (keine echte), stöhnt und wimmert. »Das Leben ist so hart«, seufzt sie, »und alles tut mir weh. Der Rücken die Brust, da drinnen... Rosita!« schreit sie dann, »beeil dich, gib unseren Gästen Bier und Brot, sie haben eine lange Reise hinter sich.«

Sie bedeutet den Besuchern, sich auf die Bank am Ofen zu setzen. Verlegen kommt das Mädchen heran, stellt schüchtern einen Krug und zwei Becher vor sie hin.

Und Matthis starrt, starrt, als traue er seinen Augen nicht. Rosita ist eine vollendete Schönheit. Sie trägt ein einfaches, weißes Kleid und ein weißes Häubchen. Darunter sieht Matthis das schönste Gesicht, das er sich je zu erträumen gewagt hat. Die Stirn ist faltenlos und blank, die Augen leuchten wie feurige Kohlen, die Wangen sind zart und rund, das Kinn vollendet das vollkommene Oval. Die Haut hat die Farbe von altem Elfenbein. Sie hat wunderbar geschwungene Brauen, die die Schönheit der dunklen Augen noch besser zur Geltung kommen lassen.

Matthis versinkt rettungslos in der bodenlosen Tiefe dieser Augen und vergißt alles um sich her. So ein Gesicht sieht man sonst nur auf Wandmalereien in alten Kirchen... Er hatte nie geglaubt, daß es so etwas in Wirklichkeit gibt.

»Gib ihnen Brot und Käse«, befiehlt die Tante, ohne von ihrem

Stuhl aufzustehen. Das Mädchen läuft hin und her, hält den Blick gesenkt, ein stilles Lächeln um den wunderschönen Mund. Die Anwesenheit eines Fremden scheint sie sehr verlegen zu machen. Aber als sie Matthis ein Brettchen hinhält, auf dem ein Brocken Brot und Käse liegen, treffen sich ihre Blicke. Für Matthis versinkt die Welt.

Alphonso und seine Tante unterhalten sich und achten nicht auf den Minnesänger. Die kleinen Jungen haben sich scheu in eine Ecke zurückgezogen, spähen zum Fremden herüber, lutschen auf den Daumen. Matthis versucht nicht mehr, Alphonsos Worten zu folgen oder die Zuneigung seiner Tante Eulalia zu erringen, die bei all ihrer Weinerlichkeit eine schwierige Dame zu sein scheint. Er sieht nur die wunderschöne Rosita. Er verliebt sich in ihre Figur mit den leicht abfallenden Schultern, dem geraden Rücken, dem etwas gewölbten Bäuchlein. Er schaut in die kohlschwarzen Augen, die sich verwirrt abwenden. Wie kommt der krumme Schneider zu so einer bezaubernden Tochter? Verwirrt wirft er einen kurzen Blick auf Tante Eulalia, deren Gesichtszüge sich in Fettpolstern verlieren. War sie – vor zwanzig Jahren – auch so schön? Das scheint ihm undenkbar zu sein. Dann erinnert er sich schmerzhaft an Alphonsos Bemerkung: »Wenn sie jung sind, sind sie wunderschön. Hart arbeiten, viele Kinder bekommen, vom Mann verprügelt werden, das läßt sie schnell alt werden.«

Tante Eulalia sieht nicht danach aus, als ob sie sich von ihrem kümmerlichen Mann verprügeln ließe. Aber wie sieht Rositas Zukunft aus? Wird sie dick und häßlich werden wie die Frauen, die er auf der Straße gesehen hat? Wird sie in zehn Jahren auch ein formloser Klumpen sein, sich mit kleinen Kindern abrackern, immer beschäftigt, beschimpft, verprügelt, abgestumpft – wie ein Arbeitstier?

Wildes Verlangen steigt in ihm auf. Dieses Mädchen nicht! Dieses Mädchen muß die Gelegenheit erhalten, seine Schönheit zu bewahren, vornehme Kleider zu tragen, sich mit Perlen und Edelsteinen zu schmücken, vom Adel bewundert, von Knechten und Mägden geachtet und vom liebenden Mann auf Händen getragen zu werden. Von ihm, Matthis Cuvelier!

Er stößt Alphonso kurz an und fragt flüsternd: »Wie alt ist deine Cousine?«

»Sechzehn, glaube ich.«

Matthis nickt nachdenklich. Ich war sechzehn, als ich mit Du Guesclin auf den Mauern von Rennes kämpfte, schießt es ihm durch den Kopf. Großer Gott, was habe ich in meinem Leben doch schon alles mitgemacht! Und dieses bezaubernde Kind hat von der ganzen Welt vielleicht noch nichts anderes als Burgos gesehen, ist nie weiter als bis zum Platz vor der Kathedrale gekommen, lebt und blüht im Verborgenen: ein unter Verschluß gehaltener Schatz.

Ich kann ihr die Welt zu Füßen legen, denkt er. In Paris wird sie Aufsehen erregen...

Verlegen, dienstbereit steht sie vor ihm. Plötzlich ergreift er ihre Hand und drückt einen Kuß darauf.

»Rosita, du bist das schönste und liebste Mädchen, das ich jemals gesehen habe«, flüstert er entzückt. Rosita erblaßt, zieht schnell ihre Hand zurück, wirft einen besorgten Blick auf ihre Mutter und läuft dann aus dem Zimmer. Alphonso, der mit halbem Ohr seiner klagenden Tante zuhört, hat alles gesehen und schüttelt warnend den Kopf.

»Nicht so ungestüm, Kamerad«, flüstert er Matthis zu. »Daran ist man hier nicht gewöhnt. Und jetzt iß! Wir haben heute nachmittag noch einiges zu tun.«

Gedankenverloren, ohne den Vorhang aus den Augen zu lassen, hinter dem Rosita verschwunden ist, beginnt Matthis auf dem Brot zu kauen. Warum kommt sie nicht wieder, warum verbirgt sie sich? Er will sie sehen, will ihre Stimme hören, will wieder in den leuchtenden Tiefen ihrer Augen versinken. Als Rosita sich nicht mehr zeigt, beschließt er, sie herbeizulocken. Er steht auf, nimmt die Laute vom Rücken, stützt sich mit einem Bein auf der Bank ab und greift in die Saiten. Dann klingt es hell durch die Stube:

Verliebtheit hat mich überfallen
Und mein Herz fliegt aus.
Doch leider, die Geliebte ist so stolz
Sie hat ein Herz aus Stein.
Sie will mein Flehen nicht erhören
Will meine Wünsche nicht erfüllen.
Ach, habt doch Mitleid, liebste Freundin
Mit mir – dem armen verliebten Tor!

»Das scheint mir die Wahrheit!« hört er Alphonso spöttisch sagen, aber das dringt kaum zu ihm durch. Denn da ist sie wieder! Der schönsten Stimme Frankreichs konnte sie nicht widerstehen, die hat den Panzer ihrer Scheu durchbrochen.

»O, Matteo, ist das schön!«

Das versteht er. Zu seiner wilden Freude sieht er sie sich nähern, sieht, daß sie ihm bittend beide Hände entgegenstreckt.

»Bitte, singe noch etwas«, scheint sie sagen zu wollen.

Matthis weiß, wie er Mädchen mit seiner Stimme, seinen Liedern, seinem Lautenspiel bezaubern kann. Er weiß, daß er ein gutaussehender, junger Minnesänger ist, zu dem Frauen gerührt und verlangend aufschauen. Alles, was er an Innigkeit und Musikalität besitzt, legt er nun in seine Stimme:

Frau, deren Namen ich nicht zu nennen wage
Doch in der alle Gnaden vereinigt sind
Hört mich an!
Seht den Schmerz den ich erleiden muß
Wenn ich auch nur einen Tag
Fern, so fern von Euch weilen muß.

O, betörende Schönheit!
Euer Name ist ein Gedicht.
Euer Name – den ich nicht zu nennen wage
So soll ich schweigen
Und schweigend soll ich leiden...

»Das nennt der schweigen«, lächelt Alphonso. Matthis achtet nicht auf ihn, er sieht, daß er Eindruck auf Rosita gemacht hat. Sogar Tante Eulalia hat vergessen, daß sie soviel zu jammern und zu klagen hat. Vom Text haben die Frauen natürlich kein Wort verstanden, aber das ist auch nicht nötig. Sie sind ganz im Banne seiner warmen Stimme.

Sogar der krumme Schneider wird davon nach oben gelockt. Böse steckt er seinen Kopf ins Zimmer.

»Was geht hier vor sich, ein Fest?« brummt er verstört. »Hab ich noch nicht genug zu tun? Müßt ihr meine Lehrjungen von der Arbeit abhalten mit dem Geschrei? Tut mir einen Gefallen, macht das auf der Straße, da könnt ihr damit noch etwas verdienen.«

»Das war eine Höflichkeit unseres Gastes für deine arme kranke Frau, Manuel«, schmollt Tante Amalia.

Beim plötzlichen Erscheinen ihres Vaters ist Rosita hinter dem Vorhang des Alkoven verschwunden. Alphonso ergreift Matthis' Arm. »Onkel hat recht«, sagt er auf französisch, »wir sollten hinausgehen, um zu sehen, was in der Stadt los ist und ob wir da etwas verdienen können. Tantelieb, danke für Brot und Bier, gegen Abend sind wir wieder da.«

Matthis macht vor der dicken Dame eine leichte Verbeugung und folgt seinem Kameraden nach unten. Auf der steilen Treppe schaut er sich noch einmal um, aber Rosita läßt sich nicht mehr sehen. Es kostet ihn Mühe, sich von dieser Familie loszureißen. Und zwar nicht, weil Manuel oder Eulalia ihm angenehm wären, sondern das Mädchen... Von Rosita hat er noch lange nicht genug, er könnte stundenlang für sie singen. Stunden? Fünfzig Jahre ohne Unterbrechung!

Halb betäubt folgt er Alphonso auf die Straße. Ihm geht Berton de Fleurs Melodie durch den Kopf: »... wie ein Engel auf einer Regenwolke...« Nun hat er so einen Engel gesehen, und er begreift, was Berton gefühlt haben muß, als er das Lied für Marie-Claire schrieb. Das gleiche Entzücken, das gleiche verzehrende Verlangen, die angstvolle und wilde Freude, die nun Matthis' Herz quälen. Es ist furchtbar und herrlich zugleich, abwechselnd wird einem heiß und kalt, die ganze Welt hat sich auf einen Schlag verändert. Unsanft holt Alphonso ihn zurück auf die Erde.

»Hör, Kamerad, das war eine Dummheit von dir. So etwas kannst du hier nicht machen.«

»Was?« fragt Matthis, aufgeschreckt aus seinem süßen Taum.

»Ich gebe ja zu, daß meine Base schön ist, aber Tante erzählte mir, daß sie nächstes Jahr den ältesten Sohn eines Roßschlächters heiraten wird. Und du küßt sie!«

»Nur ihre Fingerspitzen«, widerspricht der Herold.
»Du darfst sie nicht einmal anschauen!« Alphonso lächelt plötzlich.
»Ach, ich versteh' ja schon, in Frankreich bist du etwas anderes gewöhnt. Wenn dort ein Minnesänger ein schönes Mädchen sieht, ihm

den Arm um die Hüfte legt und einen Kuß auf den Hals gibt, freuen sich alle daran und klatschen ausgelassen in die Hände. In Kastilien sind die Menschen nicht so leichtlebig. Hier sind sie streng zu ihren Töchtern. Sieh dich vor.«

Niedergeschlagen schlurft Matthis neben ihm her. Trotzdem werde ich sie bekommen, denkt er verbissen. Mir wird schon etwas einfallen.

13

PETER DER GRAUSAME

Zehn Minuten später sind sie wieder auf dem großen Platz vor der Kathedrale. Beim Brunnen mitten auf dem Platz bleiben sie stehen. Matthis schaut hinüber zu den eindrucksvollen Portalen, hoch zu den Türmen, sieht die gewaltigen Treppen voller Bettler. Im Wasserbecken des Brunnens waschen Frauen ihre Wäsche, andere Frauen, die Krüge in die Seite gestemmt, stehen da und unterhalten sich. Sie werfen einen verschüchterten Blick auf die beiden jungen Männer, kümmern sich aber nicht um sie. Matthis nimmt die Laute in die Hand, stützt sich mit einem Bein locker auf einen Quaderstein. Er hat einen Auftrag zu erfüllen, doch in diesem Augenblick ist er mit seinen Gedanken nicht dabei. Er will andere Informationen haben.

»Was soll ein Mädchen wie Rosita in einer Roßschlächterei?« fragt er verdrießlich. »Dafür ist sie doch viel zu schade. Hat sie selbst nichts dazu zu sagen?«

Alphonso schüttelt lachend den Kopf.

»Bester Freund, Onkel Manuel ist ein guter Hausvater und arbeitet schwer, aber er ist zu geizig zum Luftholen. Aus lauter Geiz weigert er sich, den Laden umbauen zu lassen, damit die Lichtverhältnisse besser werden. Lieber verdirbt er sich und den Lehrjungen die Augen. Der Roßschlächter will die schöne Rosita ohne Brautschatz haben – na, da war die Sache sofort abgemacht. Tante Eulalia ist sogar stolz darauf; sie hat vier Töchter gehabt, drei sind gestorben, Rosita ist eine kleine Goldgrube. Roßschlächter verdienen gut, auch wenn sie sieben Meilen gegen den Wind stinken. Bei den Badolos dreht sich alles ums Geld. Wenn du Onkel Manuel hundert Goldstücke vorweisen kannst, wird er dir die liebe Rosita in die Arme schieben.«

»Hundert Goldstücke! Als wenn die an den Bäumen wüchsen«, ruft Matthis erschrocken.

»O, die sind so durchtrieben«, brummt Alphonso plötzlich bitter. »Sie haben sogar das Erbe meiner Mutter eingesteckt. Darum war Tante Eulalia so freundlich; sie hatte Angst, ich wäre gekommen, meine Rechte geltend zu machen. Komm, laß uns ein wenig Musik machen und versuchen herauszubekommen, wie die Verteidigung von Burgos vorbereitet ist. Dafür wurden wir hierher geschickt, stimmt's?«

»Ja«, antwortet Matthis, weit weg mit seinen Gedanken.

Zu einem Auftreten kommt es allerdings nicht, denn plötzlich passiert alles Mögliche gleichzeitig. Reiter und Edelleute traben über den Platz, die Bürger stieben erschrocken in alle Richtungen auseinander. Überall beginnen Menschen zu rennen, Matthis hört Trompeten schmettern, ein Ausrufer erscheint und liest mit lauter Stimme etwas vor. Alphonso drängt sich vor, hört mit aufgesperrtem Mund zu, stürmt dann auf Matthis zu und übersetzt mit sich überschlagender Stimme: »Der König flieht! Komm, schnell...«

Er zerrt den Herold mit. Hinter der Menge her laufen sie zum königlichen Palast. Auch davor ist ein Platz, der schwarz von Menschen ist. Auf den Palasttreppen stehen Dutzende von maurischen Soldaten, die schweren, eisenbeschlagenen Türen stehen sperrangelweit offen. Peter der Grausame, in vollem Ornat und mit glänzendem Brustpanzer über dem Waffenrock, den hohen Helm unter den Arm geklemmt, steht breitbeinig auf der Vortreppe, umringt von Würdenträgern, Priestern, Soldaten. Er hält eine Rede an das Volk.

Mit Matthis im Schlepptau drängelt sich Alphonso so weit wie möglich nach vorn. Er tritt anderen auf die Zehen und wird beschimpft, aber das kümmert ihn nicht. Das Gedränge ist so groß, daß Matthis die Laute über dem Kopf halten muß. Nach vielem Drängen und Schubsen gelingt es ihnen, dicht an die Palasttreppen heranzukommen. Ihnen schlägt die laute Stimme Peters des Grausamen in die Ohren.

»Was sagt er?« fragt Matthis seinen Dolmetscher.

»Still...«

Matthis, der der Volkssprache der Badolos noch einigermaßen folgen konnte, versteht von dieser Rede in fließendem Kastilisch kein Wort. Vor Ungeduld von einem Bein auf das andere tretend, steht er neben Alphonso, der sich nicht mehr bewegt und mit schief gehaltenem Kopf zuhört. Da das Gesprochene ihm entgeht, mustert Matthis ausgiebig den König auf der Vortreppe. Dies ist also der Mann, der abgesetzt werden soll, der Tyrann, der seine Frau ermorden ließ, der seinem Bastardbruder nach dem Leben trachtet, der gehaßt und gefürchtet wird. Matthis muß zugeben, daß Peter der Grausame eine beeindruckende Gestalt ist: Groß und kräftig, vor allem streng. Das Haar ist schwarz und glatt, die Stimme klingt schneidend. Das scharfgeschnittene Gesicht ist halb verborgen von einem riesigen Schnurrbart und schweren Augenbrauen; er hat eine große Nase und harte Augen. Während er spricht, wippt der kurze, dunkle Kinnbart auf und nieder, was ihm gewisse Ähnlichkeit mit einem wilden Bock verleiht. Nur die Hörner fehlen...

Matthis fängt plötzlich ein Wort auf, das er zu erkennen glaubt: »Toledo.«

Aufgeregt stößt er Alphonso an.

»Was sagt er denn?«

Leise antwortet Alphonso auf französisch: »König Peter wird Burgos verlassen. Er verspricht den Bürgern, daß ihnen kein Leid geschehen wird, daß er seine Ersatztruppen in Toledo sammeln wird und hofft, dort dem französischen Heer widerstehen zu können.«

»Gibt er Burgos auf?«

»Vorläufig ja.«

»Junge, Junge...«

»Still! Siehst du den Mann dort mit der Goldkette um den Hals? Das ist der Bürgermeister. Die anderen, eine Stufe darunter, das sind die Gildemeister.«

»Sie knien, sie sagen etwas...«

»Ja, sie bitten Don Peter, in Burgos zu bleiben. Sie haben Angst vor dem Plündererheer.«

Etwas abseits auf der Vortreppe steht ein großer Mann in prachtvoller Rüstung. Er sieht sehr kriegerisch aus. Nun macht er einen Schritt vorwärts, geht auf ein Knie nieder und spricht heftig auf den König ein.

»Wer ist das?«

»Der militärische Festungskommandant«, flüstert Alphonso. »Don Sancho. Er erklärt sich bereit, die Stadt zu verteidigen. Ja, Don Sancho will kämpfen!«

Peter der Grausame schüttelt den Kopf, macht eine abwehrende Gebärde und beginnt wieder zu sprechen.

»Was sagt er jetzt?«

»Er sagt«, übersetzt Alphonso leise, »daß er in Burgos zu wenig Truppen hätte. Darum ginge er weg. Die Bürger müßten selbst wissen, was sie tun wollten: kämpfen oder sich ergeben. Still jetzt... ja, jetzt fragt der Bürgermeister, was der König von den Bürgern erwarten kann, wenn er selbst das Kommen des Bastards nicht abzuwarten wagt. Das ist ganz schön vorlaut!«

Matthis sieht, wie Don Peter gleichgültig die Schultern zuckt und dem Bürgermeister den Rücken zudreht.

»Er sagt«, übersetzt Alphonso schnell, »niemand bräuchte sich Sorgen zu machen. Wenn Burgos fiele, sei das Land noch nicht verloren, Toledo würde standhalten.«

Der Bürgermeister gibt noch nicht auf. Vor ihm kniend spricht er auf seinen König ein, der grimmig auf ihn herabschaut.

»Er fragt, ob König Peter seine Untertanen in Burgos aus ihrem Treueid entlassen will. Sonst würden sie ihre Ehre verlieren, wenn sie die Stadt ohne Kampf Du Guesclin übergeben würden. Ich kann dir sagen, dein Herr wird's ziemlich einfach haben! Aber ich kenne die Magistratsherren hier, sie sagen ›Ehre‹ und meinen Vorteil und Reichtümer.«

»Ist das ein Bischof dort, der Mann mit der Mitra?«

»Ja, der Bischof von Burgos, er ist zugleich Stadtvogt. Er bittet den König auch um Anweisungen.«

»Was für Anweisungen?«

»Das weiß ich nicht... der bekommt nicht einmal eine Antwort. Don Peter ist zu sehr in Eile.«

Die Menge beginnt wieder zu drängeln, Matthis wird fast erdrückt und ein wenig von Alphonso weggeschoben. Auf den Zehenspitzen stehend, die Laute hoch über dem Kopf in Sicherheit, sieht der Herold, wie Peter der Grausame alle weiteren Einsprüche ablehnt, schnell die Stufen der Vortreppe hinunter geht und ein prächtig aufgezäumtes Pferd besteigt, das von zwei Schildknappen festgehalten wird. Die Gruppe der bis an die Zähne bewaffneten Mauren umringen sie. Soldaten mit dicken Knüppeln drängen das Volk an den Rand. Rings um

Matthis steigt Murren auf: aus Enttäuschung, Aufsässigkeit, Angst. Die schnaubenden Pferde dampfen, die Frühlingssonne prallt auf den überfüllten Platz, König Peters maurische Leibwache hat Mühe, dem Fürsten einen Weg zu bahnen. Frauen beginnen zu kreischen, viele Bürger beten laut. Jemand ruft ganz laut: »Lang lebe König Peter!« Aber der Ruf wird nicht übernommen und auch nicht wiederholt. Der König flieht, und seine Hauptstadt bleibt murrend zurück, im Stich gelassen, hilflos. Und währenddessen kommen die feindlichen Kompanien jeden Tag näher…

»Also, das wüßten wir nun«, sagt Alphonso zufrieden, als es ihm gelungen ist, sich wieder zu Matthis durchzudrängeln. »Der König zieht sich nach Toledo zurück, und Burgos soll nicht verteidigt werden.«

»Aber warum flieht er nach Toledo?« fragt Matthis verwundert.

»Toledo ist das religiöse Herz des Landes, und ich habe die Behauptung gehört, die Stadt sei vollkommen uneinnehmbar.«

Langsam entfernt sich die Menge, Matthis kann endlich die lahmen Arme sinken lassen. Er hängt sich die Laute wieder auf den Rücken.

»Eigentlich können wir jetzt auch abreisen«, meint Alphonso. »Wir wissen, was wir wissen wollten.«

»Was?« sagt Matthis erschrocken.

»Wenn wir uns beeilen, können wir kurz nach Beginn der Dunkelheit wieder in Belorado sein«, erklärt Alphonso. Matthis schaut hoch zum hellen Himmel. Die Sonne steht schon niedrig.

»Das schaffen wir nicht«, sagt er. »In einer Stunde beginnt es zu dunkeln.«

»Oh, ich kann auch im Dunkeln den Weg finden«, lacht Alphonso übermütig. »Ich bin in der Gegend von Burgos aufgewachsen.«

Verzweifelt sucht Matthis nach einer Ausrede.

»Ich meine, wir sollten erst zur Familie zurückgehen und der erzählen, daß der König geflohen ist.«

»Das bekommen die schnell genug zu hören.«

»Aus Höflichkeit…«, bittet Matthis. »Wir… wir können morgen früh aufbrechen.«

»Onkel Manuel wird außer sich sein, und es wird ihm überhaupt nicht gefallen, auch noch zwei Gäste zu beherbergen«, sagt Alphonso überlegend. »Tante Eulalia wird jammern... Ich reite lieber im Stockdunklen über die Felder!«

Verärgert richtet Matthis sich auf.

»Hör zu, dies ist mein Auftrag. Du bist nur der Dolmetscher. Ich führe meinen Spezialauftrag so aus, wie ich es für richtig halte. Heute nacht will ich noch in der Stadt bleiben. Übrigens habe ich auch schon für unsere Übernachtung bezahlt.«

»Gut, gut, wenn du so anfängst...« Alphonso grinst und zieht die Schultern hoch. »Du willst sicher noch ein Auge auf Rosita wagen. Na, dann komm mit...«

Eine halbe Stunde später stehen sie wieder vor der Schneiderei.

»Jetzt schon?« brummt Onkel Manuel, als sie in den Laden treten. »Ihr seid doch kaum zwei Stunden fort gewesen. In so kurzer Zeit könnt ihr nicht viel verdient haben.«

Matthis versteht nicht alles, errät allerdings, warum der Mann mekkert und legt noch eine Silbermünze auf den Tisch. Der Schneider steckt sie eiligst ein. Dann unterrichtet Alphonso seinen Onkel über den Zustand in der Stadt und die Flucht des Königs nach Toledo. Da ein städtischer Ausrufer es sicher nicht schafft, den Mann von der Arbeit fortzulocken, weiß dieser noch nichts und erschrickt nun heftig.

»Wollen sie nicht kämpfen?« jammert er. »Und in ein paar Tagen werden wir überrannt werden von zehntausend Plünderern, die Haus für Haus ausrauben werden. Heiliger Jacobus, womit haben wir schwer arbeitenden Bürger dieses Elend verdient? Möge der Himmel uns gnädig sein, wenn die Banditen sich auf eine wehrlose Stadt stürzen. Keine Frau, kein Kind werden sie schonen. Was soll aus meiner Familie, meiner Werkstatt, meinen Lehrjungen werden?« Wütend wirft er das Wams, an dem er gearbeitet hat, hin. »Rosita?« ruft er nach oben, »mach das Abendessen!«

»Hier bleiben!« schnauzt er dann seinen Neffen an, als dieser Anstalten macht, die Treppe zum Wohnraum hinaufzugehen. »Ihr könnt mir beim Aufräumen helfen. Zum Arbeiten wird es jetzt doch zu dunkel. Hier, faß an. Roll die Stofflapppen zusammen und pack sie in die Kiste dort. Und du, Sänger, fummel das verwirrte Garn auseinander. Hier wird nichts weggeworfen, und ist es noch so verheddert.«

Nervös läuft er auf und ab, ein schreckhafter kleiner Mann mit krummen Beinen. Und doch ist er der Vater des schönsten Mädchens der Welt.

Zu seiner großen Enttäuschung bekommt Matthis an diesem Abend Rosita nur einmal ganz kurz zu sehen, als sie eine Weile später mit einer Schüssel dampfender Linsensuppe die Treppe hinuntergeht. Sie stellt die tiefe Schüssel mitten auf den Arbeitstisch, die Lehrjungen holen jeder einen Holzlöffel aus dem Gürtel. Matthis holt seinen eigenen Löffel hervor, genau wie Alphonso. Ohne Löffel zu reisen ist ein Zeichen äußerster Armut, das tut fast niemand. Matthis' Löffel ist aus Silber. Das Mädchen wirft einen Blick darauf, errötet kurz, schaut danach aber nicht mehr auf, sondern eilt scheu davon. Auch der Schneidermeister ist nach oben gegangen, um im Kreise seiner Familie die Mahlzeit einzunehmen. Die Lehrjungen und die Gäste müssen in der Werkstatt essen. Die kümmerliche Öllampe wirft nur schwaches Licht in die dunkle Werkstatt, die Schlagläden sind geschlossen.

Die Lehrlinge essen hastig, als hätten sie quälenden Hunger. Matthis kann kaum einen Bissen durch die Kehle bekommen. Er ist etwas Besseres gewöhnt, die Linsen sind nicht gar, es ist zu wenig Salz in der Suppe. Während die Jungen essen, viel dabei schwatzen und auch Alphonso sich das einfache Mahl gut schmecken läßt, sitzt Matthis da und lauscht den Schritten über seinem Kopf. Vergeblich versucht er, sie zu erkennen.

Die Lehrjungen streiten sich um das Vorrecht, die Schüssel auslecken zu dürfen. Dann binden sie sich die Schürzen ab und waschen sich beide in einem alten Zober, der in einer Ecke der Werkstatt steht. Alphonso gähnt.

»Dürfen wir nicht nach oben?« fragt Matthis leise. »Du gehörst doch zur Familie.«

»Ich schon, aber du nicht. In dir sieht man den Eindringling, der außerdem französisch spricht. Onkel Manuel traut dir nicht so recht.«

»Recht hat er ja«, grinst Matthis, der darauf baut, daß die Lehrjungen ihn doch nicht verstehen können.

Alphonso schüttelt den Kopf.

»Onkel Manuel mißtraut dir nicht nur, weil du Franzose bist, er hat auch gesehen, wie du seine Tochter anstarrst, und das gefällt ihm nicht.«

»Wenn Rosita über die Straße geht, wird sie Bewunderer genug haben«, meint Matthis unschuldig.

»Sie kommt natürlich ganz selten hinaus, fast nur, wenn sie in Begleitung ihrer Tante in die Kirche geht«, antwortet Alphonso. »Kamerad, du scheinst nicht die geringste Ahnung davon zu haben, wie vorsichtig man hier mit seinen schönen Töchtern umgeht. Es ist deine eigene Schuld, daß wir nicht wohlgelitten sind, du hättest Rosita nicht so stürmisch den Hof machen dürfen.«

»Ach was...«

»Übrigens wird Onkel Manuel sehr beschäftigt sein. Er will sich natürlich mit Tante beraten, wie sie ihr Hab und Gut sicher verstecken können, damit die Plünderer es nicht finden.«

Die Lehrjungen schleppen ein paar verklumpte Strohmatratzen an, die sie auf dem schmutzigen Fußboden ausbreiten. Sie setzen sich hin, klopfen auf den freien Platz neben sich und laden Alphonso und Matthis ein, ebenfalls Platz zu nehmen.

Alphonso beginnt, sich lebhaft mit ihnen zu unterhalten; er scheint von seinen Abenteuern in Frankreich zu erzählen. Matthis bemüht sich nicht, dem Gespräch zu folgen, er will ungestört vom schönsten Mädchen der Welt träumen. Schließlich strecken sie sich alle auf den Strohsäcken aus, Alphonso kriecht dicht an Matthis heran.

»Nicht sehr bequem hier«, brummt er auf französisch. »Die Lehrlinge meines Onkels haben es auch nicht besonders gut! Um von ihm ausgebildet zu werden, müssen sie doppelt soviel bezahlen wie bei einem anderen Schneidermeister. Nun, Onkel hat nun mal den Ruf, der beste Schneider in Burgos zu sein, und wer bei ihm in der Lehre gewesen ist, kann überall in Kastilien unterkommen... Sag, schläfst du schon?«

»Ja«, murmelt Matthis. Es interessiert ihn nicht, wie gut oder wie schlecht Onkel Manuel seine Lehrjungen behandelt. Er will an Rosita denken.

»Onkel hat eine Todesangst vor den Kompanien«, flüstert Alphonso neben ihm. »Ich habe ihm gesagt, daß es dafür keinen Grund gibt. Du Guesclin wird seinen Männern nicht erlauben, eine Stadt wie Burgos zu plündern, und der Bastard wird es seinen Soldaten auch verbieten. Aber Onkel Manuel glaubte mir nicht... Er ist davon überzeugt, daß sie es ausgerechnet auf seine Ersparnisse abgesehen haben.«

Matthis hat keine Lust, sich zu unterhalten. Fest kneift er die Augen zu, und sofort sieht er wieder Rositas reines Gesicht vor sich. Hundert Goldstücke, denkt er, die muß man doch auf die eine oder andere Art und Weise beschaffen können!

Kaum bricht der Tag an, da kommt auch schon Onkel Manuel und jagt sie aus den Betten. »Aufstehen, faule Flegel, wir haben heute viel zu tun!«

Niemand erhebt Einspruch, Matthis ist der erste, der aufspringt. Rosita! denkt er und beeilt sich, seine Toilette zu erledigen. Dann hilft er den Jungen beim Wegräumen der Strohsäcke und dem Öffnen der Schlagläden. Verwundert starrt er auf die Straße, wo ganze Menschenströme unterwegs sind, ihr Hab und Gut auf dem Rücken. Auch mit Hausrat hochbeladene Karren schwanken vorbei.

»Sieh dir das an«, ruft Alphonso, der sich neben ihn gestellt hat, »die warten den Fall der Stadt und das Eintreffen der Truppen nicht einmal ab.« Matthis schüttelt den Kopf.

»Sie brauchen nicht solche Angst zu haben«, murmelt er. »Bertrand Du Guesclin ist kein Unmensch.« Dann hört er hinter sich die Treppe knarren und dreht sich schnell um. Das Herz schlägt ihm bis zum Hals hinauf. Da ist Rosita, frisch wie die Morgenstunde. In den Händen hat sie einen großen Napf mit Brei. Hinter ihr kommt einer ihrer kleinen Brüder mit einem Krug Bier die Treppe hinunter.

»Oh, unser Frühstück«, ruft Alphonso. »Base, was siehst du doch heute wieder lieb aus. Du bist schön wie der Morgenstern.«

Rosita errötet stark. Matthis läuft ihr entgegen, nimmt ihr den Napf ab, stellt ihn auf den Tisch, lächelt ihr zu. Ganz kurz streichelt er über ihr glänzendes, rabenschwarzes Haar. Er kann keinen Ton herausbringen, die Kehle ist ihm wie zugeschnürt, das Herz rast wie ein wilder Sturmlauf. Ihre Blicke treffen sich, dann schlägt sie schnell die Augen nieder, rafft die Röcke und flieht die Treppe hinauf, scheu wie ein Vögelchen. Wie festgenagelt steht Matthis da und starrt ihr nach. Aber jetzt hat er doch Hunger bekommen. Gemeinsam mit Alphonso und den Lehrjungen stürzt er sich auf den Brei und trinkt verschaltes Bier dazu. Der Brei ist wässerig.

»Man würde schwören, daß dein Onkel bettelarm ist«, flüstert er Alphonso zu. Der zuckt die Schultern.

»Warum sollten in Burgos keine Geizkragen wohnen? Habgier findet man überall. Iß nur, wir haben einen langen Ritt vor uns. Und je eher wir aufbrechen, desto lieber ist es mir. Vorläufig habe ich wieder einmal genug von dieser Familie.«

»Gestern«, stichelt Matthis, »erzähltest du mir, in diesem Land seien Familienbande stärker als die Politik. Ehrlich gesagt habe ich in diesem Haus wenig davon gemerkt.«

Alphonso seufzt tief.

»Wenn man zwei Jahre weggewesen ist, dann erinnert man sich nicht mehr an die Menschen, wie sie wirklich sind«, murmelt er wehmütig. »Übrigens, Onkel Manuel ist nervös und hat Angst vor den Truppen. Wärest du ruhig, wenn du eine schöne Tochter hättest und wüßtest, daß achttausend Banditen im Anzug sind?«

In diesem Augenblick kommt der kleine Schneider wieder in die Werkstatt gestürmt.

»Genug geredet, genug gegessen, wir müssen uns beeilen!«

»Ja, Onkel, wir werden dir nicht länger zur Last sein«, antwortet Alphonso schnell. Er gibt Matthis einen Wink. »Wir danken dir für die uns erwiesene Gastfreundlichkeit. Grüße bitte Tante Eulalia von uns. Möge Gott dein Haus segnen. Auf Wiedersehen, Onkel.«

»Gehen wir so einfach weg?« fragt Matthis, der einigermaßen verstanden hat, was Alphonso sagte, entsetzt. »Müssen wir uns nicht von deiner Tante verabschieden?«

Über sich hört er einen Lärm, als schleppe jemand eine schwere Kiste. Die kleinen Jungen heulen, er hört auch Tante Eulalias Stimme, die den Jungen gebietet, ruhig zu sein... Schneidermeister Badolo steht wie auf heißen Kohlen.

Offensichtlich will er seine Gäste so schnell wie möglich loswerden.

Alphonso drückt Matthis die Laute in die Hand. »Komm doch endlich mit«, brummt er ungeduldig. Er winkt seinem Onkel und den Lehrjungen noch flüchtig zu und zieht seinen Kameraden mit auf die Straße.

»Uff, endlich ein bißchen frische Luft! Laß uns machen, daß wir aus der Stadt kommen. Ich brenne darauf, wieder im Sattel zu sitzen und mir den Wind um die Ohren wehen zu lassen. Der Beschränktheit so einer Bürgerfamilie bin ich scheinbar entwachsen.«

Matthis dreht sich noch einmal um. Badolo steht auf der Treppe vor seinem Geschäft und schaut ihnen nach, als wollte er sich davon überzeugen, daß die beiden lästigen jungen Männer wirklich abreisen. Der Herold wirft einen kurzen Blick hoch zum Fenster des Wohnraumes. Bewegt sich dort etwas? Voller Hoffnung streckt er den Arm und winkt. »Auf Wiedersehen!«

Innerhalb einer Woche, denkt er froh, komme ich zurück. Doch dann mit einem siegreichen Heer, an der Seite Bertrand Du Guesclins. Rosita wird erkennen, was für ein wichtiger Mann ich bin. Der geizige Schneider wird es als Ehre ansehen, wenn ich ihn um die Hand seiner schönen Tochter bitte...

Diese Aussicht muntert ihn vollends auf. Aufgeweckt läuft er mit Alphonso durch die erwachende Stadt. Trotz der frühen Stunde herrscht schon reger Betrieb. Schwer beladene Esel und Karren, Menschen mit Bündeln und Ballen ziehen an ihnen vorüber. Alle scheinen in die gleiche Richtung zu strömen.

»Der große Auszug hat begonnen«, stellt Alphonso fest. »Die Ratten verlassen das sinkende Schiff.«

Nachdem Peter der Grausame am Vortag die Hauptstadt im Stich gelassen hat, haben viele seiner Untertanen beschlossen, seinem Beispiel zu folgen. Auch der Bischof-Stadtvogt ist bereits nach Toledo gereist. Reiche Bürger haben sich in aller Eile reisefertig gemacht; sie raffen ihre Schätze und rufen ihre Familienmitglieder zusammen, verschließen ihre Häuser und suchen das Weite. Die Tore von Burgos stehen sperrangelweit offen, ein langer Zug von Menschen zieht hindurch.

Matthis und Alphonso reihen sich in den Flüchtlingsstrom ein und kommen so noch einfacher aus der Stadt heraus, als sie am Vortag hineingekommen sind. Sie holen ihre Pferde und reiten in nordwestlicher Richtung davon. Noch einmal schaut Matthis sich nach den dicken Mauern und hohen Türmen von Burgos um. Er hört die Glocken läuten. Wer nicht flieht, versammelt sich in den Kirchen, um zu beten. Was mag die liebliche Rosita in diesem Moment tun? Kniet sie neben ihrer Mutter vor der Statue des heiligen Jacobus, dem Schutzpatron von Kastilien, und bittet ihn um Schutz? Oder steht sie am Fenster, träumt von einem jungen Minnesänger, der Liebeslieder für sie sang und ihr die Fingerspitzen küßte?

Das letzte Phantasiebild gefällt Matthis am besten. Das behält er im Kopf, den ganzen langen Weg nach Belorado.

14

DIE UNTERWORFENEN

Vier Tage später erscheinen der Bastard und Du Guesclin mit ihrem Heer vor den Toren von Burgos. Von ihrem König im Stich gelassen, aus ihrem Treueid entlassen, sehen die Bürger kein Heil darin, ihr Leben bei vergeblicher Verteidigung der Stadt aufs Spiel zu setzen. Sobald die Schläge der Kriegstrommeln durch die Luft dröhnen, kommt Don Sancho, der militärische Kommandant der Stadt, und bietet die Unterwerfung an. Die einzige Bedingung, die er stellt, ist, daß Du Guesclin seine Söldner vor den Mauern halten läßt. Aber der Bastard mit seinem Gefolge, Du Guesclin mit seinen Befehlshabern, die sollen herzlich empfangen werden. Bertrand nimmt die Bedingungen an. Offensichtlich mit grimmigem Gesicht, insgeheim jedoch überglücklich, daß die Hauptstadt ihm ohne Blutvergießen in die Hände fällt.

Während die Truppen auf freiem Feld ihre Lager aufbauen, redet Du Guesclin den Hauptleuten streng ins Gewissen, verbietet Plünderungen und verspricht ihnen reiche Belohnung in Geld, wenn sie Schandtaten ihrer Mannschaften zu verhindern wissen.

»Burgos wird bezahlen, Freunde. Das schwöre ich bei allem, was mir heilig ist.«

Der offizielle Einzug des Bastards wird schnell geregelt. Matthis Cuvelier, erregt und ungeduldig, kann den Moment, da sie glorreich einziehen werden, kaum erwarten. Es herrscht strahlendes Frühlingswetter, Burgos liegt in flimmerndem Sonnenlicht, das goldene Kreuz auf der Kathedrale funkelt. Der Herold zieht sein bestes Kostüm an, putzt seine Trompete. Wird er heute Rosita wiedersehen? Wird sie am Weg stehen und sich den siegreichen Einzug ansehen?

Die Tore öffnen sich, die Brücke wird heruntergelassen, auf den Mauern der Stadt ist es schwarz von Menschen. An der Spitze des Zuges reitet Heinrich der Bastard, an seiner Seite Bertrand Du Guesclin. Sie werden umringt von Fahnenträgern und Trommlern, gefolgt von Bertrands bretonischen Reitern, den Plündererhauptleuten, Schildknappen, sogar zwei Wagen mit Marie-Claires Kirmestruppe. Dahinter folgen Matthis und Marie-Claire auf schönen Pferden. Das Heroldkostüm steht Matthis ausgezeichnet; ihm ist bewußt, daß er großartig darin aussieht. Auf den blonden Haaren trägt er einen vornehmen Hut mit Federn, am Sattelknopf funkelt seine Trompete, auf dem Rücken trägt er die Laute.

Bertrand Du Guesclin sitzt in voller Rüstung auf seinem schwarzen Hengst. In den Augen des versammelten Volkes muß er der Kriegsgott sein, grimmig und unbesiegbar. Der Bastard auf seinem weißen Pferd bildet dazu einen seltsamen Gegensatz. Neben dem kriegerischen Du Guesclin verkörpert er in seiner königlichen Gestalt das Recht und die Gnade.

Dennoch ist es gerade Marie-Claire, die dem Einzug einen Hauch von Gesittung, Zartheit und sommerlicher Pracht verleiht. Ihr Sattel – ein Geschenk des Bastards – ist mit silbernen Knöpfen verziert. Sie trägt ein glänzendes rotes Kleid mit weiten Ärmeln und tiefem Ausschnitt. Ihre Pantöffelchen und ihr Samthut sind mit Silbergarn bestickt. Sie trägt Spitzenhandschuhe, um den Hals hängt die goldene Kette mit der kostbaren schwarzen Perle, die die Form einer Träne hat. Das Volk kennt sie nicht, weiß nicht, wer sie ist, jubelt ihr aber nicht weniger zu als dem Märchenprinzen an der Spitze des Zuges. Ein König, der mit solchen prachtvollen Menschen in eine Stadt einzieht, muß ein Liebling der holden Dame Fortuna sein.

Denn eigentlich zweifelt in Burgos niemand mehr daran, daß Don Heinrich ihr König wird. Der Bastard nimmt den Jubel dankbar entgegen. Er schickt sein betörendes Lächeln hoch zu den Balkonen und offenen Fenstern, wo verschleierte Frauen stehen und sich den Einzug ansehen. Er verteilt Kußhände, und da er im Schritt reitet, haben die Bürger Gelegenheit, diesen schönen Mann mit dem Fürsten zu vergleichen, der sie vor weniger als einer Woche im Stich gelassen hat. Don Heinrich, der neue Herrscher mit dem warmen Lächeln, wird auf einen Schlag beliebt.

In der Mitte des Zuges rollen die beiden Planwagen, gezogen von braunen Pferden. Den vorderen lenkt der kleine Robert. Im Wagen stehen und sitzen Marie-Claires Artisten, schmuckvoll in ihren schönsten Kostümen. Stolz hält der kleine Robert die Zügel, das Herz zerspringt ihm beinahe vor Freude. Wie herrlich ist es doch, als Sieger in eine Stadt einzuziehen, bejubelt zu werden! Die Plane des Wagens ist zurückgeschlagen, die Artisten lassen sich bewundern. Die Musiker spielen muntere Weisen, die Akrobaten machen Handstand, klatschen die Füße zusammen; das Volk gafft bewundernd. Auch hinter diesem Wagen reiten Trommler, die die Weisen der Musikanten mit rhythmischen Schlägen begleiten.

Doch niemand, niemand im ganzen Zug genießt den Einzug so sehr wie Matthis Cuvelier. Er schaut sich um, sucht Rosita, lächelt dabei Frauen und Mädchen zu, fängt eine zugeworfene Blume auf und führt sie an die Lippen. Er fühlt sich als junger Held, fast als Ritter aus einem Roman. Seine stolze Haltung sagt: Seht, hier bin ich, Du Guesclins Herold. Die Glocken läuten für mich, die Kußhände, die die Frauen dem Zug zuwerfen, gelten mir. Nur verschwommen ist ihm bewußt, daß er mit seinem Prunkgehabe nur Eindruck auf Rosita machen will, falls die sich unter den Zuschauern befindet. Neben sich hört er Marie-Claires Lachen erschallen.

»Du stellst dich an, als hättest du Burgos eigenhändig erobert«, sagt sie stichelnd.

»Ich bin froh für Bertrand, daß es so einfach gegangen ist«, antwortet Matthis. »Das hat ihm Kopfzerbrechen bereitet, die Stadt mit Gewalt einnehmen zu müssen.«

»Ja«, seufzt seine Pflegemutter, »Bertrand setzt sogar das Leben der verdammten Plünderer sparsam ein... Ich hätte nie zu träumen gewagt, daß unser Feldzug so bald zu Ende sein könnte. Wenn du dir überlegst, wie lange wir mit der Vorbereitung beschäftigt waren... Fast ein Jahr. Und innerhalb von zwei Monaten ist Kastilien unterworfen.«

»Davon kann keine Rede sein«, ruft Matthis. »Wir ziehen nun zwar mit Prunk in die Hauptstadt ein, aber dies ist ein großes Land und kann noch ganz schön Widerstand leisten. Ich habe gehört, Peter der Grausame könnte im Maurenkönig von Granada einen Verbündeten finden.«

»Dennoch hat er es nicht gewagt, unser Kommen abzuwarten, und ist Hals über Kopf geflohen«, entgegnet Marie-Claire.

Matthis nickt zerstreut und schaut dann wieder gespannt auf die vielen Menschen, die am Straßenrand stehen, um den Einzug zu sehen. Es ist so ein Gewimmel von Hüten, Schleiern, Helmen und Kappen, daß er kaum Gesichter unterscheiden kann.

»Wonach schaust du denn nur aus?« fragt Marie-Claire arglos. »Suchst du einen Bekannten?«

Sie weiß nichts von Rosita; Matthis hat das Geheimnis seiner Liebe für sich behalten. Doch wenn ein junger Mann bei einer so unschuldigen Frage feuerrot anläuft, dann ist klar, was los ist. Lachend wirft Marie-Claire den Kopf in den Nacken.

»Matthis! Erzähle mir nicht, daß du in den wenigen Stunden, die du in Burgos gewesen bist, die Möglichkeit gehabt hast, dein Herz zu verlieren!«

»Ach, sei doch still«, brummt der Herold verlegen, und das ist ein noch deutlicheres Zeichen.

Sie nähern sich der Castillo, der großen Burg von Burgos, in der Heinrich der Bastard und seine vornehmsten Befehlshaber wohnen werden, bis die Krönung stattfinden kann. Auf dem Platz vor der Burg herrscht großes Gedränge. Der Zug reitet auf den Innenhof, wird mit Zinkenschall, von sich verbeugenden Magistratsherren, von Priestern und vom Kommandanten Don Sancho begrüßt, der vor dem Bastard untertänigst auf die Knie geht. Das lenkt Marie-Claires Aufmerksamkeit ab. Sie vergißt, Matthis zu hänseln und ergötzt sich an dem schönen Schauspiel. Es geht sehr feierlich zu. Bertrand Du Guesclin wird mindestens ebensoviel Ehre erwiesen wie Heinrich von Trastemara. Rote Teppiche sind für sie ausgerollt. Auch Hugh de Calverley, der sich inzwischen wieder dem Plündererheer angeschlossen hat, wird wie ein hoher Edelmann empfangen. Die Würdenträger der Stadt und ein Teil der zurückgebliebenen Höflinge sind fast alle Geistliche, und wenn nicht, steht bestimmt ein Priester neben ihnen.

»Ein frommes Land«, hört Matthis seine Pflegemutter nüchtern feststellen.

Ja, warum nicht, ihm kann's recht sein – aber wo ist Rosita? Hat sie ihn beim Ritt durch die Stadt gesehen? Was interessieren ihn die hohen

Herren, die sich da verbeugen, murmeln, segnen – sie halten Reden, von denen er kein Wort versteht.

Die berittenen Trommler haben sich an beiden Seiten des Hofes aufgestellt, und nach jeder kurzen Rede lassen sie ihre Schlegel wirbeln, als müßten sie die Worte der Herren unterstreichen. Die Wagen mit den Künstlern sind auf dem Platz vor dem Burgtor geblieben. Unter der Leitung des kleinen Robert geben die Akrobaten und Musiker für das herbeigeströmte Volk eine Vorstellung. Die Art und Weise, wie der kleine Robert, der zehn Jahre alt ist, aber aussieht als wäre er erst sechs, die Truppe dirigiert, läßt die Kastilier den Mund vor Staunen aufreißen. Aus welchem Märchenland kann das kleine kecke Zwergenkerlchen wohl kommen?

Heinrich der Bastard ist abgestiegen, dröhnende Trommelwirbel begleiten ihn, als er Don Sancho feierlich die Hand reicht. Während ihr Pferd nervös mit den Ohren wackelt, kneift Marie-Claire Matthis in den Arm.

»Der Klang macht mich innerlich ganz warm«, sagt sie aufgeregt.

Unwillkürlich wirft Matthis einen Blick auf die Trommler, und dann bekommt er einen Schreck. In einem von ihnen erkennt er Alphonso Badolo. Nach ihrer Rückkehr in das Lager bei Belorado, und nachdem sie Bericht erstattet hatten, sind sie wieder ihre eigenen Wege gegangen. Tagelang haben sie sich nicht gesehen, und nun stehen sie hier auf dem Innenhof. Ihre Blicke treffen sich, Matthis erhebt grüßend eine Hand, Alphonso blinzelt ihm zu, ohne seine lautstarke Tätigkeit zu unterbrechen.

»He«, sagt Marie-Claire, als die Trommeln plötzlich schweigen, »war das nicht der junge Mann, mit dem du hier in Burgos herumspioniert hast? Das scheint mir ein sehr netter junger Mann zu sein. Hast du dich gut mit ihm vertragen? Du hast mir von dem ganzen Unternehmen nur sehr wenig erzählt. Wie...«

»Absteigen«, sagt Matthis schnell. »Wir müssen auch hinein.«

Ein gutaussehender spanischer Hauptmann eilt herbei und hilft Marie-Claire aus dem Sattel. Er macht das so zuvorkommend, daß sie dabei errötet. All die Zeremonien! Man kann in diesem Land keinen Schritt tun, ohne daß spähende Blicke einen beobachten, ob man nicht einen Fehler macht. Alles muß genau nach Protokoll vor sich gehen, und dabei muß jeder genau den Platz einnehmen, der ihm seinem Rang und Stand zufolge zukommt. Sehr ermüdend…

Matthis Cuvelier entdeckt zu seiner großen Erheiterung, daß die Anwesenheit seiner Pflegemutter als störend empfunden wird. Die hohen Spanier, die schreckliche Angst davor haben, gegen das vorgeschriebene Protokoll zu sündigen, wissen mit ihr nicht viel anzufangen. Wer ist sie, zu wem gehört sie? Warum wurde der Zeremonienmeister nicht über ihr Kommen informiert, so daß er weiß, welchen Platz er ihr zu geben hat, ob sie beim Betreten der Castillo in der dritten oder in der sechsten Reihe gehen muß? Das ist zum Verzweifeln! Der Zeremonienmeister entschließt sich, auf Nummer Sicher zu gehen und Marie-Claire wie eine hohe Edeldame zu empfangen. Die schwarze Perle, die sie trägt, muß ein Vermögen gekostet haben und deutet auf einen hohen Rang hin. Die Höflinge verbeugen sich tief vor ihr, als sie, die Hand lose auf Matthis' Arm gelegt, an ihnen vorbeischreitet. Ihre Augen blitzen auf, sie ist nicht unempfänglich für Ehrenbezeugungen. Gleichzeitig kostet es sie Mühe, nicht laut loszulachen. Die müßten wissen, daß man auf den Jahrmärkten und Kirmessen in Frankreich vergeblich nach dem Kind des Volkes Ausschau hält: nach Gottes Schmetterling, während hier Grafen, Herzöge und Kanoniker sie begrüßen, als wäre sie mit einer Krone auf dem Haupt geboren worden.

Im großen Prunksaal der Castillo hat Heinrich von Trastemara sich in den königlichen Sessel niedergelassen, neben ihm stehen Bertrand Du Guesclin und Hugh de Calverley. Die Hauptleute stellen sich an den Wänden auf, zusammen mit den spanischen Grandes. Marie-Claire fängt kurz einen Blick von Jake de Wyn auf, der sie bewundernd, aber nicht ohne Spott anstarrt. Sie blinzelt ihm neckisch zu, zum großen Entsetzen der anwesenden Geistlichen… Und welchen Platz muß der Zeremonienmeister dieser Frau nun anweisen? Sie paßt nicht in diese Männerversammlung…

Bertrand Du Guesclin löst das Problem mit einer ausholenden Armbewegung. Quer durch den Saal ruft er: »He, meine Prinzessin, komm hierher. Bleib dicht bei mir. Verstehst du ein Wort von dem, was die sonderbaren Leute hier reden? Matthis, geh mir sofort einen Übersetzer holen.« Mitten im Hofzeremoniell und dem übertriebenen Prunk greift der Bretone ganz gefühlsmäßig auf sein bäuerisches Benehmen zurück.

Nur einige der Höflinge verstehen dieses einfache Französisch und erröten. Aber der Feldherr hat die Frau Prinzessin genannt, und sogleich verbeugen sie sich wieder tief vor ihr, als sie auf Du Guesclin zueilt. Auf einen Wink von Don Heinrich schiebt ihr ein Page einen Schemel zu, so daß sie sich setzen kann. Hinter ihr steht Bertrand; schwer legt er seine Hand auf ihre Schulter und grinst.

Matthis macht Anstalten, einen Übersetzer zu suchen. Er denkt an Alphonso. Aber bevor er den Saal verlassen kann, ruft Marie-Claire ihm nach: »Bring den kleinen Robert mit, Matthis!«

Sie wollen den Spaß wirklich bis zum äußersten treiben, denkt er schmunzelnd.

Er findet Alphonso auf dem Vorplatz bei den wartenden Trommlern und nimmt ihn mit. Gemeinsam gehen sie auf den Platz, um den kleinen Robert zu holen. Der Page läßt die Unterhaltungstruppe gern allein, um im großen Saal bei der feierlichen Einführung des Bastards dabei sein zu dürfen. Klein und stolz stampft er hinter Matthis und Alphonso in den Saal. Sofort stellt er sich neben den breiten Du Guesclin. Er kann seiner Mutter gerade über die Schulter schauen.

»So, Possenreißer...« murmelt der Bretone gutmütig. Der kleine Robert errötet.

»Ich bin Euer Page, Herr«, sagt er mit Nachdruck. Bertrand lächelt.

»Still, laß das niemanden hören, sie würden mich auslachen.«

Erniedrigt beißt sich der kleine Robert auf die Lippe. Er steht eingeklemmt zwischen lauter großen Kerlen: Du Guesclin, Alphonso, Matthis, Jake de Wyn. Gerechter Gott, ist er neidisch auf ihre Körpergröße! Verloren wie ein Zwerg im Hochgebirge schaut er an Armen und Beinen vorbei, was im Saal geschieht. Und dann gerät er doch unter den Eindruck der Pracht und des Prunks.

Der Zeremonienmeister klopft mit seinem Stab auf den Marmorfußboden. Es wird still im Saal.

Der Bürgermeister von Burgos ergreift als Erster das Wort. Matthis erkennt den Mann, der so vorlaut zu Peter dem Grausamen war. Jetzt aber drückt seine Haltung Unterwürfigkeit aus. Er kniet vor dem Bastard, schaut bittend zu ihm auf:

»Nichts, o Sire, haben wir Euch in den Weg gelegt. Wir haben unseren rechtmäßigen König Peter aus der Stadt getrieben, Euch zuliebe. Wir sind bereit, Euch unbedingt zu gehorchen und Euch Treue zu schwören, doch ich bitte Euch um eines, Sire: Verschont die Stadt! Verschont unsere Frauen und Kinder. Gebt Burgos nicht den Plünderbanden dort draußen preis.«

Wäre Matthis in Gedanken nicht bei den Badolos, hätte ihn der Bürgermeister nur belustigt, wie Alphonso, der die Worte für Du Guesclin und die Hauptleute übersetzt. Der Stimme des Trommlers ist anzuhören, daß er denkt: Hört euch das an, wie hat der Mann Angst um seine Ersparnisse! Aber der Hilferuf des Mannes: Verschont unsere Frauen und Kinder, trifft Matthis mitten ins Herz. Er denkt an die schöne Rosita, an die rohen Kerle der Kompanien, und dabei läuft es ihm kalt über den Rücken.

Don Heinrich macht ein strenges Gesicht.

»Steht auf, Bürgermeister. Ich bin kein Tyrann wie mein Bruder. Ich habe nicht vor, Burgos zu brandschatzen, aber Ihr belügt mich. Es ist nicht wahr, daß ihr Peter den Grausamen vertrieben habt, mein Bruder ist Hals über Kopf nach Toledo geflohen, um Truppen zu sammeln, mit denen er gegen mich ziehen will. Von vertreiben war keine Rede, Ihr habt ihn selbst auf den Knien angefleht, in Burgos zu bleiben.«

Der verblüffte Bürgermeister macht ein Gesicht, als frage er sich: Woher weiß er das? Er ringt die Hände.

»Sire, vergebt mir«, flüstert er erschrocken.

Don Heinrich macht eine Handbewegung.

»Ich vergebe Euch«, sagt er kalt, »denn in mir werdet Ihr einen gnädigeren Fürsten finden als in Don Peter. Aber die Truppen, die mit mir aus Frankreich gekommen sind, um den Tyrannen zu vertreiben, erwarten für ihren Mut und ihre Tat eine Belohnung. Die Belohnung habe ich ihnen versprochen, und ich werde mein Wort nicht brechen.«

»Ja, Sire«, flüstert der Bürgermeister gedämpft. Alphonso übersetzt es lautstark.

Bei dem Wort »Belohnung« lebt Hugh de Calverley sichtbar auf. Er wirft einen triumphierenden Blick auf die Reihe Edelleute und Priester im Saal, wobei er den Wert ihrer Kleidung abzuschätzen scheint.

»Also«, fährt Don Heinrich energisch fort, »der versprochene Sold muß aufgetrieben werden.«

Mit anderen Worten soll das heißen: Burgos, bezahle!

Der Bürgermeister, der nun endlich begreift, daß es kein Entrinnen gibt, murmelt erwartungsvoll:

»Erlaubt mir, Sire, daß ich einen Vorschlag mache. Die jüdische Gemeinde in Burgos ist reich. Unter dem Tyrannen Peter genossen die Juden viele Vorrechte, und auf Kosten des Volkes konnten sie sich maßlos bereichern, obwohl sie unseren Herrn Jesus Christus geringschätzen und sich den schrecklichsten Sünden ergeben. Laßt sie für ihre Missetaten büßen, Sire, mit allem, was sie besitzen. Aber ich bitte Euch, verschont uns, verschont unsere Frauen und Kinder.«

Matthis Cuvelier erinnert sich plötzlich daran, warum Alphonso vor zwei Jahren fliehen mußte: Er hatte einen Magistrat, wie diesen Heuchler dort, beleidigt. Matthis schaut kurz zur Seite, sieht das ruhige Gesicht des jungen Mannes, der immer noch kerzengerade stehend und mit lauter Stimme die spanischen Sätze ins Französische übersetzt. Was geht in dem jungen Trommler vor sich?

Nachdem die Worte des Bürgermeisters zu allen im Saal richtig durchgedrungen sind, bleibt es einen Moment lang still. Don Heinrich starrt stirnrunzelnd vor sich hin, als müsse er über den Vorschlag des Mannes nachdenken. In Wirklichkeit wartet er auf eine Reaktion derer, die um ihn herum stehen. Und die kommt!

»Einen Moment!« dröhnt Du Guesclins gebrochene Stimme. »Was ist das für ein Unsinn? Warum sollen nur die Juden bezahlen? In dieser Stadt wird es auch bestechliche Christen geben, die einen schönen Spartopf haben. Ich verwette meinen Kopf, daß in dieser Burg noch Schätze lagern, die Peter der Grausame in seiner Hast, seine Haut zu retten, zurücklassen mußte. Warum müssen immer die Juden die Zeche bezahlen?«

Nicht ohne Schadenfreude übersetzt Alphonso diese Sätze wörtlich den Höflingen und Priestern, die sichtlich erstarren. Sie richten ihre erschrockenen Blicke auf Don Heinrich, der kurz lächelt.

»Mein Freund, Ritter Bertrand Du Guesclin, hat recht«, sagt er kühl.

»Natürlich habe ich recht«, brummt Bertrand. »Ich weiß zwar

nicht, wie es in Burgos zuging, aber viel anders als in Paris wird es nicht gewesen sein. Und wie es in Paris zugeht, das weiß ich nur zu gut. Die Richter und Advokaten, die Beamten und Kanoniker dort sind reicher als die Juden. Bestechlichkeit ist die große Plage in jeder Hauptstadt. Die gelehrten Herren kleiden sich in Pelz und Seide, sie tragen Spitzenhemden und wohnen in Palästen, aber jeder von ihnen hat mit nichts angefangen. Was hat sie so reich gemacht?«

Die Stimme des Übersetzers wird immer begeisterter. Es ist unverkennbar, daß er das Geschehen genießt. Don Heinrich reibt sich das Kinn, tut nachdenklich, in Wirklichkeit muß er ein Lachen unterdrücken. Und Bertrands Stimme dröhnt weiter:

»Der Sold für meine Soldaten muß erbracht werden, das steht fest. Aber wenn es nach mir geht, muß das Geld nicht nur aus den Taschen der Juden geholt werden, die reichen Christen müssen ebenso bezahlen!«

Einer der anwesenden Kanoniker, der sich nicht mehr beherrschen kann, tritt einen Schritt vor.

»Die Juden«, schreit er entrüstet, »haben die Pest über Europa gebracht, schon zweimal!«

Bertrand Du Guesclin ist keineswegs beeindruckt.

»Pardieu, was ist dies für ein Land? In Frankreich wissen wir schon lange, daß die Pest nicht von den Juden verursacht wurde – das ist ein Märchen. Ihr sucht einen Schuldigen, Hochwürden! Darum sage ich Euch: Der Sold für die Soldaten muß aus den Taschen derer kommen, die am ehesten etwas entbehren können. Wenn das zufällig Juden sind, soll es mir recht sein. Ich will nur darauf hinweisen, daß wir die gelehrten Herren mit ihren Pelzkragen nicht übersehen dürfen, ob sie sich nun Mauren, Juden oder Christen nennen.«

Don Heinrich hebt die Hand.

»Sie haben es gehört, meine Herren. Der Graf von Longueville ist der Meinung, daß der Stadt die Plünderung erspart bleiben kann, wenn ausreichend Geld zur Verfügung gestellt wird, um seine Truppen zufriedenzustellen. Und er meint, daß dafür nicht ausschließlich die Juden angesprochen werden müssen, sondern jeder, der ein Einkommen von mehr als tausend Goldmünzen im Jahr hat. Was haben Sie dazu zu sagen?«

Die Edelleute und Gildemeister, die dem fliehenden Peter dem Grausamen nur darum nicht gefolgt sind, um ihre Reichtümer schützen zu können, sind blaß geworden. Sie wagen es nicht, Du Guesclin zu widersprechen. Der Mann, dem zehntausend Banditen bedingungslos gehorchen, flößt ihnen Hochachtung ein. Sie flüstern miteinander, aufgeregt und entsetzt, dann tritt Don Sancho vor und wirft sich vor Don Heinrich auf den Boden.

»Sire, ich bitte um die Erlaubnis, sprechen zu dürfen. In den Kellern der Castillo, hinter einer Geheimtür, liegt ein Teil der Schätze von Peter dem Grausamen. Die Kisten waren zu schwer, sie auf der Flucht mitzunehmen. Ich kenne das Geheimnis des Türschlosses. Ich erkenne Euch als meinen neuen Fürsten an, und ich bin bereit, Euch den Schatz auszuliefern.«

Der Bastard nickt, Alphonso übersetzt, die Hauptleute grinsen unverschämt.

»Das habe ich mir doch gedacht«, brummt Du Guesclin halb unterdrückt.

»Der Graf von Longueville sagt, er hätte so etwas erwartet«, übersetzt Alphonso mit starrem Gesicht und nüchterner Stimme, aber sehr laut ins Kastilische.

Matthis Cuvelier sieht die langen Haare von Marie-Claire leicht vibrieren. Lacht sie? Auch ihm fällt es schwer, ein ernstes Gesicht zu bewahren. Sein Herz ist dem Bastard zugeneigt, der das Spielchen so schön mitspielt. Dann richtet er seine Aufmerksamkeit wieder auf die versammelten Höflinge und Stadtregenten. Es ist noch keine Woche her, da knieten dieselben hohen Herren vor einem anderen Herrscher, trieben ihre Polizeisoldaten Zusammenkünfte der Bürger auseinander. Haben sie das vergessen? Nun knien sie in ihrer prächtigen Kleidung vor einem Bastard, nennen ihn Sire und Majestät – und versuchen zu retten, was von ihren Besitztümern und hohen Stellungen zu retten ist, nötigenfalls mit Verrat.

Menschen, denkt er wehmütig, ob in Lumpen oder in Brokat, denken alle in erster Linie an sich selbst. Innerlich lache ich darüber, aber eigentlich ist es tieftraurig.

Matthis ist seiner Herkunft nach auch nur ein einfacher Junge, ein Spielball des Schicksals. Er hat es weit gebracht in der Welt, aber den armseligen Anfang hat er nicht vergessen. In diesem weiten Saal mit den prachtvollen Verzierungen, mit den an den Wänden hängenden Schilden und Wandteppichen, mit all den vornehmen Leuten um ihn herum befällt ihn das seltsame Gefühl, daß dies alles nicht echt ist. Er sieht Juwelen funkeln, Golddraht und Silberbeschlag glänzen, es ist ein grandioses Zurschaustellen von Macht – in Wirklichkeit ist es inhaltslos. Unter den reichbestickten Gewändern klopfen ängstliche Menschenherzen. Unter den schön gelockten Haaren zucken egoistische Gedanken. Was ist die Unterwürfigkeit dieser Herren wert? Was muß passieren, damit diese Magistratsherren vergessen, daß sie sich vor einem Bastard in den Staub warfen und um Gnade flehten?

Don Heinrich braucht nicht lange nachzudenken, er nimmt Don Sanchos Angebot an. Dann erhebt er sich. Er läßt seinen Blick über die Versammlung schweifen und spricht. Er holt die alte Geschichte von Peters unehelicher Geburt wieder hervor. Durch seine Worte scheint das halb vergessene Gerücht, das nie bewiesen werden konnte, plötzlich eine klare Tatsache zu werden. Mit dieser Geschichte rechtfertigt er seine Ansprüche auf den Thron von Kastilien. Die Edelleute und Magistratsherren nicken gehorsam, die Priester heben segnend die Hände. Aber das Gefühl der Entfremdung, das Matthis überfallen hat, verschwindet damit nicht. Glauben die Herren das Märchen, oder finden sie es im Augenblick am vorteilhaftesten, so zu tun, als hätten sie es schon immer gewußt und sähen nun in dem Bastard ihren rechtmäßigen Befreier? Wie dem auch sei: Sie schwören Peter ab, erkennen ihn als König an, rufen: »Kastilien für König Heinrich«, und damit ist die Machtübernahme vollzogen. Das heißt: was Burgos betrifft.

Der kleine Robert langweilt sich. Er hat sich sattgesehen an dem Prunk rings umher, von den Reden begreift er nicht viel, das lange Stehen ermüdet ihn. Sind sie denn immer noch nicht fertig? Was die Erwachsenen nur immer zu reden haben!

Etwas muß noch geregelt werden: das Datum für Don Heinrichs Krönung. Es liegt im Grund auf der Hand, denn bald ist Ostern. Aber wer soll die Krönung vollziehen? Der Bischof von Burgos ist geflohen. Schließlich tritt der Abt des Klosters Las Huelgas vor und erklärt sich bereit, die Salbung von Heinrich II. von Kastilien am Ostermorgen zu vollziehen. Das heilige Krönungsöl wird im Kloster aufbewahrt, der Abt hat den Schlüssel der goldenen Kiste. Die Kirche des Klosters braucht, was ihre Schönheit angeht, nicht hinter der Kathedrale zurückzustehen, und außerdem ist sie älter; schon vor längst vergangenen Zeiten wurden dort Könige gekrönt. Der Abt zweifelt nicht daran, daß auch der Papst eine Salbung in dieser Form anerkennen wird. Der Bastard blickt strahlend in die Runde.

»Gut«, entscheidet er, »und jeden, der die Rechtmäßigkeit meiner Königswürde anzuzweifeln wagt, werde ich mit meiner Schwertspitze zu finden wissen.«

Das ist Männersprache! Ein Seufzer der Erleichterung geht durch den Saal. Die Plünderung ist abgekauft, die Krönung geregelt, Burgos kann wieder an die Arbeit gehen und zum Alltag zurückkehren. Don Heinrich hebt die Versammlung auf. Während der Saal sich langsam leert, wendet er sich an Du Guesclin.

»Freund«, sagt er leise, »Ihr seht verstört aus.«

»Solche endlosen Besprechungen sind nichts für mich«, antwortet der Bretone offen. »Auf einem guten Pferd hätte ich in der gleichen Zeit zwanzig Meilen zurücklegen können. Warum sind Magistratsherren immer so langatmig?«

»Das ist ihre Art zu kämpfen«, sagt der neue König lächelnd.

Bertrand schnaubt.

»Ich weiß«, brummt er. »Ich habe mein Leben lang genug Ärger mit solchen Leuten gehabt. Sie laufen mit einem Dolch bewaffnet herum, aber wenn sie einen packen wollen, strengen sie einen Prozeß gegen einen an. Ein Jahr lang reden sie einem dann über den Kopf hinweg und werfen sich Spitzfindigkeiten um die Ohren, während man dazu verdammt ist zu warten, bis sie zum Urteilsspruch kommen – und während der ganzen Zeit kann man nichts tun! Sie haben ein unnachahmliches Talent, alles Einfache unglaublich kompliziert zu machen.«

»Dennoch sind die Magistrate und Advokaten für die Erhaltung eines Reiches genauso notwendig wie ein Heer, Bertrand«, sagt der Bastard, wobei er Du Guesclin die Hand auf die Schulter legt. Das ist eine Gebärde echter Freundschaft.

Marie-Claire hat den kleinen Robert bei der Hand genommen und läuft mit ihm im Saal umher, sie schauen sich die Wandteppiche und Schilde an. An ihr schlurfen die Höflinge vorbei, die ehrerbietig grüßen. Nachdenklich schaut sie ihnen nach. Als sie plötzlich Matthis erblickt, sagt sie: »Es war eindrucksvoll, aber kannst du mir glauben, wenn ich dir sage, daß ich Heimweh nach dem Lager und den einfachen Soldaten dort habe? Die steifen Spanier sind schrecklich. Ich erwartete, ein stolzes Volk anzutreffen, aber ich bin doch etwas enttäuscht. Sie winden sich auf dem Fußboden wie die Würmer.«

»Komm mit«, sagt Matthis. Er geht mit ihr zu einem hohen Fenster, das Ausblick auf den Platz hinter der Castillo bietet. Auf Zehenspitzen stehend kann man einen Teil des Platzes überblicken. Da ist viel Volk auf den Beinen, jubelt über den Bericht, daß Burgos nicht geplündert werden soll und die französischen Truppen außerhalb der Stadt bleiben werden. Die Edelleute und die Hauptleute, die eben die Burg verlassen haben, reiten auf ihren schmucken Pferden durch die Menge. Stolz sitzen sie im Sattel, blicken geradeaus. Die Herren tragen den Kopf hoch, sie sehen die einfachen Bürger nicht einmal, sie weichen niemandem aus. Knechte laufen vor ihnen her, rufen und schreien: »Freie Bahn für den Herrn Meloranda. Zur Seite für den Grafen Duero. Raum für den Ritter von Reinosa...«

»Siehst du?« sagt Matthis fröhlich. »Kein Mangel an Stolz.«

Marie-Claire lächelt geringschätzig.

Matthis hebt den kleinen Robert auf seine Schulter, damit der Junge auch etwas sehen kann. Aufgeregt klatscht das Kind in die Hände.

»Schade, daß Therese nicht hier ist, das würde ihr auch gefallen!«

Wer ist denn nur Therese? denkt Matthis zerstreut.

Aus Anlaß seines triumphalen Einzugs gibt Don Heinrich noch am gleichen Abend ein großes Festmahl für den Adel und die bürgerlichen Magistratsherren. Auch ihre Damen sind eingeladen. Der Hofzeremonienmeister, der so stolz auf sich selbst war, weil er meinte, während des Einzugs am Nachmittag die richtige Entscheidung getroffen zu haben, bekommt dabei den Schreck seines Lebens. Denn die geheimnisvolle Frau, die er für eine hohe Dame angesehen hatte, scheint nichts anderes als eine Minnesängerin zu sein, Anführerin einer Artistentruppe! Wie konnte er sich so täuschen?

Trotzdem wird es die schönste Vorstellung, die Marie-Claire jemals gegeben hat. Sie hat ihre Artisten gut in der Hand, und ihre Vorführungen sind fehlerlos. Die meisten von ihnen waren arme Schlucker, sie hat sie überall in Frankreich aufgelesen, um mit ihnen eine Unterhaltungstruppe aufzubauen. Hungerleider, die nie davon zu träumen gewagt hätten, jemals an einem spanischen Hof auftreten zu dürfen. Sie geben sich alle Mühe, die falschen Juwelen auf ihren Kostümen glitzern. Sie spielen, singen, schlagen Purzelbäume, als wären sie niemals müde und hätten nicht schon während eines blitzschnellen Feldzugs Tag für Tag vor rohen Soldaten auftreten müssen. Die zweihundert Gäste vergessen beinahe zu essen und zu trinken. Sie schauen mit offenen Mündern zu.

Und bei alledem ist Gottes Schmetterling der wirbelnde Mittelpunkt. Sie tanzt wie eine Elfe, singt wie ein Lichtengel, spielt auf der Laute wie eine Prinzessin und strahlt wie die Sommersonne. Ihre bunten Röcke wirbeln um sie herum, ein Samtkäppchen bedeckt ihren Kopf und läßt den größten Teil ihrer langen Haare frei. Die staunenden Höflinge trauen ihren Augen kaum. Die edlen Damen an den langen aufgebockten Tischen schlagen unter ihren Schleiern verschämt die Augen nieder, können es aber nicht lassen, verstohlen zu gucken und im stillen Gottes Schmetterling zu beneiden. Wie herrlich muß es sein, sich so ausleben zu können, aufzugehen in Rhythmus und Melodie! Zugleich ärgern sich die Damen über die Begeisterung ihrer Männer und Brüder, die ihre steife Haltung zu vergessen scheinen und Marie-Claire mit Klatschen und Bravo-Rufen anfeuern. Seht doch nur, wie die Männer sich aufführen! Und Don Heinrich sitzt da und lächelt. Die Damen verbergen ihre Gesichter hinter den Fächern, pressen die Lippen fest zusammen, benehmen sich sittsam und angemessen, doch ihr warmes Blut beginnt zu kochen, ihre Augen funkeln verräterisch. Die wilde Musik des Estampie, dieses herrlichen französischen Tanzes, bringt ihre Zehen in den Pantöffelchen zum Zucken. Sogar der Abt des Klosters Las Huelgas schaut mit großen Augen und wohlwollendem Lächeln zu. Nach Marie-Claire ist der kleine Robert an der Reihe, und der gelenkige Körper dieses Pagen-Winzlings entspannt die Damen wieder. Was für ein reizender Knabe! So klein, so wieselflink, und er hat ja ein so liebes Gesicht. Er macht einen Überschlag und springt, er balanciert auf einem sechs Fuß über dem Boden gespannten Seil, er jongliert mit blitzenden Messern und wirft sie weg, bis sie alle in ordentlicher Reihe in einem Holzschild stecken bleiben. Nun jubeln und klatschen auch die edlen Damen und werfen dem Kind Süßigkeiten zu.

Die letzte große Überraschung des Festabends ist das Auftreten von Matthis Cuvelier, dem singenden Herold. Marie-Claire hat auf einem Hocker Platz genommen, den einer der Bedienten ihr gebracht hat. Sie drückt den kleinen Robert an sich. Müde kuschelt sich das Kind in ihren Schoß. Die Flöten, Trommeln und Fideln schweigen. Matthis nimmt seine Laute, stellt sich in den freien Raum, das Gesicht dem neuen Herrscher und Bertrand Du Guesclin zugewendet, der rechts vom Bastard sitzt.

Bertrand beugt sich etwas zur Seite und flüstert Don Heinrich zu: »Jetzt kommt es. So etwas hat man in Kastilien noch nicht gehört.«

Es wird still im Saal, als Matthis zu einem kurzen Vorspiel in die Saiten greift. Was soll er singen? Plötzlich weiß er es! Glasklar tönt seine Stimme durch den hohen Saal:

Gleich dem Morgen, der mit kühler Brise
durch singende Baumkronen streicht,
gleich einem Turm mit goldenem Kreuz
und einem Portal mit steinernen Bildern
unter den weißen Wolken der Bretagne,
so schön bist du, o Liebste mein!

Marie-Claire beißt sich in den Handrücken, ihre Augen werden größer, mit der anderen Hand greift sie zur Perle auf ihrer Brust. O Berton, es ist dein Lied, durchzuckt es sie.

Die Sonne in der Mittagshöhe, warm und stark,
gibt blauer Luft goldfarbene Tönung.
Die Muscheln wetzen sich am Felsen,
Sanddistel läßt die Dünen duften
unter dem hohen Himmel der Bretagne,
so schön bist du, o Liebste mein!

Sie merkt, daß ihr Tränen über die Wangen zu laufen beginnen. Nicht einmal Berton, als er noch jung und verliebt war und dieses Lied machte, hat es jemals so wunderschön gesungen wie nun sein Schüler. Woher nimmt Matthis plötzlich soviel Gefühl, Verzückung, Wärme?

Wie rote Mauern um eine Stadt in heller Sonne,
wie ein Engel auf einer Regenwolke,
wie eine sprießende Blume am Wegesrand
oder die aufblitzende Klinge eines Dolches
unter dem hohen Himmel der Bretagne,
so schön bist du, o Liebste mein!

Matthis schweigt, eine halbe Minute lang bleibt es totenstill. Das blonde Haar des Minnesängers glänzt im Licht der vielen Kerzen. Die edlen Damen sitzen wie versteinert, Don Heinrich sieht plötzlich aus wie ein tief gerührter Mann, fern von Zuhause, der an Frau und Kinder denkt. Der Graf von Denia ist blaß geworden, Bertrands grüne Augen sind hervorgetreten.

Dann bricht der Beifall los. Die meisten Zuhörer haben wenig vom Text verstanden, aber sie begreifen, daß dies nichts anderes als ein Liebeslied sein konnte. Was sie vor allem rührte, das war der Klang von Matthis' Stimme, die die sanften Schwingungen der Melodie tief in ihre Herzen trieb und die Kammern der Erinnerung öffnete. Die Ritter denken an ihre erste Liebe, an große, feuchte Augen, an ein geflüstertes Wort des Versprechens. Die Damen erröten, schlagen die Augen nieder, versuchen das sehnsüchtige Verlangen, das in ihnen aufsteigt, zu unterdrücken. Unter Händeklatschen und Bravo-Rufen verbergen sie ihre Rührung, versuchen sie den Schmerz zu übertönen, den sie plötzlich fühlen. Was für ein Sänger!

Marie-Claire sitzt schluchzend auf ihrem Hocker, ihre Tränen tropfen dem kleinen Robert in die Haare. Sie versteht, was geschehen ist. Matthis Cuvelier hat sein Schicksal getroffen, und sie hofft, betet, fordert, daß er seine Liebe nicht zu verlieren braucht – wie sie die ihre.

15

ZU SPÄT!

Während in der Stadt die Vorbereitungen für die Krönung Heinrichs II. getroffen werden, beansprucht Bertrand Du Guesclin seinen Herold unentwegt. Er diktiert einen Brief nach dem anderen: An Tiphaine, an Karl V., an Peter den Würdigen von Aragonien... Das scheint kein Ende zu nehmen. Endlich wirft Matthis widerstrebend den Gänsekiel hin.

»Bertrand, ich muß einen freien Nachmittag haben.«

Mitten im Satz stockt der Haudegen und schaut ihn überrascht an.

»Einen freien Nachmittag, wo wir so viel zu tun haben? Wofür, in Gottes Namen...«

»Ich... ich habe in der Stadt dringend etwas zu erledigen.«

»Was kannst du denn in Burgos zu erledigen haben?«

Matthis beißt sich auf die Lippen.

»Sag schon! Ist deine Anwesenheit in der Stadt wichtiger als die Arbeit, die du für mich machst?« dröhnt der Bretone.

»Vielleicht nicht für die Politik, aber für mich«, stößt Matthis hervor. Seine Hände zittern, er hat in der letzten Nacht kaum geschlafen. Nachdenklich schaut Bertrand auf seinen jungen Freund, dann beginnen seine Augen zu funkeln.

»Ein Mädchen?« fragt er. Matthis nickt stumm, halb beschämt.

»Pardieu, darum brauchst du doch nicht verlegen zu werden! Warum solltest du nicht verliebt sein können? Ich dachte gestern abend schon: Was singt der Junge doch schön! Wer ist sie?«

»Die... Tochter eines Schneidermeisters.«

»Eine Bürgertochter! Dann kannst du sie gestern nicht kennengelernt haben...«

»Nein. Ich... ich lernte sie kennen, als ich nach Burgos ging, um für dich Nachforschungen anzustellen«, erzählte Matthis stockend.

»Aber da warst du doch innerhalb von zwei Tagen wieder zurück!«

Matthis schweigt unglücklich. Du Guesclin läuft im Zimmer auf und ab, führt Selbstgespräche.

»Überlaß das einem Minnesänger, schnelle Eroberungen zu machen«, murmelt er halb böse, halb belustigt zu sich selbst. Dann sagt er zu Matthis gewandt: »Du hast bestimmt für das Kind gesungen, daß sie sofort schwach vor dir wurde.«

Matthis nickt kaum sichtbar.

»Na, na, mach nicht so ein betretenes Gesicht. Ich sehe doch, daß du an nichts anderes denken kannst. Das ist bezeichnend für meinen Herold, sich im falschen Moment zu verlieben, im falschen Land... Ich wette, ihr könnt euch nicht einmal verständigen.«

»Wir brauchen keine Worte«, braust Matthis auf. Bertrands Bemerkungen tun ihm weh. Kein Verliebter kann es vertragen, wenn seine Beziehung nüchtern ins Auge gefaßt wird. Wer sein Herz verliert, der denkt immer, er sei der einzige in der Welt, dem so etwas passiert.

Bertrand legt ihm eine Hand auf die Schulter. »Nur ruhig, ich verstehe ja, was dich bewegt, ich bin ja auch schon verliebt gewesen. Das ist etwas Schreckliches, nicht wahr? Und zugleich würde man es nicht gegen Gold eintauschen... Brauchst du Geld?«

»Und ob!« Matthis lebt sofort wieder auf. »Ihr Vater ist habsüchtig, und ich werde die Einwände ihrer Familie mit Geld beschwichtigen müssen.«

»Wieviel?«

Er wagt es fast nicht zu sagen.

»Hundert... Goldstücke.«

»Uff! Dann muß das Mädchen schon etwas Besonderes sein.«

»Sie ist schön«, ruft Matthis. »Unglaublich schön! So etwas hast du noch nicht gesehen, Bertrand, ihre Augen...«

»Nur schön?«

»Lieb, freundlich...« Matthis stockt, ist völlig verwirrt. Was weiß er eigentlich von Rosita? Er hat sie gesehen, kaum mit ihr gesprochen, aber sie lächelte ihm zu, als er für sie sang!

»Bertrand...« sagt er bittend.

»Gut, gut, ich werde dich nicht länger auf die Folter spannen. Du bekommst zweihundert Dublonen von mir. Hol's der Teufel, du bist mein Freund. Und dieser Feldzug bringt mir durchaus etwas ein.«

Matthis ergreift seine Hände.

»Du hast mir das Leben gerettet. Wie kann ich dir danken?«

»Ach, verliebter Tor, halte den Mund. Berton de Fleur rettete einst mein Leben, und er schrieb das Lied, das mir gestern abend das Herz zerriß: Unter dem hohen Himmel der Bretagne! Ich hätte auf Blitzstrahl springen mögen, um geradewegs nach Hause zu reiten. Ihr verdammten Minnesänger, ihr verwirrt die Leute so sehr, daß sie nicht mehr wissen, was sie tun. Ich hätte klüger sein sollen und mich nie mit dem Künstlervolk einlassen dürfen. Los, schreib den Brief und dann geh, mach dein Mädchen glücklich mit dem Gold.«

»Es ist ihr Vater, der das Gold will!«

»Das ist mir gleich. Sing dann für sie, so daß sie nicht mehr weiß, was oben und unten ist. Verteufelte Nachtigall...«

Eine Stunde später eilt Matthis zu Fuß durch die Straßen von Burgos. An seinem Gürtel hängt eine Börse mit einem Teil seiner Goldstücke. Er hat sich nicht einmal die Zeit gegönnt, Alphonso zu suchen und zu bitten, mit ihm zu gehen. Er ist davon überzeugt, daß der Glanz des Goldes dem Schneider genügen und er keinen Übersetzer benötigen wird.

Außerdem kennt er sich nun in der Stadt aus, meint er. Doch im Gewirr der Straßen verirrt er sich schon bald. Zu seinem Glück erinnert er sich daran, daß Rosita nicht weit von der Kathedrale entfernt wohnt. Er lenkt seine Schritte in Richtung auf das gewaltige Gebäude, und dann ist es nicht mehr schwierig. Die Seitenstraße mit den vielen Läden scheint weniger belebt zu sein als das letzte Mal. An vielen Häusern sind die Schlagläden geschlossen, die Türen zugenagelt. Matthis fühlt, wie sich sein Herz verkrampft, kalte Angst überfällt ihn. Dann – doch ziemlich unerwartet – steht er vor der Schneiderei.

Auch hier ein geschlossener Laden, die Schlagläden zu. Er schaut am vorspringenden Holzgiebel hinauf: Die Läden vor den Fenstern sind geschlossen. Er klopft an die Tür, ruft und rüttelt: Nichts rührt sich in dem düsteren Haus. Verzweifelt greift er an die Klinke, schaut wieder hinauf. Doch keine zarte Hand öffnet die Schlagläden.

»Sucht Ihr jemand?« fragt eine schrille Frauenstimme hinter ihm.

Matthis hat die Frage nicht verstanden, kann sie aber erraten. Mit verzerrtem Gesicht dreht er sich um; die neugierige Nachbarsfrau schreckt zurück.

»Badolo?« schreit Matthis sie an. Die Frau schüttelt den Kopf, bleibt in sicherer Entfernung. Sie sagt wieder etwas, macht weitausholende Armbewegungen, aber er versteht kein einziges Wort.

»Sind sie weg?« fragt er verzweifelt. Er deutet auf die verschlossene Tür, die geschlossenen Schlagläden. Ihm zittern die Knie. Die Frau zieht die Schultern hoch und antwortet mit einem Redeschwall, aber er versteht nur ein einziges Wort: Toledo.

»Sind sie nach Toledo gegangen?« ruft er ungläubig. »Alle, die ganze Familie?«

»?«

»Sind sie aus Angst vor uns geflohen?«

»?«

»Nach Toledo?« schreit er wieder. Die Frau nickt, deutet zum Ende der sich dahinschlängelnden Straße, in südliche Richtung.

Allmählich dämmert Matthis die schreckliche Wahrheit. Also auch der Schneidermeister ist aus Angst um seine Ersparnisse beim Heranrücken der Kompanien geflohen, in Richtung Neu-Kastilien, das König Pedro noch treu geblieben ist. Seine jammernde Frau Eulalia, seine beiden Jungen und die wunderschöne Rosita hat er mitgenommen. Matthis hatte sich auf viele Enttäuschungen vorbereitet: auf eine Weigerung des Schneiders, auf scheues Zurückziehen von Rosita, auf Einwände von Tante Eulalia, auf hundert Schwierigkeiten, auf die er hätte stoßen können. Doch an diese Möglichkeit hatte er nicht gedacht, und darum trifft es ihn wie ein Hammerschlag. Obwohl doch die Flucht das Naheliegendste ist, angesichts des Charakters von Manuel Badolo: habgierig und feige, panische Angst vor den Kompanien. Ein Teil seiner vornehmen Kunden ist geflohen, Onkel Manuel ist ihnen gefolgt, in den Kisten halbfertige Anzüge...

Außer sich stürzt Matthis bald darauf in Du Guesclins Arbeitsgemach.

»Sie sind weg«, ruft er, »geflohen, in den Süden, nach Toledo! Bertrand, ich muß ihnen hinterherreisen, ich muß sie finden. Ohne Rosita will ich nicht leben, ich...«

»Ruhig, ruhig, mein Freund.«

»Ich bin nicht ruhig! Wie würdest du dich fühlen, wenn Tiphaine plötzlich verschwunden wäre? Gib mir einen Führer, ein schnelles Pferd...«

»Nun sei doch ruhig!« brüllt Du Guesclin. »Was willst du eigentlich?«

»Nach Toledo. Ich muß sofort nach Toledo!«

»Allein?«

»Warum nicht? Rosita ist dort...«

»Matthis, gebrauche deinen Verstand.«

Der junge Herold fühlt, daß kräftige Hände seine Schultern umklammern und ihn so heftig hin- und her schütteln, daß ihm Hören und Sehen vergeht. »Hör zu! Du bist ja ganz von Sinnen, Pardieu! Toledo hat sich dem Bastard noch nicht unterworfen und ist die stärkste Stadt in ganz Kastilien. Alleine dort hinzugehen, um ein Mädchen herauszuholen, das ist heller Wahnsinn!«

»Ich bin auch in Burgos hereingekommen«, stammelt Matthis hilflos.

»Toledo ist etwas anderes.«

»Aber was soll ich denn machen?«

»Warten. Nach Heinrichs Krönung werden wir uns das übrige Kastilien unterwerfen, und glaub mir, dann kommt auch Toledo an die Reihe. Hugh de Calverley wird mit einem Teil des Heeres nach Santiago durchstoßen, Don Heinrich und ich gehen mit der Hauptmacht nach Süden. Da liegt eine ganze Reihe von Städten, die den neuen König noch anerkennen müssen: Segovia, Avilla, Toledo, Sevilla... Oder dachtest du gar, die Aufgabe wäre schon beendet und wir könnten nach Hause?«

Matthis schöpft wieder Hoffnung.

»Ist das wahr? Wann ziehen wir los? Schon bald?«

»So bald wie möglich.«

»Gottlob. Dann werde ich sie doch wiedersehen.« Müde läßt er sich auf eine Bank fallen und legt den Kopf in die Hände. Und dann ist ihm, als hörte er hinter sich Alphonsos Stimme: »Man sagt, Toledo sei uneinnehmbar«, und dabei laufen ihm kalte Schauder über den Rücken.

»Werden wir um Toledo kämpfen müssen?« fragt er ängstlich.

»Was denkst du denn?«

»Und... und... Bertrand, du wirst die Stadt doch nicht mit Donnerbüchsen beschießen?«

»Das ist keine schlechte Idee!«

»Wenn du das tust, nehme ich meinen Abschied.«

»Immer mit der Ruhe, Junge, in diesem zurückgebliebenen Land gibt es keine Donnerbüchsen. Ich müßte Kanonengießer und Kugelgießer aus Frankreich kommen lassen, und das dauert mir zu lange.«

Erleichtert atmet Matthis auf.

»Ich habe gehört«, sagt er vorsichtig, »daß Toledo uneinnehmbar ist.«

Bertrand zuckt die Schultern. »Keine Stadt ist uneinnehmbar.«

»Doch, Paris!«

Im gleichen Moment beschleicht Matthis maßlose Unruhe. Was soll er tun, wenn sich herausstellt, daß auch Toledo standhalten kann, Monat für Monat? Wie früher Rennes, Reims, Châlons, Amiens...? An all den Städten haben sich die Engländer damals die Zähne ausgebissen. Sollte es in diesem Land anders sein? Der Feldherr scheint geahnt zu haben, was Matthis durch den Kopf geht, denn er sagt nachdenklich:

»Vielleicht wird Marie-Claires Wunsch in diesem Sommer doch erfüllt. Die Eroberung von Toledo wird Ströme von Blut kosten... Banditenblut.« Seine Stimme klingt bitter, aber Matthis achtet kaum darauf.

»Wann ziehen wir los?«

»Nach Pfingsten. Der Bastard muß erst zum König von Alt- und Neu-Kastilien gekrönt werden, erst dann kann er Maßnahmen ergreifen, um die Städte, die ihm die Anerkennung verweigern, zu unterwerfen.«

Es bleibt nichts anderes übrig, Matthis wird Geduld haben müssen. Er wird die Tage zählen, die Nächte verfluchen, das Gefühl haben, ein unbekannter Heiliger spiele mit der Zeit und dehne die Stunden zu Ewigkeiten.

Seufzend geht er wieder an die Arbeit. Die Goldstücke in seiner Börse wiegen schwer, aber er nimmt sich vor, nicht eines davon auszugeben, bevor er Rosita wiedergefunden hat.

16

DIE MAUERN VON TOLEDO

Gut zehn Jahre ist er nun schon alt, vielleicht auch schon elf, aber immer noch sieht der kleine Robert wie ein Kleinkind aus. Und immer noch ist er ein aufsässiger, ungehorsamer Junge. Denn wenn auch sein winziger Körper im Wachstum zurückbleibt, seine geistige Entwicklung ist normal. Wenn die anderen das doch nur einsehen wollten!

Erwachsene sind blind. Sie lachen über ihn, sie finden ihn komisch, und der angriffslustige Ton, in dem er spricht, läßt ihnen die Tränen über die Wangen rollen. Hör sich das einer an, das klingt grad so...

Trotzdem ist der kleine Robert bei den Söldnern sehr beliebt. Genau wie seine Pflegemutter ist er ein »Maskottchen«. Sie bewundern seine Wendigkeit, die Kunststücke, die er macht. Meistens sind Pagen eingebildete Jüngelchen, die sich von den Burgdamen verwöhnen lassen und mit viel hochmütigem Gehabe zu verbergen suchen, daß sie nichts anderes als Schoßhündchen und Lehrlinge sind. Der kleine Robert ist anders. Außer, daß er Du Guesclin am Tisch bedienen und Besorgungen machen muß, kurzum Laufjunge ist, gehört er auch zur Künstlertruppe, mit der Marie-Claire nach Spanien gegangen ist. Die verwachsenen, buckligen Jongleure, die Gottes Schmetterling in ihrer Truppe hat, behandeln den Jungen mit Respekt, sie sehen in ihm ihresgleichen. Ein von der Natur benachteiligtes Wesen, das genau wie sie seine Behinderung einsetzen muß, um sein Brot zu verdienen. Wer in diesem Jahrhundert vom Normalen abweicht, der kann nichts Besseres tun, als seine Abweichung zu seinem Vorteil auszubeuten. Ihrer Meinung nach ist das dem Zwergpagen großartig gelungen. Seine Träume von Ruhm und Heldentaten können sie überhaupt nicht verstehen.

Die Krönung des Bastards zum König Heinrich II., König von

Neu- und Alt-Kastilien und Leon macht großen Eindruck auf den kleinen Robert. Heinrich verzichtet dabei auf seinen Ehrentitel, Herzog von Trastemare, den er Du Guesclin verleiht. Das erfüllt den kleinen Robert mit unermeßlichem Stolz. Er ist nichts Geringeres als der persönliche Page eines Herzogs! Wie wird Therese ihn bewundern, wenn sie das hört...

Und nun können sie sich endlich wieder in Marsch setzen. Das Banditenheer teilt sich. Hugh de Calverley zieht mit viertausend Mann gegen Santiago De Compostela, um diese Stadt für Heinrich II. zu erobern. Der Bastard, Du Guesclin und sechstausend Mann marschieren in den Süden, Richtung Toledo. Die Kirmestruppe zieht mit ihnen.

Es ist ein langer Weg, den sie zurückzulegen haben, denn viele Städte haben aus Angst vor dem Tyrannen Peter den neuen König noch nicht anzuerkennen gewagt und müssen eine nach der anderen unterworfen werden. Unter heißer Sonne, über glühende Hochebenen ziehen sie weiter. Vergessen sind die Kälte und die Entbehrungen im Winterlager bei Saragossa. Der Sommer hat begonnen, und dieser Sommer verspricht schrecklich zu werden.

Trocken ist das Land. Die alten Wasserwerke der Mauren, die das Land bewässerten, sind verfallen. Die wüsten Gebirgslandschaften, durch die sie kommen, sind durch die Trockenheit noch unwirtlicher geworden. Sie sind mit Föhren und lästigem Unkraut bewachsen. Dann kommen sie wieder durch ausgedehnte Olivenwälder, brachliegende Felder... Mit jeder vorrückenden Truppe ziehen Frauen mit: um zu waschen, zu kochen, die Söldner in guter Stimmung zu halten. Aber die Frauen zählen kaum, sie gehören zur geregelten Versorgung der Truppe, doch wenn sie nicht mehr weiter können, bleiben sie zurück. Niemand kümmert sich mehr um sie.

Marie-Claire ist die große Ausnahme. Sie ist die Schutzherrin des Heeres. Die abergläubischen Söldner verehren sie fast wie eine Heilige, einen Traum in blauer und grüner Seide, die Fahne, die sie von Sieg zu Sieg führt. Sie ist die Fee, die eine ganze Vorführung aus ihren weiten Ärmeln zaubern kann, die mit einem Lächeln belohnen kann, die mit einem bösen Blick bestrafen kann. Zugleich ist sie die Kameradin, die die Entbehrungen und Schwierigkeiten des Vormarsches teilt, die ebensosehr von der glühenden Sonne und dem heftigen Wind geplagt wird wie die in Leder und Eisen gepackten Kerle, auch wenn sie keinen bleischweren Helm und keinen von der Sonne erhitzten Schild trägt und nicht im Schuppenhemd oder Kettenpanzer nach Atem ringen muß. Ihr Gesicht und ihre Schultern sind von der Sonne gebräunt, aber wer sie anschaut, der bemerkt, wie frisch sie ist, wie sehr sie die Wärme genießt, die blaue Luft, die kurzen Regenschauer. Der Bastard umgibt sie mit höflicher Fürsorge. Er ist froh über ihre Anwesenheit. Daß er nichts anderes als ein Instrument ihrer Rache ist, weiß er nicht. Auch in seinen Augen ist Marie-Claire die Fee, die Glück bringt.

Ihr Blick schweift über die Ebene, deren Eintönigkeit nur hier und da unterbrochen wird von einigen, sich am Himmel abzeichnenden Windmühlen. »Mir kommt es so vor, Sire«, sagt sie zu Don Heinrich, »daß in diesem Land kein Fortschritt zu erkennen ist, seit Eure Vorfahren die Mauren vertrieben haben. Warum bauen die Bauern die zerstörten Wasserwerke nicht wieder auf?«

Die neben ihnen reitenden Edelleute, die alles mitangehört haben, sehen einander mißbilligend an. Aber der neue Herrscher nickt ihr herzlich zu.

»Gnädige Frau, Ihr habt recht, dieses Land leidet Durst. Das Wasser, das den Durst löschen könnte, fließt in steinigen Betten ins Meer, ohne den Boden zu durchtränken. Es müßte verteilt werden. Die Mauren haben das früher sehr klug gemacht. Aber eines dürft Ihr nicht vergessen: Sie ließen ihre Bewässerungsanlagen von christlichen Sklaven bauen und unterhalten. Nach der Wiedereroberung von Kastilien wurde das Land unter den Bauern verteilt, von denen jeder ein Stückchen Grund und Boden bekam, von dem er gerade genug ernten konnte, um mit seiner Familie am Leben zu bleiben. Für den Unterhalt der großen Wasserwerke hatten die Bauern kein Geld. Gemeinsam zu arbeiten, um die Einrichtungen instand zu halten, das hatten sie nie gelernt, außerdem sahen sie in den Aquädukten Bauwerke des Teufels. Darum wurden sie abgerissen, die Steine für die Häuser verwendet. Daß sich das Land danach in eine Wüste zu verwandeln begann, bemerkten sie erst, als es zu spät war.«

»Ihr seid gut über die Geschichte Eures Landes unterrichtet«, sagt Marie-Claire warm.

»Ich liebe Kastilien«, antwortet der Bastard. »In Zukunft hoffe ich, etwas gegen die Gefahr der Versteppung tun zu können. Im Norden, wo die Mauren nie gewesen sind, gehört das Land nicht den kleinen Bauern, sondern dem Adel. Außerdem fällt dort mehr Regen. Die Zerbröckelung in der Mitte und im Süden hat das Vordringen der Wüste gefördert. Vielleicht muß ich den Bauern das Land wieder wegnehmen, sie zu Leibeigenen erniedrigen und in diesen Gegenden wieder den Großgrundbesitz einführen.«

»Wäre es nicht besser«, wendet Marie-Claire vorsichtig ein, »wenn die Bauern freie Menschen blieben und ihre Vorurteile über die heidnischen Bauwerke überwinden könnten?«

Die kastilischen Edlen schnauben hörbar. Don Heinrich legt ihr vertraulich die Hand auf den Arm.

»Liebe Freundin, Eure Worte zeugen von einem warmen Herzen. Leider ist das Problem nicht so leicht zu lösen. Spanische Bauern hängen am Althergebrachten, sie lieben keine Veränderungen. Daß ihr Boden austrocknet, weil sie die steinernen Kanäle der vormaligen Herrscher verwahrlosen lassen, ist ihnen nur schwer begreiflich zu machen. Für sie ist die Dürre ihres Bodens eine Strafe Gottes, die sie vielleicht abwenden können, indem sie viel beten und schwer arbeiten. Die Kirche stärkt sie in ihrer Überzeugung. Ich habe vor, gute Baumeister auszubilden, die mir Pläne vorlegen können, wie dem Vordringen der Wüste zu begegnen ist. Wie das zu geschehen hat, kann ich auch noch nicht sagen. Ich weiß nur, daß jeder Plan auf Widerstand stoßen und viel Geld kosten wird.«

»Schade«, sagte Marie-Claire. »Trotz aller Eintönigkeit ist es doch ein schönes Land. Ich sähe die Menschen hier gern glücklich werden. Für einen Bauern stelle ich mir das schrecklich vor, wenn er seine Gewächse unter der heißen Sonne verdorren sieht und weiß: Die Wurzeln haben Durst, zwei Meilen weiter fließt ein Fluß, aber ich kann das Wasser nicht hierher holen...«

»Oh, aber sie holen es hierher, in Eimern und Kübeln!«

»Auf ihren Rücken?«

»Wenn es nicht anders geht.«

»Sire, Menschen sind doch keine Lasttiere!«

Don Heinrich lächelt versöhnlich.

»Gnädigste, wie solltet Ihr auch alle Probleme kennen, mit denen sich meine Untertanen abzuplagen haben? Ihr kommt aus dem gesegneten, grünen Frankreich.«

»Das ist wahr«, gibt sie zu.

Und ich lasse dich nie mehr zurückgehen, denkt der Bastard gerührt. Aber das sagt er nicht laut. Leise fragt er:

»Dachtet Ihr, Gnädigste, regieren sei leicht?«

»Oh nein«, seufzt sie, »das bestimmt nicht. Aber Ihr... Ihr werdet es gut machen!«

Wie eine alles vernichtende Flutwelle stürzen sich die Truppen über das Land. Sie wälzen sich über Städtchen und Dörfer, die wilden Wirbel ihrer Schlachttrommeln begleiten sie; Kastilien bebt unter dem Dröhnen der Pferdehufe, beugt gefügig das stolze Haupt. Der neue König erweist sich als gnädig, er verbietet Plünderungen, begnügt sich mit Abfindungszahlungen und Ehrfurchtsbezeugungen. Segovia fällt, bald darauf auch das starke Avila. Und dann...

»Da!« schreit Matthis Cuvelier. Neben ihm zügelt Bertrand Du Guesclin überrascht seinen schwarzen Hengst. Sie stehen auf einem der unzähligen braunen Hügel, blicken über die mit grünen Flächen durchsetzte braune Ebene mit den verstreut daliegenden unansehnlichen Dörfern, gelben Getreidefeldern, einzelnen Schafherden. Mitten in der unermeßlichen Weite, eingebettet in liebliches Grün, erbaut auf einem gewaltigen Felsplateau, liegt Toledo, die heilige Stadt Spaniens. Das religiöse Herz des Landes und uneinnehmbare Bollwerk.

»Wir sind da! Heilige Cäcilia, wir sind da!« jubelt Matthis mit sich überschlagender Stimme. Marie-Claire, die Hand gegen die grelle Sonne über die Augen gelegt, gesellt sich zu ihnen. Auch der kleine Robert kommt auf seinem Pferd angaloppiert. Er zügelt das Tier so ungestüm, daß es auf die Hinterhand steigt.

»Oh, wie schön«, ruft Gottes Schmetterling, als sie in der Ferne die Stadt sieht. Don Heinrich, immer in ihrer Nähe zu finden, legt ihr die Hand auf den Arm und seufzt. Toledo...

Das ist die Stadt, die er einnehmen muß. Ohne die Anerkennung des Erzbischofs von Toledo ist seine Königswürde nichts wert. Lieber wäre er sofort weiter in den Süden gestürmt, denn Kuriere haben ihm gemeldet, daß Peter der Grausame, aufgeschreckt durch das Herannahen von Du Guesclins Heer, nach Sevilla ausgewichen ist. Der gehaßte Tyrann ist ihm also wieder entkommen.

Erfüllt von wüster Freude stürmt das Heer den Hang hinunter auf die Ebene. Die Söldner sehnen den Kampf herbei. Was sie bisher an Widerstand fanden, war ihnen nicht genug. Die Siege waren zu leicht, die Beute zu gering. Doch nun sehen sie dort die stolze Stadt zum Himmel aufsteigen, umgeben von Türmen und Mauern, die Dächer funkeln im Sonnenlicht, als wäre Toledo aus purem Gold gebaut. Sie denken an die zahllosen Kirchen, an die Schatzkammern voller Schätze und Kostbarkeiten. Sie denken an Paläste aus Marmor und Porphyr, an Säle voller prächtiger Wandteppiche, silberbeschlagener Schränke, an die teuren Gewänder und mit Perlen bestickten Schuhe. Dort, hinter den unerbittlichen Mauern, warten Glück und Reichtum auf sie!

Ein paar Stunden später errichten die Söldner zwischen den Obstgärten ein Lager. Marie-Claire bezieht mit ihrer Truppe ein verlassenes, halb aus Steinen gebautes Bauernhaus. Der Bastard hält Einzug in eine geräumte Abtei, wo er sich mit den Rittern seines Gefolges umgeben und wo auch Du Guesclin sein Hauptquartier einrichten kann.

Der kleine Robert ist in seinem Element, nun kann er wieder ganz Kriegsmann sein. Jetzt ist es vorbei mit den albernen Kunststückchen und der Fratzenschneiderei, es wird seine Aufgabe sein, die Eroberung von Toledo möglich zu machen. Denn er hört seinen Herrn murmeln: »An einem Ort wie diesem ist ein guter Späher Gold wert.« Sofort springt das Kind auf.

»Ich bin bereit, Herr«, sagt er selbstbewußt. Bertrand grinst.

»Dann komm nur mit. Wir werden zuerst einmal Ausschau halten.«

Sie reiten zum Flußufer: Du Guesclin, Matthis Cuvelier, Rolin Bodin und der kleine Robert. Dort treffen sie in der Abenddämmerung Don Heinrich und Marie-Claire. Schweigend starren sie eine ganze Weile auf die Stadt am anderen Ufer des Tajo, jeder erfüllt von eigenen Gedanken.

Toledo schläft noch nicht. Auf den Mauern flammen Fackeln auf, dort stehen wahrscheinlich auch Befehlshaber und Mannschaften, starren auf die Lagerfeuer der Kompanien und rechnen sich ihre Chancen aus. Blutrot spiegelt das Wasser die Flammen wider. Der kleine Robert fühlt sein Herz schneller schlagen.

Werde ich wohl wieder schwimmen müssen, denkt er. Ob das Wasser wohl genauso kalt ist wie damals in der Eure?

Hoch und trutzig liegt Toledo auf dem Felsplateau, umgeben von dreifachen Mauern. Sogar die Vorstädte haben starke Mauern und werde von Burgen beschützt. Über den Fluß führen zwei Steinbrükken, den Zugang zu ihnen verwehrt ein gewaltiges Kastell. Türme bewachen die Auffahrten der Brücken, und über das Brückendeck sind stählerne Ketten gespannt. Das sieht alles sehr unzugänglich aus.

»Das verstehe ich nicht«, murmelt Matthis Cuvelier. »Warum ist gerade Toledo so unglaublich schön? Wir sind durch große Teile des Landes gezogen, und was sahen wir? Eintönige Ebenen, ungastliche Städte, Dörfer, in denen man die Armut mit Händen greifen konnte. Und nun kommen wir hierher, wieder auf so eine Hochebene, und plötzlich stehen wir vor einer Märchenstadt. Eine Zusammenballung von Kraft und Schönheit. Und rundherum: grüne Parks, liebliche Ländereien, Obstplantagen, Gärten... Die Luft ist klar, hier wirbelt der Staub nicht so stickig auf, der Boden scheint den Leuten im Tal zugetan zu sein. Was ist die Zauberkraft dieser Gegend?«

»Der Fluß«, antwortet Marie-Claire sogleich. »Lebendiges Wasser macht ein Land glücklich.«

Ja, denkt Matthis, sie hat recht. Es ist der Tajo, der aus diesem Tal ein Wunderland macht. Ohne die Nähe des Flusses wäre das hier ein Ort wie alle anderen in diesem Land. Ist es das immerwährend klare, fließende Wasser, das aus Frankreich den Garten Europas gemacht hat? Seltsam, daß mir das früher nie bewußt geworden ist. Wo Wasser ist, wird die Welt schön, lebenswert, liebenswert... Die Silhouetten der grimmigen Türme, die den Zugang zu den Brücken verwehren, heben sich dunkel vom Abendhimmel ab, ihre schwarzen Schatten bewegen sich im blutroten Wasser. Bertrand Du Guesclin läßt die trutzigen Bauwerke nicht aus den Augen.

»Das wird eine harte Sache«, murmelt er unter seinem Schnurrbart. Dort wohnt Rosita jetzt also, denkt Matthis bewegt. Während des wochenlangen Vormarsches hat er oft an sie gedacht, aber das war lediglich seine Ungeduld. Er will sie wiedersehen, sich davon überzeugen, daß sie wirklich so schön ist, wie er sie in der Erinnerung hat. Er will ihren Vater mit hundert Goldstücken bestechen, ihn dazu bringen, ihm seine schöne Tochter zu überlassen, damit er sie mit nach Frankreich nehmen kann. Sie ist noch so herrlich jung! Jeder französische Edelmann wird Du Guesclins Herold um seine schöne Geliebte beneiden. Während des Tages wird er mit ihr prunken, nachts wird er sie lieben, und sie wird ihm prächtige Kinder schenken. Er wird sie verwöhnen, in seidene Kleider stecken und mit Juwelen schmücken...

So und nicht anders hat er an das Mädchen gedacht, seit er sie zum ersten Mal gesehen hat, aber nun, da er über den Fluß auf die gewaltige Stadt in der Ferne schaut und ihm klar ist, daß um den Besitz dieser Stadt heftig gekämpft werden wird, überfällt ihn plötzlich ein anderes Gefühl: große Zärtlichkeit. Unverhofft ist Rosita nicht mehr das Schmuckstück, das seinem Dasein größeren Glanz verleihen soll, sondern ein Menschenkind, scheu, sehr ängstlich vielleicht, da sie ja nun gehört hat, daß die Kompanien vor Toledo angekommen sind. Vielleicht wohnt sie in der Oberstadt, kann sie aus dem Dachfenster in der Ferne die Lagerfeuer der Söldner sehen... Sie weiß nicht, daß da ein junger Herold ist, der sich vorgenommen hat, sie gegen Banditen und Plündererhauptleute zu beschützen.

Beschützen! Das ist es, was er tun will! Das schönste Mädchen der Welt in den Armen halten, sie mit seinem Leben verteidigen, eine Zukunft für sie aufbauen, sie umgeben mit Liebe, Zärtlichkeit, Hochachtung. Zum Dank dafür wird sie ihn lieben. Sie ist so rein und unerfahren, sie ist noch nichts weiter als eine schöne Hülle, deren Inhalt noch geformt werden muß. Er wird sie formen!

Am nächsten Tag, bei guter Sicht, erforscht Bertrand Du Guesclin das Gelände. Zwei Dinge werden ihm sofort klar. Zuerst muß das Kastell fallen, das den Zugang zur stärksten Brücke, der Puente de San Martin, versperrt. Danach muß die Brücke erobert werden, und erst dann können die Söldner die dicken Mauern stürmen. Um die zweite Brücke erreichen zu können, werden sie erst die Vorstädte nehmen müssen, die auch von Mauern umgeben und von Burgen bewacht sind. Mit Tricks, geschickten Manövern und Scheinbewegungen ist hier nichts zu erreichen. Es wird hart auf hart hergehen, und nur wenn es ihm gelingt, seine Männer gut in der Hand zu halten, haben sie Aussicht auf Erfolg.

Doch so stark die Verteidigungswerke von Toledo auch aussehen, Bertrand ist davon überzeugt, daß es dort auch Schwachstellen gibt. Die Kunst ist nur, diese zu finden.

»Wenn ich meine Augen auf lange Stangen binden könnte...«, murmelt er, und dann ruft er den kleinen Robert zu sich.

»Schwimme heute nacht über den Fluß«, befiehlt er. »Klettere ans andere Ufer und untersuche die Mauern. Aus der Ferne sehen sie fest aus, aber aus der Nähe entdeckst du vielleicht Breschen, Risse, Beschädigungen. Es muß Abwässergräben geben, die in den Fluß münden, und an solchen Stellen werden Mauern leicht brüchig. Glaubst du, daß du das kannst, Robert?«

»Natürlich«, antwortet der Junge glücklich.

»Sei deiner nur nicht so sicher, Junge. Das ist eine gefährliche Aufgabe. Wenn Du ertappt wirst...«

»Herr, wenn die Schildwachen mich fangen, stelle ich mich dumm.«

»Täusche dich nicht! Du sprichst französisch...«

»Ich kann auch schon ein bißchen kastilisch.«

»Nicht genug. Nein, wenn du entdeckt wirst, dann mußt du dich taubstumm stellen. Kannst du das?«

Der kleine Robert nickt schweigend. Er weiß, wie gefährlich sein Auftrag ist, aber für solche Aufgaben hat ihn der Ritter ja mit nach Kastilien genommen. Nicht, um Marie-Claire einen Gefallen zu tun, und noch weniger, weil er während des Feldzuges einen Pagen braucht, sondern weil der kleine Robert die Kunst beherrscht, sich so gut wie unsichtbar zu machen, durch enge Öffnungen zu kriechen, sich unhörbar zu bewegen. Und er ist sehr viel älter als damals vor Cocherel...

»Herr«, sagt er selbstbewußt, »Ihr könnt auf mich bauen.«

Am Abend zieht er sich aus, schwärzt seinen Körper mit Holzkohle, die er mit Öl vermengt, damit sie im Wasser nicht so leicht abgewaschen wird und er am dunklen Ufer nicht so auffallen kann. Dann hüllt er sich in einen dunklen Mantel und macht sich auf den Weg. Die Ufer des Tajo sind felsig und sicher hundert Meter hoch, er muß also ganz schön klettern, um an den Flußlauf zu kommen. Seinen Mantel versteckt er in einer Gesteinsspalte, und dann läßt er sich in das tiefe Wasser gleiten. Beim Schwimmen verursacht er nicht mehr Geräusche oder Wasserbewegungen als eine Ratte. Die Nacht ist warm, erfüllt mit dem Zirpen Tausender von Grillen. Das andere Ufer scheint noch steiler zu sein; mühsam klettert der kleine Robert hinauf, macht Gebrauch von jedem Stein, jedem Grasbüschel, jeder Spalte oder Vertiefung. Im Westen bekommt der Himmel einen silbrigen Glanz. Der kleine Robert erschrickt. Der Mond geht auf!

Unter seinen bloßen Füßen rollt ein Stein weg und klatscht ins Wasser. Mit pochendem Herzen drückt sich der Junge an das steile Felsufer und wartet einen Moment. Hoch über sich hört er Rufe. Der Lichtschein von einigen Dutzend Fackeln flackert hinter den Zinnen. Er bewegt sich nicht. Wie ein Käfer, der sich in Gefahr weiß, stellt der kleine Robert sich tot. Über seinem Kopf hört er aufgeregte Rufe.

Die Stimmen entfernen sich. Vorsichtig späht er nach oben. Er sieht keine Köpfe mehr, die sich über den Wehrgang beugen, und so klettert er behutsam weiter, tastet sich mit Händen und Füßen vorwärts, bis er endlich den Fuß der Mauer erreicht hat. Dort versteckt er sich in den Sträuchern, die an der Mauer wuchern. Er muß sich erst einmal einen Augenblick von seiner großen Anstrengung erholen.

Der Mond steigt höher, versilbert den Tajo. Ganz deutlich kann Robert, dreihundert Fuß entfernt, die Umrisse der Martinbrücke erkennen. Auch dort sind Posten aufgestellt, sowohl auf dem schmalen Brückendeck als auch auf den Türmen. Der kleine Robert erinnert sich an die befestigte Brücke über die Eure. Aber die war nicht so hoch, nicht so lang und stark wie diese. Vorsichtig setzt er sich wieder in Bewegung und schleicht an der langen, langen Mauer entlang. Er entdeckt einen Abwasserausfluß: ein gemauertes kleines Gewölbe, halb mannshoch, aus dem schmutziges braunes Wasser sickert, das über die Felsen hinunter zum Fluß rinnt. Das Wasser stinkt. Nicht weit davon entdeckt er ein kleines Tor in der Mauer, das wahrscheinlich in ein Wachlokal führt. Er prägt sich die Stelle ein und erschrickt dann heftig, als das kleine Tor sich öffnet. Die Scharniere knirschen, laute Stimmen dringen ihm in die Ohren. Wenn er nicht entdeckt werden will, bleibt ihm keine andere Wahl: Er muß in den Abwasserschacht kriechen. Gegen Übelkeit ankämpfend zwängt er sich hinein. Der Gestank benebelt ihn, die gemauerten Wände sind unvorstellbar schmutzig. Er findet einen Halt und drückt sich an die Wand, wird zum unbeweglichen Stein. Er weiß, was passiert ist. Die Wachen auf den Mauern haben den Stein ins Wasser plumpsen gehört. Sie sahen zwar nichts, waren aber mißtrauisch und haben beschlossen, einmal nachzuschauen. Die Soldaten von Toledo sind auf der Hut, sie erwarten Späher!

Er hört ihre Schritte an seinem Versteck vorbeigehen. Wenn sie nur nicht auf die Idee kommen, mit ihren Lanzen in dem Schacht herumzustochern! Er versteht nicht, worüber sie reden; auch unter ihren Füßen rollen Steine das steile Ufer hinunter ins Wasser.

Er wartet. Das schmutzige Wasser fließt an ihm vorbei. Endlich kommen die Kerle zurück, er hört die Scharniere wieder knirschen, dann wird das Tor zugeschlagen. Ist keiner von den Soldaten draußen geblieben? In diesem Gestankloch hält er es nicht länger aus. Er läßt sich hinuntergleiten, verliert auf den glitschigen Steinen den Halt, rutscht immer schneller, kann sich dann aber, bevor er Hals über Kopf die Felsen hinunterkullert, gerade noch an einem verdorrten Strauch festhalten. Haben sie das gehört? Zweifellos!

Bevor wieder ein Spähtrupp kommt, springt der kleine Robert auf, rennt am Fuß der Mauer weg von dem Tor und der Abwassereinmündung. Dann, völlig außer Atem, wirft er sich zwischen ein paar lose herumliegenden Steinen zu Boden, bleibt still liegen und lauscht.

Niemand...

Verwundert blickt er hinauf. Hier liegen eine Menge loser Steine, schöne, viereckig behauene Steine. Jetzt, beim helleren Mondlicht, sieht er auch, woher sie kommen. Die Ringmauer hat hier eine große Bresche. Es muß schon ein alter Mauerbruch sein, denn zwischen den Steinen wachsen Gras und Unkraut. Robert rupft sich ein paar Hände voll Blätter ab und reibt sich damit trocken. Dann schleicht er wieder weiter und hält sich dabei so dicht wie möglich an der Mauer. Da, da ist ein tüchtiger Riß! Etwas weiter: wieder eine Abwassereinmündung, aber sehr verfallen, das Mauerwerk ringsumher ist zerbröckelt;

er sieht auch kein Wasser herauskommen, also wird dieser Abfluß nicht benutzt. Der kleine Robert späht hinein. Der halbrunde Gang führt wahrscheinlich unter den drei hintereinanderliegenden Mauern hindurch zur Oberstadt, aber er vermutet, daß dieser Abwasserabfluß durch Einsturz unbrauchbar geworden ist. Er ist nun ganz in der Nähe der anderen Brücke, die am Bisagrator endet. Weiter zu gehen traut er sich nicht. Hier ist es zu hell, die Mauern springen zurück, und zwischen ihrem schweren Mauerwerk und dem Fluß liegt ein breiter Streifen Land, auf dem in Gärten viele Häuser stehen und Menschen wohnen.

Er geht den gleichen Weg zurück, schleicht wieder an dem nun geschlossenen eisernen Tor vorbei, untersucht die Mauer, die zur San Martinbrücke führt. Auch hier findet er schwache Stellen, Risse, herausgebröckelte Steine. Der viereckige Turm auf der Seite zur Stadt ist in schlechtem Zustand...

Geräuschlos steigt er hinunter zum Fluß, gleitet mit einem Seufzer der Erleichterung ins kühle Wasser. Er schwimmt zurück zum anderen Ufer, findet nach kurzem Suchen seinen Mantel. Die Wasserströmung hat den Gestank und den Schmutz abgewaschen, er fühlt sich wieder sauber – aber er ist müde. Und er hat noch einen Fußweg von mindestens einer Meile vor sich, mit einem weiten Bogen um das Kastell San Martin herum, um zu Du Guesclins Hauptquartier zu kommen...

Vier Nächte hintereinander schwimmt der kleine Robert an immer wieder anderen Stellen über den Fluß, um am Fuß der dicken Mauern nach schwachen Stellen in der Befestigung zu suchen. Vier Nächte hintereinander kommt er mit wertvollen Informationen für seinen Herrn zurück. Er leistet schwere Arbeit, und sein Magen und seine Gedärme geraten ganz durcheinander. Ein paarmal wird er beinahe ertappt, aber sein Vermögen, sich scheinbar in einen Stein zu verwandeln und vollkommen bewegungslos zu verharren, bewahrt ihn davor, dem Feind in die Hände zu fallen. Sein ganzer Körper ist voller Schrammen, blauer Flecken und Beulen, und er hat dauernd Bauchschmerzen. Während des Tages versucht er zu schlafen, hundemüde und gequält von Durchfall, aber er ist zäh und macht sich nichts aus den Krämpfen. Bertrand Du Guesclin hat ihm auf die Schulter geklopft, nennt ihn »unser kleiner Held«, und das ist für den Pagen die schönste Belohnung, die er sich überhaupt denken kann. Matthis zeichnet inzwischen einen Plan, auf dem jede Bresche, jeder Riß und jede schwache Stelle, die der kleine Robert entdeckt hat, eingetragen ist. Auch das ist etwas Neues. Welcher Heerführer hat jemals mit einer Karte gearbeitet?

Während sich Bertrand Du Guesclin mit den spanischen Befehlshabern und den Plündererhauptleuten über die Karte beugt und die Aufgaben verteilt, unterhält Gottes Schmetterling die Söldner. Sie erzählt ihnen lange spannende Geschichten von Rittern und gefangenen Jungfrauen. Mit triefenden Mundwinkeln und glänzenden Augen sitzen die Kerle da, sie vergessen sich zu prügeln, zu fluchen, einander die Ausrüstungsgegenstände zu stehlen. Ohne zu wissen, wie ihnen geschieht, wird ihnen französische Ritterkultur nahegebracht. Die schönen Gedichte von Berton de Fleur, die klare Musik von Guillaume de Machault, Frankreichs größtem Komponisten, werden ihnen geboten. Und sie genießen es! Kann man sagen, daß damit Perlen vor die Säue geworfen werden? Marie-Claire würde das gern glauben. Sie sagt sich selbst, daß es Banditen sind, Räuber und Mörder, Gesindel, das unbewaffnete Bauern zu überfallen pflegte und Angst und Schrecken über französische Städte brachte. Inzwischen weiß sie aber auch so gut wie jeder andere, daß viele dieser Schurken einst als ehrliche Männer angefangen haben, jedoch Pech hatten, durch den Krieg ruiniert wurden und keinen anderen Ausweg sahen als Bandit zu werden. Sie versucht, Unterschiede nicht zu beachten und alle als ein großes Ganzes zu sehen, aber das gelingt ihr nicht. Sie sind alle so verschieden! Junge und ältere Männer, dicke und magere, tapfere und feige, dumme und gerissene... Ketzer, die vor der Inquisition geflohen sind, verarmte Ritter und Schildknappen, Abenteurer, Spieler, Säufer, davongelaufene Geistliche. Es ist eine zusammengewürfelte Gesellschaft, und alles, was sie gemein haben, das ist ihre Habgier, ihre Gleichgültigkeit der Zukunft gegenüber. Heute leben sie. Morgen sind sie vielleicht schon tot. Also wollen sie aus jedem Tag, der ihnen gegeben ist, herausholen, was herauszuholen ist.

Es sind Bertons Mörder, sagt Marie-Claire sich immer wieder. Ich hasse sie, ich will sie unter den Mauern von Toledo sterben sehen.

Aber wenn sie dann hinschaut zu den unerbittlichen Mauern am anderen Ufer des Tajo, verkrampft sich ihr Herz. Arme Kerle!

An einem heißen Nachmittag, fünf Tage nach ihrer Ankunft vor Toledo, besucht Matthis Cuvelier seine Pflegemutter Marie-Claire auf dem Bauernhof, wo sie mit ihrer Unterhaltungstruppe probt. Mit ernstem Gesicht nimmt er sie zur Seite.

»Morgen geht es los«, sagt er. »Bertrand ist fertig mit den Vorbereitungen. Er selbst wird den Angriff auf die Puente de San Martin leiten, während Eustache d'Auberchicourt die Vorstadt einnehmen und den Zugang zum Puerta Bisagra freikämpfen muß. Es wird heiß hergehen. Clopin, Jake de Wyn und James le Pipe sind die Unterführer. Erzähle den Banditen heute abend eine Heldengeschichte, meinetwegen über die Erstürmung von Byzanz durch die Kreuzritter oder so etwas… Das wird ihnen Mut machen.«

Marie-Claire nickt und bekreuzigt sich. Sie schaut hinüber zu den Türmen der Stadt und fröstelt.

»Ihr müßt morgen hierbleiben«, fährt Matthis fort. »Wenn unser Sturmlauf keinen Erfolg hat, könnten die Soldaten von Toledo einen Ausfall unternehmen. Darum hält Bertrand es für besser, wenn du dich reisefertig machst.«

»Ach, … so schnell wird er nicht aufgeben«, antwortet sie.

»Nein, aber man kann nie wissen…«

»Und der Bastard?«

»Don Heinrich hat die Ersatztruppe unter seinem Befehl. Vielleicht braucht er überhaupt nicht einzugreifen.« Die Erleichterung ist Marie-Claires Gesicht so deutlich abzulesen, daß sie sich ärgert.

»Du verstehst dich sehr gut mit Don Heinrich, nicht wahr?« fragt Matthis herausfordernd. Marie-Claire nickt ehrlich.

»Ich finde ihn sehr angenehm«, gibt sie zu. »Sein Ehrgeiz gab uns die Gelegenheit, die Kompanien aus Frankreich herauszulocken.«

Matthis beißt sich auf die Lippen. »Die Hauptleute lästern über dich«, sagt er trotzig.

Zu seiner Überraschung lacht Marie-Claire laut auf.

»Na und? Was habe ich mit den Kerlen zu tun?«

»Ich kann es nicht ertragen, daß sie über meine Pflegemutter ihre

Bemerkungen machen«, sagt Matthis zornig. Doch nun verliert Marie-Claire die Geduld.

»Du wirfst mir meine Freundschaft mit dem Bastard vor«, sagt sie bitter. »Was soll ich denn machen? Ich ziehe mit einigen tausend Räubern und Frauenschändern durch ein fremdes Land, und einer wie der andere ist es gewöhnt, sich zu nehmen, was er haben will. Wie sicher wäre ich denn ohne den Schutz durch Don Heinrich? Vor der Gefährtin des Königs haben diese Schurken Achtung, nicht einmal ihre Hauptleute wagen es, mich auch nur mit einem Finger anzurühren. Ich habe kein Verlangen danach, noch einmal von einem namenlosen Schurken mit stinkendem Atem überwältigt zu werden!«

Matthis schweigt. Sie hat recht, denkt er. Sie ist keine Freifrau aus einem Ritterroman, sie ist ein lebendiger Mensch in der harten Wirklichkeit.

Seufzend wendet er sich ab.

Sogar in der Nacht vor so einem gewaltigen Unternehmen schläft Bertrand Du Guesclin tief und fest. Innere Unruhe kennt er nicht, er vertraut seiner sorgfältigen Vorbereitung, der wilden Kampfeslust der Kompanie. Aber der kleine Robert liegt in einer Ecke des Zimmers auf seinem Stroh und wälzt sich unruhig hin und her. Er muß sich erst wieder daran gewöhnen, wie jeder normale Mensch nachts zu schlafen und tagsüber wach zu sein. Die vergangenen Nächte waren so aufregend und abenteuerlich! Außerdem hat er Bauchschmerzen und ist grenzenlos enttäuscht. Bertrand Du Guesclin hat seinem Pagen verboten, morgen am Kampf teilzunehmen. Noch schlimmer! Sobald der Angriff beginnt, soll er, der kleine Robert der Gewaltige, zu dem Bauernhof gehen, wo sich seine Mutter aufhält, und dort das Ergebnis des Angriffs abwarten. Als wäre er doch noch ein Kind. Das empfindet er als bitteres Unrecht!

17

DAS DRAMA IM KLOSTERGANG

Und Toledo fällt...

Es ist ein langer und heftiger Kampf, vor allem beim Kastell, das die San Martinbrücke bewacht. Aber nach einigen Stunden verbissenen Kampfes ergeben sich die Verteidiger der Festungsanlage. Sofort setzt Du Guesclin seine Truppen ein, um die Brücke zu stürmen, die Bogenschützen Mann für Mann von den Türmen zu holen, das Brückendeck zu säubern, so daß endlich die Kompanien wie eine wilde Flutwelle gegen die Mauern der Stadt anrennen können. Und die Schwachstellen in den Mauern sind bekannt! Inzwischen erobert Eustache d'Auberchicourt die nördlichen Vorstädte, kämpft die Puerta Bisagra frei und dringt in die äußerste Verteidigungslinie von Toledo ein.

Dann lähmt der Schreck die Herzen der Verteidiger. Vor allem als sie sehen, wie die von Eustache überrumpelten Vorstädte gründlich geplündert werden und eine Abtei in Flammen aufgeht. Dieses Schicksal muß der reichen Oberstadt erspart bleiben! Der Bischof von Toledo schickt einen Unterhändler zu Bertrand Du Guesclin: Er ist zur Übergabe bereit, unter der Bedingung, daß die Stadt nicht verwüstet und nicht geplündert wird. Als Gegenleistung verspricht der Bischof dem französischen Heer eine größere Geldsumme. Bertrand Du Guesclin zögert einen Augenblick. Die Verluste in den Kompanien sind groß, jedoch nicht größer als zu erwarten war. Seine Soldaten zurückzurufen, obwohl sie gerade siegend voranstürmen, das könnte zur Meuterei führen. Andererseits will er unnötiges Blutvergießen vermeiden, und der Bastard möchte die schöne Stadt sicher unzerstört in die Hände bekommen. Bertrand fängt den flehentlichen Blick seines Herolds auf: Nimm das Angebot an, bitte, scheint der junge Mann sagen zu wollen. Er nickt. Ohne sich mit dem neuernannten König zu beraten, trifft Du Guesclin die Entscheidung: Er läßt zum Abbruch des Angriffs blasen. Toledo ergibt sich, aber die Banditen müssen außerhalb der Stadt bleiben. Don Heinrich kann als Herrscher in die Stadt einmarschieren, der Weg nach Sevilla liegt offen vor ihm.

Die Enttäuschung, die die Söldner überfällt, als sie erfahren, daß an eine Plünderung der reichen Innenstadt nicht zu denken ist, schlägt schnell in Freude um, als die Kisten mit Geld im Lager ankommen.

Matthis Cuvelier ist den ganzen Tag bei der Puente de San Martin, wo Du Guesclin den Befehl geführt hat, im Einsatz gewesen. Er stürmte von einer Stelle zur anderen, ohne sich auch nur die Zeit für einen Bissen Brot zu gönnen. Müde und durstig ist er nun, aber auch tief enttäuscht. Denn nicht einmal er, der Herold und Vertraute des Feldherrn, darf an diesem Abend die Stadt betreten; das wurde nur Du Guesclin erlaubt, damit er die Übergabe in allen Einzelheiten regeln kann. Der feierliche Einmarsch wird erst morgen stattfinden. Die eingerammten Tore gähnen im Dämmerlicht des Sommerabends. Dutzende von Schildwachen untersuchen jeden, der hinein oder hinaus will.

Matthis ist müde, aber er kann keine Ruhe finden. Einerseits ist er überglücklich, daß die Stadt nicht geplündert und nicht von sechstausend Räubern überschwemmt werden soll; Rosita ist unbedroht. Andererseits aber sehnt er sich aus ganzem Herzen danach, durch die hügeligen Straßen der Oberstadt zu traben, Haus für Haus zu durchsuchen – sie muß dort irgendwo sein. Denkt sie wohl noch manchmal an den blonden Minnesänger, der in Burgos für sie gesungen hat, dessen Stimme sie bezauberte, der ihr die Fingerspitzen küßte und der in der Tiefe ihrer großen schwarzen Augen versank?

Ungeduldig reitet er im Schritt am Ufer des Tajo entlang. Morgen, sagt er sich, morgen werde ich sie suchen. Und wenn ich ganz Toledo auf den Kopf stellen muß!

Rings um ihn herrscht reges Treiben. Er sieht, daß Soldaten damit beschäftigt sind, gefallene Kameraden aus dem Wasser zu ziehen. Unter den Mauern werden die Toten und Verwundeten gesammelt. Die untergehende Sonne gibt dieser ganzen Rettungsarbeit ein zusätzlich blutrotes Aussehen. Vor allem auf der Puente de San Martin hat es schwere Verluste gegeben...

Marie-Claire hat endlich ihren Willen bekommen, denkt er erschaudernd. Dieser Tag hat manchen Plünderer das Leben gekostet. Möge Gott sich ihrer armen sündigen Seelen erbarmen. Er bekreuzigt sich, wendet sein Pferd, und da er sonst nichts zu tun hat, reitet er langsam zu dem Bauernhof, auf dem die Unterhaltungstruppe untergebracht ist. Der Hof sieht friedlich aus; ein paar Musikanten laufen untätig herum, kauen auf Brotrinden. Der kleine Robert ist nicht mehr da. Er sitzt bei Clopin am Lagerfeuer und hört sich mit verzücktem Gesichtsausdruck die Erzählungen vom Kampf an. Doch nun stellt sich auch heraus, daß keiner der Künstler weiß, wo Marie-Claire ist.

»Heute morgen beim ersten Trompetensignal ist sie ausgeritten. Sie wollte den Kampf sehen«, erzählt ein Akrobat zitternd. »Mir war nicht danach zumute. Soviel wird da nicht zu bewundern gewesen sein. Große Staubwolken und aufspritzendes Wasser, wenn wieder ein Soldat von der Brücke hinunter ins Wasser stürzte...«

Seine Stimme ist voller Abscheu.

»Schrecklich«, murmelt ein Musikant mit vollem Mund. »Nun, wir wissen, wie Gottes Schmetterling ist. Sie denkt immer an ihre Kunst. Vielleicht will sie ein Gedicht über die Eroberung von Toledo schreiben.«

»Ihr solltet mit etwas mehr Achtung von Frau de Fleur sprechen«, erregt sich Matthis und wirft ihnen verärgerte Blicke zu. »Ohne sie würdet ihr jetzt untätig irgendwo an einem staubigen Weg in Frankreich sitzen, ohne eine Münze im Gürtel.«

»Pah, als wenn wir hier etwas geschenkt bekämen«, mault der Musikant. »Sie läßt uns wie Sklaven arbeiten.«

»Und sie kleidet euch wie Prinzen«, faucht Matthis. Er ist plötzlich beunruhigt. Warum ist seine Pflegemutter nicht zum Bauernhof zurückgekommen? Der Tag ist zu Ende, die Sonne versinkt hinter dem Horizont, in einer Stunde wird es dunkel. Toledo hat sich ergeben, der Kampf ist vorbei, es gibt nichts mehr zu sehen oder zu erleben.

Tief beunruhigt wendet er sein Pferd. Er reitet zum Lager der bretonischen Reiter, fragt den kleinen Robert, aber der weiß nichts.

»Sie wird wohl beim König sein«, meint Clopin, der an einem Schafsknochen nagt. Matthis lenkt sein Pferd zur Abtei, befragt die Schildwachen. Er trifft sogar Alphonso, aber Gottes Schmetterling scheint auch hier nicht zu sein. Oh, Marie-Claire, wo bist du? denkt er verzweifelt. Dann trabt er zurück zum Flußufer. An den Ufern des Tajo sind die Rettungsarbeiten noch in vollem Gange. Hoch aufgestapelt liegen die Leichen. Verwundete werden in die Stadt gebracht. Matthis hört, daß auf Befehl von Bertrand Du Guesclin im Klostergang der Kathedrale für die Schwerverwundeten ein Notlazarett eingerichtet worden ist. Er schaut sich um und fröstelt, als er sehen muß, wie einige der Söldner zugerichtet sind. Dies ist die Kehrseite des großen Sieges: Schmerz, Blut, Eiter, Verstümmelung! Vielleicht haben die armen Schlucker noch eine Chance, wenn man sich im hohen kühlen Klostergang um sie kümmert. Im offenen Feld, unter der brennenden Sonne, wird es sehr schnell vorbei sein mit ihnen.

Plötzlich sieht Matthis Marie-Claires Pferd. Das zahme Tier steht gesattelt unter einem Baum und knabbert an einem Grasbüschel, nicht weit entfernt von der Puente de San Martin, wo es heute die größten Verluste gegeben hat. Obwohl er noch nichts gegessen hat, fühlt Matthis, wie ihm der Magen hochkommt. Marie-Claire ist hier abgestiegen... um die Toten zu zählen? Um über den Leichen der Banditen zu triumphieren? Bringt sie das fertig? Monatelang hat sie für sie gesungen, getanzt, sie angelacht, ihnen fesselnde Geschichten erzählt, sie tiefer und tiefer in dieses mitleidlose Land gelockt. Die Männer verehrten sie, taten alles, um ihr dienlich zu sein, sie waren ihre Kameraden... Steht sie nun da und ergötzt sich an ihren Schmerzen und Wunden? Bei dem Gedanken fröstelt Matthis bis ins Mark. Dann hört er plötzlich ihre Stimme:

»Vorsicht! Gib acht, das Bein...«

Er erschrickt, springt vom Pferd und läuft zum Uferhang. Die Dunkelheit fällt schnell, aber als er nach unten späht, erkennt er deutlich Marie-Claires helles Kleid. Er erkennt auch eine Tragbahre, auf der jemand liegt, der nach oben gezogen wird; ein Schmerzensschrei zerreißt die Abendstille. Jetzt kommt Marie-Claire hinaufgeklettert. Sie sieht Matthis nicht. Hart und streng gibt sie ihre Befehle: »Haltet die Bahre nicht so schief! Sieh zu, was du tust, Dummkopf, hat der Mann noch nicht genug Schmerzen?«

Die Soldaten mit der Tragbahre gehen zur Brücke, die Frau folgt ihnen. Matthis, der plötzlich überaus neugierig ist, geht hinterher.

Beim offenen Stadttor treffen sie noch mehr Träger, die Verwundete wegbringen; der traurige Zug wird immer länger. Manche Verwundete können gestützt auf Kameraden noch selber gehen, aber die meisten müssen getragen werden. Matthis sieht einen Mann, der zusammenbricht, er kann ihn gerade noch auffangen, dann trägt er ihn. So ziehen sie in die Stadt, eine Blutspur hinter sich lassend. Die Häuser sind dunkel, die Türen bleiben verschlossen, die Fensterläden sind verriegelt, auf der Straße begegnet ihnen kein Mensch. Marie-Claire läuft hin und zurück. Sie ruft, befiehlt, mahnt zur Vorsicht. Hin und wieder spricht sie tröstende Worte, und endlich begreift Matthis, was sie tut: Sie überwacht und leitet den Transport der Verwundeten zum Klostergang! Gebieterisch, selbstbewußt, wie alles, was sie tut, dabei sehr umsichtig. Der Mann, der sich auf ihn stützt, stöhnt, flucht dann auf französisch mit zusammengekniffenen Lippen.

»Sei nur ruhig«, sagt Matthis tröstend. »Gottes Schmetterling wird dich verbinden.«

Es geht bergan, durch enge Straßen, die wie ausgestorben sind. Endlich kommen sie zur Kathedrale, einem gewaltigen Bauwerk, das den Herold stark an Burgos erinnert – allerdings scheint diese Kirche noch größer zu sein. Unter den steinernen Arkaden liegt der Zugang zum Klostergang, das Tor steht weit offen, drinnen brennen ein paar Hundert Fackeln.

Und die Fackeln enthüllen das ganze Elend. Der breite Klostergang ist ein Wunder der Schönheit, geschaffen aus steinernen Pfeilern und in Stein gemeißelten Blumenranken, Bildhauerwerken und farbigem Glas. Die Fackeln werfen goldenes Licht auf die steinernen Fresken, auf Konsolen und kostbare Ornamente, die zitternd zum Leben erweckt zu sein scheinen. Zwischen all den Kunstwerken liegen auf langen Reihen von Strohsäcken die Verwundeten. Hunderte! Aus dem Tajo gefischt, auf dem Feld aufgelesen, von den Brücken herbeigeschleppt, unter den Mauern gefunden, herabgezogen von den messerscharfen Schanzpfählen, die hinter der Ringmauer um die Vorstadt errichtet waren. Gebrochene, verstümmelte, stöhnende Menschen mit blutigen Verbänden, geschienten Knochen, entzündeten Wunden. Und es kommen immer noch mehr, auf Tragbahren oder von starken Soldaten auf den Schultern herbeigeschleppt. Behutsam werden sie aufs Stroh gelegt. Mönche stehen bereit mit warmem Wasser, mit Leinentüchern, mit ausgeglühten Messern, um die Wunden zu säubern, die zersplitterten Knochen abzukratzen, die Brüche zu schienen. Die Luft ist erfüllt von dem Geruch nach Blut und Eiter. Die Verwundeten fluchen, stöhnen, beißen verzweifelt auf ein Stückchen Holz, während ihre Wunden behandelt werden. Und mitten in diesem großen Leid bewegt sich Marie-Claire, in einem zerrissenen Kleid, das auch schon voller Flecken ist, obwohl es doch ein Vermögen gekostet hat. Am Hals trägt sie die schwarze Perle in der Form einer Träne. Und Tränen stürzen ihr auch aus den Augen, ohne daß sie es merkt. Sie rollen ihr über die schmutzigen Wangen, beflecken ihr Kleid noch mehr. Sie kniet nieder, springt wieder auf, läuft weg, kommt zurück mit Tüchern und Schalen. Sie spricht Trostworte, besänftigt die Fiebernden, beruhigt die Sterbenden. Sie hält eine im Krampf erstarrte Hand, sie betet, lacht, schluchzt, sorgt sich, alles zugleich.

Matthis, verwirrt, lehnt sich an eine Säule. Hinter den gedrehten Säulen des Klosterganges hört er die Springbrunnen im Gemüsegarten plätschern. Ein beruhigendes Geräusch, das immer wieder von Schreien übertönt wird, einem lauten Fluch, angstvollen Gebeten.

Ist dies die rachsüchtige Marie-Claire? Die Schmerzen der schwerverwundeten Männer sind auch ihre Schmerzen. Deren Hilflosigkeit ist die ihre, deren Kampf ums Überleben ist auch ihr Kampf geworden. Gemeinsam mit den Mönchen hat sie den Kampf gegen Blutvergiftung, marternden Schmerz und Todesangst aufgenommen. Manchmal sagen die Mönche etwas zu ihr, aber sie versteht sie nicht und kümmert sich auch nicht darum. Vielleicht wollen sie sie wegschikken, die Kathedrale und das Kloster sind ihr Reich: eine Männerwelt. Aber Marie-Claire läßt sich von niemandem davon abhalten, das zu tun, was sie in dieser Situation tun muß: Helfen, Pflegen, Mit-Leiden...

Matthis möchte hinzueilen und seine Hilfe anbieten, aber er kennt sich: Von der Pflege Verwundeter versteht er nichts. Der Gestank von Blut, zerfetzten Gedärmen und Erbrochenem erregt Übelkeit. Still und leise möchte er sich davonschleichen, aber seine Füße verweigern ihm den Gehorsam. Dann sieht er im offenen Tor plötzlich eine breite

Gestalt stehen: Bertrand Du Guesclin. Der Bretone schleift an jeder Hand einen sich widersetzenden Mann heran. Mit Gewalt stößt er sie in den Klostergang und brüllt sie auf französisch an: »Vorwärts, tut eure Pflicht!« Matthis sieht, daß es Chirurgen sind. Sie sind an ihrer Kleidung und den Masken zu erkennen, die sie tragen, als müßten sie in ein Pesthaus. Wo hat Bertrand in dieser totenstillen Stadt im Dunkeln die beiden Bader aufgetrieben?

Auch Marie-Claire hat sie gesehen und läuft auf sie zu, als hätte sie sie schon lange erwartet. Sie zerrt sie in eine Ecke, wo offenbar jemand liegt, der sofort operiert werden muß. Matthis steht nur da und schaut, und schaut, und schaut sich die Augen aus dem Kopf. Er kommt sich überflüssig vor, wie ein Eindringling, der hier nichts zu suchen hat, an diesem Ort des Schreckens und der Nächstenliebe, dennoch bleibt er einfach stehen, wie festgenagelt.

»Gut, daß du hier bist«, hört er die dröhnende Stimme seines Herrn. »Komm mit, ich hab was für dich.«

Der kurze Befehl bricht die Starre, die ihn überfallen hatte. Stumm nickt er, folgt Du Guesclin nach draußen. Und er schämt sich…

Warum schätze ich Menschen immer wieder falsch ein, denkt er betrübt. Ich habe ein gutes Auge für ihre Fehler und Unvollkommenheiten, aber ihre guten Eigenschaften überraschen mich immer aufs neue.

Dumpf steigt in ihm das Bewußtsein auf, daß ein Mensch während seines kurzen Erdendaseins nie das Leben ganz erfassen kann und nie auslernt.

18

AUF DER SUCHE NACH ROSITA

Natürlich dauert es wieder einige Tage, bevor Matthis die Möglichkeit hat, einen freien Tag für sich zu erbitten; Du Guesclin beansprucht seinen Herold unentwegt. In der Kathedrale von Toledo soll Heinrich II. nochmals als König bestätigt werden, und das verlangt gründliche Vorbereitungen. Der Fall von Toledo muß politisch genutzt werden.

Der Feldherr hat für sich und seine engsten Mitarbeiter das Haus des Bürgermeisters verlangt. Eigentlich ist das ein alter maurischer Palast in der Oberstadt. Die Kompanien lagern im Tal, aber es erweist sich als unmöglich, ihnen das Betreten der Stadt zu verbieten. Die Kerle wollen sehen, wofür sie so schwer gekämpft haben, und sie haben Geld, das sie ausgeben wollen. Clopin der Gewaltige hat mit seinen Bretonen alle Hände voll zu tun, die zechenden Söldner von allzu wüsten Ausschweifungen zurückzuhalten. Die Bürger von Toledo sind ihm dankbar, wenn er immer genau dort auftaucht, wo es zu Auswüchsen kommt.

Matthis, krank vor Ungeduld, arbeitet wie ein Besessener und lehnt sich schließlich auf. »Ich muß einen freien Tag haben, Bertrand«, ruft er, »ich will Rosita finden. Diese Unsicherheit halte ich nicht mehr aus. Oh, verflucht, warum wollte Robert nie schreiben lernen? Dann hätte er mich ablösen können...«

Der kleine Robert, der in einer Ecke sitzt und mit Rolin Bodin die Rüstung seines Herrn putzt, grinst seinen älteren Bruder höhnisch an. Er ist dahintergekommen, daß er auf Matthis nicht länger eifersüchtig zu sein braucht. Im Gegenteil, während sich der Herold die Finger wund schreibt, kann er alle möglichen angenehmen Aufgaben erledigen und sich von der spanischen Köchin in der Küche verwöhnen lassen.

»Wie willst du in einer Stadt mit zwölftausend Einwohnern ein

Mädchen finden, das vielleicht nie auf die Straße kommt?« fragt Du Guesclin nüchtern.

»Ich habe gehört«, erklärt Matthis aufgeregt, »daß die Schneider hier ihr eigenes Stadtviertel haben. Sie wohnen fast alle in der Straße der Heiligen Sandalen. Wenn ich da hingehe, wird mir gewiß jemand etwas über den Schneidermeister Badolo sagen können, der vor einigen Monaten aus Burgos gekommen ist.«

»Du verstehst die Leute doch überhaupt nicht.«

»Doch. Ich habe schon eine ganze Menge von ihrer Sprache gelernt«, behauptet Matthis.

»Nun, dann geh los und schau dich um. Denke dran, daß du zum Mittagessen zurück bist. Wir haben noch viel zu tun.«

Der verliebte Herold verliert keine Zeit. Zu Fuß stürzt er sich in das Gewirr von Straßen, in seiner Eile rennt er beinahe Frauen und Kinder um. Toledo hat sich schnell von dem Schrecken der Eroberung erholt, überall wird wieder hart gearbeitet. Er kommt durch eine Straße, in der die Waffenschmiede wohnen. Der Stahl von Toledo ist weltberühmt, und gerade hier sieht man viele Söldner herumlaufen, die endlos um einen Dolch, ein Schwert oder einen prächtig bearbeiteten Schild feilschen. Danach kommt Matthis in die Straße der Lederbearbeiter. Hier stinkt es, aber unter den Vordächern hängen vorzügliche Sättel, Zügel, Taschen und Geldbörsen. Viele Gegenstände sind mit maurischen Motiven verziert, übernommen von den vormaligen Herrschern. Trotz seiner Eile kann Matthis es nicht lassen, für einen Moment stehen zu bleiben und die Meisterschaft der Lederbearbeiter zu bewundern. Als Kind lebte er in Amiens, auch einer Lederstadt. Der Gestank, der aus den Werkstätten dringt, ruft bei ihm halbvergessene Erinnerungen wach, an seine Eltern, an die große Pestepidemie, die ihn zum Waisen machte... Aber die schmerzliche Erinnerung empfindet er als schlechtes Vorzeichen, und schnell gibt er sich selbst den Befehl, weiterzugehen. Rosita! Für einen kurzen Moment tut es ihm leid, daß er Alphonso nicht mitnehmen konnte, aber auch ohne Dolmetscher wird er sich zu helfen wissen. Den Klang von Goldstücken versteht der gierige Kleidermeister ganz hervorragend.

Dort! Das muß die Straße der Schneider sein. Matthis stürmt in den erstbesten Laden und fuchtelt mit den Armen in der Luft herum.

»Manuel Badolo?« fragt er drängend.

Der Schneider und seine Gesellen starren ihn erschrocken an. In ihren Augen ist jeder Franzose ein Bandit, fähig, ohne vorherige Warnung sofort anzufangen zu plündern und gewalttätig zu werden. Wenn man die Leute aus den gebrandschatzten Vorstädten hört, läuft es einem kalt den Rücken herunter. Die Oberstadt wurde zwar verschont, aber bei diesen Leuten weiß man ja nie...

»Aus Burgos!« schreit Matthis.

Leere Blicke, Schulterzucken, mißtrauische Gesichter. Der Schneider deutet hoffnungsvoll auf die Stapel Stoffballen an der Wand. »Möchte der Herr Maß nehmen lassen für einen Anzug?« Matthis schüttelt den Kopf. Er ist kein Kunde, er ist ein verliebter Minnesänger auf der Suche nach der Nadel im Heuhaufen.

»Ich suche Manuel Badolo aus Burgos«, ruft er wieder. Verstehen sie ihn denn nicht? Der Mann zieht die Schultern hoch, die Gesellen grinsen. Matthis stürmt aus dem Laden.

So rennt er von einer Schneiderwerkstatt zur anderen. In einem Laden scheint man ihn zu verstehen, da wird er dann von einem ganzen Wortschwall in kastilischer Sprache überschüttet. Seine verzweifelte Bitte, doch etwas langsamer zu sprechen, hat nur zur Folge, daß die Worte noch schneller sprudeln. Sie deuten nach links, nach rechts, machen unbegreifliche Gebärden, widersprechen sich, streiten sich fast, und dann setzt der Schneider Matthis vor die Tür, denn mit einem Franzosen, der seine Lehrjungen von der Arbeit abhält, will er nichts zu tun haben. Aber Matthis schöpft wieder Hoffnung: Der Name Badolo hat eine Reaktion hervorgelockt, die Jungen wußten, nach wem er fragte. Also wird er Rosita zu finden wissen!

Er spricht Frauen an, fragt spielende Kinder, er hält Lehrjungen am Arm fest und zwingt sie, ihn anzuhören, aber falls ihm überhaupt geantwortet wird, versteht er kein Wort. Niemand winkt ihm, doch mitzukommen, niemand bringt ihn vor eine Türschwelle und macht dort die Gebärde: Hier bist du am richtigen Ort. Dann steht er plötzlich Jake de Wyn gegenüber. Der Plündererhauptmann kommt gerade mit zufriedenem Gesicht aus einer der Werkstätten. Ihm folgt ein Soldat, der ein in Jute gewickeltes Bündel trägt.

»Ha, der Cuvelier!« ruft der Hauptmann ausgelassen, sobald er den

Minnesänger erkennt. »Willst du dich auch neu einkleiden? Ich muß sagen: Die Leute hier, das sind gute Fachleute. Und sie arbeiten schnell.« Er winkt den Soldaten heran und lüftet einen Zipfel der Juteverpackung. Matthis sieht dunkelbraunes, mit Silber besticktes Tuch. Jake de Wyn hat keine Zeit verloren, hat sich sofort einen neuen Waffenrock anmessen lassen. Mit Drohungen und beißender Überheblichkeit wird er den Preis gewiß um ein Beträchtliches gesenkt haben. Aber für einen Augenblick vergißt Matthis seine alten Vorurteile gegen den Banditenführer.

»Ritter de Wyn, ich suche jemanden. Ein Mädchen. Aber die Leute tun so, als würden sie mich nicht verstehen.«

Der Ewig Verliebte grinst breit.

»Ist es ein schönes Mädchen?«

»Das schönste der Welt! Sie heißt Rosita, ihr Vater ist Manuel Badolo, ein Schneidermeister. Er wohnte in Burgos, aber vor den Kompanien ist er nach Toledo geflohen. Ich muß sie finden. Das Mädchen...«

»Wie alt?« fragt der Hauptmann lebhaft interessiert.

»Ungefähr sechzehn. Sie... sie muß in Toledo sein.«

Jake de Wyn nickt. Er hat Gefallen daran, den jungen Minnesänger verliebt zu sehen. Er selbst ist auch ständig verliebt – und wenn er das zufällig einmal nicht ist, bildet er es sich zumindest ein.

»Hier bist du im richtigen Viertel, hier sind überall Schneider«, sagt er beruhigend.

»Das ist es ja gerade. Ich kann die Familie nicht finden. Ich suche schon stundenlang.«

Jake de Wyn, unausstehlich überheblich, klopft dem jungen Mann auf die Schulter.

»Gut so, Cuvelier. Ein Minnesänger hat verliebt zu sein, egal in wen, wenn er nur eine unauffindbare, unerreichbare Geliebte hat. Das kommt der Kunst zugute. Ich möchte wetten, daß du an stillen Abenden wunderschöne Gedichte schreibst und zu Herzen gehende Musik komponierst. Voriges Jahr, in Burgund, hast du einmal...«

»Ja, ja«, ruft Matthis ungeduldig, »aber wie bekomme ich heraus, ob die Badolos tatsächlich in Toledo sind?«

Jake de Wyn ist nicht nur Dichter und Krieger, sondern auch ein praktisch veranlagter Mann. Er stemmt die Hände in die Hüfte und denkt nach.

»Was weißt du von der Familie?«

»Schneidermeister Manuel Badolo«, fängt Matthis an, »ist ein Geizkragen. Er hatte drei Lehrjungen, ließ sie hungern und sechzehn Stunden am Tag arbeiten, aber er galt als einer der besten Meister von Kastilien und scheint ziemlich reich zu sein. Darum ist er auch geflüchtet, als wir uns Burgos näherten, er hatte Todesängste vor den Plünderern. Seine Frau heißt Eulalia. Er hat zwei Söhne, aber die sind noch sehr klein, und eine Tochter: Rosita. In Burgos hörte ich von Nachbarn, daß er nach Toledo gegangen wäre, wenn ich mich nicht täusche, sagten sie, er hätte hier Verwandte oder Freunde...«

»Und dir geht es um das Töchterlein?«

Matthis nickt stumm und kann plötzlich kein Wort mehr herausbringen.

»Nun, dann ist das eine ziemlich einfache Sache«, sagt der Ewig Verliebte. »Du mußt dich an den Obermeister der Schneidergilde wenden. Juan Mercal heißt der. Wenn ein Badolo in Toledo ist, dann weiß der Gildemeister sicher Bescheid.«

»Ihr habt recht! Daß ich daran nicht gedacht habe!«

»Von schönen Mädchen zu träumen ist natürlich eine wunderschöne Sache«, sagt Jake de Wyn nüchtern, »aber es kann nicht schaden, wenn man ab und zu den Verstand gebraucht.«

»Wo kann ich Juan Mercal finden?«

»Oh, das ist ganz einfach. Er wohnt am Ende dieser Straße, schräg gegenüber der Kirche. Es ist ein großes weißes Haus mit Garten. Soll ich mitgehen? Komm nur, Kamerad, wir werden das Häschen schon fangen.« Er wendet sich an den Soldaten, der immer noch schweigend hinter ihm steht. »Bring die Sachen ins Lager und warte dort auf mich.« Dann nimmt er Matthis beim Arm und zieht ihn mit sich fort.

Das Haus am Ende der langen Straße muß auch noch aus der maurischen Zeit sein, vermutet Matthis. Parallel zur Straße läuft eine weiße Mauer, gedeckt mit roten Pfannen, dahinter wird wohl der Garten liegen, vermutet Matthis. Jake de Wyn führt ihn an ein kleines schmiedeeisernes Tor; durch das Gatter aus gebogenen Eisenstäben kann Matthis den Innenhof sehen: Da ist tatsächlich ein sehr schöner Garten mit Oleanderbäumen und einem plätschernden Springbrunnen in der Mitte. Im Hintergrund reicht der Garten bis an eine Galerie heran, die von schlanken, ebenfalls mit maurischen Motiven verzierten Säulen getragen wird. Die Galerie läuft an der Außenmauer des eigentlichen Wohnhauses entlang, einem weiß verputzten, zweistöckigen Gebäude mit flachem Dach. Die Fensterläden sind zum Schutz gegen die heiße Sonne geschlossen, der Garten liegt verlassen da. Jake de Wyn entdeckt am Tor eine Klingel, die er lange und laut bimmeln läßt. Über die Schulter lacht er Matthis an.

»Sicher kommt gleich ein Diener mit Turban und fragt uns, was wir wollen«, meint er. »Ich komme mir vor, als wollte ich den Kalifen von Bagdad besuchen.«

Es dauert lange. Aber es ist die heißeste Stunde des Tages, und die meisten Spanier suchen dann den Schatten, um ihre Siesta zu halten. Endlich hören sie knirschende Schritte auf dem Kiesweg, und dann ist es doch ein ganz normaler Knecht, der ihnen das Tor öffnet. Jake de Wyn ergreift das Wort, und die Tatsache, daß er ein Ritter ist, macht natürlich Eindruck auf den Diener. Er verbeugt sich, bittet die fremden Gäste einzutreten und läßt sie dann im Garten warten, während er seinem Herrn Bescheid sagt. Bewundernd betrachtet Matthis den Springbrunnen aus Marmor, die Bäume, das Kräuterbeet; schwere Gerüche umgeben sie, weiß glänzen die Mauern des Hauses in der prallen Sonne. In Paris wohnen Gildemeister und reiche Kaufleute in schloßähnlichen Häusern, drei, vier Stockwerke hoch, mit gewaltigen Giebeln und spitzen Schieferdächern. In Toledo wohnen sie offenbar in kleinen Palästen mit flachen Dächern, umgeben von Palmen und Rosenbüschen. Aber wie groß der Unterschied auch sein mag, eines gilt für beide Länder: Handel und Handwerk scheinen hier wie da eine Quelle des Reichtums und der Macht zu sein. Und das haben die ungestümen Ritter auf ihren Burgen offenbar immer noch nicht begriffen...

Neben ihm bemerkt Jake de Wyn:

»Sieht wohlhabend aus, nicht wahr? Wundre dich nicht, Junge, dieser Senor Mercal besitzt drei große Werkstätten und außerdem zwei Werkstätten in umliegenden Städtchen. Die sichern ihm ein höheres Einkommen, als er aus sechs ganzen Dörfern ziehen könnte.«

»Ihr seid gut unterrichtet«, murmelt Matthis.

»Mercal treibt auch Handel mit den Mauren in Granada und hat Verbindungen zu Nordafrika«, fährt der Ewig Verliebte fort. Und dann, als werde Matthis' Bemerkung ihm erst jetzt klar, sagt er schnell: »Selbstverständlich bin ich unterrichtet! Ich will immer wissen, wo es etwas zu holen gibt... Ich wünschte mir, unser verfluchter Befehlshaber hätte das Plündern nicht verboten. In diesem Haus muß eine Menge zu finden sein.«

Mit vor Habgier blitzenden Augen schaut er auf das weiße Haus, in dem alles zu schlafen scheint. »Wir kommen im falschen Augenblick«, murmelt er. »Uff, ist das heiß! Komm mit unter den Baum, in den Schatten.« Endlich hören sie schwere Schritte. Auf dem Weg kommen drei Männer auf sie zu. Der vordere ist offensichtlich Senor Juan Mercal, ein würdevoller Spanier mittleren Alters. Neben ihm geht ein sehr junger Mann, der ihm auffallend ähnlich sieht. Hinter den beiden erkennen sie die breite Gestalt des Knechts. Jeder der drei Männer ist mit einem Dolch bewaffnet. Vor allem der junge Mann erregt Matthis' Aufmerksamkeit. Es ist ein gutaussehender, dunkler Bursche, bekleidet mit rotbraunem Wams und gleichfarbiger Hose. Um den Hals trägt er eine goldene Kette, an der rechten Hand funkelt ein Ring mit einem Rubin. Für einen Bart ist er noch zu jung, nur auf der Oberlippe wachsen ein paar flaumige Haare, die ihm das Aussehen erwachender Männlichkeit geben. Er ist groß und schlank und hat schöne dunkle Augen, die Matthis prüfend mustern.

Senor Juan Mercal macht eine steife Verbeugung vor den unerwarteten Besuchern und fragt höflich in recht gutem Französisch:

»Die Herren wünschen mich zu sprechen?« Er richtet sich vor allem an Jake de Wyn, den er als Ritter erkannt hat. Matthis seufzt erleichtert: Endlich jemand, der französisch spricht!

Auch der Ewig Verliebte verbeugt sich grüßend, wobei er mit eleganter Geste den Hut abnimmt.

Er stellt sich vor als Ritter Jake de Wyn, Befehlshaber im Dienst des Königs Heinrich II. und Unterführer in dessen Heer. Dann deutet er auf seinen Begleiter und sagt feierlich:

»Und dies ist Schildknappe Matthis Cuvelier, Herold und Vertrauensmann von Ritter Bertrand Du Guesclin, Herzog von Trastemara y

Molino, Graf von Longueville, Baron von La Motte-Broons y La Roche-Tesson.« Die lange Reihe der Titel, die Bertrand in seinem Leben erworben hat, geht ihm so selbstverständlich über die Lippen, als hätte er sein Leben lang engsten Kontakt zum höchsten Adel Frankreichs gehabt. Spanier geben viel um lange Namen, das weiß er. Je länger ein Name, desto edler das Blut. Etwas von Bertrands Ruhm strahlt nun auch auf Matthis ab. Der schweigende Mann neben Juan Mercal macht eine überraschte Bewegung, sagt aber nichts. Der Gildemeister läßt sich nicht anmerken, ob er von dem hohen Besuch beeindruckt ist. »Meine Herren«, sagt er würdevoll, »Ihr erweist mir eine hohe Ehre, daß Ihr Euch herablaßt, mein bescheidenes Haus zu besuchen. Bitte nehmt Platz!« Mit knochiger Hand deutet er auf die Bank am Springbrunnen im Schatten des Oleanders. »Darf ich Euch eine Erfrischung anbieten?«

»Gern, Senor«, antwortet Jake de Wyn liebenswürdig. Er setzt sich und bedeutet Matthis mit einem Wink, es auch zu tun. In seiner Muttersprache gibt Juan Mercal seinem Knecht eine Anweisung, der daraufhin ins Haus verschwindet. Gleich darauf kommt er mit einem Krug gekühltem Fruchtsaft und vier Bechern zurück. Bedachtsam nimmt Jake de Wyn einen Schluck von dem süßen Saft, hebt dann den Blick. »Senor Mercal, wir müssen uns dafür entschuldigen, daß wir Euch zur heißesten Stunde des Tages belästigen. Doch mein junger Freund hat eine Klage vorzubringen. In Burgos hat er bei einem gewissen Manuel Badolo, Schneidermeister von Beruf, einen Anzug bestellt und einen Teil des Macherlohns im voraus bezahlt. Als er ein paar Tage später zum Laden dieses Badolo kam, um den Anzug abzuholen, stellte sich heraus, daß der Schneidermeister mit seiner ganzen Familie nach Toledo umgezogen war.«

Matthis macht eine Bewegung, als wollte er Jake de Wyn in die Rede fallen, aber mit einem schnellen Seitenblick gebietet dieser ihm, lieber zu schweigen. »Also, Senor«, fährt der Hauptmann mit unbewegtem Gesicht fort, »nachdem es uns nun gelungen ist, auch Toledo von der Tyrannei durch Peter den Grausamen zu befreien, hat sich der Herold des Herzogs von Trastemara auf die Suche begeben, diesen Schneider zu finden, um entweder sein Geld zurückzufordern oder den Anzug endlich in Empfang zu nehmen. Aber in dieser dichtbevölkerten Stadt ist es schwierig, jemanden zu finden. Darum ersuchen wir Euch, uns den augenblicklichen Aufenthaltsort dieses Manuel Badolo mitzuteilen.«

Matthis sieht, wie der Sohn des Gildemeisters die Augen weitet und seinem Vater rasch etwas zuflüstert. Juan Mercal nickt und blickt dann nachdenklich auf seine Besucher herab. Wir sitzen, er steht, das verleiht ihm Überlegenheit, erkennt Matthis.

»Mit einer Klage über einen Schneider aus Burgos müßt Ihr Euch zum Gildemeister jener Stadt begeben«, sagt der Mann kühl, aber immer noch höflich. Matthis ruft: »Aber da wohnt er doch nicht mehr!«

Tadelnd blickt Juan Mercal auf ihn herab, als hätte er ungefragt das Wort ergriffen. Mein Gott, wie ist der Mann überheblich, denkt der Herold verärgert.

»Badolo«, fügt er darum schnell hinzu, »ist ein kleiner, kurzsichtiger Mann. Er hat eine dicke Frau, zwei kleine Söhne und eine sehr schöne Tochter. In Burgos nannte man ihn den besten Schneider der Stadt. Als er nach Toledo kam, muß er sich bei Euch gemeldet haben. Ich vermute, daß er vor ungefähr fünf oder sechs Wochen angekommen ist. Könnt Ihr Euch nicht daran erinnern?«

Wieder stellt sich der gut aussehende junge Mann auf die Zehenspitzen und flüstert seinem Vater beunruhigt und eindringlich etwas ins Ohr. Juan Mercal legt seinem Sohn die Hand auf die Schulter, als wollte er ihn trösten und ihm Mut machen. Was tuschelt der Junge? denkt Matthis verunsichert. Ihm wäre es lieber gewesen, Jake de Wyn hätte keine Lügengeschichte erzählt. Was hilft ihnen das weiter? Er will nur eine Adresse... Und warum er die Adresse haben muß, das geht den Obermeister nichts an.

»Meine Herren, es tut mir leid, aber ich glaube nicht, daß ich jemals etwas von diesem Schneider gehört habe«, sagt Mercal zurückhaltend.

»Das ist doch unmöglich«, ruft Jake de Wyn aufgebracht. »Einem Schneidermeister, der seine Vaterstadt verläßt und sich in Toledo niederläßt, bleibt gar nichts anderes übrig: er muß sich bei Euch melden. Wie sollte er sonst ein Geschäft eröffnen können?«

»Der Mann ist vielleicht nach Burgos zurückgegangen«, wagt der Junge einzuwenden. Matthis erschrickt. Wäre das möglich?

Dann hören sie ein Kind weinen. Alle Kinderstimmen hören sich gleich an, aber Matthis fühlt sich blitzschnell nach Burgos zurückversetzt, in Badolos Werkstatt, als er das kümmerliche Frühstück einnahm, über ihm Kisten geschleppt wurden und die kleinen Jungen weinten. Unwillkürlich dreht er sich zu dem Wohnhaus um und erstarrt. Einer der Fensterläden wird aufgestoßen, er sieht einen Frauenkopf – er möchte wetten, daß es Tante Eulalia ist. Er springt auf, streckt die Hand aus, kann keinen Ton hervorbringen... Der Kopf ist sofort wieder verschwunden, es kann genauso gut eine neugierige Magd gewesen sein. Zweifel überfallen ihn. Mit einem Ruck wendet er sich an den Gildemeister:

»Seid Ihr sicher, Senor Mercal, daß Ihr nie etwas von Badolo, seiner Frau Eulalia oder seiner Tochter Rosita gehört habt? Badolo ist reich. Er ist nicht umsonst aus Burgos geflohen, er hatte Angst um seine Ersparnisse. Ein reicher Bürger kann sich immer auf die Hilfe anderer reicher Bürger verlassen.«

Noch einmal dreht er sich nach dem geöffneten Fenster um. Eine Frauenstimme ermahnt das Kind, still zu sein. Und es wird still. War das Tante Eulalias Stimme? Matthis ist ziemlich sicher.

Plötzlich begreift er, was hier gespielt wird: Der unnahbare Spanier beschützt den Schneider Badolo! Er glaubt kein Wort des Märchens, das Jake de Wyn aufgetischt hat, und er verneint entschieden, Badolo zu kennen, während Tante Eulalia hinter dem Fenster steht und sie beobachtet! Dann muß auch Rosita in diesem Haus sein. Wer weiß, vielleicht sind die Badolos und die Mercals entfernt miteinander verwandt... Denn welchen anderen Grund könnte ein mächtiger Gildemeister haben, einem hergelaufenen Berufsgenossen Unterschlupf zu gewähren?

Sein Blick fällt wieder auf den jungen Sohn des Gildemeisters, und eine bange Vermutung steigt in ihm auf. Er sieht, daß der Junge die Hand auf den Dolchgriff legt. Ihre Blicke treffen sich. Und Matthis wird klar: Dies ist ein Rivale!

»Senor, wollt Ihr behaupten, daß ich lüge?« sagt Juan Mercal mit messerscharfer Stimme.

Jake de Wyn streckt die Hand aus und zieht Matthis zurück auf die Bank. »Vergebt meinem jungen Freund, er ist ein wenig verwirrt«, sagt der Ewig Verliebte mit leisem Spott. »Selbstverständlich glauben wir Euch aufs Wort.«

Der Gildemeister sagt wieder etwas, aber das dringt kaum noch zu Matthis durch. Dieser starrt vielmehr den Jungen an, der den Blick fest erwidert. Eifersucht und Feindseligkeit springen wie knisternde Funken vom einen zum anderen.

»Es tut mir leid, daß ich den Herren nicht dienen kann, aber in den nächsten Tagen werde ich mich bei meinen Zunftbrüdern erkundigen«, sagt der Obermeister kühl. »Wenn Ihr in zwei oder drei Wochen wiederkommt, weiß ich vielleicht mehr.«

Jake de Wyn steht auf.

»Wir danken Euch, Senor, Ihr seid sehr freundlich«, sagt er, und fügt nicht weniger höflich und gemessen hinzu: »Mit Eurer Erlaubnis werden wir wiederkommen. Uns liegt sehr viel daran, den Schneider Badolo zu finden.«

»Ja«, nickt Juan Mercal trocken, »wegen eines halbfertigen Anzugs, für den Euer Freund vier Silberlinge im voraus bezahlt hat. Das verstehe ich sehr wohl, meine Herren. Mein Diener wird Euch hinauslassen. Ich grüße Euch.«

Er macht noch einmal eine halbe Verbeugung, dreht sich dann auf den Hacken um und geht. Der Junge folgt ihm, schaut sich noch einmal um. In seinen Augen brennt ein feindseliges Feuer.

»Komm«, sagt der Ewig Verliebte und zieht Matthis durch das schmiedeeiserne Tor auf die Straße. Hinter ihnen fällt das Tor ins Schloß, der Diener entfernt sich mit knirschenden Schritten.

»Ich glaube kein Wort!« bricht es aus Matthis heraus. »Warum wollte der Mann nicht zugeben, daß er Badolo kennt? Er muß ihn kennen! Badolos Frau ist im Haus, seine Kinder auch, ich hörte sie weinen. Dann muß Rosita auch da sein... Warum versteckt er sie vor uns?«

Jake de Wyn streicht sich nachdenklich mit der Hand übers Kinn.

»Sie ist schön und ihr Vater hat ein beträchtliches Vermögen gespart, nicht wahr? Nun, dann ist doch alles klar. Senor Mercal glaubte mir kein Wort von dem Anzug, und das kann ich ihm nicht übelnehmen. Es hörte sich ja auch unwahrscheinlich an. Ihm war sofort klar, daß wir aus einem anderen Grund kamen, und dir braucht man doch nur in das blasse verliebte Gesicht zu sehen, dann weiß man schon, warum du so eifrig nach Badolo suchst. Übrigens, du bist doch schon ein paar Stunden unterwegs, oder? Dann wird Mercal auch schon gewarnt worden sein.«

»Aber...«, beginnt Matthis kochend.

»Es ist deine eigene Schuld, Freund. Was du von den Badolos willst, das steht dir deutlich im Gesicht geschrieben. Und der Spanier ist ein schlauer Fuchs. Daß er die Franzosen haßt, ist begreiflich. Die Abstandssumme für die Plünderung war nicht gering, und als einer der reichsten Bürger von Toledo wird Juan Mercal einiges bezahlt haben. Warum sollte er uns helfen? In seinen Augen sind wir nichts als Diebe und sind hinter den Mädchen her.«

»Das ist es nicht«, brummt Matthis verbissen. »Habt Ihr auf den Sohn geachtet? Ein hübscher Kerl, und so still wie eine Maus. Ich fürchte, daß...«

»Daß Mercal sein Söhnchen und deine Rosita miteinander verkuppelt hat?«

Matthis nickt stumm. Ihm steigt das Blut in den Kopf, ihm ist glühend heiß.

»Das ist schon möglich...«, murmelt Jake de Wyn nachdenklich.

»Nein!« schreit Matthis plötzlich. »Das ist unmöglich! Badolo ist schrecklich geizig. Der gibt seine Rosita nur einem, der sie ohne Brautschatz nimmt. Am liebsten möchte er noch Geld dazu haben. Und Juan Mercal halte ich nicht für einen Mann, der eine Frau für seinen Sohn kauft. Das ist ein so mächtiger Mann, der wird einen hohen Brautschatz fordern. Der Junge kann jedes Mädchen bekommen, auf das sein Auge fällt.«

Jake de Wyn zieht die breiten Schultern hoch.

»Unsinn«, sagt er rauh. »Bürger sind in allen Ländern gleich: Sie treiben Handel, nötigenfalls mit ihren Töchtern, wenn diese schön und begehrenswert sind. Versetze dich doch mal in Badolos Lage: Er kommt als Flüchtling nach Toledo und muß neu anfangen. Also ist es für ihn von größtem Interesse, mit dem mächtigen Obermeister der Schneidergilde auf gutem Fuß zu stehen. Dafür, sich in Toledo niederlassen zu können, wird Badolo gern etwas herausrücken, wenn es sein muß auch einen Brautschatz. Das verbindet ihn dann auch gleich mit dem mächtigsten Handelshaus der Stadt. Und wenn es ihn den letzten gesparten Silberling kostet, er kann sich dabei nur verbessern.«

»Du phantasierst«, brummt Matthis.

»Natürlich, das ist mein Beruf! Aber alles deutet darauf hin, daß ich recht habe. Schlage dir das Mädchen aus dem Kopf, in Kastilien wohnen noch mehr schöne Mädchen, und die werden nicht so schwer bewacht.«

»Nein«, sagt Matthis entschlossen. Er ist gar nicht mehr ansprechbar. »Ich muß sie haben. Es ist mir gleich, wie, aber ich muß sie haben!«

Der Gedanke, daß Rosita möglicherweise mit dem Sohn von Juan Mercal verheiratet wird, dem hübschen, feurigen Jungen, macht ihn ganz verrückt. Tief in seinem Herzen fühlt er, daß er gegen so einen Rivalen nicht ankommen kann. Er bleibt stehen, seine Finger umklammern den Arm des Hauptmanns.

»Ritter de Wyn, über wie viele Männer könnt Ihr verfügen? Was haltet Ihr davon, morgen mit fünfzig Soldaten Juan Mercals Haus zu stürmen und Rosita für mich herauszuholen? Ihr könnt zweihundert Goldstücke verdienen, wenn Ihr mir das Mädchen herbeischafft.«

»Und mit Sicherheit Clopin im Nacken haben«, brummt der Hauptmann.

»Ich kann dafür sorgen, daß Clopin nichts merkt. Mir wird schon etwas einfallen, ihn abzulenken, ihn irgendwo hinzuschicken...«

»Hm.« Jake de Wyn denkt nach.

»Goldstücke?« fragt er dann begierig.

»Ja.«

»Hast du sie bei dir?«

»Ich habe zehn im Beutel. Seht nur.«

Matthis kennt den Ewig Verliebten gut, er weiß, wie er beim Anblick von Gold aus der Fassung gerät. Er nimmt den Beutel vom Gürtel, öffnet ihn und läßt den Plünderer die funkelnden Münzen sehen. Jake de Wyn seufzt verlangend.

»Zweihundert...«

Ihm läuft das Wasser im Mund zusammen. Aber dann schüttelt er entschieden den Kopf.

»Du kannst mir vielleicht Clopin vom Leibe halten, aber kannst du auch dafür sorgen, daß Du Guesclin mich nicht aufhängen läßt, wenn ich meinen Männern den Befehl gebe, das Haus zu plündern?«

»Ihr braucht es doch nicht leerzustehlen! Ich will doch nur, daß Eure Männer in das Haus eindringen und jede Kammer durchsuchen, bis sie Rosita gefunden haben, und sie dann entführen, für mich.«

Jake de Wyn lacht grimmig.

»Cuvelier, du bist töricht! Meinst du wirklich, daß meine Leute sich beherrschen können, wenn ich sie in dieses reiche Haus eindringen lasse? Sie werden es ausrauben, und sie werden sehr viel mehr Beute machen als zweihundert Goldstücke! Und ich bin ihr Hauptmann, ich bin für ihre Taten verantwortlich. Und ich habe keine Lust, vor Du Guesclin antreten zu müssen und meinen Kopf zu verlieren.«

»Dann gehe ich selbst und hole sie.«

»Lieber Junge, das überlebst du nicht. Wenn du alleine in das Haus eindringst, bekommst du sofort ein Messer in den Bauch.«

»Kein Bürger wird es wagen, den Herold von Du Guesclin zu ermorden.«

»O doch, und ganz bestimmt, wenn der Herold sich wie ein Dieb nachts einschleicht und Gewalt gegen die Bewohner anwendet. Bertrand wird ihnen sogar recht geben, daß sie sich verteidigt haben. Frauenraub erlaubt er nicht. Bertrand hat nun einmal seine festen Ansichten.«

Matthis weiß, daß der Hauptmann recht hat. Jake de Wyn hat immer recht, das ist das Unausstehliche an diesem Windhund.

»Können wir denn überhaupt nichts machen?« fragt er verzweifelt.

»Doch.« Der Ewig Verliebte grinst breit. Er riecht seinen Vorteil. Abenteuer ziehen ihn an, und er hat ein seltsames Gefühl für Humor.

»Ich könnte mit einem Trupp Soldaten zum Haus des Juan Mercal marschieren... aber dann lasse ich meine Männer draußen stehen! Wir beide werden dem steifen Herrn noch einen Besuch machen, und dann werden wir ihn unter Druck setzen. Die Anwesenheit meiner Soldaten wird ihn schrecken. Ich nehme an, daß er uns dann mehr erzählt als heute. Und wenn wir ihm genug Angst um seinen kostbaren Besitz eingeflößt haben, ist er vielleicht bereit, uns Rosita auszuliefern. Aber ich denke nicht daran, weiter als bis zu dieser Drohgebärde zu gehen. Überall sonst würde ich meinen Männern den Befehl geben, das Haus zu stürmen, es auszurauben, die Frauen gefangenzunehmen, aber nicht hier. Nicht jetzt.«

»Ihr habt Angst vor Bertrand Du Guesclin«, höhnt Matthis.

»Ja, und das darfst du ruhig wissen. Er hat gestern erst vier Männer von James le Pipe aufhängen lassen, weil sie sich an einer Bäuerin vergriffen haben.«

Matthis zögert. Er fragt sich, ob Juan Mercal sich von einer Gruppe Banditen vor seinem Gartenzaun Angst machen läßt. Aber wenn das die einzige Möglichkeit ist, die er hat... etwas muß er doch unternehmen! »Gut«, sagt er bebend. »Holt Eure Männer und stellt sie vor dem Haus auf.«

»Übermorgen«, nickt Jake de Wyn.

»Nein, jetzt, sofort.«

»Mein lieber Junge, dafür ist es jetzt zu spät. Ich habe noch viel zu tun, für heute abend habe ich eine Verabredung mit einer lieben Frau, und morgen habe ich Streifendienst. Übermorgen – nicht eher.«

»In Gottes Namen.«

»Und denke dran, daß du Clopin heraushältst! Und jetzt gib mir die Goldstücke. Übermorgen bekomme ich den Rest, sonst wird nichts aus der Sache.«

Ohne zu widersprechen überreicht Matthis dem Ewig Verliebten seinen Geldbeutel.

»Ihr tut nie etwas für nichts, oder?« murmelt er unglücklich.

»Nein. Laß dir das von mir gesagt sein, Cuvelier: Jake de Wyn ist jederzeit bereit, einem Freund in Not zu helfen, und Jake de Wyn hat große Achtung vor der Liebe. Aber ich muß an die Zukunft denken. Ich liebe es, auf großem Fuß zu leben«, fügt er fast verträumt hinzu.

»Ich werde zahlen«, verspricht Matthis. Was macht das denn aus, ob ich mein Geld einem Schneider oder einem Plündererhauptmann gebe, denkt er. Wenn ich nur Rosita bekomme.

Einst weinte er über Du Guesclins Verrat bei Auray. Vor kurzem warf er seiner Pflegemutter berechnende Freundschaft mit Don Heinrich vor. Er verachtete seinen kleinen Bruder, der sein Leben für ein bißchen scheinbaren Ruhm aufs Spiel setzte. Er machte sich Sorgen um seine Ehre, um ein Leben mit sauberen Händen und ruhigem Gewissen. Aber die Gefahr, Rosita zu verlieren, hat all seinen sittsamen Bedenken ein Ende gemacht. Für sie würde er Verbrechen begehen, eine Entführung veranlassen, Du Guesclin trotzen, gemeinsame Sachen machen mit einem englischen Banditen. Matthis ist der lebendige Gegenbeweis für das Märchen, daß die Liebe die edelsten Eigenschaften des Menschen zutage fördert.

19

EIN SCHWERER SCHLAG

»Du bist lange weggeblieben«, schimpft Du Guesclin. »Hast du das Mädchen finden können?«

Matthis preßt die Lippen aufeinander und schweigt. Das geht ihn nichts an. Interessiert sieht der alte Eisenfresser seinen Herold an. »Schwierigkeiten?«

»Sie ... sie halten sie versteckt«, platzt Matthis heraus. »Aber ich lasse mich nicht abweisen, ich werde sie bekommen. Es geht um mein Leben. Ohne Rosita bin ich... bin ich ein toter Mann!«

Bertrand schnaubt.

»Schweig lieber, du junger Tor. Wenn ich richtig verstanden habe, hast du das Mädchen nur ein einziges Mal gesehen, und du weißt überhaupt nichts von ihr. Du hast dir den Kopf verdrehen lassen von zwei dunklen Augen, und jetzt stellst du dich an, als könntest du ohne diese Augen nicht mehr leben.«

»Ich liebe sie aus ganzem Herzen«, antwortet Matthis wild.

»Bester Freund, das ist die Sprache des Dichters«, sagt Du Guesclin nüchtern. »Ich wette, wenn du dem Schatz auf der Straße begegnest, dann erkennst du ihn nicht einmal wieder.«

Matthis will heftig widersprechen, schweigt aber dann betroffen: Es wird ihm eng ums Herz. Stimmt das? Verzweifelt versucht er, sich Rositas Gesicht vorzustellen: Die geschwungenen Augenbrauen, die mandelförmigen Augen, schwarz und geheimnisvoll tief... es gelingt ihm nicht. Er kann jede Einzelheit nennen, aber es bleiben Worte, es entsteht kein tastbares Bild. Entsetzt starrt er vor sich hin.

»Siehst du«, murmelt Bertrand, als er die Bestürzung seines Herolds bemerkt.

Matthis zieht den Kopf zwischen die Schultern. In diesem Augenblick haßt er den knorrigen Baumstamm, der sein Herr ist, er haßt

Toledo und alle Einwohner, er haßt sich selbst. Sobald sich die Gelegenheit ergibt, schleicht er zu seinem Schlafplatz, holt sein Bündel hervor und zählt die Goldstücke. Erleichtert stellt er fest, daß noch alle da sind. Übermorgen... übermorgen werden die langen Wochen der Sehnsucht vorbei sein. Übermorgen...

Wie hat Matthis Cuvelier jemals daran zweifeln können, sie noch zu erkennen, wenn er sie nach all den Wochen des Verlangens wieder sehen würde? In dem Moment, da er ihr gegenüber steht, ist ihm, als würde er vom Blitz getroffen. Sie hat sich nicht verändert. In dem reich bestickten Kleid unter dem Spitzenschleier scheint sie sogar noch schöner zu sein als in seiner Erinnerung. Als sie den Schleier zurückschlägt und sich ihre Blicke treffen, versinkt die Erde unter seinen Füßen. Ihm werden die Knie weich, er taumelt in ein tiefes schwarzes Loch – und das ist das Ende.

Und dabei hatte es so gut angefangen.

Als er an jenem verhängnisvollen Morgen gegen zehn Uhr mit Jake de Wyn und fünfzig Söldnern durch die Oberstadt marschiert, ist er guten Mutes. Die Söldner sind zu Fuß, der Ewig Verliebte und Matthis Cuvelier reiten vor ihnen her. Der Herold ist zerfahren, gleichzeitig aber auch sehr aufgewühlt. Der Anblick von fünfzig Plünderern wird Juan Mercal zur Besinnung bringen, meint er. Der Gildemeister wird ihm ohne Gegenwehr Rosita ausliefern. Die Bürger von Toledo, die keine Ahnung haben, was die wilde Truppe in der Oberstadt will, weichen erschrocken zurück. Nur einige Neugierige folgen dem Zug. Matthis fällt es nicht schwer, die Straße der Heiligen Sandalen zu finden. Weit vor sich hört er die Glocken läuten; er erinnert sich daran, daß gegenüber der maurischen Villa des Gildemeisters die später gebaute Pfarrkirche steht. Da ist scheinbar gerade ein Gottesdienst zu Ende. Das schmiedeeiserne Tor zu Mercals Garten ist weit geöffnet. Jake de Wyn läßt seine Abteilung anhalten und Aufstellung nehmen, dann steigt er ab und wirft die Zügel seines Streitrosses einem seiner Soldaten zu. Matthis, der vor Aufregung zittert, folgt seinem Beispiel. Die läutenden Glocken stören ihn. Wütend wirft er einen Blick über die Schulter zur Kirche, deren Flügeltüren gerade geöffnet werden. Jake de Wyn macht Anstalten, in den Garten zu gehen, er winkt Matthis, aber der greift entsetzt nach dessen Arm und deutet...

In der Kirchentür erscheint eine Hochzeitsgesellschaft, die langsam und feierlich die vier Stufen hinuntergeht. Voran, stolz und hoch aufgerichtet, schreitet der Obermeister der Schneidergilde, an seiner Seite eine Dame von ungefähr vierzig Jahren. Hinter ihm kommt Schneider Badolo, krumm, klein und kurzsichtig. Neben ihm watschelt Tante Eulalia, an jeder Hand einen kleinen Jungen. Dann folgt das Brautpaar. Matthis erkennt den jungen Mann, der vorgestern hinter seinem Vater im Garten stand und ihn so feindselig musterte. Am Arm des Bräutigams geht die Braut, ganz in Weiß gekleidet, das Gesicht hinter einem Spitzenschleier verborgen. Aber als sie die aufgestellte Kompanie erblickt, schlägt sie überrascht den Schleier zurück, um besser sehen zu können. In diesem Augenblick tut sich unter Matthis' Füßen ein Abgrund auf. Er hört sich selbst schreien: »Rosita!« Dann hört er, wie aus weiter Ferne eine Stimme: »Verflucht, ist das eine Schönheit.« Denn Jake de Wyn hat mit seinem wachen Verstand die Lage durchschaut, Matthis braucht ihm nichts zu erklären.

Schneider Badolo scheint zu erschrecken, als er die wüsten Soldaten sieht, aber der Gildemeister kommt unbeeindruckt auf sie zu, nimmt den Hut ab und wendet sich eiskalt an Jake de Wyn.

»Ich weiß es sehr zu schätzen, Herr Ritter«, sagt er mit leise verdecktem Hohn, »daß Ihr mir die Ehre erweist, der Hochzeit meines Sohnes mit einer Ehrenwache den würdigen Rahmen zu geben. Das ist mehr als ich von einem französischen Befehlshaber zu erhoffen gewagt habe.«

Spöttisch blickt er dann auf den bewegungslosen Matthis.

»Schildknappe Cuvelier, ich hoffe, Ihr werdet mir den Gefallen tun, Eurem Herrn, dem Herzog von Trastemara, meine ergebensten Grüße zu überbringen. Ich möchte ihm noch einmal meine Dankbarkeit dafür aussprechen, daß er seinen Truppen verboten hat, die Bürger von Toledo zu belästigen.«

Die versteckte Warnung in diesen Worten entgeht Matthis. Er sieht nur Rosita. Am Arm ihres Ehemannes steht sie immer noch in der offenen Kirchentür. Sie schaut ihn an, halb erschrocken, halb überrascht. Erkennt sie ihn nicht?

Dann, plötzlich, sieht Matthis, wie sie errötet. Ja, nun erinnert sie sich, weiß sie, wer er ist: der fremde Minnesänger, der in Burgos für sie

Liebeslieder sang. Vielleicht erinnert sie sich auch daran, wie er ihre Hand ergriff, ihre Fingerspitzen küßte. Sie hatte es vergessen, nun weiß sie es wieder, und darum errötet sie. Sie hebt eine Hand, schlägt schnell den Schleier vors Gesicht, die dunklen Augen verschwinden hinter den weißen Spitzen. Für Matthis ist es, als ginge die Sonne unter. Neben ihr erscheint ein Priester, wahrscheinlich derselbe, der sie soeben getraut hat. Auch er schaut verwundert auf die Soldaten.

Der junge Bräutigam fühlt sich offensichtlich nicht wohl. Was wollen diese Männer hier? Wollen sie ihm die Braut nehmen? Unwillkürlich legt er Rosita einen Arm um die schlanke Taille, zieht sie dichter zu sich heran. Matthis sieht es, und wie ein glühender Dolch fährt ihm ein Stich durchs Herz. Schwer legt ihm Jake de Wyn eine Hand auf die Schulter. »Es sieht so aus, junger Freund, als wären wir eine Stunde zu spät gekommen«, sagt er spöttisch.

Der triumphierende Gildemeister lächelt.

»Herr Ritter, wie kommt Ihr denn darauf«, murmelt er dünkelhaft. »Ihr kommt gerade zur richtigen Zeit, um dem jungen Paar Glückwünsche auszusprechen und am Brautmahl teilzunehmen.«

Jake de Wyn hat Humor. Grinsend schüttelt er den Kopf. »Ich fürchte, Senor Mercal,«, sagt er munter, »daß Eure Köche nicht mit fünfzig zusätzlichen Gästen gerechnet haben. Wir sind im übrigen nur gekommen, weil wir noch etwas mit dem Vater der Braut zu regeln haben. Ist dieser kleine Mann der Schneider Badolo?« Er deutet auf das zitternde Männlein. »Gut so. Dann weiß er auch, warum wir hier sind. Er schuldet meinem jungen Freund vier Silberlinge.«

»Das stimmt nicht«, kreischt der Schneider verängstigt. Der Gildemeister wendet sich an ihn und schnauzt: »Bezahle den Schildknappen. Dann sind wir die Aufdringlinge los.«

»Aufdringlinge?« donnert Jake de Wyn mit der Hand am Schwert.

Der Gildemeister blickt ihn ruhig an. Er ist sich seiner unantastbaren Stellung zu gut bewußt, um sich einschüchtern zu lassen. Badolo ist ängstlich zurückgewichen. Er greift nach seiner Börse, holt vier Münzen heraus und wirft sie Matthis vor die Füße. Er wagt sich nicht so nahe heran, daß er sie ihm vernünftig in die Hand geben könnte. Matthis bemerkt das nicht einmal. Immer noch starrt er auf die Treppen vor der Kirche, auf das bewegungslose junge Brautpaar, auf seine verlorene Liebe. Er kann nicht glauben, was er sieht. Doch trotz aller Verzweiflung ist ihm das Widersinnige der Situation voll bewußt, und er weiß nicht, was ihn mehr schmerzt.

Einer der Söldner hebt die Silberlinge schnell auf und steckt sie ein.

»Wenn es die Herren erlauben, würde ich nun gern mein Haus betreten«, sagt Juan Mercal eisig. Der Ewig Verliebte zieht Matthis zur Seite. Der Herold muß machtlos zusehen, wie die Hochzeitsgesellschaft, begleitet vom Priester, durch das Tor geht, den Hof überquert, das Haus betritt. Hinter dem letzten Gast fällt das Tor mit einem Krach ins Schloß.

Rings um Matthis steigt das dröhnende Gelächter der Söldner auf. Er krümmt sich zusammen. Jake de Wyn springt wieder auf sein Pferd und sieht dann etwas, das ihn schnell ausrufen läßt: »Zurück ins Lager, Männer. Und zwar in aller Ordnung!« Am Eingang der Straße hat er einige Reiter entdeckt, an ihrer Spitze Clopin.

»Komm mit, Kamerad«, ruft er Matthis zu. »Die Einladung zum Essen werden wir besser nicht annehmen. Das spanische Essen ist zu schwer für uns.« Er gibt seinem Streitroß die Sporen und verschwindet schnell um die Ecke hinter der Kirche. Seine Männer folgen ihm ohne zu zögern.

Matthis bleibt stehen. Er kann sich nicht rühren. Seine Stute drückt ihm ihre nasse Nase ins Genick, aber das merkt er nicht einmal. Mit brennenden Augen starrt er auf das geschlossene Tor, hinter dem Rosita verschwand. Immer noch kann er nicht glauben, daß ihm das Schicksal einen so harten Streich gespielt hat. Und Jake de Wyn ist verschwunden, mit den Goldstücken.

Eine schwere Stimme dröhnt in seinen Ohren: »Steig auf, Matthis. Bertrand Du Guesclin braucht dich.«

Wie ein Schlafwandler müht Matthis sich in den Sattel. Schweigend, halb betäubt reitet er mit Clopin und dessen Männern zurück zum maurischen Palast. Dort liefert der Hauptmann ihn wie einen Sack Mehl ab.

»Hier ist er, Herr, gesund und wohlauf. Ein wenig durcheinander, scheint es, aber das geht auch wieder vorbei.«

»Und Jake de Wyn?« fragt Du Guesclin barsch.

»Er hat sich auch verzogen, mit seinem ganzen Haufen. Es war eigentlich gar nichts los, ich brauchte nicht einzugreifen. Das Gesindel hat keine Gelegenheit bekommen, auch nur eine Kupfermünze zu stehlen.«

»Das ist gut. Aber was ist mit Matthis geschehen? Er sieht aus wie ein Geist.«

»Das müßt Ihr ihn selbst fragen, Herr. Ihm scheint irgend etwas widerfahren zu sein, aber verletzt ist er nicht. He, Matthis, so sag doch was!«

»Laß mich in Ruhe«, fährt der Herold auf. Er läßt sich auf eine Bank fallen und stützt den Kopf in beide Hände. Dann schaut er plötzlich wie ein weidwundes Tier auf.

»Ich kam zu spät«, schreit er Du Guesclin an. »Sie hatten sie gerade mit dem Sohn von Juan Mercal getraut. Sie kamen aus der Kirche in dem Moment, da ich... da wir... Ich kam zu spät, Bertrand, zu spät!«

»Ja, ja, ich bin ja nicht taub. Die schlauen Bürger sind dir zuvorgekommen, und das ist gut so. Als du heute morgen nirgends zu finden warst, vermutete ich schon, daß du die eine oder andere Verzweiflungstat begehen könntest. Darum schickte ich Clopin auf den Weg. Ich kann nicht erlauben, daß mein Herold unschuldige Bürger belästigt. Du glaubst doch nicht, daß ich für dich eine Ausnahme dulde? Recht ist Recht!«

Matthis schweigt.

»Es ist gut, Clopin, du kannst gehen. Ich werde diesem jungen Heißsporn schon klarmachen, daß er solche Dummheit nicht noch einmal begehen kann. Das muß man sich einmal vorstellen, eine Kompanie zusammentrommeln, um ein Mädchen zu entführen...«

Aber sobald Clopin außer Sichtweite ist, hört Du Guesclin mit den Vorwürfen auf und legt seinem Herold die Hand auf die Schulter.

»Kopf hoch, Freund. Versuch das Mädchen zu vergessen, wir haben andere Dinge im Kopf. Aus Sevilla ist ein Kurier gekommen. Die Stadt ist im Aufstand. Die Bürger haben Peter den Grausamen vertrieben, und die Tore von Sevilla stehen weit offen für König Heinrich. Wir ziehen so bald wie möglich los...«

Matthis gibt keine Antwort. Was kann ihn das interessieren? Ohne Rosita ist die Welt leer und die Mühe, sie zu erobern, nicht wert. Bertrand Du Guesclin blickt noch ein Weilchen auf seinen Vertrauten, dann aber verliert er die Geduld und brüllt:

»Narr! Marie-Claire, eine schwache Frau, zeigt mehr Lebensmut als du. Hattest du erwartet, dir würde menschliches Leid erspart bleiben?«

Das hilft. Seine Pflegemutter verlor ihren geliebten Mann und setzte sich darüber hinweg, indem sie sich in die Arbeit stürzte. Das scheint das einzige Heilmittel, der einzige Ausweg zu sein, begreift Matthis. Er atmet tief durch, sammelt seinen letzten Rest Energie und nickt.

»Sag nur, was du für mich zu tun hast«, murmelt er gefaßt.

20

DER PRINZ VON WALES GREIFT EIN

Sevilla! Es ist eine fröhliche Stadt, orientalisch in der Lebensauffassung und in den Wintermonaten nicht so rauh wie Saragossa oder Burgos. Dem kleinen Robert gefällt es hier ganz großartig. Wie ein Goldfasan stolziert er durch den Winterpalast. Er blinzelt schlanken Mägden zu, die herzlich über ihn lachen. Er spielt Verstecken mit den Kindern der Höflinge, und einen Tag später spielt er Schach mit dem Baron, der ihn ein Wunderkind nennt. Er bedient am Tisch, wenn König Heinrich ein Fest gibt, kurzum: Er hat viel zu tun, und er wird sehr verwöhnt. Er kommt zu der trostreichen Entdeckung, daß es seine Vorteile hat, fast nicht zu wachsen, während sich der Verstand entwickelt. Niemand erwartet etwas von so einem Winzling. Wenn er dann zeigt, was er alles kann, sind die Zuschauer stumm vor Überraschung. Trotz seiner Sorglosigkeit entgeht ihm kaum etwas von dem, was rings um ihn geschieht. Seine Pflegemutter hat im linken Flügel des Palastes zwei schöne Zimmer bezogen, die Verbindung haben zu den Gemächern des Königs. Die Unterhaltungstruppe ist aufgelöst worden. Die Musikanten, Wahrsagerinnen und Akrobaten sind mit Dankesworten und gutem Lohn entlassen worden. Einige sind nach Frankreich zurückgekehrt, andere sind geblieben und versuchen, ihr Brot in Kastilien zu verdienen. Die Truppen...

Diesen Plündererbanden verdankt Heinrich II. seinen Thron. Aber Kastilien hat genug von den Banditen. Ihre Zahl ist zu groß, sie alle in festen Dienst zu nehmen, außerdem kosten sie zuviel. Auf Vorschlag von Bertrand Du Guesclin entläßt der Bastard sie nicht alle miteinander, sondern Trupp nach Trupp. Marie-Claire sieht sie mit Bedauern gehen. Und zwar nicht, weil sie die Kerle so lieb gewonnen hätte, sondern weil sie fürchtet, daß die Kompanien geradewegs nach Frankreich zurückgehen werden. Das scheinen sie auch vorzuhaben: Kompanie um Kompanie geht nach Norden. Aber der Winter ist inzwischen ins Land gekommen, sie nehmen nicht alle den gleichen Weg, und manche kleinere Truppe fällt aufgebrachten Kastiliern in die Hände, die kurzen Prozeß mit ihnen machen.

Der Winter in Saragossa, der Feldzug, die Eroberung von Toledo, und nun der Rückweg haben ihre Reihen gelichtet. Werden die Überlebenden sich erneut auf das französische Königreich stürzen? Nein!

Auf ihrem Weg zu den Pyrenäen erreicht sie das Gerücht, daß der Prinz von Wales in der Gascogne ein großes Heer aufbaut. Was hat er vor? Will er Frankreich angreifen, bereitet er einen Kriegszug nach Neapel vor, will er Mallorca erobern? Es kümmert Hauptleute wie Hugh de Calverley, James le Pipe und Jake de Wyn nicht, was sich der Kronprinz in den Kopf gesetzt hat, wenn es nur ein Unternehmen ist, das gutes Geld einbringt, das ihren Mannschaften reiche Beute verspricht, dann treten sie gern in den Dienst der Gascogner. Also schwenken sie ab, Richtung Bordeaux...

Bertrand Du Guesclin geht mit Matthis Cuvelier und Clopin für einen kurzen Aufenthalt nach Frankreich. Als er im Februar nach Sevilla zurückkehrt, weiß schon die ganze Welt, wofür der Prinz von Wales ein Heer aufstellt. Nachdem er von seinen Untertanen aus Sevilla vertrieben wurde, ist Peter der Grausame nach Portugal ausgewichen. Dort wurde er allerdings auch nicht gerade herzlich empfangen, und für kurze Zeit sah es so aus, als sei die Rolle des Tyrannen auf immer ausgespielt. Doch ein treuer Bundesgenosse ist ihm geblieben: Eduard von Woodstock, Prinz von Wales, Thronfolger Englands.

Der Prinz von Wales herrscht über Aquitanien, mit der Hauptstadt Bordeaux, und über die umliegenden Provinzen, die im Jahre 1360 beim Frieden von Brétigny ebenfalls an England fielen. Der Prinz von Wales, ein gefürchteter Feldherr, ist sehr entrüstet über die Ereignisse in Spanien. In seinen Augen ist Peter der Grausame immer noch der rechtmäßige König, und er weigert sich, den Bastard als neuen Herrscher über Kastilien anzuerkennen. Mehr noch: Er hat ein englisches Kriegsschiff zur Hafenstadt La Coruna geschickt, die den geflohenen Peter an Bord nimmt und nach Aquitanien bringt. Natürlich verbirgt sich hinter dieser Handlung die höhere Politik und nicht nur die moralische Entrüstung, die der Prinz von Wales so gern in der Öffentlichkeit zur Schau trägt. Eduard von Woodstock hat klar erkannt, daß sein unmittelbarer Nachbar Karl V. im Begriff ist, Frankreich wieder auf die Beine zu helfen, und daß er in gar nicht mehr so ferner Zeit versuchen wird, die an England verlorenen französischen Gebiete zurückzuerobern. Die Unterstützung, die Karl V. dem Bastard gewährte, hatte nur zum Ziel, auf der anderen Seite der Pyrenäen, im Rücken des Prinzen von Wales, einen starken Bundesgenossen zu haben. Dem Prinzen von Wales gefällt es überhaupt nicht, in die Enge getrieben zu werden. Hauptsächlich deshalb holt er Peter nach Bordeaux und verspricht ihm, sein Königreich wieder zu erobern.

Als Gegenleistung verspricht Peter dem englischen Kronprinzen reiche Schätze. Eine halbe Million Goldstücke hat er dafür übrig, wieder auf den Thron zu kommen; und bezahlen wird er, wenn die Rückeroberung Tatsache geworden ist. Bis dahin wird der Prinz von Wales die Kosten des Feldzuges vorstrecken müssen.

Don Heinrich ist froh darüber, daß Du Guesclin auf Befehl von Karl V. nach Sevilla zurückgekommen ist und ihm helfen wird, den drohenden Einmarsch abzuwehren. Bertrand Du Guesclin ist jedoch anderer Meinung.

»Immer die verdammte Politik«, schimpft er. »Die Kompanien, die wir mit so viel Mühe aus Frankreich herausbekommen haben, dienen nun dem Prinzen von Wales. Das heißt, daß wir die Männer, mit denen wir gut anderthalb Jahre lang Seite an Seite gekämpft haben, jetzt gegen uns haben werden.«

»Ich werde mit Vergnügen auf das Gesindel einschlagen«, sagt Rolin Bodin übermütig.

König Heinrich, der sich der drohenden Gefahr bewußt ist, hat andalusische Soldaten hinzuziehen müssen. An einem warmen Februartag stellt er Bertrand Du Guesclin diese Truppen vor. Mit dem kleinen Robert, Matthis und Rolin besichtigt Bertrand das neue Heer. Der kleine Robert kann dem Rücken seines Herrn ansehen, wie unzufrieden der ist.

»Sire, das sind höchstens fünfzehnhundert Mann.«

»Zusammen mit Euren bretonischen Reitern sind es zweitausend, Freund«, antwortet der König nicht ohne Stolz. »Es sind Andalusier reinster Abstammung, unter ihnen gibt es nicht einen einzigen Mauren.«

»Und wenn tausend Mauren dabei wären, das würde mir nichts ausmachen«, brummt Du Guesclin. »Diese Männer sind zu leicht bewaffnet. Sollen wir es mit ihnen aufnehmen gegen englische Bogenschützen, berittene Gascogner und die Kompanie von Hugh de Calverley? Ihr wißt, was die Kerle wert sind...«

»Die Großmeister von Santiago haben mir auch ihre Unterstützung zugesagt«, beruhigt der Bastard.

Der Orden der Großmeister von Santiago besteht aus einer Anzahl von sehr hohen kastilischen Edelleuten. Einer wie der andere haben sie lange Namen, lange Gesichter, lange Zehen... Auf Bertrand Du Guesclin schauen sie herab wie auf einen Abenteurer. Seine Bretonen sind für sie Söldner. Und es wird Bertrand sofort klar, daß diese hohen Herren nur von ihrem König Befehle anzunehmen wünschen.

»Und wenn ich Euch zum Konnetabel ernennen würde, Freund, sie würden dennoch fordern, daß ich das Heer führe«, sagt der Bastard mit leichtem Bedauern. »Aber ich kann nicht auf ihre Unterstützung verzichten.«

Bertrand brummt in seinen Schnauzbart. Er ist daran gewöhnt, von vornehmen Edelleuten an die zweite Stelle gesetzt zu werden. Aber das gefällt ihm ganz und gar nicht.

»Hätte König Karl V. mir nicht ausdrücklich befohlen, Euch zu helfen, Sire, würde ich ebenfalls meine Forderungen stellen«, sagt er barsch.

Matthis und Rolin Bodin wechseln einen Blick. Ihnen ist klar, daß Don Heinrich nicht so fest auf dem Thron von Kastilien sitzt wie viele meinen. Die Königin wagt es nicht einmal, nach Sevilla zu kommen; sie wohnt lieber unbedroht in Narbonne. Oder ist sie ihrem untreuen Mann böse? In Spanien hält sich der Adel an alte Sitten. Die Edelleute wollen zwar für den König kämpfen, jedoch nicht, wenn das Heer von einem Franzosen geführt wird.

Anfang März kommt König Heinrich mit seinem Heer in Burgos an. Kuriere haben ihm gemeldet, daß der Prinz von Wales die Pyrenäen überquert hat und über Navarra auf Logrono vorrückt. Es ist klar, daß der Feind von dort aus der gleichen Route folgen wird, die seinerzeit Du Guesclin genommen hat: Direkt nach Burgos. Auf Bitte von König Heinrich ist auch Marie-Claire zur nördlichen Hauptstadt mitgekommen. Sie ist immer noch sein Maskottchen, die Frau, die ihm Glück bringen muß. Manchmal fragt sich der Bastard, ob die magische Kraft, der er seine Erfolge zu verdanken hat, von ihr ausgeht von der Perle, die sie trägt. Sind doch die Frau und die Perle unzertrennlich. So bringt der König sie in einem Herrenhaus in der Stadt unter. Aber als er sie besucht und ihr sagt, sie solle sich reisefertig machen, denn in zwei Tagen würden sie dem englisch-gascognischen Heer entgegengehen, schüttelt sie mit Bestimmtheit den Kopf.

»Ich möchte bei dem Aufeinandertreffen nicht dabei sein, Sire«, sagt sie ruhig.

»Liebe Freundin, erzählt mir nicht, Ihr hättet Angst! Angst habe ich bei Euch nie feststellen können«, ruft er überrascht.

»Ich bin eine Frau, Sire.«

»Gott sei Dank.«

»Es ist nicht üblich, daß eine Frau an einer Feldschlacht teilnimmt.«

»Das verlangt auch niemand von Euch. Ich hoffe nur, Ihr werdet anwesend sein.«

»Nein, Sire«, antwortet Marie-Claire klar. »Ich möchte nicht noch einmal mit dem Elend sterbender Soldaten konfrontiert werden, mit ihrer Angst und ihrem Leiden unter der heißen Sonne. Diese Schrecken könnt Ihr mir nicht zumuten.«

König Heinrich hat ihre Dickköpfigkeit noch nicht kennengelernt. Er ist verblüfft.

»Liebe Marie-Claire, ich bestehe darauf, daß Ihr mitgeht. Ihr braucht Euch nach der Schlacht nicht um die Verwundeten zu kümmern, das tun meine Bader.«

»Mein Beschluß steht fest, Sire.«

»Ihr widersetzt Euch meinen Befehlen?« ruft er aus.

»Don Heinrich, ich bin nicht Euer Untertan. Und noch weniger bin ich Euer Eigentum. Ich sage Euch noch einmal, daß ich nicht dabei sein möchte bei einem erneuten grausamen Menschenmorden. Ich habe in meinem Leben genug Blutvergießen gesehen, und ich hasse es. Ich sehne mich nach Hause.«

»Ihr wollt zurück nach Frankreich?« fragt der König erschrocken. »Marie-Claire, das könnt Ihr mir nicht antun. Ich… Ich erlaube das nicht.«

»Bin ich Eure Gefangene, Sire?« fragt sie liebenswürdig.

»Madre Dios, nein! Aber… Ihr bringt mir Glück.«

Er sieht sie an, schaut auf die Perle. Wer von den beiden ist Glücksbringer? Oder ist es die zauberhafte Einheit der schönen Frau und des kostbaren Kleinods?

»Das ist Aberglaube, Sire. Ich bringe niemandem Glück. Ich lockte die Truppen nach Spanien, um mich an ihnen rächen zu können. Ich bekam meine Rache, und es war schrecklich. Auch die Plünderer meinten, ich würde ihnen Glück bringen; im Klostergang in Toledo, wo sie vor Schmerzen schrien, da haben sie begriffen, wie sehr sie betrogen worden waren. Ich kann nicht fortfahren mit diesem Betrug. Ich will nicht noch einmal sehen, wie sich blutende Männer in Staub und Schmutz winden, wie sie für die Machtträume von Königen sterben müssen.«

»Liebe Freundin, macht Euch mit Eurem hübschen Köpfchen doch nicht so schwere Gedanken«, meint der Bastard.

Sie lächelt ihn an, doch ihre Augen bleiben kalt. Wieder ein Mann, der ihr das Denken zu verbieten versucht, der glaubt, Herr ihres Schicksals sein zu können. König oder Handwerker – in der ganzen Welt sind die Männer gleich…

»Sire«, sagt sie, »ich werde in Burgos auf Euch warten. Wenn Ihr als Sieger zurückkehrt, werde ich Euch aus vollem Herzen beglückwünschen und nach Frankreich zurückkehren, wo mein Zuhause ist. Solltet Ihr unverhofft eine Niederlage erleiden, werde ich für Euch beten. Aber was das Schicksal auch mit Euch vorhaben mag: Am Ende des Sommers gehe ich. Auf immer. Ich habe Heimweh.«

»Lieber Himmel, Marie-Claire, bin ich Euch denn so gleichgültig?« stößt er hervor.

»Sire, Ihr seid mir sehr angenehm.«

Das klingt so kalt, daß er zusammenzuckt.

»Nicht mehr?«

Sie schweigt.

»Ihr seid undankbar, Marie-Claire«, flüstert er vorwurfsvoll.

Ja, denkt sie stumm, eigentlich hat er recht. Er ist gut zu mir gewesen. Er hat mich geliebt, mir über meinen großen Schmerz hinweggeholfen. Aber ich will zurück nach Hause. Ich habe jetzt keine Angst mehr vor den Erinnerungen an Berton de Fleur, ich kann sie ertragen.

Unverhofft wird sie wieder zugänglicher. Sie lächelt sogar und sagt: »Nein, ich bin noch nicht weg. Wir sollten nicht so feierlich werden, wir sollten an diesem letzten Abend ein Glas Wein auf die Zukunft trinken. Ich kann ja doch nichts dagegen tun, daß ich Heimweh habe.«

Der König nickt und seufzt tief. Wie schon viele Männer vor ihm, schaut er voller Achtung auf Gottes Schmetterling, die Frau, die es nicht ertragen kann, daß andere für sie entscheiden. Sie wirkt so lieb, zart und fügsam. Aber wer glaubt, sie beherrschen zu können, beißt sich die Zähne an einem Felsen aus. Er versteht das nicht ganz, so eine Frau paßt eigentlich nicht in sein Weltbild. Dennoch hängt er sehr an ihr, will er sie bei sich halten, um sich sicher zu fühlen...

Auch wenn er dieses Mal wieder der Untergebene ist, seinen Schlachtplan hat Bertrand Du Guesclin bereits fertig. Westlich von Logrono, erinnert er sich, liegt ein geeigneter Ort, um ein vorrückendes Heer aufzuhalten: Najera. Das ist eine kleine Stadt am Flüßchen Najerilla, und hinter dem Städtchen erheben sich steile Felsen, die Aussicht bieten auf die Straße, die Brücke und die zu durchwatenden Stellen. Fast senkrecht erheben sich die Felsen am Flußufer, nach hinten fallen sie leicht ab. Wer sich oben verschanzt, beherrscht das ganze Tal, und dann kann keine Maus mehr hindurch. Wenn sie sich beeilen, können sie eher in Najera sein als der Prinz von Wales. Und Bertrand ist schnell. König Heinrich, dem bewußt ist, daß jetzt alles auf dem Spiel steht, ist sehr zufrieden mit dem von Du Guesclin vorgeschlagenen Gelände und verteilt seine kleine Truppe über die schroffen Hügel.

Sobald sie ihr Lager aufgeschlagen haben, reitet Du Guesclin los, begleitet von seinem merkwürdigen Gefolge: Matthis, Rolin Bodin und dem kleinen Robert. Der Page ist ganz aufgeregt. Neben seinem Herrn reitend hält er Ausschau über das Städtchen am Fuß der senkrechten Abhänge, über den Fluß, der vom Frühjahrsregen breit angeschwollen ist, und über das grüne Land am anderen Ufer: Es ist offenbar Weideland, das übersät ist mit Erlenbüschen. Sogar Matthis Cuvelier scheint bei diesem Anblick wieder aufzuleben. Er vergißt alle Hochachtung und schlägt Bertrand kräftig auf die Schulter.

»Mann, das ist gewaltig«, jubelt er. »Hier kommt nicht einmal der Prinz von Wales durch. Das kostet ihn mindestens viertausend Mann, uns aus unseren Stellungen zu vertreiben. Und wir können ihn meilenweit ankommen sehen.«

Du Guesclin nickt zufrieden.

»Als wir hier vergangenes Jahr vorbeikamen, fiel mir die Landschaft schon auf«, sagt er. »Ich habe mich damals gefragt, warum Peter der Grausame nicht auf den Gedanken gekommen ist, uns auf diesen Hügeln aufzulauern und den Weg abzuschneiden, statt in Burgos zu bleiben und dann das Weite zu suchen.«

»Ich möchte wetten«, sagt Rolin Bodin, »Peter der Grausame wußte nicht einmal, wie sein Land aussieht.«

Er deutet auf die Weideländer auf dem anderen Ufer.

»Das ist schönes flaches Land für eine Feldschlacht«, sagt er und denkt an Cocherel.

»Ja«, sagt Bertrand, »wenn einer so dumm ist und sich nach unten locken läßt. Aber den Gefallen werde ich dem Prinzen von Wales nicht tun. Laß sie nur die Hänge stürmen. Hier kann man mit fünfzig Mann ein ganzes Heer aufhalten.«

Der kleine Robert zieht ihn am Ärmel. Jetzt, da er den Befehlshaber in guter Laune sieht, traut er sich.

»Darf ich auf Erkundung gehen?« bettelt er.

»Hm... ja, traust du dich denn?«

»O ja!«

»Ich möchte gern wissen, wie weit der Prinz von Wales schon ist, wie groß sein Heer ist...«

»Ich gehe schon«, ruft der kleine Robert, vor Aufregung ganz zappelig. Lachend blickt Du Guesclin auf den kleinen Prahlhans.

»Nicht so«, sagt er. »Du wirst dich als Bauernjunge verkleiden. Und solltest du Chandos unverhofft doch in die Hände fallen, dann bist du nur ein verirrtes Kind, das kein Wort französisch spricht und überhaupt nicht begreift, was los ist.«

»Die bekommen mich nicht zu sehen«, prahlt der kleine Robert.

»Wir wollen's hoffen.«

21

DER UNSICHTBARE

Am nächsten Morgen zieht der kleine Robert, verkleidet als Bauernjunge, los. Er braucht nicht weit zu reiten, der Prinz von Wales ist schon ziemlich nahe. Einige Meilen von Najera hat er sein Lager aufgeschlagen und die Unterführer zum Kriegsrat zusammengerufen. Auch er verfügt über Kundschafter, und die haben ihm bereits erzählt, welche vorteilhaften Stellungen die kleine Truppe des Königs Heinrich eingenommen hat.

Der kleine Robert versteckt sein Pferd in einem Wald, sammelt ein Bündel Zweige, unter dem er bald verschwindet, und mit dieser Ladung Brennholz auf dem Rücken marschiert er seelenruhig ins feindliche Lager. Niemand achtet auf den Jungen. Die Posten halten ihn für einen kleinen Knecht und lassen ihn ungehindert durch. Wenn jemand etwas zu ihm sagt, auf englisch oder französisch, schaut er hilflos auf und tut so, als verstünde er kein Wort. Er hat nur Angst davor, Soldaten der Kompanien zu treffen, die ihn trotz seiner Verkleidung erkennen könnten. Darum hat er sein Gesicht schmutzig gemacht und hält den Kopf so gut es geht unter seiner Holzladung verborgen. Wer sollte bei dem schleppenden, zerlumpten Bengel an den Kunststücke machenden Pagen von Du Guesclin denken?

Seine scharfen Augen haben schon den reich verzierten Pavillon des englischen Kronprinzen entdeckt, und in diese Richtung geht er auch weiter, schleppend und ächzend. Nicht weit vom Pavillon entfernt ist die Küche des Prinzen: Eine aus Steinen gebaute Kochstelle, neben der schon eine Menge Brennholz liegt. Drei Köchinnen sind damit beschäftigt, die Mahlzeit der Hauptleute zu bereiten. Sie lachen kurz auf, als der kleine Robert seine Zweige mit einem Seufzer vor ihren Füßen fallen läßt.

»Donnerwetter, für so einen kleinen Floh bist du aber ganz schön stark«, sagt eine der Frauen in der Mundart der Gascogne. Einen kurzen Augenblick lang ist der kleine Robert versucht, sich stolz auf die Brust zu schlagen, doch dann denkt er wieder daran, für wen man ihn hier zu halten hat.

»Questo?« fragt er mit dünner Stimme.

»Der Bengel versteht dich nicht, Mathilde«, sagt eine andere Köchin. »Das ist irgend so ein junger Bauernknecht aus der Gegend hier.«

Die Frau reicht ihm auf der Messerspitze ein Stückchen gebratenes Fleisch. »Hier, nimm nur«, sagt sie gutmütig, als sie sieht, daß das Kind zögert und scheinbar verlegen wird. »Das ist Rehrücken, das kriegst du nicht jeden Tag.«

Aus den Augenwinkeln sieht der kleine Robert, wie Ritter in voller Rüstung in den Pavillon des Prinzen von Wales gehen. Wer kann das sein? Offensichtlich versammeln sie sich zu einer Besprechung. Könnte er doch dabei sein! Vorsichtig nimmt er das Fleisch und schnuppert daran.

»Der Bengel hat Angst, wir könnten ihn vergiften«, kichert die Frau. »Der arme Racker hat so etwas in seinem ganzen Leben noch nicht zwischen den Zähnen gehabt.«

Zögernd steckt sich der kleine Robert den Fleischbrocken in den Mund, macht dann ein überraschtes Gesicht, kaut eifrig. Die Frauen stehen lachend um ihn herum. »Das schmeckt, he?« sagt Mathilde zufrieden. Der kleine Robert, der ganz in seiner Rolle aufgeht, murmelt etwas auf kastilisch und richtet dann den Blick voller Verlangen auf den großen Eisentopf, der über dem Steinherd hängt. »Er möchte mehr!« kreischt eine der Frauen. »Nein, Bürschchen, du kriegst nichts mehr. Das ist kein Futter für arme Leute, das ist Ragout für die hohen Herren.« Einen Moment noch bleibt der kleine Robert erwartungsvoll stehen, als hoffte er, sie würden ihm noch ein Häppchen zustecken. In Wirklichkeit überlegt er fieberhaft. Wie kommt er in den schwerbewachten Pavillon?

Die geschäftigen Frauen jagen ihn weg, necken sich dabei untereinander. Offensichtlich tief enttäuscht, daß er nichts mehr bekommt, schlurft der Junge davon. Nicht zu weit, denn jetzt kommt es darauf an. Ohne Schwierigkeiten ist er in seiner Verkleidung ins Lager gekommen, und er hat festgestellt, daß alle ihn für einen bettelarmen Knecht halten: Klein, mager und ungefährlich. Das ist gut so. Aber was wird dort im Pavillon des Prinzen besprochen? Das muß er in Erfahrung bringen.

Er weiß, wie königliche Zelte in einem Heereslager errichtet werden: gestützt auf runde Pfähle, mit rechteckigen Wänden aus gestreifter, starker Zeltleinwand, mit schräg abfallendem Dach, verziert mit Fähnchen und Fransen. Vor allen Öffnungen hängen schwere Vorhänge, auf dem Boden liegen Teppiche, drinnen stehen zusammenklappbare Tische und Stühle. Und an die Zeltwände sind Fahnen gelehnt, eisenbeschlagene Kisten stehen davor… Ein reinblütiger Prinz, der in den Krieg zieht, nimmt eine ganze Menge Gepäck mit!

Schnell schaut er sich um, niemand achtet mehr auf ihn. Vor dem vorderen und hinteren Eingang stehen bewegungslose Posten mit Hellebarden, die unbeweglich geradeaus starren. Jeder Eingang hat so etwas wie einen Durchgang mit Wänden aus Zeltleinwand, die durch Vorhänge abgesperrt sind. Auch da stehen Posten: Es ist nicht möglich, an den Prinzen von Wales heranzukommen, ohne an einer ganzen Reihe von Soldaten vorbei zu müssen. Sogar für einen unschuldig aussehenden kleinen Jungen ist das ausgeschlossen.

Dann eben einfach durch die Seitenwand!

Das gewaltige Zelt ist mit Seilen und Pflöcken in der mit Gras bewachsenen, aber weichen Erde verankert. Scheinbar gleichgültig läuft der kleine Robert umher, aber in einem Moment, da niemand auf ihn achtet, wagt er es, an den Pflöcken zu ziehen. Er bekommt sie nicht aus der Erde. Wieder schaut er sich um und holt dann den Dolch hervor, den er tief unter seiner Kleidung verborgen trägt. Blitzschnell schlitzt er die Zeltleinwand auf und zwängt sich hindurch. Er rechnet damit, daß der Pavillon doppelwandig ist. Ja, er hat sich nicht getäuscht. Mit pochendem Herzen wirft er sich in dem engen Raum zwischen den beiden Zeltwänden auf den Boden und bleibt still liegen. Auf der anderen Seite der Wand hört er Stimmen. Laute, fast wütende Stimmen. Offenbar sind die Herren sich nicht einig.

Dem kleinen Robert ist das große Wagnis, das er eingegangen ist, sehr wohl bewußt. Die Wachen können jeden Moment den Schlitz in der Seitenwand entdecken, oder sich fragen, was das für eine seltsame

Ausbuchtung ist... Wenn sie ihn schnappen, werden sie keine Gnade kennen, auch nicht für einen dummen Bauernknecht. Vorsichtig rappelt er sich auf, kniet sich hin und hält mit einer Hand so gut er kann den Schlitz in der Zeltwand zu. An seiner anderen Seite kann er etwas Hartes fühlen, und darüber ist er ganz froh, denn ihm ist klar, daß das eine der schweren Gepäckkisten sein muß. Innerlich sagt er ein Stoßgebet auf, sticht mit dem Dolch genau über der Kiste ein winziges Loch in die Zeltwand und drückt dann ein Auge darauf. Zuerst sieht er nichts, dann begreift er, daß er einem Mann auf den Rücken starrt, der auf der Kiste sitzt. Der Mann spricht gerade, und zwar französisch mit einem starken kastilischen Akzent. Der kleine Robert hält den Atem an: Das muß Peter der Grausame sein.

»Ich will meinen elenden Bastardbruder mit eigenen Händen erwürgen!« schreit der Mann.

»Ruhig, Freund«, antwortet eine höfliche Stimme. »Ihr werdet Eure Rache bekommen, das verspreche ich Euch.« Der kleine Robert vermutet, daß das die Stimme des Prinzen von Wales ist.

Dann mischt sich eine dritte Stimme in das Gespräch, und die läßt den Jungen zwischen den Zeltwänden zusammenzucken, denn sie erinnert ihn stark an die gebrochene, dröhnende Stimme von Bertrand Du Guesclin:

»Sire, so sehr ich mir Eure Wut auch vorstellen kann, wir werden Geduld haben müssen. Die Stellungen, die der Bastard im Hügelland hinter Najera bezogen hat, sind uneinnehmbar. Ich schlage vor, daß wir eine weite Umgehungsbewegung machen...«

»Das kostet uns Wochen«, brüllt Peter der Grausame. »Wofür all die Vorsicht? Najera ist ein unbedeutendes Städtchen. Unser Heer ist viel größer und besser bewaffnet als das des Bastards. Was kann es mich interessieren, wie viele Menschen es kostet, ihn aus seiner Stellung zu verjagen? Ich will meinen verdammten Bruder in die Finger bekommen, ich will ihm die glatte Zunge rausreißen, ihm das Herz aus der Brust reißen! Ich will...«

»Ich weiß, Sire«, sagt die schwere Stimme kühl. »Aber da werden wir wohl erst seine Truppe schlagen müssen, und das ist nicht so einfach. Er ist uns zuvorgekommen, so daß er die Hügel besetzen konnte. Ich glaube, Du Guesclin hat ihn auf dieses günstige Gelände aufmerksam gemacht, das ist nämlich bezeichnend für den Bretonen, sich auf einer Höhe zu verschanzen und im Hinterhalt zu liegen.«

»Ich verlange, daß wir sehr bald angreifen«, schreit Peter wild.

»Wenn wir das tun, werden wir den größten Teil unserer Männer verlieren, Sire«, dröhnt die schwere Stimme wieder.

Und dann ist wieder die höfliche Stimme zu hören:

»Messire Chandos, wir sollten uns nicht streiten. Wir werden den ehrenvollsten Weg gehen. Wir schicken Don Heinrich eine Aufforderung, uns auf dem Weidegebiet vor Najera eine Schlacht zu liefern, also auf dieser Seite des Flusses. Meine Kundschafter haben mir berichtet, dort sei flaches und weiches Gelände.«

Der kleine Robert hält den Atem an. Chandos! Der General, der bei Auray seinen Herrn geschlagen hat, ist auch dabei! Der Page ist lange genug bei Du Guesclin im Dienst, um zu wissen, daß John Chandos ein hervorragend begabter Feldherr ist, vor dem Bertrand große Achtung hat. Wenn Du Guesclin erfährt, daß sein Gegenspieler Chandos sein wird, wird er besonders auf der Hut sein. Plötzlich ergreift einer das Wort, dessen Stimme der kleine Robert aus Tausenden erkennen würde: Hugh de Calverley:

»Und glaubt Ihr, daß ein Mann wie Du Guesclin auf so eine Herausforderung eingehen wird? Das wird er nicht tun! Ich kenne Du Guesclin! Der macht keine dummen Fehler.«

»Ich kenne ihn auch«, fällt John Chandos ein, »und gerade darum mahne ich zur Vorsicht.«

Jetzt rufen mehrere Stimmen gleichzeitig etwas, so daß der kleine Robert nicht mehr folgen kann. Dann übertönt plötzlich die höfliche Stimme alle anderen: »Meine Herren, meine Herren...« Danach wird es wieder ruhiger. Der Prinz von Wales (denn der muß es sein) fährt fort: »Auf alle Fälle werde ich es zuerst mit einem Ultimatum versuchen. Weigert sich der Bastard, unserer Herausforderung Folge zu leisten, können wir uns immer noch überlegen, ob es die Mühe wert ist, einen großen Umweg zu machen, oder ob wir uns den Durchgang bei Najera freikämpfen müssen.«

»Da kommen wir im Leben nicht vorbei«, brummt John Chandos.

»Wir werden sehen, meine Herren. Knappe, rufe meinen Sekretär.«

Für den kleinen Robert wird es immer schwieriger. Er sitzt in sehr unbequemer, gekrümmter Haltung. Die Hand, mit der er den Schlitz in der Zeltwand zuhält, wird gefühllos, die Füße schlafen ein, im Nakken schmerzen die Muskeln. Er muß sehen, daß er wegkommt. Vielleicht ist jetzt der günstige Moment; der Prinz von Wales diktiert sein Ultimatum, die anderen unterhalten sich noch aufgeregt – aber gleich ist Mittagszeit, und dann werden Dutzende von Männern ein und aus und um das Zelt laufen...

Ganz langsam dreht er sich um, späht durch den Schlitz. Er sieht einen Schildknappen weglaufen, und hinter einem Pferdestall kommen vier Banditen aus der Kompanie von Jake de Wyn zum Vorschein. Die würden ihn bestimmt erkennen, wenn er ihnen über den Weg liefe. Erschrocken geht der Junge wieder in Deckung. Ihm ist warm zwischen den Zeltwänden, er möchte weglaufen, sein Pferd suchen, aufspringen und die Haare in der frischen Frühlingsluft flattern fühlen. Der Rauch aus dem Steinherd weht zu ihm herüber, kitzelt ihm in der Nase. Oh, wenn er nur nicht niesen muß...

Der Rauch bringt ihn auf eine Idee. Davon muß er Gebrauch machen! Jetzt! Blitzschnell zwängt sich der kleine Robert durch den engen Schlitz, verbirgt den Dolch unter den Kleidern, bückt sich, schleicht weg. Er wagt es nicht, den Blick zu heben oder sich umzuschauen. Oh, wie gut, daß das Feuer so qualmt, da hat jemand gewiß unbeabsichtigt ein nasses Stück Holz aufgelegt. In dem Augenblick, als er aus der Rauchwolke heraustritt, legt sich eine Hand auf seine Schulter. Ihm ist, als bliebe sein Herz stehen.

»Strolchst du hier immer noch herum, Bengel?« fährt ihn eine Frauenstimme an. »Hole noch eine Ladung Brennholz für mich, dann habe ich noch was Leckeres für dich.«

Scheu schaut der kleine Robert zu ihr auf. Es ist Mathilde. Sein Herz hämmert wieder gegen das Brustbein, die Knie zittern ihm. Die Frau achtet nicht darauf, sie deutet auf den Berg Zweige neben dem Herd. »Holz«, sagt sie nachdrücklich, »noch viel mehr. Verstehst du mich?« Der kleine Robert verzieht sein schmutziges Gesicht zu einem schiefen Lächeln. Er deutet fragend auf die Zweige, nimmt dann eine Haltung ein, als trüge er etwas Schweres auf dem Rücken, stößt ein paar Laute aus. Die Frau nickt erleichtert. Der kleine Robert nickt ebenfalls, tut so, als wäre er froh, sie verstanden zu haben, macht einen Luftsprung und rennt davon.

Gott sei Dank, sie sehen in ihm immer noch das bettelnde Kind, das kleine Aufgaben übernimmt. Scheu wie ein aufgescheuchtes Wiesel rast er von Zelt zu Zelt, zick-zack durch das große, unordentliche Lager. Jede Gelegenheit der Deckung nutzt er aus, ohne sich allzu verdächtig zu machen. Ein paarmal sieht er ein bekanntes Gesicht, und dann wird ihm kalt vor Angst, aber immer wieder übersehen die Kerle ihn. Auf so einen kleinen, schmutzigen Knecht achten sie nicht, von denen laufen hier viele herum, und alle hoffen, etwas verdienen zu können.

Doch dann, als er unbemerkt und sehr erleichtert in das Wäldchen kommt, wo er sein Pferd versteckt hat, bemerkt er, daß das Tier verschwunden ist. Hatte er es nicht gut angebunden? Oder haben umherstreifende Soldaten das Pferd gefunden, losgebunden und mit ins Lager genommen? Er gönnt sich nicht die Zeit, es zu suchen. Die paar Meilen nach Najera geht er zu Fuß, keuchend und schwitzend, so schnell seine kurzen Beine ihn tragen können. Als er gut eine Stunde später aus den Erlenbüschen am Weideland kommt, sieht er den Schildknappen Rolin Bodin über das flache Land traben.

»Rolin!« ruft er. Der Schildknappe kommt sofort zu ihm. »Ha, bist du endlich zurück. Wo ist dein Pferd?«

»Gestohlen«, keucht der kleine Robert. »Schnell, bring mich zu Ritter Du Guesclin.«

»Spring hinten auf«, antwortet Rolin. Aber der kleine Robert ist so müde, daß der Schildknappe ihn aufs Pferd heben muß. Im Schritt reiten sie auf die Brücke über den Fluß Najarillo zu. Rolin beginnt plötzlich zu lachen.

»Als du aus dem Erlenbusch kamst, dachte ich: ist er es, oder ist er es nicht? Weißt du, ich sah dich kaum. Ich sah nur einen Schatten huschen, verschwinden, wieder huschen... Du warst wie ein scheues Reh. Hast du etwas erfahren können, Robert? Bertrand Du Guesclin platzt vor Ungeduld, und er machte sich schon Sorgen, weil du so lange weggeblieben bist. Darum schickte er mich los, dich zu suchen.«

»Es hat so lange gedauert, weil ich den ganzen Weg laufen mußte«, antwortet der kleine Robert. »Und ich mußte mich immer wieder verstecken. Ich hatte Angst, der Kurier des Prinzen von Wales könnte mich einholen und sehen... Ich wollte vor ihm bleiben.«

»Ein Kurier der Engländer?«

»Ja. Der Prinz von Wales sendet uns ein Ultimatum.«

»Woher weißt du das?«

»Das hat er selbst gesagt.«

»Meinst du«, stammelt Rolin Bodin verblüfft, »daß du ihn sprechen gehört hast?«

»Und ob! Dafür bin ich doch in sein Lager gegangen. Ich war in seinem Pavillon. Er hielt Kriegsrat. Rolin, ich habe etwas Beängstigendes entdeckt! John Chandos ist in der Begleitung des Prinzen von Wales.«

»Oh weh, das wird schlimm werden«, murmelt der Schildknappe.

»Aber wie konntest du in den Pavillon des Prinzen gelangen? Bei einer solchen Besprechung wird doch niemand eingelassen!«

»Sie haben mich ja auch nicht gesehen«, antwortet der kleine Robert beiläufig. Er spielt Theater und genießt es. Er spricht in einem Ton, als wäre es für einen Kundschafter eine Selbstverständlichkeit, im Herzen eines feindlichen Lagers ins Hauptquartier einzudringen, ein Gespräch zu belauschen und ungesehen wieder zu verschwinden. Rolin schweigt verdutzt. Er erinnert sich plötzlich an die Brücke über die Eure bei Cocherel, als er mit dem kleinen Robert auf Erkundung gegangen war und dieser es war – damals noch ein unwissendes Kind –, der mit wichtigen Informationen zurückkam, während er selbst, der stolze Schildknappe des Ritters Du Guesclin, kein verständliches Wort hatte auffangen können. Ein Schauder läuft ihm über den Rücken, ein Anfall abergläubischer Furcht. Was hat mein Herr doch für seltsame Leute um sich geschart, denkt er. Marie-Claire, von der man sagt, sie hätte eine Zauberperle, die sie ewig jung hält. Matthis Cuvelier, auf dessen Gesang die Vögel in den Bäumen neidisch werden können, und diesen Zwerg, der die Kunst beherrscht, sich unsichtbar zu machen... Eine Familie von Zauberern!

Plötzlich entmutigt, weil er selbst nur ein gewöhnlicher bretonischer Junge ist, der auf einfache Art und Weise seinem Herrn treu ergeben ist, hält Rolin sein Pferd an.

»Wir sind da«, sagt er. »Erzähl dem Ritter schnell, was du gehört hast, und ... wenn du heute abend Zeit hast, Robert, kannst du mir die Kunst dann auch beibringen?«

»Welche Kunst?« fragt der kleine Robert, während er sich vom Pferderücken gleiten läßt.

»Wie man sich unsichtbar machen kann. Das scheint mir sehr nützlich zu sein.«

Der kleine Robert ist schon unterwegs zu Du Guesclins Zelt. Lachend ruft er über seine Schulter zurück:

»Das ist kein Kunststück, du Dummkopf. Das ist wie mit dem Messerwerfen und Auf-dem-Seil-Balancieren, man muß viel und lange üben, dann geht es nachher ganz von alleine.«

Rolin Bodin glaubt ihm kein Wort.

22

DAS EHRGEFÜHL EINES KÖNIGS

»Das hieße, Gott zu versuchen!« donnert Bertrand Du Guesclin, als König Heinrich ihn am nächsten Mittag zu sich bittet und ihm mitteilt, er hätte beschlossen, der Herausforderung des Prinzen von Wales nachzukommen.

»Bertrand, lieber Freund, wir stehen dem Prinzen von Wales gegenüber, der ein Vorbild ist für jeden Edelmann in der Welt«, entgegnet der Bastard freundlich. »Sein Angebot, mit ihm auf dem Weideland auf dem anderen Ufer des Flusses eine Feldschlacht auszutragen, ist sehr ehrenvoll. Es wäre sehr ungehörig von mir, dieses Angebot auszuschlagen.«

»Wir werden John Chandos gegenüberstehen«, brüllt Du Guesclin. »Und um ein bißchen Ehre wollt Ihr nun diese günstige Stellung aufgeben? Sire, ich muß ganz entschieden davon abraten, das ist Selbstmord!«

»Ich gebe zu«, antwortet der Bastard, »daß wir eine günstige Stellung eingenommen haben, aber in Wahrheit ist sie nicht besser als ein Hinterhalt. Der Prinz von Wales wird mich verspotten, wenn ich nicht auf sein Angebot eingehe.«

»Mag er Euch verspotten«, brummt Du Guesclin, der alle Ehrerbietung vergißt. »Ich denke nicht daran, auf dem sumpfigen Feld zu kämpfen, weil das dem Prinzen von Wales genehm ist. Ich bin doch nicht verrückt! Was glaubt Ihr, welche Chance Eure leichtbewaffneten Andalusier auf dem Weideland dort unten haben? Überhaupt keine! Sie werden einer nach dem anderen von den englischen Scharfschützen niedergemacht und von Chandos berittenen Gascognern in den Sumpf gestampft werden.«

»Bertrand«, sagt der König mit Nachdruck, »hier bin ich der Befehlshaber.«

»Dann tragt Ihr die Verantwortung für Eure Männer«, antwortet Du Guesclin sogleich.

»Und für meine Ehre…«

»Was ist so ehrenvoll an einer Niederlage?«

»Freund, ich erkenne Euch kaum wieder«, ruft Don Heinrich aus, der plötzlich unwillig wird. »Habt Ihr denn noch nie verloren?«

»Oft genug… und jedes Mal hat es mich einen Haufen Geld gekostet.«

»Es geht hier nicht um Geld! Ich bin ein König. Mein Ehrgefühl läßt es nicht zu, eine Stellung besetzt zu halten, die kaum besser ist als ein Hinterhalt, während der Prinz von Wales, der edelste Mann der Welt, mich auffordert, die Schlacht auf einem Gelände auszutragen, das dafür besonders gut geeignet ist. Es wird eine schöne Feldschlacht werden.«

»Schöne Feldschlachten gibt es nicht«, brummt Du Guesclin wütend. »Es ist immer ein Abschlachten.«

»Wie kann ein berühmter Krieger, wie Ihr einer seid, so etwas sagen?«

»Dreißig Jahre Erfahrung, Sire, und vielleicht ein wenig mehr Verstand als die meisten Menschen meiner Zeit. Ich bin nicht so sehr beeindruckt vom Prinzen von Wales. Sein Ansehen ist hoch, er hat noch nie eine Feldschlacht verloren, aber er hat auch stets dafür gesorgt, daß die Siege, die Chandos für ihn errungen hat, seinem Namen zugeschrieben wurden.«

Don Heinrich seufzt.

»Versteht das doch, Bertrand. Die ganze spanische Ritterschaft wird es als eine Schande ansehen, wenn ich mich wie ein Feigling auf ein paar steilen Hängen versteckt halte. Sie haben meinen Bruder Peter fallengelassen, weil er sich als feige erwies… und von mir erwartet der Adel mutiges Auftreten und daß ich mich dem Feind stelle… Wenn bekannt wird, daß ich das ehrenhafte Angebot von niemand Geringerem als dem Prinzen von Wales ausgeschlagen habe, wird jeder Edelmann in Kastilien die Nase über mich rümpfen, und dann bin ich nicht mehr lange ihr König, das versichere ich Euch.«

»Der Prinz, der Prinz«, brummt Du Guesclin halsstarrig, »auf ihn kommt es doch gar nicht an! Chandos ist bei ihm, und der wird uns auf dem Weideland niederschlagen. Dann seid Ihr auch nicht mehr König, guter Freund!«

Sie blicken einander an, und beiden ist bewußt, wie anfällig die Königswürde des Bastards noch ist, auch wenn das ganze Land ihn zunächst anerkannt hat und er sich in offiziellen Verlautbarungen nennt: Heinrich II., König von Alt- und Neu-Kastilien und León.

»Wir werden die Angelegenheit den Großmeistern des Ordens von Santiago vortragen«, entscheidet Don Heinrich plötzlich.

Bertrand stimmt zu und gibt Matthis Cuvelier den Auftrag, die hohen spanischen Ritter zusammenzurufen. Matthis, den die Uneinigkeit beunruhigt, bricht sofort auf. Er braucht fast eine Stunde, um die kastilischen Ritter zu benachrichtigen. Viele halten noch ihre Siesta und schimpfen, daß sie gestört werden.

Der kleine Robert hat schon lange gemerkt, daß da etwas im Gange ist. Das Hin- und Herlaufen, die anmaßenden Stimmen der Ritter, die Betriebsamkeit bei Don Heinrichs Pavillon, all das macht ihn neugierig. Und wo etwas Aufregendes passiert, will er nicht fehlen. Unbemerkt schleicht er sich ein und macht sich »unsichtbar« hinter dem Feldbett. Aus seinem Versteck heraus kann er Matthis Cuvelier ins Gesicht sehen. Der darf natürlich wieder dabei sein! Aber ich höre alles, denkt der Junge vergnügt, wenn sie auch nichts davon wissen. Matthis' Gesicht ist heute weniger verschlossen als in den letzten Monaten. Der kleine Robert ist froh darüber. Wird sein großer Bruder endlich wieder normal?

Sobald die Großmeister in Don Heinrichs Pavillon versammelt sind, liest dieser ihnen mit klarer Stimme die in französischer Sprache abgefaßte Aufforderung des Prinzen von Wales vor. Seiner Stimme ist die Hochachtung anzumerken, die er vor dem englischen Kronprinzen hat. Die Großmeister hören schweigend mit langen, ernsten Gesichtern zu. Vielleicht verstehen nicht alle den Text, aber Don Heinrich übersetzt sofort ins Kastilische, und so braucht keiner der stolzen Edelleute seinen Mangel an Sprachkenntnissen zu offenbaren. Der Brief des Prinzen von Wales ist höflich abgefaßt, und der kleine Robert kann von seinem Versteck aus den Gesichtern ansehen, daß sie sich geschmeichelt fühlen. Das ist eine andere Sprache als die rohen Schreie, die sie Du Guesclin hin und wieder ausstoßen hören. In ihren verzückten Gesichtern ist zu lesen, was in ihnen vorgeht: In Gedanken sehen sie sich schon in Reih und Glied auf dem Weideland am anderen Ufer stehen, auf schnaubenden Pferden, über ihren Köpfen flattern die Fahnen und Banner, hinter ihnen stehen die Andalusier bereit, die anstürmenden Engländer, Gascogner und Kompanien aufzufangen und zurückzuschlagen. In ihren Ohren erklingen schon die schmetternden Trompeten, die Wirbel der Schlachttrommeln, vor ihren Augen ist das farbenprächtige Gewimmel der Schilde und Federbüsche; Stahl prallt auf Stahl, Pferde schnauben und steigen hoch, Schaumflocken fliegen ihnen an die Flanken – kurzum: Sie ergötzen sich bereits an der Vorstellung einer großartigen Feldschlacht, von der man noch in Jahren sprechen wird.

Matthis Cuvelier läßt plötzlich betrübt den Kopf hängen. Im Geiste sieht er die Türme und Mauern von Toledo und die geschundenen Körper der Kämpfer, die aus dem Tajo gefischt wurden, die unter den Mauern lagen, die von den Türmen gestürzt waren. Denkt denn keiner jemals daran, was nach der Feldschlacht kommt, fragt er sich verwirrt.

König Heinrich hat geendet. Einer der Großmeister, der Herzog von Cordoba, richtet sich hoch auf und spricht aus, was wahrscheinlich alle Edelleute denken.

»Den Vorschlag des Prinzen von Wales empfinden wir als sehr ehrenvoll.« Die versammelten Ritter nicken überzeugt.

»Mein Freund, der Herzog von Trastemare meint, eine Schlacht auf den Weideländern würde für uns mit einer Niederlage enden«, sagt der Bastard. »Wie denken die Herren darüber?«

Der Herzog von Cordoba richtet seinen überheblichen Blick auf den Bretonen.

»Ritter Du Guesclin«, sagt er förmlich, »ist es in seinem Land gewöhnt, sich in einen Hinterhalt zu legen und zu Listen und irreführenden Truppenbewegungen Zuflucht zu nehmen.« Aus seiner Stimme klingt tiefe Verachtung.

»Hinunter ins Tal gehen, das ist ein Wahnsinn«, brummt Du Guesclin und beißt sich auf den Schnauzbart.

Stolz streckt der Herzog seinen Kinnbart vor.

»Was höre ich da, Herr? Fehlt es Euch an Mut, Auge in Auge zu stehen mit einem Heer der Engländer und Gascogner?«

»Nein«, faucht Bertrand ihn an, »aber den fünfzehnhundert Andalusiern traue ich nicht. Sie werden fallen wie Getreidehalme in der Ernte.«

Die Herren schnauben mit entrüsteten Gesichtern.

»Bevor der Feind die Andalusier erreicht, muß er unsere Linien durchbrechen, Messire Du Guesclin – und wir werden ihn auffangen, das schwöre ich Euch. Zweifelt Ihr gar auch an unserem Mut?«

Achtunddreißig hochherzige Köpfe nicken bekräftigend und blikken streng auf Bertrand Du Guesclin herab. Nur ein Großmeister wagt es, vorsichtig zu bemerken: »Der Herzog von Trastemare ist dafür bekannt, ein gutes Auge für die Möglichkeiten zu haben, die ein Gelände bietet. Wenn er meint, die Weiden am anderen Ufer seien nicht für eine Feldschlacht geeignet, weil sie zu sumpfig sind...«

»Sie sind nicht zu sumpfig«, fällt der Herzog von Cordoba ihm ins Wort.

»... oder andere Nachteile bieten«, murmelt der Mutige zögernd, »dann scheint es mir vernünftig zu sein, die Angelegenheit erst von allen Seiten zu betrachten, bevor wir eine Entscheidung treffen. Ich... nun, ich... eh...« Dann schweigt er, übermannt von Schamgefühl. Alle schauen ihn an, als wäre er ein Wesen, das auf sechs Beinen unter einem nassen Stein hervorgekrochen kommt. Entmutigt schlägt er die Augen nieder.

Von nun an beachtet der Herzog von Cordoba diesen Mann überhaupt nicht mehr. Er wendet sich an König Heinrich.

»Sire«, erklärt er feierlich, »ich spreche zweifellos im Namen aller Mitglieder des Ordens von Santiago, wenn ich sage, daß wir das Angebot des Prinzen von Wales annehmen müssen. Wir sollten das Zusammentreffen auf morgen früh elf Uhr festsetzen, wenn alle Nebel sich gelichtet haben. Das gibt uns ausreichend Zeit, unsere Truppen auf dem Weideland aufzustellen. Mit Gottes Hilfe werden wir siegen.«

Die anderen nicken eifrig. Der Bastard schaut Du Guesclin an. »Ihr hört es, Freund. Wie lautet Eure Antwort? Dürfen wir auch auf Euren Mut und Euren starken Arm hoffen?«

Bertrand brummt.

»Was könnte ich anderes tun? Mein Herr, Karl V. von Frankreich, hat mir befohlen, Euren Königsthron zu verteidigen. Es ist nicht meine Gewohnheit, meinem höchsten Gebieter ungehorsam zu sein. Selbstverständlich werde ich mit Euch kämpfen. Ich werde tun, was ich kann, um zu verhindern, daß der Prinz von Wales morgen nach Burgos durchbricht. Ob mir das gelingen wird, ist eine andere Frage.«

Und damit bekommt König Heinrich seinen Willen. Oder richtiger: Der Prinz von Wales bekommt seinen Willen.

Der kleine Robert in seinem Versteck freut sich. Morgen wird gekämpft. Was bin ich doch für ein gewaltiger Kerl! Ich laufe ein und aus in königlichen Pavillons, ich bin der Page eines großen Feldherrn, ich werde John Chandos und den Prinzen von Wales aus der Nähe sehen, ihre Stimmen kenne ich schon... Wenn ich nach Hause komme und das alles Therese erzähle, wird sie mir nicht glauben und denken, ich phantasiere. Aber wenn Matthis dann sagt, es sei wahr, dann muß sie mir ja glauben.

Es wird höchste Zeit für ihn zu verschwinden, er darf nicht entdeckt werden im Zelt des Bastards, wo er nichts zu suchen hat. Die Großmeister von Santiago stehen beieinander, unterhalten sich aufgeregt darüber, daß sie morgen in die Schlacht ziehen werden. Er sieht Bertrand weggehen, zusammen mit Matthis. Darum wartet er noch einen Augenblick, dann huscht er im Schutz der großgewachsenen Männer aus dem Pavillon. Im Laufschritt eilt er über den Weg zwischen den Zelten des Bastards und Du Guesclins. Bertrands Zelt hat nur eine einfache Wand, und der kleine Robert weiß, wo er unter der Zeltbahn hindurchgleiten kann, um eher drinnen zu sein als sein Herr. Aber diesmal klappt es nicht: Bertrand steht schon da und unterhält sich mit Matthis. Der kleine Robert versteckt sich hinter einem Schild. Nun kann er nichts sehen, aber alles hören.

»Matthis, nimm deine Gänsefeder und schreibe einen Brief an König Peter von Aragonien«, befiehlt Du Guesclin. »Peter der Würdevolle hat mir im vergangenen Jahr das Herzogtum Molina als Lehen gegeben, mit Rückkaufrecht. Biete ihm Molina für achtzigtausend Francs an.«

»Aber...«, beginnt Matthis.

»Nicht widersprechen, schreiben! Wo ist mein Page?«

»Hier«, piepst der kleine Robert und tritt vor. Du Guesclin ist daran gewöhnt, den Zwerg an den unmöglichsten Stellen erscheinen zu sehen. Dennoch schaut er immer wieder verwundert drein. Heute hat er allerdings keine Zeit, dem Kind eine Strafpredigt zu halten.

»Robert, nimm dein Pferd, und mache dich sofort auf den Weg nach Burgos. Noch heute nachmittag. Vor der Dunkelheit kannst du schon dort sein. Du gehst zurück zu deiner Mutter, und da bleibst du auch. Verstanden?«

Dem kleinen Robert bleibt der Mund offen.

»Darf ich... darf ich denn nicht...«, stammelt er erschrocken.

»Und morgen kommt es zur Schlacht! Darf ich denn nicht...«

»Woher weißt du das, Zwerg?«

»Na ja...«

Matthis schaut von seiner Arbeit auf. »Er hat uns belauscht«, sagt er entrüstet. Bertrand beißt sich auf den Schnauzbart, seine Augen funkeln, aber er scheint nicht wütend zu sein.

»Herr«, bettelt der kleine Robert, »laßt mich hierbleiben. Ich werde...«

»Nein. Du gehst zu deiner Mutter und bleibst da, bis ich dich wieder rufen lasse. Und wage es nicht, meine Befehle in den Wind zu schlagen!«

»Nein, Herr, ich werde gehen«, flüstert der Junge. Tränen stürzen ihm aus den Augen. Dies ist das Schlimmste, das Du Guesclin ihm antun kann: Ihn wegschicken, wenn es spannend wird.

»Kann ich in Burgos etwas für Euch tun? Berichte überbringen, Gespräche belauschen?«

»Nein, nichts.«

»Ich werde also nur weggeschickt, weil ich zu klein bin?« fragt er mit zitternden Lippen.

»Das hast du verdammt gut begriffen.«

»Ich habe überhaupt keine Angst, Herr.«

»Das fehlte auch noch! Nun los, verschwinde. Und wenn du Clopin siehst, schicke ihn in mein Zelt, ich brauche ihn.«

Damit schneidet Du Guesclin jede weitere Gegenrede ab. Mit gesenktem Kopf trottet der kleine Robert hinaus, und zwar ganz brav durch den Eingang. Clopin weiß er zu finden, aber seine Neugier kann er nicht bezwingen, und in der leisen Hoffnung, Du Guesclin könnte es sich noch überlegen, huscht er hinter dem Rücken des Hauptmanns doch wieder ins Zelt und versteckt sich in den Falten eines Vorhanges.

Clopin, breit und schwer, steht mitten im Zelt und schaut seinen Herrn fragend an. Matthis hat den Brief beendet. Bertrand nimmt ihn an sich, unterschreibt, rollt das Pergament zusammen und versiegelt es.

»Clopin«, sagt er eindringlich, »Ich möchte, daß du mit zehn Mann nach Barcelona reitest und diesen Brief König Peter von Aragonien persönlich übergibst. Gehe nicht weg, bevor er dir eine Antwort diktiert hat. Mit der Antwort reitest du in die Bretagne und gibst sie meiner Frau. Verstanden?«

Clopin versteht überhaupt nichts. Überrascht blinzelt er seinen Herrn an.

»Warum muß ich den Kurier spielen?« ruft er aufsässig. »Ihr habt Botschafter genug. Morgen wird eine Schlacht geschlagen, da will ich dabei sein!«

»Nein. Dieser Brief ist wichtig, mein Leben kann davon abhängen. Darum will ich es nicht wagen, die Nachricht einem anderen anzuvertrauen.«

»Aber warum muß ich mit König Peters Antwort zur gnädigen Frau Tiphaine? Warum nicht zu Euch?«

»Weil ich sehr wahrscheinlich keine Möglichkeit haben werde, die Antwort in Empfang zu nehmen. Und jetzt klage nicht, Clopin, tu, was ich dir sage.«

Dem Hauptmann gefällt die Sache nicht, das ist deutlich.

»Herr, nehmt es mir nicht übel... Ich habe Eure Befehle nie mißachtet, wie merkwürdig sie mir manchmal auch erschienen, und ich werde auch diesmal gehorchen. Aber Ihr müßt verstehen, wie schwer mir das fällt.«

»Du erweist mir einen Freundschaftsdienst, wenn du dieses Mal mein Kurier bist.«

»Nun, wenn Ihr es sagt...« Seufzend nimmt Clopin das Dokument in Empfang und steckt es in den Gürtel.

»Dann geh mit Gott, mein Freund. Und mache dich sofort auf den Weg.«

Clopin nickt, öffnet den Mund, als wollte er noch etwas sagen, schüttelt dann betrübt den Kopf und geht. Der kleine Robert, der nun gesehen hat, daß nicht einmal sein alter erprobter Kampfgefährte es wagt, sich gegen Du Guesclins Befehle aufzulehnen, beschließt, nicht ungehorsam zu sein und sogleich loszureiten. Du Guesclin wird für seine sonderbaren Maßnahmen schon einen Grund haben. Als er sich gerade überlegt, wie er ungesehen aus dem Zelt kommen kann, hört er Matthis sagen:

»Armer Clopin, er war wütend. Jetzt versäumt er die Schlacht. Das vergibt er dir nie, Bertrand.«

»Das weiß ich. Aber es ist die einzige Möglichkeit, sein Leben zu retten. Ich kenne ihn, er ergibt sich nicht, wenn wir die Schlacht verlieren – und diesmal werden wir verlieren. Genau wie bei Auray. Und ich sehe einen alten Kameraden nicht gern fallen. Ist der kleine Robert schon fort?«

»Das nehme ich an. Ich werde sogleich nachsehen«, sagt Matthis.

»Gut. Und jetzt zu dir.«

»Oh nein! Denke nicht, Bertrand, daß du mich mit irgendeinem Vorwand wegschicken kannst. Ich bleibe!«

»Mit der Aussicht, daß du Peter dem Grausamen in die Hände fällst?« fragt Du Guesclin mit dunkler Stimme. Matthis stampft mit dem Fuß auf. Der kleine Robert hat seinen Stiefbruder noch nie so zornig gesehen.

»Es interessiert mich nicht, was morgen geschieht, Bertrand. Ich bleibe bei dir. Ich bin dein Herold, du wirst mich brauchen.«

»Seit wann«, fragt der Bretone spöttisch, »bist du ein Held?«

»Seit... Pardieu, Bertrand, was liegt mir noch an meinem Leben? Dieses verfluchte Land zerbricht uns alle.«

Du Guesclin schüttelt den Kopf, er will etwas sagen, überlegt es sich dann aber. Begreift er, was Matthis bewegt? Vielleicht... Der kleine Robert versteht überhaupt nichts mehr. Er denkt auch nicht lange darüber nach, denn jetzt sieht er eine Möglichkeit, unbemerkt zu verschwinden. Und das tut er auch.

Eine halbe Stunde später, Enttäuschung im Herzen, ist er unterwegs nach Burgos. Schon in Trab gefallen, schaut er sich noch einmal um: Er sieht den steilen Höhenrücken hinter Najera, und wieder fühlt er Tränen in den Augen.

»Lieber Gott«, betet er, »mach, daß ich ein bißchen schneller wachse. Ich möchte auch so gern ein Held werden und große Taten vollbringen. Warum muß gerade ich als Zwerg durch das Leben gehn und von niemandem für voll genommen werden?«

Er bekommt keine Antwort. Vielleicht weiß Gott es auch nicht, denkt er traurig.

23

BLITZSTRAHL

Also wird die Schlacht bei Najera auf dem weichen Weidenland zwischen den Erlenbüschen geführt, auf sumpfigem Boden und bei strömendem Regen. Der spanische Himmel, oft so gnadenlos blau, ist gerade an diesem Tag mit schweren Unwetterwolken verhangen. Grelle Blitze erleuchten die Kampfstätte. Die Pferde bleiben mit ihren scharfen Hufen im Sumpf stecken. Das Wasser im Flüßchen Najerilla steigt zusehends, tritt über die flachen Ufer, Menschen und Tiere versinken in halber Sintflut. Die Truppe der Andalusier, zu leicht bewaffnet, ungepanzert, auch zu unerfahren, unterliegt als erste. Reiter und Fußknechte laufen davon, zurück zu den steilen Hügeln, hoffen, sich vor den Pfeilen der Gascogner verstecken zu können. Aber die steinerne Brücke ist zu schmal, wie alle Brücken, und es wollen zuviele Krieger gleichzeitig hinüber. Viele springen verzweifelt in das Wasser der angeschwollenen Najerilla, wonach der Strom sie mitreißt über scharfe Felsbrocken, so daß eine Anzahl von ihnen ertrinkt. Von den Großmeistern des Ordens von Santiago fällt über die Hälfte.

John Chandos macht sich das Unwetter geschickt zunutze. Er führt seine Gascogner hinter das Wäldchen und läßt sie Du Guesclin von hinten angreifen. Bertrand, rechtzeitig durch seinen Schildknappen Rolin Bodin gewarnt, gelingt es, sich frei zu kämpfen, bevor er umzingelt wird. Er weiß seinen Bedrängern zu entkommen und verschwindet hinter dem Regenvorhang, Rolin auf seinen Fersen, um dort wieder zu Atem zu kommen. Er weiß genauso gut wie sein Schildknappe, daß sie diesen Kampf gegen eine große Übermacht nicht gewinnen können. Er hat die Andalusier weichen, den Herzog von Cordoba und viele seiner Freunde fallen sehen, aber wo ist der Bastard? Bertrand Du Guesclin ist sich im klaren darüber, daß Heinrich, koste es was es will, dem Feind nicht in die Hände fallen darf.

Einen Augenblick läßt der Regen etwas nach, und da schreit Rolin: »Da!«

In einiger Entfernung sehen sie das weiße Streitroß von König Heinrich. Der Bastard sitzt verbissen im Sattel und wehrt sich, wie das von einem spanischen König erwartet werden kann. Vier Gascogner greifen ihn an und treiben ihn zurück, aber er verteidigt sich so heftig, daß sie keine Möglichkeit haben, ihn zu ergreifen. Das weiße Pferd taucht aus der Menschentraube wieder auf und der König trabt davon.

»Wir müssen ihm helfen«, ruft Du Guesclin seinem Schildknappen zu. Es dauert einen Moment, bis sie das weiße Streitroß wieder entdekken. Gerade noch rechtzeitig, um zu sehen, wie der Hengst mit drei Pfeilen in der Brust qualvoll schreiend im Schlamm versinkt. Der Bastard befreit rasch seine Füße aus den Steigbügeln und gibt dem brüllenden Tier den Gnadenschlag.

Bertrand Du Guesclin kann ihn nicht erreichen, er sieht sicher zwanzig Reiter auf sich zu stürmen. Ohne zu zögern springt er von Blitzstrahl herunter und wirft seinem Schildknappen die Zügel zu.

»Schnell«, ruft er, »bring den Hengst zu Don Heinrich, ich halte die Gascogner auf. Sage dem König, daß er fliehen muß, er darf auf keinen Fall Peter in die Hände fallen.«

»Und Ihr, Herr?« fragt der Schildknappe voller Angst.

»Tu, was ich sage!«

Der Schildknappe nickt und trabt davon, zieht Blitzstrahl am Zügel mit sich. Die Gascogner achten nicht auf ihn, sie sehen nur Du Guesclin, nun zu Fuß, und galoppieren auf ihn zu.

Sobald Rolin den Bastard erreicht hat, schreit er ihm zu:

»Sire, hier ist ein anderes Pferd für Euch. Bertrand Du Guesclin rät Euch zu fliehen. Das ist Eure einzige Chance.«

Don Heinrich, der bis zu den Knöcheln im Schlamm steht, holt tief Luft.

»Dank dir, Schildknappe. Sag deinem Herrn, daß er gestern recht hatte... Darum werde ich nun seinen Rat befolgen.«

Mit diesen Worten schwingt sich der Bastard in den Sattel des schwarzen Hengstes. Der Donner grollt, ein neuer Sturzregen rauscht nieder, und Don Heinrich verschwindet in den die Sicht nehmenden niederprasselnden Wassermassen. Rolin Bodin schaut hinter ihm her, wendet dann rasch sein Pferd und begibt sich auf die Suche nach Du Guesclin. Plötzlich hat er Matthis Cuvelier neben sich.

»Wo ist Bertrand?« schreit der Herold aufgeregt.

»Da...« Rolin deutet zu der Stelle, wo er seinen Herrn zurückgelassen hat und erschrickt heftig. Er sieht nur wildes Kampfgetümmel. Mindestens zwanzig berittene Gascogner umringen einen nicht erkennbaren Mittelpunkt.

»O Gott, Rolin, wir kommen zu spät! Sie haben ihn schon!«

Rolin antwortet nicht. Er spornt sein Pferd an, stürmt vorwärts und will die Umzingelung von Du Guesclin durchbrechen. Drei Schwerter fangen ihn auf. Ganz kurz kann er noch das Gesicht seines Herrn sehen, ein häßliches, wüstes Gesicht, blutüberströmt und verzweifelt. Dann verschwindet Du Guesclin unter den Pferdehufen, und Rolin Bodin haucht seine Seele aus.

»Ergibst du dich, Bretone?« rufen die Gascogner dem auf dem Boden liegenden Teufelskerl zu. Vor Wut schäumend schaut Du Guesclin zu ihnen auf. Er nickt. Schlammwasser rinnt ihm in den Hals, und der Regen wäscht ihm das Blut aus dem Gesicht. Er hat Heinrich fliehen und seinen Schildknappen fallen sehen, ihm bleibt nichts anderes übrig, als sein Leben zu retten. Clopin holt schon das Lösegeld...

»Tötet ihn«, ruft ein englischer Ritter, »das ist Bertrand Du Guesclin. Schont ihn nicht!«

Aber die Gascogner denken gar nicht daran, ihren Gegner umzubringen. Ein lebender Du Guesclin ist ein Vermögen wert, einen toten kann man nur begraben. Sie helfen ihm auf die Beine, fesseln ihn und führen ihn weg. Voller Stolz gehen sie hin und zeigen John Chandos ihre Beute.

Dann sieht auch Matthis Cuvelier sich plötzlich von wüsten Kerlen und erhobenen Waffen umringt. Schnell wirft er ihnen seinen Dolch vor die Füße, dann seine Trompete. Er hat gesehen, wie der tapfere Rolin Bodin seinen Versuch, Du Guesclin zu Hilfe zu eilen, mit dem Leben bezahlen mußte. Sein ganzes Fühlen und Denken lehnt sich gegen diese Sinnlosigkeit auf. Obwohl er gestern noch glaubte, sein Leben hätte keinen Wert mehr, ergibt er sich ohne Gegenwehr.

»Der Tag ist unser!«

Der Siegesruf fliegt von Mund zu Mund: Auf französisch, gascognisch, englisch. Wer nicht mehr fliehen konnte, hat sich ergeben. Aufgeregt unterhalten sich die Gascogner über den heutigen Gewinn. Hunderte von Gefangenen haben sie gemacht, darunter einige hohe Edelleute. Und sogar Bertrand Du Guesclin, den teuersten von allen! Für diese Menschenleben-Händler ist es ein beutereicher Tag.

Im Lager des Prinzen von Wales angekommen, müssen sich die Verlierer, einer wie der andere, gefesselt in langen Reihen aufstellen. Viele sind verwundet und müssen sich auf die breiten Schultern des neben ihnen stehenden Kameraden stützen. Andere sitzen entmutigt auf der aufgeweichten Erde. Geknickt, durchnäßt und farblos hängen die Federbüsche der unterlegenen Ritter von den zerbeulten Helmen herab. Wasser rinnt ihnen aus Haaren, Bärten und Waffenröcken. Das vom Regen abgewaschene Blut vermengt sich auf der Erde mit dem gelblichen Schlamm. Matthis sieht Du Guesclin in einer Gruppe gefangener Ritter stehen. Nach einigem Stoßen und Drängeln gelingt es ihm, an die Seite seines Herrn zu kommen. Bertrand sieht ihn an und ist scheinbar gar nicht überrascht, daß auch sein Herold zu den Kriegsgefangenen gehört.

»Es ist aus, Bertrand«, murmelt Matthis mit zusammengebissenen Zähnen. Ihm ist kalt, er zittert in seiner durchnäßten Kleidung.

»Die Hauptsache ist«, hört er Bertrand brummen, »daß Don Heinrich entkommen konnte.«

Davon ist Matthis nicht überzeugt. Beinahe vorwurfsvoll flüstert er: »Warum hast du ihm Blitzstrahl gegeben? Mit dem Pferd hättest du noch eine Chance gehabt.« Er meint: Für den Kampf zu Fuß bist du zu alt geworden. Aber das spricht er nicht aus.

In der Ferne schmettern die Trompeten, die den großen Sieg des Prinzen von Wales verkünden. Mit schräg gehaltenem Kopf und dem Ohr des Fachmannes hört Matthis die Signale. Sie schneiden ihm ins Herz. Er schließt die Augen, als könnte er damit verhindern, daß die Klänge seine Ohren erreichen, reißt sie dann aber schnell wieder auf, denn hinter den geschlossenen Lidern steigt plötzlich wieder das Bild von Rolin Bodin auf, der sich ohne zu zögern auf zwanzig Gascogner Reiter stürzte und niedergestochen wurde. Matthis zittert wieder, vor

Kälte, vor Elend, vor allem vor Kummer. Armer Rolin! Möge Gott deiner tapferen Seele gnädig sein... Der Junge war noch nicht einmal neunzehn Jahre alt.

In die Reihen der Gefangenen kommt plötzlich Bewegung. Matthis schaut schnell zur Seite, und da sieht er Peter den Grausamen auf einem großen, braunen Pferd angeritten kommen. In seiner Gesellschaft sind der englische Kronprinz und John Chandos.

Peters Augen funkeln gefährlich. Bei den Gefangenen angekommen springt er aus dem Sattel. Mit schweren Schritten geht er ihre Reihen ab, mit scharfen Blicken mustert er Mann für Mann. Manchmal scheint er ein Gesicht zu erkennen, und dann brummt er. Im Vorbeigehen reißt er einem Edelmann die Juwelen von der Brust. Plötzlich dreht er sich zornig um.

»Der Bastard ist nicht dabei!« schreit er mit sich überschlagender Stimme.

»Das hättest du wohl gerne«, murmelt Du Guesclin unter seinem Schnauzbart.

Peter der Grausame fuchtelt mit den Armen herum.

»Geht ihn suchen«, brüllt er die Soldaten an. »Seine Leiche muß noch irgendwo auf dem Feld liegen. Wagt es nicht, ohne seinen durchbohrten Körper zurückzukommen.«

Ein Trupp Reiter stiebt davon, hoch spritzt der Schlamm auf. Du Guesclin blickt den Grausamen mit spöttischem Lächeln an. Für einen Augenblick hat Matthis ein anderes Bild vor Augen: Don Heinrich tief über Blitzstrahls edlen Hals gebeugt, unterwegs nach Aragonien, in die Sicherheit.

Peter, der immer noch zu hoffen scheint, seinen Bastardbruder zu finden, geht noch einmal mit aufmerksamen Blicken die Reihen der Gefangenen entlang. Bei Du Guesclin angekommen bleibt er ruckartig stehen. Auch Bertrands Hände sind auf den Rücken gebunden. Solange teure Gefangene ihr Ehrenwort nicht gegeben haben, haben sie das Recht zu fliehen, wenn sich ihnen eine Chance bietet. Aber die Gascogner wollen das Wagnis, ihre Beute zu verlieren, nicht eingehen, und darum haben sie ihre Gefangenen vorläufig mit Stricken aneinander gebunden. Peter der Grausame und Bertrand Du Guesclin blicken sich in die Augen. Sie sind einander noch nie begegnet, doch Bertrands

Wappen, das er sich auf den Waffenrock hat sticken lassen, kennt ein jeder in allen Landen. Der Kastilier grinst verächtlich.

»Da steht er nun mit blutigem Kopf, der große Sieger von Toledo«, höhnt er. »Französisches Schwein!« Er spuckt dem Bretonen ins Gesicht. Sofort spuckt auch Bertrand, und trifft. Mit lautem Fluch zieht Peter den Dolch. »Das sollst du büßen, Schurke!«

»Halt!« Blitzschnell treibt Chandos sein Pferd zwischen die beiden Kampfhähne. »Don Peter, das kann ich nicht dulden. Gefangene werden nicht beleidigt.«

»Zur Seite«, schreit Peter außer sich. »Madre Dios, das sind meine Gefangenen, und ich kann mit ihnen machen, was ich will. Feiglinge und Verräter sind es, Königsmörder! Sie werden dafür büßen.« Und bevor Chandos es verhindern kann, stürzt sich Peter auf einen der Edelleute in der Nähe und sticht ihn nieder.

»Da, dreckiger Überläufer«, zischt er. Doch nun beginnen die Gascogner sich heftig aufzulehnen, denn der Spanier war ihre Beute, und sein Tod beraubt sie eines hohen Lösegeldes. Sie laufen zusammen, rufen und drohen. Der Prinz von Wales steigt entrüstet von seinem Pferd und tritt vor Peter hin.

»Sire, das geht zu weit. Wir erstechen keine wehrlosen Gefangenen. Ich verlange, daß Ihr meinen Gascognern eine Entschädigung zahlt und Euch bei ihnen entschuldigt.«

Peter zischt wie eine gereizte Schlange.

»Prinz, Ihr beleidigt mich«, antwortet er brüllend.

»Ich weise Euch nur auf Eure Pflichten hin. Mit diesem Mord habt Ihr das Kriegsrecht verletzt, Don Peter!«

Der Prinz von Wales ist nun ganz Würde und Ansehen. Seine Augen versprühen Funken. Hoch aufgerichtet steht er vor seinem Bundesgenossen. Sein schwarzer Brustpanzer glänzt vor Feuchtigkeit, von dem schwarzen Federbusch auf seinem Helm fallen Tropfen, drohend hebt er den schwarzen Schild mit dem hell leuchtenden Einhorn.

Ich hoffe, sie fahren sich an die Kehle und bringen einander um, denkt Matthis.

Auch Chandos ist nun abgestiegen und steht bereit, einzugreifen, falls die beiden Fürsten den letzten Rest ihrer Selbstbeherrschung verlieren sollten. Es ist Peter der Grausame, der in diesem schweigenden, bewegungslosen Kampf den Rückzug antritt. »Gut«, sagt er kurz nach atemloser Stille, und dabei tritt er einen Schritt zurück. »Ich werde den Gascogner, der diesen Verräter gefangengenommen hat, entschädigen. Tausend Goldstücke ist mir der Tod dieses Überläufers wert. Aber dann verlange ich alle kastilischen und andalusischen Gefangenen. Ich bin bereit, für sie zu zahlen, aber ich muß sie haben!«

»Es sind mehr als dreihundert«, ruft Chandos aus.

»Ich biete vierhundert Goldstücke für jeden von ihnen«, antwortet Peter grimmig. Er ballt die Hände zu Fäusten. Zähneknirschend fügt er hinzu: »Und ich werde sie eigenhändig, einen nach dem anderen, vom Leben in den Tod befördern. Sie sollen erfahren, was es heißt, gegen ihren rechtmäßigen König in den Aufstand zu treten.« Plötzlich deutet er auf den schwer gefesselten Du Guesclin. »Und den auch. Den muß ich mit Sicherheit haben. Sagt nur, was er kosten soll. Zehntausend?«

»Ausgeschlossen«, ruft der Prinz von Wales voller Abscheu.

Er rümpft die Nase, als ströme Peters Grausamkeit einen beißenden Geruch aus, von dem dem englischen Kronprinzen übel wird.

»Meine Ehre...«, beginnt er, aber der abgesetzte König fällt ihm scharf und unhöflich ins Wort:

»Eure Ehre! Ist das alles, woran Ihr denken könnt, Eduard von Woodstock?« fragt er schneidend. »Was geht mich Eure Ehre an? Ich denke an die Zukunft. Diese Männer haben sich gegen mich verschworen, als ich ihr rechtmäßiger Herr war. Sie haben meinem verdammten Bruder auf den Thron verholfen – das war Hochverrat! Dafür verdienen sie den Tod. Du Guesclin hat mir Burgos und Toledo genommen, er ist mein Todfeind. Begreift Ihr nicht, daß wir uns ihrer entledigen müssen? Sobald Ihr sie freilaßt, nachdem sie ihr Lösegeld bezahlt haben, werden sie wieder gegen uns kämpfen, mit dem verfluchten Bretonen an der Spitze!«

»Und er hat sogar recht«, murmelt Du Guesclin anerkennend.

Matthis versetzt ihm einen Stoß gegen die Schulter. »Schweig«, zischt er. Er will nicht, daß ihm auch nur ein einziges Wort des Streits entgeht; es ist ihm gar nicht klar, daß sie sich auch um seinen Kopf streiten. Der Zusammenstoß solcher Gegensätze wie Grausamkeit und Ritterlichkeit fesselt ihn ungemein.

»Sire«, sagt John Chandos beunruhigt, »unsere Gefangenen der Ungnade des Don Peter zu überlassen, das wäre eine gotteslästerliche Tat.« Die Gascogner pflichten ihm aufatmend bei. Sie sind nicht blutrünstig, Krieg zu führen ist für sie nichts als ein gefährliches, aber gewinnbringendes Gewerbe. Sie folgen damit dem Beispiel ihrer englischen Lehrherren.

Matthis empfindet herzliche Zuneigung für den englischen Hauptmann.

»Peter will Blut sehen, der Prinz von Wales denkt an seine Ehre, Chandos aber ist von den dreien der einzige Mensch. Er sieht in uns die Unglücklichen, die das Schicksal traf, zu verlieren. Menschen, denen die Göttin Fortuna den Rücken zugekehrt hat, tritt man nicht auch noch in den Schmutz...«

»Ritter Chandos hat recht«, sagt der Prinz von Wales. »Gefangene haben ein Recht auf ehrenhafte Behandlung, und ich werde mich eigens darum bekümmern, daß ihnen kein Leid geschieht.«

»Ihr seid hier in Kastilien und nicht in Frankreich«, donnert Peter aufgebracht. »Wir denken anders darüber.«

Stolz wirft der Kronprinz den Kopf in den Nacken.

»Don Peter! Ich bin der Thronfolger von England. Und wo ich auch bin, was ich auch tue, das vergesse ich nie! Ein Kronprinz von England duldet nicht, daß hilflose Gefangene gefoltert und ermordet werden!«

Er hat halb Frankreich verwüstet, denkt Matthis zornig, er ist verantwortlich dafür, daß die Bevölkerung ganzer Städte ums Leben gekommen ist, er hat Bauerngehöfte und Abteien geplündert... In der ganzen Languedoc versetzt sein Name die Menschen in Angst und Schrecken, er wird mehr gefürchtet als der Schwarze Tod. Und er spricht von seiner Ehre, als wäre sie etwas Greifbares, eine weiße Weste, auf die kein Schatten fallen darf. Was halten die Bauern der Languedoc von dieser Ehre?

»Ihr mögt der Kronprinz von England sein«, brüllt Peter, »im Augenblick seid Ihr nichts weiter als mein Söldner.«

»Oh weh«, kichert Du Guesclin neben Matthis.

»Söldner?« schreit der Prinz. »Wißt Ihr, was Ihr sagt? Heute habe ich für Euch Euer Königreich zurückgewonnen. Und zwar nur deshalb, weil ich es nicht dulden kann, daß ein Bastard einen Thron besetzt hält, den er einem rechtmäßigen König geraubt hat.«

»Er hat nichts gewonnen«, murmelt Du Guesclin. »Es war wieder Chandos.«

Wieder stößt Matthis ihn an. »Sei doch still.«

»Diese Leute«, sagt Peter, der nicht so schnell nachgibt, »sind meine Untertanen, und ich kann nach eigenem Gutdünken über sie verfügen.«

»Nein! Und das ist mein letztes Wort!« schreit der Prinz von Wales und stampft mit dem Fuß auf. »Ich warne Euch, Don Peter, wenn Ihr Euren Blutdurst nicht zu zügeln wißt, dann werdet Ihr Euer wiedererrungenes Königreich nicht lange behalten.«

»Damit hat er wohl recht«, zischelt der unverbesserliche Bertrand. Bebend vor Zorn tritt Peter gegen die Leiche des spanischen Edelmannes. »Eines Tages werden sie alle so zu meinen Füßen liegen«, prophezeit er. »Alle, die es gewagt haben, gegen mich zur Waffe zu greifen.« Matthis fühlt sich nun doch recht unbehaglich. Womöglich bekommt der Tyrann noch seinen Willen, und wir werden ihm alle ausgeliefert, denkt er. In diesem Augenblick kommen in vollem Galopp ein halbes Dutzend Reiter in das Lager gestürmt und halten bei den sich streitenden Fürsten an.

»Sire, wir haben das ganze Weideland abgesucht«, meldet der Hauptmann verzweifelt, »aber die Leiche des Bastards haben wir nicht gefunden. Er muß entkommen sein.«

Peter wird blaß. Einen Moment steht er wie gelähmt, als müßte er die Nachricht erst verarbeiten. Dann wendet er sich schäumend vor Wut an den Prinzen von Wales.

»Hört Ihr das? Der Bastard ist nicht unter den Gefangenen, er ist nicht gefallen. Dann ist er geflohen. Also ist alles umsonst gewesen. Er ist kein Mann, der aufgibt, was er einmal begonnen hat... Er hat von der Königswürde gekostet, also wird er erneut anfangen. Oh, tausendmal verflucht, alles umsonst...«

Er ist so sehr außer sich, daß er hin und her läuft, quer durch Pfützen und Schlammlöcher. »Geht ihn suchen«, schreit er. »Verfolgt ihn mit hundert Mann, zweihundert Mann...! So weit ist es nicht bis zur Grenze von Aragonien. Es liegt auf der Hand, daß er dorthin will.

Beeilt euch, er darf mir nicht entkommen. Ich will ihn lebend in die Hände bekommen...«

Er denkt nicht mehr an die Gefangenen. Das nützt Chandos aus und befiehlt den Gascognern:

»Löst die Fesseln. Die Herren sollen mir ihr Ehrenwort geben, daß sie nicht fliehen werden.«

Die Verlierer nicken eifrig.

»Wer von Euch verwundet ist«, fährt Chandos fort, »kann sich im Krankenzelt behandeln lassen.«

In einiger Entfernung erschallt eine Trompete. Einige hundert Reiter sitzen auf, um die Verfolgung des Bastards aufzunehmen. Du Guesclin schaut breit grinsend zu.

»Blitzstrahl hat einen Vorsprung von mindestens vier Stunden«, murmelt er. »Oder sind es fünf? Don Henri muß die Grenze zu Aragonien inzwischen erreicht haben. Das Pferd, das Blitzstrahl einholen kann, muß noch geboren werden.«

»Dein Streitroß war nicht mehr frisch«, wendet Matthis leise ein.

»Kein schlechtes Wort über mein Pferd«, donnert der Bretone plötzlich verärgert. »Das ist nicht zu ermüden! Heinrich ist nur halb so schwer wie ich... Blitzstrahl wird sein Glück gar nicht fassen können.« Und wieder grinst er, während ein Soldat an seinem Rücken damit beschäftigt ist, seine Fesseln zu lösen.

»Au!« ruft er plötzlich.

»Hat er dich geschnitten?« fragt Matthis und wendet den Kopf.

Bertrand antwortet nicht, und Matthis achtet nicht mehr auf ihn. Denn jetzt werden seine Handgelenke befreit, und danach reibt er sich erst einmal die schmerzenden Gelenke. Es prickelt in den Fingern, als das Blut wieder zu strömen beginnt.

»Ich mußte plötzlich daran denken«, sagt er langsam, »daß der Ehrenkodex, über den wir uns so oft geärgert haben, doch etwas Gutes hat. Was wäre aus uns geworden, wenn der Prinz von Wales und John Chandos sich nicht an diesen Ehrenkodex gehalten hätten?«

»Dann lägen wir jetzt bei Peter dem Grausamen auf der Folterbank«, nickt Du Guesclin.

»So ist es. Und wenn du mich fragst... Sag, was ist los?«

»Ich glaube, wir sollten einmal ins Krankenzelt gehen.«

Erst jetzt sieht Matthis, daß der tiefe Schnitt über dem rechten Auge nicht Bertrands einzige Verletzung ist. An der linken Hand sind zwei Finger gebrochen. Entsetzt starrt er auf die geschwollene Hand.

»Verdammt, das muß weh tun«, murmelt er besorgt. »Komm rasch mit mir.«

Vor dem Krankenzelt sitzen und liegen in langer Reihe die verwundeten Kriegsgefangenen. Während sie warten, bis sie an der Reihe sind, flüstert der Herold seinem Herrn zu: »Weißt du, ich mache mir doch Sorgen um Marie-Claire. Was soll aus ihr werden, wenn Peter der Grausame Burgos wieder erobert?«

»Nichts«, antwortet Bertrand ruhig. »Gottes Schmetterling kann sehr gut auf sich selbst achtgeben. Und ich habe dafür gesorgt, daß sie nicht alleine ist. Robert ist bei ihr.«

»Er ist noch ein Kind!«

»Täusche dich nicht in dem Jungen, Matthis. Er ist klein, aber sehr schlau und unglaublich tapfer.«

»Du meinst wohl verwegen«, brummt Matthis.

Es ist schon ziemlich dunkel geworden, als der Chirurg sich endlich über Bertrands verletzte Hand beugt und die Finger zu schienen beginnt. Vor Schmerzen verzerrt Bertrand das Gesicht, Matthis steht hilflos daneben. Ihm ist klar, daß das sehr schmerzhaft sein muß, und er empfindet Mitleid. Dann schaut der Bader ihn an.

»Und du?« fragt er kurz.

Matthis schreckt auf.

»Ich? Oh, mir fehlt nichts.«

»Meiner Treu, was suchst du dann hier? Mach, daß du wegkommst! Ich habe noch Dutzende von Verwundeten zu behandeln.«

Matthis gehorcht sofort. Mit gebrochenen Knochen weiß der Chirurg umzugehen, das hat er gesehen. Aber ein gebrochenes Herz – die einzige Krankheit, an der Matthis leidet – kann er nicht heilen. Das kann nur die Zeit.

Wie lange wird das dauern?

24

GOTTES SCHMETTERLING

Die kurze Königswürde von Heinrich dem Bastard scheint endgültig beendet zu sein. Peter der Grausame zieht erneut in Burgos ein, Edelleute und Stadtregenten verbeugen sich ehrerbietig und schwören ihm Treue. Don Peter kann sich wieder König von Kastilien und Leon nennen. Die Truppen des Prinzen von Wales schlagen ihre Lager in der Umgebung auf, und da das Heer fast zur Hälfte aus Banditen besteht, hält es der englische Kronprinz für besser, keinen Palast in Burgos zu beziehen, sondern bei seinen Soldaten zu bleiben. Mitten im Lager läßt er seinen prunkvollen Pavillon aufbauen, und dann fordert er König Peter auf, endlich den versprochenen Sold zu zahlen. Denn wenn er offensichtlich auch höchst entrüstet war, als Peter ihm ins Gesicht sagte, er sei ein Söldner: sein Geld will er dennoch haben! Dieser Feldzug hat den Prinzen Unsummen gekostet. Jetzt soll Peter der Grausame ihn entschädigen.

Aber woher soll der Tyrann das Geld nehmen? Don Heinrich hatte die Schatzkiste an sich gebracht – und davon ist nichts übriggeblieben. Kastilien ist in Wirklichkeit völlig verarmt. Die reichen Städte haben im vergangenen Jahr für viel Geld eine Plünderung abwehren können, und das heißt, daß sie nun kaum in der Lage sind, König Peter zu helfen. Aber es muß Geld aufgetrieben werden...

»Ich werde selbst durch das Land ziehen«, erklärt Don Peter unumwunden, »und ich verspreche Euch, Eduard von Woodstock, daß ich innerhalb einiger Wochen mit der halben Million Goldstücke, die ich Euch versprochen habe, zurück sein werde. Ich hoffe, Ihr werdet Euch so lange gedulden. Ich werde alle reichen Städte besuchen: Segovia, Avila, Toledo, Sevilla... Ich nehme tausend meiner eigenen Soldaten mit, und denen wird es mit Sicherheit gelingen, alle im Land verborgenen Schätze aufzuspüren und zu beschlagnahmen. Gebt mir sechs Monate Zeit, Freund, und ich werde mit so vielen Reichtümern zurückkommen, wie Ihr sie noch nie auf einmal gesehen habt.«

Und so zieht Peter der Grausame mit seinen Männern gen Süden, und dem Kronprinzen bleibt nichts anderes übrig, als bei Burgos geduldig auf seine Rückkehr zu warten...

Heiß brennt die Sommersonne auf das Lager. Die Kompanien wissen keine Ordnung zu halten. Die Banditen streiten sich mit den Gascognern, meutern und greifen zu Gewalt. In die Stadt dürfen die Soldaten nicht, also langweilen sie sich. Wassermangel macht sich bemerkbar, Krankheiten brechen aus. Es ist vor allem die gefürchtete Ruhr, die im Lager wütet. John Chandos tut, was er kann, um die Ordnung aufrechtzuerhalten und die Verschmutzung zu vermeiden, aber das gelingt ihm kaum. Bertrand Du Guesclin und sein Herold haben ein kleines Zelt bekommen. Der Bretone ist nur noch ein halber Mensch. Zwar heilt die Wunde über dem Auge schnell, aber mit seiner Hand geht es weniger gut. Es sieht sogar danach aus, daß er die Hand nie wieder wird gebrauchen können. Den alten Haudegen plagen Fieber und Schmerzen, aber zu Matthis' Überraschung hat das alles keinen Einfluß auf seine Laune.

»Das verstehe ich nicht«, sagt Matthis. »Du bist so elend, aber deiner Miene nach zu urteilen vergnügst du dich hier auf das beste.«

»Das tue ich auch«, antwortet Du Guesclin munter. »Siehst du denn nicht, was hier vor sich geht? Peter ist nun schon seit vier Wochen weg, und das Lager ist ein Chaos. John Chandos ist ein hervorragender Feldherr und ein fähiger Kriegsplaner, aber von der Aufrechterhaltung der Ordnung versteht er nichts. Als wir vergangenes Jahr mit den Kompanien durch Spanien stürmten, da sah es ganz anders aus. Wir hatten eine Vergnügungstruppe bei uns, die den Soldaten Ablenkung verschaffte, wir hatten Clopin mit seinen Polizeisoldaten, die alles gut in Zucht hielten. Das könnte ich Chandos natürlich erzählen, und ich könnte ihn auch lehren, wie man ein Lager wie dieses führen muß, aber warum sollte ich das tun? Er soll sich ruhig abmühen.«

Matthis lächelt. Er versteht sogleich. Bertrand ist eifersüchtig auf Chandos! Zweimal hat er gegen den Engländer verloren... Jetzt tröstet er sich mit dem Gedanken, daß er doch der bessere Feldherr ist; man braucht sich ja nur die Zustände in diesem Heerlager anzusehen!

Die meisten Kriegsgefangenen haben ein Schuldbekenntnis für ihr Lösegeld abgegeben und sind schon wieder freigelassen worden. Für Du Guesclin ist die Freiheit allerdings noch nicht in Sicht. Der Prinz von Wales hat ihn den Gascognern abgekauft und betrachtet den Bretonen nun als sein persönliches Eigentum. Was er mit Du Guesclin vorhat, ist nicht klar. Matthis hat schon mehrmals versucht, von Chandos zu erfahren, wie hoch das Lösegeld sein wird, aber er hat keine Antwort bekommen.

Im Lager herrscht Lebensmittelknappheit, eigentlich mangelt es an allem, denn die Kriegskasse des Prinzen von Wales leert sich, und Peter der Grausame ist immer noch nicht zurück. Die Soldaten murren, klagen, fluchen. Bertrand Du Guesclin wird mager. Doch dann kommt die Überraschung.

Eines Morgens kommt mit großem Aufheben Jake de Wyn ins Zelt.

»Bertrand«, sagt er auf seine gewohnt übertriebene Art, »du bist nun wieder mein Feind, und sogar mein geschlagener Feind. Aber vor noch gar nicht langer Zeit warst du mein Kampfgefährte, und wir kämpften Seite an Seite unter den Mauern von Toledo. Darum werde ich mich eigens darum kümmern, daß es dir an nichts fehlt. Jake de Wyn ist kein Mann, der seine Freunde ihrem Schicksal überläßt.« Er klopft sich auf den dicken Bauch und fühlt sich sehr erhaben. Dann wendet er sich an Matthis: »Und wie geht es unserem jungen Minnesänger? Immer noch verliebt? Du solltest einmal meine Truppe besuchen, Junge. Meine Männer hören dich gern singen.«

»Ich habe keine Lust zu singen«, murmelt der Herold, der sich voller Groll daran erinnert, daß Jake de Wyn ihm in Toledo zweihundert Goldstücke abgenommen hat.

Trotzdem hält der Ewig Verliebte Wort. Während die Wochen langsam verstreichen, Hitze und Ungeduld zunehmen, bringt er den beiden Gefangenen regelmäßig Brot, Fleisch, Wein, Kerzen und frisches Wasser. James le Pipe, Hugh de Calverley und Eustache d'Auberchicourt besuchen den lahmgelegten Adler ebenfalls von Zeit zu Zeit, um alte Erinnerungen aufzufrischen und Lebensmittel zu bringen.

Dann taucht an einem warmen Sommerabend im Lager plötzlich eine Unterhaltungstruppe auf, die von einer Frau angeführt wird. Drei kastilische Gaukler, zwei Sänger und sechs Musikanten kommen singend und tanzend durch das hölzerne Tor. In ihrer Mitte, auf einem gut gefütterten Esel, reitet eine Dame in tief ausgeschnittenem grünen Seidenkleid: eine Sommerkönigin. Ihre braunen Haare werden von einem perlenbestickten Band zusammengehalten, um den Hals trägt sie eine goldene Kette, an der eine große schwarze Perle in der Form einer Träne hängt. Sie ist nicht mehr jung, aber graziös und schlank, und sie hat eine schöne Stimme, mit der sie schmelzende Lieder singt. Vor ihr her schlägt ein kleiner Junge Purzelbäume, geschmeidig wie ein Wiesel und auffallend kräftig für sein Alter. Ein Zwerg, gekleidet als Page. Die englischen Soldaten laufen aufgeregt zusammen. Endlich etwas, das die Eintönigkeit der langen Abende aufhebt. Die Frau steigt ab, gibt einige Anordnungen und dann läuft vor den erstaunten Blicken der Engländer und Gascogner eine Vorstellung ab, wie sie noch nie eine gesehen haben. Vor allem der kleine Page verblüfft sie mit seinen Kunststücken. Er steht auf dem Kopf, balanciert einen blitzenden Dolch auf der Nasenspitze, reitet stehend auf einem ungesattelten Pferd. Singen kann er nicht, Musik machen auch nicht, aber er kann auf einem straff gespannten Seil laufen, zwölf Fuß über der Erde. Er kann seine Beine im Nacken über Kreuz legen und wieder aufspringen wie eine zurückschnappende Feder – es ist unglaublich!

Sogar der Prinz von Wales und John Chandos kommen und sehen sich die Vorführungen an, obwohl der Prinz sich alles andere als wohl fühlt. Das spanische Klima zehrt an seiner Gesundheit, er hat Heimweh nach Bordeaux. Auch ihm ist die Ablenkung willkommen.

Erschöpft von der Hitze liegt Bertrand Du Guesclin in seinem Zelt auf der Pritsche, als Jake de Wyn aufgeregt hereingestürmt kommt.

»Bertrand! Matthis! Kommt heraus! Gottes Schmetterling ist da! Und sie hat eine ganze Unterhaltungstruppe mitgebracht!«

Matthis springt auf und wirft dem halbnackten Du Guesclin einen Umhang zu. Dann eilen beide zum Mittelpunkt des Lagers. Schon von weitem erkennt Matthis die Frauenstimme, die gerade eine französische Ballade singt. Neben sich hört er Du Guesclin kichern.

»Ich sagte dir doch, daß sie sich zu helfen weiß«, flüstert er zufrieden.

Matthis drängelt sich durch, schaut mit glänzenden Augen auf die neue Vergnügungstruppe, die Marie-Claire um sich geschart hat und die sie mit fester Hand und herzlichem Lächeln dirigiert. Das Licht der Fackeln spielt über ihr Gesicht, läßt die Perle funkeln, ihre bloßen Arme glänzen. Die Soldaten stehen in großem Kreis um sie herum, bestaunen sie und jubeln ihr zu. Matthis sieht auch den Prinzen von Wales, der auf einer Bank sitzt: ein kranker, elender Mensch. Doch selbst er lächelt, als finde er seinen Gefallen daran. Immer mehr Männer kommen herbeigeeilt. Die Kerle aus den Kompanien erkennen ihr Maskottchen des vergangenen Jahres und begrüßen Marie-Claire mit so viel Ausgelassenheit, daß der Boden erzittert.

Gottes Schmetterling ist wieder da, um ihnen Glück zu bringen, um ihre grenzenlose Langeweile zu vertreiben. Endlich hören sie wieder gefühlvolle französische Lieder... Die Männer laufen auf sie zu, wollen ihr Kleid berühren.

Das war es, was ihnen in den glühend heißen Wochen gefehlt hat: Glück. Sie haben zwar bei Najera gesiegt, doch danach gab es nichts anderes als Widerwärtigkeiten: Hunger, Durst, Krankheiten, Langeweile und Warten, endloses Warten auf den versprochenen Sold. Doch nun ist sie wieder da, und alles wird gut werden. Sie werfen ihr Blumen zu, aber auch einen gestohlenen Diamanten, ein Goldstück, einen silbernen Becher. Der kleine Robert sammelt die Kostbarkeiten rasch ein. Wieselflink ist er.

Jake de Wyn drängelt sich mit Gewalt nach vorn, kniet vor der Frau nieder und ergreift ihre Hand, um sie zu küssen.

»Marie-Claire«, sagt er gerührt, aber überschwenglich wie stets, »welcher Engel hat dir eingeflüstert, daß wir dich so nötig brauchen?«

Ein wenig verwundert blickt sie auf den Banditenhauptmann herab und zieht ihre Hand zurück. Plötzlich entdeckt sie Matthis, neben Bertrand Du Guesclin. Sie vergißt Jake de Wyn und seine gespielte Verliebtheit, stürmt auf ihre Freunde zu und flüstert im Vorbeilaufen: »Ich habe Neuigkeiten für euch.« Dann springt sie in die Mitte des Kreises, gibt den Fidlern einen Wink und tanzt. Sie tanzt, wie sie einst für den Hof des Königs Heinrich II., wie sie früher auf Kirmessen und Jahrmärkten getanzt hat. Dann läßt sie sich erschöpft zu Boden sinken, hebt einen ihr zugeworfenen Fächer auf und wedelt sich Kühlung zu.

Die Soldaten jubeln, stampfen mit den Füßen auf und klatschen. Sie heben sie auf, hoch über ihre Köpfe, und tragen sie im Triumph umher. Gottes Schmetterling ist gekommen – was kann jetzt noch geschehen?

Gut eine Stunde später, als es schon tiefe Nacht geworden ist, kommt Marie-Claire leise in Du Guesclins Zelt und setzt sich müde auf den Rand seiner Pritsche. Matthis bringt ihr einen Becher Wein. Im Licht der einzigen Kerze sieht er undeutlich ihr Gesicht, das trügerisch jung aussieht, denn die feinen Falten sind mit einer dicken Lage Reispuder bedeckt. Bertrand sagt nicht viel. Er legt kurz seine verletzte Hand auf ihre Schulter, als erhoffe er sich davon Genesung.

»Wo sind deine Künstler? Wo ist der kleine Robert?« fragt Matthis.

»Sie warten vor dem Tor auf mich. Hört zu, ich habe nicht viel Zeit, aber ich habe Neuigkeiten für dich, Bertrand. Peter der Würdevolle ist bereit, dir das Herzogtum Molina für achtzigtausend Francs wieder abzukaufen. Ich habe hier einen Brief für dich, von Tiphaine, einer von Clopins Reitern hat ihn gebracht. Ich wohne immer noch in Burgos, und da werde ich bleiben, solange ihr hier seid.«

»Weißt du etwas über den Bastard?« fragt Du Guesclin hastig.

»Ja. Don Heinrich ist sicher in Aragonien angekommen und sammelt neue Truppen. Er gibt noch nicht auf. König Karl wird ihm Geld schicken, und auch Peter der Würdevolle scheint ihm Hilfe zugesagt zu haben.«

»Woher weißt du das alles?« flüstert Matthis beeindruckt. Bertrand hält den Brief von Tiphaine in den Händen. Er kann ihn nicht lesen, aber er kann ihn festhalten, das Pergament streicheln, sich vorstellen, wie auch Tiphaines Hände darüber geglitten sind...

»Woher ich das weiß?« Marie-Claire lacht leise. »Ach, weißt du, es ist sehr nütztlich, wenn Frauen auch lesen und schreiben können. Ich habe drei Briefe geschrieben: nach Barcelona, nach Paris und an Tiphaine... Und manchmal kommt Antwort. Die Tore von Burgos werden nicht so streng bewacht, in Kastilien ist jeder davon überzeugt, daß der Bastard ausgespielt hat. Aber Heinrich kommt zurück, Freunde... Ich muß gehen, gleich läßt Chandos womöglich nach mir suchen... In zwei Tagen bin ich wieder da.«

Sie wirft Bertrand eine Kußhand zu, springt auf und läßt sich von der

Dunkelheit verschlucken. Doch Matthis kommt es so vor, als säße sie immer noch auf dem Rand des Feldbettes, redend und Gebärden machend: ein wenig französischer Sommer, ein Hauch von französischem Temperament. Und dann denkt er wieder an Rosita, an ihre geheimnisvollen Augen und ihr stilles Lächeln: Schön wie eine Madonna, ein Traum von Sanftmut und Liebreiz, die Rose von Kastilien. Wie anders ist Marie-Claire mit ihrer nordischen Unverwüstlichkeit, Energie und praktischen Nüchternheit. Einen geheimen Kurierdienst aufbauen, eine neue Vergnügungstruppe zusammenstellen, Verbindungen zu dem geschlagenen Don Heinrich aufnehmen, das alles sieht er die scheue Rosita nicht tun. Für so etwas muß man Gottes Schmetterling heißen, fast zwanzig Jahre Erfahrung im Umherreisen haben, überall, in Aragonien, Frankreich und Kastilien Freunde haben, und man muß sich befreien können von den Normen und Gebräuchen der Zeit.

Erstmals nach sieben quälenden Monaten beginnt er sich zu fragen, ob Rosita ihn wirklich hätte glücklich machen können.

Den ganzen Sommer lang läßt Peter der Grausame seinen Bundesgenossen, den Prinzen von Wales, auf sein Geld warten. Von Zeit zu Zeit schickt er einen Kurier in das Lager von Burgos, um den Kronprinzen zu beruhigen und ihm mitzuteilen, daß das Eintreiben der Sondersteuern erfolgreich verlaufe und er innerhalb von zwei Wochen mit der versprochenen halben Million in die Hauptstadt zurückkehren werde. Aber die Wochen verstreichen, und wer auch immer kommt, es ist nicht König Peter mit dem Sold. Allmählich wird der Zustand unhaltbar.

Marie-Claire, die mit ihrer Unterhaltungstruppe regelmäßig das Lager besucht, unterhält insgeheim für Du Guesclin die Verbindung zur Außenwelt. Sie schmuggelt Briefe ins Lager, flüstert ihm rasch Neuigkeiten ins Ohr, und wenn es ihr nicht gelingt, sich ungesehen Du Guesclins Zelt zu nähern, schickt sie den kleinen Robert, dessen Talent, sich unsichtbar zu machen und die unglaublichsten Verstecke zu finden und zu nutzen, sehr gelegen kommt.

Was französischen Ritterheeren nie gelang – den Prinzen von Wales zu besiegen – das gelingt nun dem spanischen Sommer. Der Untergang des Kronprinzen vollzieht sich langsam und fast unmerklich. Eduard von Woodstock, der Lieblingssohn des englischen Königs, der Verwüster der Languedoc, dessen Mut, Tüchtigkeit als Feldherr und dessen Ehrgefühl zur Legende geworden sind, fühlt Tag für Tag seine Kräfte schwinden. Er ist krank. Er ist sogar ernsthaft krank. Dieses Klima bringt ihn um. Gerade diesen Sommer scheinen Hitze und Trockenheit schlimmer als je zuvor zu sein. Der Prinz von Wales muß sich schließlich in die Stadt Burgos bringen lassen, aber die Ärzte dort wissen mit seinem Leiden kaum etwas anzufangen, auch wenn es ihnen gelingt, seine körperliche Verfassung ein wenig zu verbessern. Inzwischen hat Peter der Grausame sich häuslich und behaglich in seinem Palast in Sevilla eingerichtet und wartet dort ruhig ab, daß sein prinzlicher Bundesgenosse die Geduld verliert und nach Aquitanien zurückgeht – selbstverständlich ohne sein Geld bekommen zu haben.

Für John Chandos ist Marie-Claires Anwesenheit ein Geschenk des Himmels. Seit sie regelmäßig im Lager auftritt, gelingt es ihm etwas besser, die Soldaten im Zaum zu halten. Er gibt ihr hundert Goldstükke unter der Bedingung, daß sie dreimal in der Woche mit ihren Musikanten und Akrobaten im Lager auftritt. Daß sie sein Wohlwollen mißbraucht, indem sie Briefe und Neuigkeiten für Bertrand Du Guesclin ins Lager schmuggelt, weiß er nicht. Chandos findet es angenehm, sich mit ihr zu unterhalten; nur selten hat er eine Frau kennengelernt, die so viele Kenntnisse und Erfahrungen gesammelt hat wie Gottes Schmetterling. Daß sie ihn dabei geschickt aushorcht, entgeht ihm. Wie alle Männer seiner Zeit unterschätzt er die Klugheit der Frauen. Er findet Marie-Claire nett und macht gern Gebrauch von den guten Diensten, die ihre Truppe ihm erweist. Daß er es ist, der ausgebeutet wird, ist ihm nicht bewußt.

»Die Engländer werden aufbrechen«, sagt Marie-Claire eines Nachmittags, als sie nach einer Vorstellung in Du Guesclins Zelt gehuscht kommt. »Dies war unser letztes Auftreten. Ich habe mich gerade von John Chandos verabschiedet. Er erzählte mir, daß er euch beide mitnimmt nach Bordeaux.«

»Und du?« fragt Matthis erschrocken.

»Ich gehe zurück in die Bretagne.«

»Allein?« entfährt es Du Guesclin.

Lachend schüttelt sie den Kopf.

»Ich bin nie allein. Rate einmal, wer gestern plötzlich in Burgos aufgetaucht ist? Clopin! Mit sieben Reitern, die sich als Pilger verkleidet haben. Er brachte Briefe mit, von Tiphaine und Don Heinrich, ich werde sie dir sogleich geben. Und noch eine Neuigkeit! Diese Neuigkeit ist das Wichtigste. König Karl hat die Abwesenheit des Prinzen von Wales geschickt ausgenutzt und seine Beamten in die besetzten Gebiete geschickt, um die Bevölkerung aufzuwiegeln, daß sie sich gegen die Engländer erheben. In ganz Aquitanien brodelt es.«

»Darum also hat Eduard von Woodstock es plötzlich so eilig, nach Bordeaux zurückzukehren!« ruft Matthis aus.

Marie-Claire nickt, dann wird sie plötzlich ernst.

»Es gibt noch etwas, das du wissen mußt, Bertrand. König Eduard von England hat seinem Sohn den Befehl gegeben, dich nie wieder freizulassen. Darum weigert sich der Prinz von Wales, die Höhe des Lösegeldes für dich zu nennen: Du sollst auf immer ausgeschaltet werden.«

»Nein!« ruft Matthis erschrocken.

Marie-Claire verkrampft die Hände ineinander.

»Barbaren sind es«, flüstert sie, und diesmal widerspricht ihr niemand.

Bertrand schweigt. Marie-Claire holt die Briefe aus ihrer Tasche, drückt sie ihm in die Hände.

»Wir müssen etwas unternehmen«, ruft Matthis. »Uns auflehnen, ausbrechen ...«

»Du wirst wählen müssen, Bertrand«, sagt Gottes Schmetterling, die sich die halbe Nacht darüber den Kopf zermartert hat. »Entweder brichst du dein Wort und fliehst, sobald sich eine Gelegenheit dazu bietet, mit der Möglichkeit, daß du mit einem Pfeil im Rücken stirbst, oder du setzt dem Prinzen von Wales so lange zu, bis er bereit ist, doch noch ein Lösegeld für dich auszusetzen.«

»Ich werde mir das überlegen«, nickt Du Guesclin. Nachdenklich reibt er sich die schmerzende linke Hand.

»Ich muß jetzt gehen«, sagt Marie-Claire. »Oh, Matthis ...« Sie umarmt den Herold, küßt ihn auf beide Wangen. »Werde ich euch jemals wiedersehen? Ich werde für dich beten, mein Sohn. Möge Gott euch gnädig sein. Ich...« Sie schluckt. »Bertrand, ich verspreche dir, ich werde Tiphaine regelmäßig besuchen. Ich werde sie trösten, ihr Mut machen, bei ihr bleiben, bis ihr... Clopin und seine Reiter werden mich sicher in die Bretagne bringen. Wenn es sein muß, gehe ich nach Paris und bitte den König, daß er sich für euch einsetzt. Adieu...«

Noch einmal küßt sie Matthis, und, nach kurzem Zögern, auch Bertrand. Und dann ist sie weg. Matthis wendet sich langsam seinem Herrn zu.

Bertrand hat sich auf einen Feldschemel fallen lassen, die Briefe von Tiphaine und dem Bastard liegen ungeöffnet in seinem Schoß. Matthis dröhnen noch Marie-Claires Worte in den Ohren: Der Prinz von Wales weigert sich, die Höhe des Lösegeldes zu nennen, du sollst auf immer ausgeschaltet werden. Das heißt: Lebenslängliche Gefangenschaft!

Woher weiß sie das? Chandos, mit dem sie sich oft so kurz unterhalten hat, muß eine unbedachte Äußerung getan haben. Deshalb also wurden sie so sorgfältig von der Außenwelt abgeschnitten. Was geht jetzt in dem alten Haudegen vor? Läßt er sich immer wieder und wieder Marie-Claires Nachricht durch den Kopf gehen, wägt er die Möglichkeiten, seine Freiheit wiederzubekommen, ab?

Fliehen... Gottes Schmetterling hat recht: Fliehen ist gleichzusetzen mit Wortbruch, und das würde dem Prinzen von Wales die Gelegenheit geben, Du Guesclin ohne Ehrverlust zu töten. Ihm zusetzen, bis er doch ein Lösegeld nennt... Das ist leicht gesagt, aber wie bringt man das zuwege? Matthis läßt sich auf die Knie fallen und schaut zu seinem Herrn auf.

»Was sollen wir tun?« fragt er leise.

Über das schwergezeichnete Gesicht huscht so etwas wie ein Lächeln.

»Ich bin neugierig«, sagt Du Guesclin langsam. »Bordeaux soll eine schöne Stadt sein. Vielleicht können wir dort feststellen, wie es in den besetzten Gebieten aussieht und welche Auswirkungen die Politik von König Karl gehabt hat. Wenn wir das einmal wissen, werden wir die Entscheidung über den Rest unseres Lebens treffen.«

Er hat sich schon alles überlegt, stellt Matthis erleichtert fest.

25

DAS LÖSEGELD

Aquitanien mit der Hauptstadt Bordeaux ist schon jahrhundertelang in englischem Besitz. Seit dem Frieden von Brétigny sind noch einige französische Provinzen hinzugekommen: die Poitou, Périgord, Maine, Siantonge... so daß der ganze Südwesten Frankreichs englische Herrschaft ertragen muß. Aber das dort lebende Volk spricht französisch, denkt französisch, und so werden die von Karl V. entsandten geheimen Kundschafter in den besetzten Gebieten gastfreundlich empfangen. Ritter, Geistliche, Bürger und Bauern lauschen begierig den Versprechungen, die der französische König ihnen macht, wenn sie sich erheben sollten. »Weg mit den Engländern, Frankreich den Franzosen!« Volksgefühl, Vaterlandsgefühl, das sind völlig neue Ansichten, und lange nicht jeder ist empfänglich dafür. Doch Franzosen begreifen schnell, wo ihr Vorteil liegt – und diesmal scheint der Vorteil eher aus Paris als aus London zu kommen.

Dann kommt der Prinz von Wales zurück nach Aquitanien und findet das Land zerrüttet vor. Er selbst ist so gut wie mittellos. Der Feldzug nach Spanien hat ihn ein Vermögen gekostet, und Peter der Grausame hat nicht einen Silberling bezahlt. Der Feldzug zum Nutzen eines fremden Königs hat ihn außerdem seiner Gesundheit beraubt. Das Leiden, das er sich in Burgos zugezogen hat, quält ihn auch weiterhin, es scheint unheilbar zu sein. Sein hohes Ansehen hat trotz des Sieges bei Najera empfindlich gelitten, und in ganz Südwest-Frankreich brodelt der Aufruhr. Wie kann er verhindern, daß aus dem schwelenden Feuer lodernder Brand wird, sobald er das tut, was er nun tun muß: die Steuern erhöhen? Er muß Eindruck machen auf seine Untertanen!

Er ist dünkelhaft, dieser Kronprinz. Er stellt sich selbst auf die gleiche Stufe mit legendären Heerführern vergangener Jahrhunderte, mit den römischen Kaisern, mit Alexander dem Großen. Wenn diese Kriegshelden nach erfolgreichem Feldzug nach Hause kamen, veranstalteten sie in ihrer Hauptstadt einen großen Einzug, wofür besondere Ehrentore gebaut wurden und wobei sie in ihrem Gefolge besiegte Könige in Ketten mitführten ... Im bürgerlichen Frankreich des vierzehnten Jahrhunderts ist so etwas nicht möglich. Einen Mann wie Bertrand Du Guesclin kann man nicht auf bloßen Füßen und mit einer Eisenkette um den Hals hinter seinem Streitroß herlaufen lassen. Aber man kann ihn erniedrigen, ihn dem Volk als den großen Verlierer vorführen! In Bordeaux muß ein jeder davon überzeugt werden, daß niemand dem Prinzen von Wales gewachsen ist, nicht einmal Bertrand Du Guesclin.

Es tut dem Kronprinzen leid, daß der berühmte schwarze Hengst Blitzstrahl nicht im Triumphzug mitgeführt werden kann. Nicht einmal Chandos weiß, wo das Pferd geblieben ist. »Ich glaube, das Tier hat sich auf dem Schlachtfeld von Najera über die Trommeln erschreckt und ist durchgegangen. Dabei muß es Du Guesclin abgeworfen haben. Das ist die Erklärung, daß meine Gascogner ihn zu fassen bekommen haben«, meint der Prinz nachdenklich. Chandos nickt schweigend, obwohl er weiß, daß das nicht sein kann. Ein gut abgerichtetes Streitroß wie Blitzstrahl kann der Lärm auf einem Schlachtfeld nicht erschrecken. Und er glaubt auch nicht, daß ein Pferd es fertigbringt, Du Guesclin abzuwerfen. Daß sowohl der Bastard als auch der schwarze Hengst an jenem Tag verschwanden, gibt ihm zu denken. Aber Chandos spricht seine Vermutungen nicht aus. Er hat es gelernt, in Anwesenheit seines Schülers zu schweigen.

Wie gut der Prinz von Wales seinen triumphalen Einzug in Bordeaux auch geplant zu haben glaubt, es wird eine große Enttäuschung daraus. Vom Adel Aquitaniens lassen sich die höchsten Edelleute nicht einmal blicken, um ihn bei seiner Rückkehr zu begrüßen. Vielleicht wollen sie zuerst einmal abwarten, sind sie noch nicht offen zur französischen Seite übergelaufen, spielen aber schon mit dem Gedanken und halten sich darum vorsichtig zurück. Dann müssen eben die Kompaniehauptleute ihre Stelle einnehmen; auch das sind eindrucksvolle Männer, die sich darzustellen wissen. Und irgendwo mitten im Zug, zwischen all dem Prunk und der Pracht, soll die knarrende und ungeschmückte Karre fahren, auf der Bertrand Du Guesclin mitgeführt wird. Der Anblick des gezähmten Adlers wird die Bordelaiser begreifen lassen, wie wechselhaft das irdische Dasein ist, wie tief ein Mann sinken kann.

Doch Matthis Cuvelier macht dem Prinzen von Wales einen Strich durch die Rechnung. Er hat erfahren, welche Erniedrigung dieser sich für seinen Herrn ausgedacht hat, und er beschließt, die Sache umzudrehen. Nicht Bertrand soll erniedrigt werden! Nicht solange Matthis einen Kopf auf den Schultern und eine mächtige Stimme in der Kehle hat! Am Vorabend des Einzuges geht er im Lager auf die Suche nach Jake de Wyn. Er findet den Ewig Verliebten in dessen Zelt unter den Mauern von Bordeaux und unterhält sich ganz unschuldig mit dem Plünderer.

»Wir haben eine gute Reise gehabt, findet Ihr nicht?« fragt er leichthin.

Jake de Wyn klopft ihm väterlich auf die Schulter.

»Ach, sehe ich unseren armen Cuvelier auch einmal wieder, den Mann mit dem gebrochenen Herzen! Du siehst gut aus, mein Junge. Was hältst du von Bordeaux? Das ist doch eine schöne Stadt, oder nicht? Wie sie da liegt, an den Ufern der Gironde...«

Matthis nickt und seufzt tief. Übertrieben tief.

»Ach, Ritter de Wyn, ich wünschte, ich wäre in der Liebe so glücklich wie Ihr. Erinnert Ihr euch noch, wie Ihr in Toledo zweihundert Goldstücke verdient habt? Ich habe nichts dafür bekommen, nicht einmal ein Lächeln...«

Der Ewig Verliebte lächelt herzlos.

»Ja, mein Junge, damals hattest du aber auch ein Pech...«

»Ihr verdientet die Goldstücke zu mühelos«, fährt Matthis fort. »Meint Ihr nicht, daß ich eigentlich ein Recht auf Entschädigung habe?«

Erschrocken greift der Hauptmann nach seiner Börse, als müßte er sie gegen einen Anschlag verteidigen.

»Entschädigung«, murmelt er. »Cuvelier, erzähl mir nicht, daß du dein Geld zurückforderst!«

»Nein, Herr, das meine ich nicht. Aber in Kastilien ist mir meine Laute abhanden gekommen, und ohne Musikinstrument fühle ich mich verloren. Ich bin Minnesänger. Meine Stimme kommt erst zu ihrem Recht, wenn ich mich selbst begleiten kann. Und ich besitze nichts mehr, keine Laute, keine Fidel…«

»Sprich frei heraus. Was willst du von mir?«

»Eine Laute«, sagt Matthis vorsichtig.

»Wie… Um dazu zu singen?«

Matthis nickt.

»Als Entschädigung für die zweihundert Goldstücke?«

»So könnt Ihr es sehen.«

»Hm.« Der Ewig Verliebte denkt schnell nach. Selbstverständlich kostet ein gutes Musikinstrument keine zweihundert Goldstücke. Aber Jake de Wyn hat nun einmal ein weiches Herz für Kunstbrüder.

»Gut«, sagt er scheinbar gleichgültig. »Ich werde dir meine Laute geben, weil du ein Pflegesohn von Gottes Schmetterling bist. Aber dann will ich auch nie mehr etwas über die verdammten Goldstücke hören. Verstanden?«

»Ich danke Euch, Herr«, erwidert Matthis untertänig. Im stillen denkt er: Wie gut, er ist darauf hereingefallen.

Am nächsten Morgen wird Bertrand Du Guesclin gezwungen, sich auf die nackte, offene Karre zu stellen, damit die Bordelaiser ihn gut sehen und nach Herzenslust verspotten können. Es gelingt Matthis, im letzten Moment auf die Karre zu springen. Die Laute hat er unter dem Arm. Als ein Hauptmann sieht, daß er sich neben Du Guesclin stellt, will er ihm befehlen, von der Karre herunterzuklettern, aber Chandos, der die Aufstellung des Zuges beaufsichtigt, hebt rasch eine Hand.

»Laß ihn«, sagt er streng.

Er sieht sich das ungleiche Gespann auf der Karre an, tritt sogar einen Schritt zurück, um den Anblick besser auf sich wirken zu lassen. Da steht der Bretone, ein Berg geballter Kraft und Muskeln, den Schnauzbart von grauen Haaren durchzogen, mit häßlichem, schwer gezeichnetem Gesicht und lächerlich hoher Stirn. Neben ihm der schlanke junge Mann, einen halben Kopf größer, mit gewellten, blonden Haaren, kurzem hellen Bart und schönen blauen Augen. Welch ein Anblick! Ein größerer Gegensatz ist fast nicht denkbar. Chandos lächelt und wendet sich ab. Die Bordelaiser bekommen etwas Interessantes zu sehen, denkt er.

An der Spitze des Zuges erschallen bereits die Zinken. Chandos schwingt sich in den Sattel und reitet nach vorne, wo er seinen Platz unmittelbar hinter dem Prinzen von Wales einnimmt. Die geschmückten Tore von Bordeaux werden geöffnet, die Mauern sind schwarz von Neugierigen. Auch in den Straßen und auf den Plätzen stehen die Menschen Schulter an Schulter, um ihrem Herrscher zuzujubeln.

Es ist selbstverständlich, daß nach dem Prinzen von Wales vor allem die Karre mit Bertrand Du Guesclin die meiste Aufmerksamkeit erregt. Aber kaum zieht der Siegeszug in die Stadt ein und machen die Leute sich gegenseitig auf die Karre aufmerksam, auf der der Bretone zur Schau gestellt wird, da nimmt Matthis sein Instrument und beginnt zu singen. Laut und klar klingt seine Stimme durch die Stadt, wird zurückgeworfen von den Mauern der hohen Häuser, wo sich in allen Fenstern und auf allen Balkonen die Menschen drängen.

Zweihundertfünfzig Pfund Knochen und Muskeln,
Das Gesicht eines Teufels, das Herz eines Helden,
Der Mann der schönsten Frau der Bretagne,
Der Freund von drei Herrschern, auch hat er kein Geld,
Der Schreck des Feindes, der Trost der Armen,
Das Schwert der Rache, die Axt des Bauern,
Das ist Ritter Bertrand Du Guesclin,
Notre Dame, Du Guesclin!

Das Volk, zunächst überrascht, dann begeistert, jubelt, stampft mit den Füßen auf, schwenkt die Hüte und winkt mit den Händen. Der Ruf fliegt von Mund zu Mund: »Notre Dame, Du Guesclin!« Lachend winkt Bertrand den ihm zugewandten Gesichtern zu, nickt liebenswürdig und gutmütig, dankt für den Beifall und läßt die Huldigung geduldig über sich ergehen. Was als tiefe Erniedrigung gedacht war, wird durch Matthis' schallende Stimme zum Triumphzug, zur musikalischen Ehrenbezeugung, wiederholt von Tausenden. Es ist, als gäbe es den Prinzen von Wales gar nicht mehr, als sähen die Leute John Chandos überhaupt nicht. Welch ein Vorrecht, diesen Mann, Bertrand Du Guesclin, aus der Nähe sehen zu dürfen!

Und Matthis Cuvelier singt. Immer wieder dasselbe Lied, bis die Straßenjungen von Bordeaux es übernehmen, dann die Hafenarbeiter, die Handwerker, die Frauen und Ladeninhaber.

Zweihundertfünfzig Pfund Muskeln und Knochen...

Ja, das ist nicht gelogen, das sehen sie selbst. Donnerwetter, ist das ein bärenstarker Kerl!

Der Schreck des Feindes, der Trost der Armen...

Vor allem die letzten Worte wecken bei den kleinen Leuten der Stadt einen Sturm der Begeisterung.

Das Gesicht eines Teufels, das Herz eines Helden...

Ja, häßlich ist er, das stimmt. Aber dennoch ist es ein Gesicht, an dem man sich nicht sattsehen kann, und es hat etwas Vertrauenerweckendes.

Der Freund von drei Herrschern, auch hat er kein Geld...

Ja, denken die Leute, das stimmt. Niemand in der ganzen Welt hat so viele mächtige Freunde wie der Herkules auf der Karre.

Notre Dame, Du Guesclin!

Das dröhnt durch die Straßen, wogt über die Plätze. Sogar die Kirchenglocken, die dem Prinzen von Wales ein Willkommen zurufen sollen, scheinen den Rhythmus dieses Schlachtrufes übernommen zu haben. Blumen werden auf die Karre geworfen, ganze Girlanden. Matthis Cuvelier steht bis zu den Knien in der Pracht. Der Herold hebt eine gelbe Rose auf, riecht kurz daran, wirft sie dann einem hübschen Mädchen an der Straßenecke zu. Er blinzelt ihr zu. Jetzt ist er wieder ganz und gar Minnesänger, ein Sänger, der Liebe, Heldentaten und Mut verherrlicht. Bertrand winkt der Menge zu, als sei er der König von Bordeaux.

»Das war ein kluger Schachzug, Freund«, flüstert er Matthis zu. »Pardieu, du bist mir vielleicht einer!«

»Notre Dame, Du Guesclin«, schreit das Volk.

Der Prinz von Wales, der ganz vorne reitet, der überall Schmerzen hat und der nur mit Mühe aufrecht im Sattel sitzen kann, hört es und verzieht das Gesicht. Vor Schmerzen, vor Wut und vor Enttäuschung. Das hatte er nicht beabsichtigt. Er fühlt sich in einer Weise betrogen, auch wenn er nicht sagen kann, wer ihm den triumphalen Einzug gestohlen hat. Das verdammte Volk... Hinter sich hört er John Chandos kichern. Vor Wut schäumend dreht er sich im Sattel um.

»Niemals werde ich den verdammten Bretonen freilassen«, murmelt er zwischen zusammengebissenen Zähnen. »Laß ihn heute nur sein Ansehen genießen, das Lachen wird ihm noch früh genug vergehen, wenn er begreift, daß er in Kastilien seine letzten Heldentaten verrichtet hat.«

Chandos nickt gehorsam. Doch tief im Herzen gefällt es ihm, was hier geschieht. Wie oft schon hat sich der Prinz von Wales umjubeln lassen für Siege, die John Chandos für ihn errungen hat. Diesmal jubelt Bordeaux einem anderen Helden zu, und der Kronprinz fühlt sich beleidigt. Es ist eine seltene Gerechtigkeit, die hier geübt wird...

Bertrand Du Guesclin und sein Herold bekommen in Bordeaux ein Haus zugewiesen, und sie werden streng bewacht. Ununterbrochen stehen zwei Schildwachen vor der Tür. Bertrand kann sich nur auf dem von Mauern umgebenen kleinen Innenhof etwas körperliche Bewegung verschaffen, aber ebenfalls unter der Aufsicht von zwei Soldaten. Gemeinsam mit Matthis baut er ein Gerät, an dem er seine Muskeln täglich üben kann, denn er möchte stark bleiben. Herbstregen und Winterstürme können ihn nicht im Hause halten. Du Guesclin ist ein Mann vom Land, in den vier Wänden einer Stube wird es ihm zu eng, er muß in Bewegung sein, sich den Wind um die Ohren wehen lassen.

Von der Außenwelt sind sie völlig abgeschnitten. Zweimal am Tag kommt aus dem Palast ein Knecht und bringt ihnen ihr Essen, aber dieser Knecht darf nicht mit den Gefangenen sprechen. Schon sehr bald sieht Matthis ein, daß Marie-Claire recht hatte: Der Prinz von Wales ist nicht bereit, ein Lösegeld für sie zu fordern. Er will sie für den Rest ihres Lebens ausschalten. Also muß er auf irgendeine Weise gezwungen werden, doch eine Lösegeldsumme zu nennen, im Beisein von Zeugen. Wie können sie das bewerkstelligen? Matthis macht einen Plan.

Eines Abends im Januar, als sie in der Wohnstube am Ofen sitzen, flüstert der Herold seinem Herrn zu:

»Wird es nicht Zeit, in Bewegung zu kommen, Bertrand?«

Du Guesclin grinst. Er hebt die Arme über den Kopf, die Muskeln schwellen. Dann bewegt er vorsichtig die Finger der verkrüppelten Hand.

»Nur die, die wollen nicht mehr«, murmelt er, »ansonsten fühle ich mich großartig. Ja, Matthis, du hast recht: Es wird Zeit, daß wir den Prinzen von Wales in die Enge treiben. Die Ruhe hat lange genug gedauert.«

Dann brüllt er so laut, daß der Posten wach wird:

»Ich gehe ins Bett, ich fühle mich hundeelend.«

Schlurfend verschwindet er im Alkoven, der ihnen als Schlafkammer dient.

Am nächsten Morgen hören die Bewacher zu ihrem Schrecken von Matthis Cuvelier, daß Bertrand Du Guesclin sehr krank sei. Händeringend ruft der Herold ihnen zu: »Es geht zu Ende mit ihm. Er hat Fieber... es muß sofort ein Arzt kommen. Beeile dich, Mann... und ein Notar! Ein Priester! Ein Mann wie Du Guesclin muß doch die Gelegenheit bekommen, vor seinem Tod sein Testament zu machen.«

»Ist es so schlimm?« fragt der Hauptmann der Wache erschrocken.

»Todkrank ist er«, schreit Matthis. Und als der Hauptmann selbst im Alkoven nachschauen will, hält der junge Mann ihn zurück.

»Gib acht, womöglich ist es ansteckend.«

Der Mann zögert und fährt sich nachdenklich mit der Hand übers Kinn.

»Ein Arzt, ein Notar, als wenn das so einfach wäre«, brummt er. »Das kann ich doch nicht entscheiden.«

»Dann schicke sofort eine Nachricht zu John Chandos«, rät Matthis. »Aber rasch. Ich glaube, es ist sehr ernst.«

Das dumme Gesicht des Hauptmanns klärt sich auf. Er nickt Matthis zu, gibt seinen Untergebenen einige Befehle und eilt davon. Wie reagiert man im Prinzenpalast von Bordeaux auf die Nachricht, daß Du Guesclin todkrank ist? Matthis wünscht sich, er könnte dabei sein und hören, was Chandos und der Kronprinz dazu zu sagen haben. Voller Spannung wartet er auf das Ergebnis seiner Meldung.

Am gleichen Nachmittag kommt der Hauptmann mit einem Arzt zurück. Matthis bringt den Gelehrten in den Alkoven, in dem Du Guesclin sich stöhnend in seinem Bett wälzt. Der Bretone haßt Ärzte, seiner Meinung nach wissen sie nichts, können sie nichts und sind nur darauf bedacht, ihren Patienten so schnell es geht unter die Erde zu verhelfen. Darum kostet es ihn keine Mühe, sich mit verzerrtem Gesicht von dem schwarzgekleideten Mann vor seinem Bett abzuwenden.

»Ist es ansteckend?« fragt Matthis ängstlich, als der Arzt mit gerunzelten Augenbrauen auf den Kranken schaut. Das hat zur Folge, daß der Arzt einen Schritt zurückschreckt.

»Wo tut es weh?« fragt er aus einiger Entfernung.

»Überall...«, stöhnt der Kranke.

»Im Bauch?«

»Oben, unten...«

Matthis muß plötzlich an Tante Eulalia denken, die sich auch immer einbildete, dieses und jenes zu haben.

»Ich werde Eurem Herrn ein Abführmittel verschreiben«, sagt der Gelehrte zu Matthis. Aus Erfahrung weiß er, daß die meisten Leiden der schwergewichtigen Menschen durch Verstopfung verursacht werden, weil sie zu viel und zu fett essen. Guter Stuhlgang bringt sie meistens schnell wieder auf die Beine. »Ich werde meinen Knecht mit Kräutern herschicken. Kocht sie auf und gebt ihm alle Stunde einen halben Becher.«

»Rettet ihn, Doktor, ich flehe Euch an«, schluchzt Matthis und wischt sich mit der Hand über die (trocknen) Augen. »Macht Euch keine Sorgen, der Mann kann einiges vertragen«, meint der Arzt und verschwindet schnell wieder, aber nicht bevor Matthis ihn beschworen hat: »Schickt bitte einen Notar!«

Das Gerücht, daß Bertrand Du Guesclin krank ist, vielleicht im Sterben liegt, versetzt ganz Bordeaux in Aufregung. Immer wieder versammeln sich Leute vor dem bewachten Haus. Sie starren zu den Fenstern hinauf, hoffen, wenigstens etwas von dem wahrnehmen zu können, was da drinnen geschieht. Von Zeit zu Zeit erscheint Matthis am Fenster und ruft ihnen zu: »Es steht ganz schlecht um ihn.« In der Stadt wird über nichts anderes gesprochen. Und es kann nicht ausbleiben: Auch der Prinz von Wales wird neugierig. Das Leiden, das er sich in Spanien zugezogen hat, quält ihn immer noch, und an manchen Tagen spielt er sogar mit dem Gedanken, nach England zurückzukehren und die Herrschaft über Aquitanien seinen jüngeren Brüdern zu überlassen. Er fühlt, daß er nicht mehr lange leben wird. Doch jetzt ist Du Guesclin krank. Der scheinbar unverwüstliche Körper ist am Ende... Das will er sehen! Mit eigenen Augen will er sich davon überzeugen, in welch elendem Zustand der Bretone sich befindet; vielleicht lindert der Anblick seine eigenen Schmerzen.

Matthis Cuvelier, der in den vergangenen Wochen dafür gesorgt hat, mit den Wachen auf gutem Fuß zu stehen, so daß er sie stets geschickt aushorchen kann, erfährt früh genug vom Kommen des Kronprinzen. Erfreut stürmt er in die Schlafkammer.

»Es gelingt«, flüstert er dem Kranken aufgeregt zu. »Der Prinz von Wales kommt zu Besuch, mit Chandos und einem Notar und einem ganzen Gefolge. Unsere Bewacher haben noch nie so ordentlich ausgesehen. Sie haben sich eigens fein herausgeputzt und ihre Hellebarden glänzen wie Silber. Zieh dich an, Bertrand. Jetzt gibt es etwas zu lachen.«

Du Guesclin streckt seinen gewaltigen Körper, läßt die Muskeln unter der Haut spielen, erprobt noch einmal die halbsteife linke Hand, steht dann auf und kleidet sich sorgfältig an.

Es ist ein heller, trockener Wintertag. Bordeaux scheint sich wie eine Katze in der Sonne zu räkeln. Es ist kalt, aber die Luft ist angenehm frisch. Bei solchem Wetter spürt der Prinz von Wales seine Krankheit nicht so sehr. Der Gedanke daran, daß sein Erzfeind im Sterben liegt, gibt ihm die Kraft, den Palast zu verlassen und sich in einer Sänfte zur Wohnung des Gefangenen tragen zu lassen. Die Zinken erschallen, die Leibwache steht stramm, die Wachen vor der Tür des Hauses starren unbeweglich geradeaus, die Straße ist schwarz von Menschen.

Die Türen fliegen auf. Mit aller Würde, die sein Leiden ihm erlaubt, betritt der Prinz von Wales mit geschwollenen Beinen das Wohngemach. Und dort findet er Bertrand Du Guesclin. Strotzend von Gesundheit, breitbeinig, mit einem von Wind und Wetter gezeichneten Gesicht voller Narben. Ein Bild von Kraft und Selbstvertrauen. Der Bretone verbeugt sich tief, schiebt dem verblüfften Prinzen einen Sessel zu, kann es dann doch nicht lassen, John Chandos kurz zuzulächeln.

Der Prinz von Wales, froh, daß er sitzen kann, auch wenn er sich das nicht anmerken läßt, mustert seinen Gefangenen streng. Ist das ein Sterbender?

»Wie geht es Euch, Ritter Bertrand Du Guesclin?« fragt er höflich, wobei er seine Enttäuschung meisterhaft verbirgt.

»Sire, mir geht es ausgezeichnet«, dröhnt Bertrand. »Wie sollte es auch anders sein? Kein Gefangener der Welt kann sich so hochgeehrt fühlen wie ich, ich bin die Geisel des Prinzen von Wales. Und jeder in Frankreich und Aquitanien weiß, daß Ihr, der Kronprinz von England, kein Lösegeld für mich auszusetzen wagt, weil ich Euch als freier Mann zu gefährlich bin. Soviel Ehre ist nie zuvor einem Krieger zuteilgeworden.«

Matthis sieht, wie John Chandos sich auf die Lippen beißt. Vor Zorn, oder weil er ein Lächeln unterdrücken will?

»Wer sagt, ich hätte Angst vor Euch, Ritter Du Guesclin?« fährt der Prinz auf.

»Jedermann, bis zur einfachen Schildwache«, antwortet Bertrand trocken. »Und wie sollte es auch anders sein? Der König von Frankreich hat Euch gebeten, ein Lösegeld zu nennen, aber Ihr habt Euch geweigert. Wenn ein Mann wie Ihr das Kriegsrecht mit Füßen tritt, kann das nur eines bedeuten: Ihr fürchtet nichts so sehr wie Du Guesclin auf freien Füßen. Und natürlich betrachte ich es als eine hohe Ehre, daß der Prinz von Wales Angst vor mir hat.«

Eduard von Woodstock schnaubt wütend, hinter sich hört er Chandos hüsteln. Das heißt: Gib acht, es sind Zeugen anwesend! Stolz wirft er den Kopf in den schmerzenden Nacken.

»Ich fürchte Euch nicht, Bertrand Du Guesclin! Warum sollte ich es nicht wagen, Euch freizulassen? Man hat mir berichtet, es sei unerheblich, welchen Preis ich für Euch fordere: Frankreich wird ohne Murren zahlen. Aber ein Angebot ist mir bisher nicht gemacht worden, man überläßt das wohl lieber mir. Nun denn, um alle Mißverständnisse auszuräumen, schlage ich vor, Ihr nennt selbst die Höhe Eures Lösegeldes. Niemand anders als Ihr kann besser sagen, was Ihr Frankreich wert seid.«

Das ist ein gemeiner Streich, denkt Matthis. Er weiß, daß Du Guesclin nicht reich ist und mehr Schulden als Besitzungen hat. Und wenn Bertrand einen niedrigen Betrag nennt, wird der Prinz ihn verhöhnen, erniedrigen...

Du Guesclin zögert keinen Moment.

»Was haltet Ihr von hunderttausend Francs, Sire«, sagt er gelassen.

Chandos hält überrascht die Luft an. Die Herren des Gefolges sehen sich ungläubig an. Der Notar hebt den Kopf, als könnte er seinen Ohren nicht trauen.

»Hunderttausend Francs«, lispelt der Prinz, der fürchtet, Du Guesclin falsch verstanden zu haben.

»Wobei ich zur Bedingung mache, daß mein Herold ebenfalls freigelassen wird«, nickt Bertrand.

»Aber das ist das Lösegeld für einen Prinzen! Meint Ihr wirklich, König Karl wird bereit sein, ein solches Vermögen für Eure Person zu zahlen?«

Selbst Matthis ist mit Stummheit geschlagen. Er fühlt, wie ihm das Blut aus den Wangen weicht. Ist Bertrand verrückt geworden? Hunderttausend Francs für einen Krieger – das ist unglaublich. Das ist die Hälfte von dem, was Du Guesclin vor einigen Jahren dem Papst abpreßte, und Matthis erinnert sich an die Kisten voll Gold und Juwelen, an die schwarze Perle für Marie-Claire. Woher soll sein Herr einen so schwindelerregend hohen Betrag bekommen?

Chandos beugt sich vor und flüstert dem Kronprinzen etwas zu. Er rät ihm, das Angebot anzunehmen, schießt es Matthis durch den Kopf. Dann sieht er, wie der Prinz den Notar zu sich heranwinkt.

»Wir werden einen Vertrag machen«, sagt er steif. »Ihr bekommt Eure Freiheit, sobald die Hälfte bezahlt ist, für die zweite Hälfte gebt Ihr mir einen Schuldschein. Solange die Schuld nicht getilgt ist, Ritter Du Guesclin, habt Ihr, wie Ihr wißt, nicht das Recht, gegen mich die Waffe in die Hand zu nehmen. Und dann werden wir ja sehen, wie viele Jahre verstreichen, bis die ersten fünfzigtausend hereinkommen.«

Bertrand verbeugt sich ehrerbietig.

»Drei Wochen, Sire«, antwortet er ruhig.

»Ihr scheint Eurer Sache sehr sicher zu sein«, sagt der Prinz erzürnt.

Bertrand lacht ihn fröhlich an.

»Oh ja, Sire. Frankreich wird mit Freuden dieses Opfer bringen. Ich danke Euch sehr für Euer Kommen und für die Ehre, die Ihr mir damit erwiesen habt. Es ist nicht jedem gegeben, den mächtigen Prinzen von Wales, den edelsten Ritter des Kontinents, an seinem Krankenbett empfangen zu dürfen.«

»Krankenbett«, fährt der Prinz auf, bebend vor Zorn. Ihm fährt ein Stich durchs Herz, als er die breite Gestalt Du Guesclins vor sich sieht. Mein Gott, denkt er neiderfüllt, ich wünschte, ich wäre halb so gesund wie dieser elende Bauer... Gestützt von John Chandos verläßt er eine Viertelstunde später das Haus. Ein kranker und geschlagener Mann.

Der Monat Februar ist noch nicht vorbei, als die ersten fünfzigtausend Francs in Bordeaux eintreffen. Bertrand Du Guesclin und sein Herold können abreisen.

Chandos kommt höchstpersönlich und bringt ihnen zwei prächtige Pferde aus seinem Stall. Ein Geschenk des einen Hauptmanns für den anderen.

»Das verstehe ich nicht«, sagt er zu Du Guesclin. »Als Ihr vor vier Wochen diesen schwindelerregend hohen Betrag nanntet, dachte ich, Ihr wolltet uns täuschen. Soviel ist kein einziger Mann wert, der nicht von königlichem Blut ist. Doch Ihr bezahlt, Ritter Du Guesclin, Ihr bezahlt ohne zu murren; ganz Frankreich beteiligt sich daran... Wußtet Ihr, daß es dazu kommen würde?« Bertrand blickt ihm in die Augen.

»Ja, Herr, das wußte ich«, antwortet er.

Einen Augenblick lang starren die beiden sich an. Chandos, der beste englische Feldherr, den Eduard II. jemals gehabt hat, und Bertrand Du Guesclin, der ihm zweimal unterlegen war. Sie lächeln sich zu. Sie sind ungefähr gleich alt, haben vergleichbare Erfahrungen, und auch was den Verstand betrifft, sind sie einander ebenbürtig.

Dennoch ist es John Chandos, der als erster die Augen niederschlägt. Würde das englische Volk für mich hunderttausend Francs bezahlen, fragt er sich verwirrt. Nein...

»Ihr müßt sehr beliebt sein in Frankreich, Herr«, sagt er nicht ohne Neid. »Die Franzosen sind dafür bekannt,daß sie sich nicht gern von ihrem Geld trennen.«

»Das ist wahr, Herr, und darum bezahlen sie jetzt. Ohne Du Guesclin laufen sie Gefahr, daß ihnen alles Geld von den Engländern abgenommen wird. Mit Du Guesclin können sie Euren Landsleuten erfolgreich widerstehen und sie aus Frankreich vertreiben.«

Bescheidenheit ist nie Bertrands Stärke gewesen. Chandos, der sehr wohl ein bescheidener Mann ist, blickt ihn überrascht an.

»Ich erinnere mich«, sagt er kühl, »daß der berühmte Bertrand Du Guesclin, dem das französische Volk offensichtlich so viel Vertrauen schenkt, schon viele Male in Gefangenschaft geraten ist, was dann große Geldsummen gekostet hat. Findet Frankreich nicht, daß Ihr ein teurer Landsmann seid, Herr?«

»Zweifellos. Und darum ist es jetzt das letzte Mal gewesen.«

»Wie könnt Ihr da so sicher sein?«

»In Zukunft werde ich nur noch kämpfen, wenn ich den Oberbefehl führen darf. Immer dann, wenn mir das nicht gewährt wurde, mißlang das Unternehmen. Aber wenn ich befehle, Ritter Chandos, dann siege ich, und dann bin ich es, der Gefangene macht.«

Das stimmt, denkt Chandos. Er streckt die Hand aus, Du Guesclin ergreift sie und drückt sie herzlich.

»Vielleicht begegnen wir uns wieder, Ritter Du Guesclin.«

»Das hoffe ich, Herr. Einen klügeren und tapfereren Gegner kann man sich nicht wünschen.«

Dann steigt Bertrand auf und winkt Matthis. »Komm, Freund. Auf zu Tiphaine!«

Sie traben davon, John Chandos schaut hinter ihnen her, Hunderte von Bordelaisern verabschieden sie jubelnd.

In seinem Palast sitzt der Prinz von Wales im Bett, reibt sich die schmerzenden Knie und hört, wie das Volk lärmt. In diesem Augenblick betritt John Chandos das Schlafgemach des Prinzen, um sich zu erkundigen, wie es dem Kranken geht.

»Sind sie weg?« fragt der Prinz bedauernd.

»Ja, Sire.«

Sie lauschen dem Jubel des Volkes, der dumpf in das Gemach dringt.

»Ich verstehe das nicht«, murmelt der Prinz. »Warum verehren meine Untertanen diesen häßlichen Haudegen so sehr?«

Ja, warum? denkt John Chandos. Er zuckt die Schultern und sagt taktvoll: »Ich glaube, Sire, Eure Untertanen sind brave Christen und setzen die Worte: ›Liebe deine Feinde‹ in die Tat um.«

Der Prinz von Wales hat keinen Sinn für Humor. Er brummt vor sich hin und reibt sich wieder die Knie.

»Die Gascogner sind undankbar, sie sind es nicht wert, von mir regiert zu werden.«

»Sire«, antwortet Chandos erschrocken, »Ihr könnt noch nicht nach England zurück. Jeden Augenblick kann der Krieg mit Frankreich wieder ausbrechen. König Karl bereitet sich vor. In Kastilien ist der Bastard wieder auf dem Siegesweg. In den besetzten Gebieten werden Eure Steuereintreiber verspottet und umgebracht.«

Der Prinz nickt und schweigt betroffen.

Wir hätten nie nach Spanien gehen dürfen, denkt Chandos. Wir haben dort gesiegt, und doch... doch wurden wir dort geschlagen, vernichtet; war denn alles vergebens, nur weil der Bastard entkommen konnte? Wie nur? Sein totes Pferd fanden wir auf dem Schlachtfeld von Najera... jemand muß ihm ein anderes Pferd und den Rat gegeben haben, zu fliehen und sein Leben zu retten? Wer? Der berühmte Hengst Du Guesclins war nach der Schlacht auch verschwunden, ebenso unauffindbar wie der Bastard. Es kann doch nicht möglich sein, daß ein Pferd die Geschichte in eine andere Richtung lenkt und England in die Knie zwingt?

26

THERESE

Nach langer, langer Abwesenheit nach Hause zu kommen, das ist ein herzbewegendes Ereignis. Man kann gar nicht alles auf einmal verarbeiten; alle bedrängen einen, wollen einen sehen, bestürmen einen mit Fragen. Wenn es dann auch noch ein eiskalter Februartag ist und man nach langem Ritt durchfroren in einen Rittersaal kommt, in dem ein Kaminfeuer lodernd brennt und eine Dienstmagd einem warmes, gesüßtes Bier in die Hand drückt und fröhlich »sei gegrüßt, Matthis«, sagt, als wäre sie eine Schwester, dann dauert es eine gewisse Zeit, bis man begriffen hat, wer sie ist. Matthis, der vollkommen durchfroren ist und nun den warmen Krug in den Händen hält, blickt verwundert in zwei eisblaue Augen. Das Mädchen ist groß, hat ein rundes Gesicht, eine freche Stupsnase, ein etwas zurückweichendes Kinn und einen breiten Mund. Er schüttelt den Kopf. Er kennt sie nicht. In diesem Augenblick pflanzt sich der kleine Robert zwischen Matthis und dem Mädchen auf und schreit: »Ich bin gewachsen! Im letzten Jahr ein ganzes Stück. Na, was sagst du jetzt?«

Matthis nickt zerstreut – das mag schon sein –, aber die Magd sagt aufgeweckt: »Der kleine Robert wächst genau wie eine blaue Glockenblume, nach unten.«

Sie lacht, dreht sich um und läuft weg. Der kleine Robert stampft mit dem Fuß auf.

»Sie ärgert mich dauernd, aber eines Tages wird sie mir das büßen müssen«, ruft er beleidigt aus.

Matthis lächelt und läßt sich das warme Getränk durch die Kehle erinnen. Im Rücken spürt er die warme Glut des Feuers. Langsam erholt er sich von den Anstrengungen der Reise. »Mach dir nichts draus, Brüderchen«, sagt er gutmütig. »Du kannst ja nichts dafür, daß du auf höchstens neun Jahre geschätzt wirst.«

»Ich bin zwölf, vielleicht sogar dreizehn«, sagt der kleine Robert entrüstet. Dann läuft er zu seiner Mutter, die sich mit Bertrand Du Guesclin und der überglücklichen Tiphaine unterhält. In aller Ruhe trinkt Matthis sein Bier. Die monatelange Gefangenschaft sitzt ihm noch in den Gliedern. Er kann es kaum glauben, daß er wieder frei ist, frei, um nach draußen zu gehen, über die Felder zu reiten...

Plötzlich steht das muntere Mädchen wieder neben ihm, in der Hand hält es eine Schale mit den berühmten Honigkuchen der Frau Béchet. Zerstreut streckt Matthis die Hand danach aus.

»Nimm nur zwei«, sagt sie, »Mutter hat sich damit wirklich große Mühe gegeben.«

Und erst jetzt dämmert es Matthis, wer dieses Mädchen ist: Therese, die Tochter der Köchin. Mein Gott, er hätte sie nicht erkannt! Wie groß sie geworden ist, schon fast eine Frau.

»Ich danke dir«, sagt er, denn er ist Frauen gegenüber stets höflich.

»Mit dem blonden Bärtchen siehst du aus wie ein Normanne«, sagt sie fröhlich. »Willkommen zu Hause, Wikinger.«

»Ich bin Picardier«, entgegnet er stolz. Er findet sie ziemlich vorlaut.

»Möchtest du noch etwas Bier? Warmes normannisches Bier, um dich an die südliche Sonne zu erinnern?«

»Ja.« Er streckt ihr den Krug entgegen. Sie ist nicht schön, aber ganz offensichtlich will sie ihn verwöhnen. Es ist viele Monate her, daß sich Frauen um ihn bemühten; ihm wird plötzlich bewußt, daß er das vermißt hat. Ja, er ist wieder zu Hause! Herrlich ist das...

Zu Hause, das ist diesmal Burg Longueville, wo Tiphaine sehnsüchtig auf ihren Mann gewartet hat, seit die Nachricht kam, daß Du Guesclin seine Freiheit wieder hat. Eigentlich ist Matthis überrascht, Therese hier zu finden. Gehört sie nicht nach Pontorson? Die Schloßherrin wird ihre Köchin wohl stets mitnehmen, überlegt er sich dann, und das bedeutet gewiß, daß auch Therese immer dabei ist.

Er mustert sie mit den Augen des Kenners. Sie hat eckige Schultern, einen flachen Bauch, viel zu lange Beine... und dann die Augen! Wie Eisschollen in einem winterlichen Fluß... Die Augen blicken ihn immer noch freimütig an.

»Ich habe gehört«, sagt sie, »daß der Prinz von Wales an Wassersucht leidet. Du hast ihn gesehen, Matthis. Ist es wahr, daß er so aufgeschwemmt ist, daß er nicht mehr in seine Rüstung paßt?«

»Gerüchte«, brummt Matthis, der sich die Hände am Krug wärmt. »Der Prinz ist nicht gut zu Fuß, aber was ihm fehlt, das weiß niemand genau. Die klügsten Ärzte stehen vor einem Rätsel. Und du willst es besser wissen?«

»Natürlich! Ich will immer alles besser wissen.«

Und wieder ist sie verschwunden, mit ihrer Schüssel und dem dampfenden Krug. Verblüfft schaut Matthis ihr nach. Er erinnert sich, daß sie schon als Kind so beweglich war, nie lange stillhalten konnte. Sie war ganz anders als die etwas trägen Dorfmädchen von Pontorson oder Longueville.

Die Wärme des Feuers durchströmt seine Glieder, das süße Bier hat ihn von innen erwärmt, so ganz allmählich fühlt er sich wieder wohl in seiner Haut. Leute laufen im Saal ein und aus. Er setzt sich auf einen Schemel am Ofen, starrt in die Flammen und denkt an Rosita. Was hätte er nicht alles dafür gegeben, sie hier nun vor dem wohligen Feuer neben sich zu haben! Bertrand Du Guesclin ist doch ein Glücksvogel, denkt er ein wenig wehmütig. Er hat eine schöne Frau, die ihn verehrt, die ihn bei der Heimkehr leidenschaftlich begrüßt, ihn umhegt mit Wärme und Liebe. Ich habe niemanden... Eine Hand legt sich auf seine Schulter.

»Du siehst betrübt aus, Matthis«, sagt Marie-Claire leise. Sie zieht sich einen Schemel heran, setzt sich neben ihn. »Bist du nicht froh, wieder zu Hause zu sein?«

»Doch, ja.« Er gibt sich Mühe, seine Traurigkeit abzuschütteln. »Wie war eure Reise?« fragt er schnell. »Hattet ihr keine Schwierigkeiten in den Bergen?«

»Aber nein, wir sind recht schnell vorangekommen. Wir hatten gute Pferde, genug Geld, und Clopin hatte einen Freigeleitbrief von Don Heinrich bei sich, den wir in Aragonien und in den nördlichen Bergen gut gebrauchen konnten. Wir sind über Huesca gefahren, kennst du diese Strecke? Zuerst sieht man nichts als schroffe Berge, verdorrtes Unkraut, ausgetrocknete Täler. Je höher wir kamen, desto öder wurde die Landschaft, nichts als Steine und nochmals Steine. Und plötzlich war die Welt verändert. Ich sah wieder Blumen, grüne Sträucher, dunkelgrüne Bäume und Wasser, kristallklares Wasser, das singend und plätschernd über bemooste Felsbrocken in nördliche Richtung floß. Dann sagte Clopin plötzlich: ›Siehst du, Marie-Claire, wir sind wieder in Frankreich.‹ Wir ließen die Unwirtlichkeit hinter uns, wir kamen ins Paradies, das war so herrlich... In diesem Augenblick habe ich einen heiligen Eid geschworen: Nie wieder werde ich das gesegnete Frankreich verlassen, was auch geschehen mag. Denn hier ist mein Zuhause.«

»Aber wie konnte euch ein Freigeleitbrief von Don Heinrich denn eine solche Hilfe sein?« fragt Matthis erstaunt.

»Lieber Junge, weißt du das denn noch nicht? Don Heinrich ist dabei, sein Königreich wieder zu erobern. In Kastilien wütet ein Bürgerkrieg! Peter der Grausame hat Burgos wieder verlassen, er hat sich nach Sevilla zurückgezogen und ein Bündnis mit dem Maurenkönig Mohammed von Granada geschlossen. Genau wie vor zwei Jahren hat er Toledo als Bollwerk gegen die vorrückenden Truppen des Bastards bestimmt.«

Bertrand Du Guesclin steht plötzlich hinter ihr und packt sie bei der Schulter.

»Das ist neu für uns«, ruft er aus. Nun ist auch Tiphaine hinzugetreten. »Marie-Claire«, sagt sie leise und vorwurfsvoll, »hättest du die Neuigkeit nicht noch einen halben Tag für dich behalten können? Jetzt will Bertrand alles darüber wissen.«

»Das will ich wohl meinen!«

»Es... es tut mir leid.« Aber viel scheint Marie-Claire sich nicht daraus zu machen. »Es ist mir so entfahren. Nun gut, hört zu. Toledo ist nach eurer Niederlage bei Najera sofort wieder zu Peter dem Grausamen übergelaufen, der sich zwar König von Alt- und Neu-Kastilien nennt, aber nur von einem Teil des Landes anerkannt wird. Die kleinen Leute wollen den Bastard wiederhaben, dem sie mehr vertrauen. Ein Teil des Adels ebenso. Sobald der Prinz von Wales nach Bordeaux zurückgegangen war, marschierte der Bastard wieder in Kastilien ein, und dabei fand er viel Unterstützung durch die Bevölkerung. Er trotzte dem Winter, trieb Peters Truppen vor sich her und belagert nun Toledo...«

»Nein!« ruft Matthis erschrocken.

Alle im Saal Anwesenden stehen nun um Gottes Schmetterling herum.

»Ja, der Bastard belagert Toledo, und er kann die Stadt nicht einnehmen, also hat er die Zugangsstraßen blockiert und versucht, Toledo auszuhungern und so zum Nachgeben zu zwingen.«

Matthis versucht, sich zu beherrschen. Er sieht zwei Augenpaare, die ihn nicht loslassen: die von Clopin und die eisblauen von Therese. Clopin weiß etwas von Rosita.

»Der Bastard«, fährt Marie-Claire ahnungslos fort, »hat König Karl um Hilfe gebeten. Das heißt: Er hat um Bertrand Du Guesclin gebeten. Don Heinrich ist davon überzeugt, daß Bertrand die starke Stadt in die Knie zwingen kann. Und König Karl hat eingewilligt.«

»Meinst du«, stammelt Matthis, »daß wir wieder nach Kastilien geschickt werden?«

Marie-Claire nickt. Tiphaine ruft klagend: »Ist das nicht schrecklich? Ihr seid eben erst zurück... Ich erwarte jeden Tag einen Kurier aus Paris. Bertrand, warum gönnt der König dir nie einen Augenblick Ruhe?«

»Komm, komm, so eilig wird es nicht sein«, sagt Du Guesclin beruhigend und legt einen Arm um sie. »Es ist Winter...«

»Und ob es eilig ist«, sagt Marie-Claire. »König Karl ist bereit, den Krieg gegen England wieder aufzunehmen und die besetzten Gebiete zu befreien. Das wird eine lange dauernde und schwierige Aufgabe werden, und dafür braucht er einen Bundesgenossen, der über eine gute Flotte verfügt. Das heißt: Kastilien. Don Heinrich muß wieder in seine Rechte eingesetzt und Peter der Grausame muß vertrieben werden – für immer. Was meint ihr denn, warum König Karl das ganze Land in Bewegung versetzt hat, um euer Lösegeld so schnell aufzubringen, Bertrand? Er hat dafür einen Teil seiner Juwelen verpfänden müssen, er hat alle Bischöfe für Sammlungen in ganz Frankreich eingeschaltet, er hat jede Stadt, jedes Dorf mitbezahlen lassen. Zwei große Aufgaben warten auf dich. Du wirst den Krieg in Kastilien schnell zu einem guten Ende bringen und danach die Engländer aus Frankreich vertreiben müssen.«

»Und Toledo soll der Anfang sein«, murmelt der Haudegen.

Matthis ist blaß und erschrocken aufgestanden.

»Wie lange ... wie lange liegt der Bastard schon vor der Stadt?« fragt er stockend.

»Schon ein paar Monate.«

»Gerechter Himmel!«

Verzweifelt denkt er an die mächtigen Festungswerke, die schwer verstärkte San Martin-Brücke, die dicken Mauern, die reiche Oberstadt mit den vielen Handwerkern und Handelshäusern, an Rosita ... Leidet sie Hunger?

»Eingeschlossen in einer belagerten Stadt zu sitzen ... ich weiß, was das heißt«, sagt er schmerzlich bewegt. »Erinnerst du dich noch, Bertrand? Damals in Rennes ... Monat für Monat ... Die Lebensmittel werden knapp, es gibt keinen Brennstoff mehr, ausgehungerte Kinder kauen auf Fettkerzen, lutschen auf Steinchen, alle werden mager, zusehends schwächer. Krankheiten, Schwäche, Verzweiflung kriechen durch die Straßen, allmählich verlieren die Bürger alle Hoffnung ...«

Seine Stimme versagt; Marie-Claire schaut verwundert zu ihm auf.

Matthis ist sich nicht einmal bewußt, daß er laut gesprochen hat. Der Geruch gebratenen Schweinefleisches dringt ihm in die Nase. Es dunkelt schon. Therese läuft umher und zündet die Kerzen an. Frau Béchet bringt dampfende Schüsseln herein, ruft ihrer Herrin zu, daß der Tisch gedeckt ist. Nein, hier auf Longueville leiden sie keinen Hunger!

Zornerfüllt schweift Matthis' Blick über die reich gedeckte Tafel, die glänzenden, braunen Brote. In der Mitte prunkt ein großer Kloß Butter in der Form einer normannischen Ente. Und Rosita muß trocken Brot essen ... falls in Toledo überhaupt noch Brot gebacken wird. Oh, der verfluchte Bastard, warum muß er gerade Toledo belagern, als gäbe es in Spanien nicht auch andere wichtige Städte!

»Setz dich doch, du Träumer«, sagt eine schrille Stimme hinter ihm. Zwei Hände drücken ihn nieder auf die Bank. Als er dann sitzt, beugt sich Therese halb über ihn, schenkt seinen Becher voll funkelnden Wein.

»Hier, trink. Man sagt, das gäbe sauberes Blut. Ich fürchte, man bekommt eher unsaubere Gedanken davon ...«

Bevor er antworten kann, sieht er sie davoneilen und im Vorbeilaufen den kleinen Robert am Ohr ziehen. Der Page steht hinter Frau

Tiphaine, bereit, sie zu bedienen. An Thereses Ungezogenheiten scheint er gewöhnt zu sein, denn er lacht darüber. Matthis erinnert sich plötzlich daran, wie die beiden früher loszogen, gemeinsam Unfug trieben, sich gemeinsam über ihre Schreibtafeln beugten. Ach, eigentlich sind sie immer noch Kinder…

Bei Bertrand Du Guesclin geht es während der Mahlzeiten ungezwungen zu. Der Ritter verleugnet seine bäurische Herkunft nicht; wie auf einem Bauernhof sitzen auch hier Herren, Frauen und Knechte an einem Tisch. Matthis sieht, daß einige Dutzend Menschen an der langen Tafel sitzen, sich munter unterhalten und sich über das Essen hermachen. Aber da ist auch ein Platz leergeblieben: Rolin Bodins Platz. Dort liegt ein Kranz getrockneter Blumen.

»Ich trinke auf die Gesundheit der Gräfin von Longueville«, ruft Du Guesclin aus, »auf unsere gesunde Heimkehr und auf den tapferen Schildknappen, der in einem vergeblichen Versuch, mich zu retten, sein Leben gab. Gott sei seiner ehrlichen Seele gnädig!«

»Amen«, flüstert Matthis blaß. Er sieht, wie der kleine Robert schlucken muß. Rolin war sein Freund, erinnert sich Matthis plötzlich. Armer Robert, er muß noch lernen, wie ungewiß das Leben eines Kriegers ist. Man gewinnt Freunde, und man verliert sie wieder. Das Leben jagt einen von der einen Ecke des Königreiches in die andere, und überall sind Menschen: gute und schlechte. Man bindet sich an die guten, man haßt die schlechten, aber das Glücksrad dreht sich weiter, und bevor man sich's versieht, ist man wieder allein, niedergeschlagen, ohne Trost…

Plötzlich wird ihm klar, welch großartige Stütze sein Herr an der schönen Tiphaine hat, die stets da ist, wenn er von einem Feldzug heimkehrt, die während seiner Abwesenheit seine Besitzungen verwaltet, die die Gläubiger abzuhalten versteht und mit deren Zuneigung er immer rechnen kann. Eine gute Frau ist für einen bedeutenden Mann ihr Gewicht in Gold wert.

Durch sein Grübeln dringt Bertrands Stimme an sein Ohr:

»Rolin Bodin war ein guter Schildknappe, ich werde ihn vermissen. Ich muß einen Nachfolger für ihn finden.«

Der kleine Robert richtet sich gerade auf.

»Herr«, sagt er keck, »ich bin bereit.«

»Nein«, antwortet Du Guesclin. »Du bist ein tapferer Junge, aber viel zu klein, auf dem Schlachtfeld bist du nichts wert.«

»Herr...«, beginnt der Junge entrüstet.

»Robert, halte den Mund. Oliver soll mein persönlicher Schildknappe werden, der ist groß und stark.«

Oliver, ein achtzehnjähriger Junge und Clopins Neffe, sitzt da und strahlt über das ganze Gesicht. Er ist schon geraume Zeit bei seinem Onkel in der Ausbildung, und seit einem Jahr hat er den Rang eines Schildknappen, aber persönlicher Schildknappe von Bertrand Du Guesclin zu werden, das ist wieder noch etwas anderes.

Der kleine Robert schweigt bedrückt. Scheu schaut er über Tiphaines Schulter zu Marie-Claire hinüber, die zerstreut mit der schwarzen Perle spielt. Wird er sein ganzes Leben lang ein Page bleiben müssen? Das wäre ja...

Therese huscht zu ihm hin, flüstert ihm etwas ins Ohr, und Matthis sieht, wie plötzlich ein Lächeln über Roberts Gesicht huscht. Was hat sie gesagt? fragt er sich neugierig.

Bertrand Du Guesclin wischt sich mit der Hand das am Kinn hinuntergelaufene Fett ab, schluckt, schluckt noch einmal, bis sein Mund leer ist, und dröhnt dann unverhofft: »Wie alt bist du jetzt, Robert?«

»Dreizehn, Herr... ich meine: beinahe. Glaube ich.«

Niemand weiß genau, wann dieses Findelkind geboren wurde.

»Gut. Dann wirst du zu alt für Pagendienste. Ich werde dir ebenfalls den Rang eines Schildknappen verleihen, wodurch ich deinen Sold erhöhen kann. Aber du bleibst mein Kundschafter, verstanden?«

»Oh ja, Herr, gern!«

Der Junge dreht sich um und ruft Therese zu: »Hörst du das? Ich werde Schildknappe. Das ist schon sehr hoch. Von jetzt an darfst du mich nicht mehr ärgern.«

»Ich werde daran denken«, antwortet das Mädchen fröhlich. »Ich gratuliere dir. Was werden die Kastilier lachen...«

»Nun fängt sie schon wieder an!« Der kleine Robert stampft mit dem Fuß auf und rennt dann wütend hinter ihr her, kann sie aber nicht erwischen. Sie ist zu schnell für ihn. Tiphaine klatscht lachend in die Hände.

»Ruhig, ihr beide«, sagt sie. »Serviert den Pudding.«

Matthis wendet sich an seine Pflegemutter.

»Und du?« fragt er. »Welche Pläne hast du?«

»Muß ich Pläne machen?« murmelt Gottes Schmetterling verwundert. »Wofür denn?«

»Oh, bleibst du auf Longueville?«

Tiphaine schaut schnell auf.

»Natürlich bleibt Marie-Claire bei mir. Eine bessere Gesellschafterin kann ich mir gar nicht wünschen.«

Marie-Claire nickt munter.

»Das freut mich«, sagt Matthis.

Marie-Claire zieht die Augenbrauen hoch.

»Hattest du denn etwas anderes erwartet?«

»Ach, nein…«

Eigentlich doch. Einen Moment lang hatte er befürchtet, sie könnte Bertrand bitten, sie auch wieder mitzunehmen nach Kastilien, zum Bastard. Das hätte er ein wenig verfänglich gefunden.

Etwas später am Abend, als Matthis Cuvelier vor dem Zubettgehen auf dem Innenhof der Burg noch frische Luft schnappen will, sieht er einen Schatten über das Kopfsteinpflaster huschen. Ein flüchtendes Reh. Vielmehr glaubt er das zunächst, als er im hellen Mondlicht ein geschmeidiges Wesen von der Küche zum Schweinestall huschen sieht. Dann wird ihm klar, daß es kein Tier gewesen sein kann. Es ist ein Mädchen.

Einige Augenblicke später kommt es wieder zum Vorschein, schnell und leichtfüßig, und da erkennt er, wer es ist.

Im Dunkeln scheint Therese weniger häßlich zu sein. Da fallen die unregelmäßigen Gesichtszüge und die Stupsnase nicht so auf. Sie hat ihn gesehen und kommt auf ihn zugesprungen.

»Sei gegrüßt, Matthis.«

Lachend schaut sie zu ihm auf, das Mondlicht fällt ihr in die eisblauen Augen. »Ist das nicht eine herrliche Nacht? Vorgestern hat es noch geregnet.«

In Wirklichkeit ist es bitter kalt. Es sieht so aus, als wollte es frieren. Die Sterne funkeln, der Mond gleitet über den klaren Himmel.

Matthis schlägt den Wollmantel fester um sich.

»Das Wetter findest du schön?« fragt er überrascht.

»Ja, ich liebe die prickelnde Luft. Clopin hat mir erzählt, wie heiß es manchmal in Spanien ist. Das wäre nichts für mich.«

»Da kann es im Winter auch ganz schön kalt sein«, murmelt Matthis. Er hat keine Lust, sich über das Wetter zu unterhalten. Ihn quält die Sorge um Rositas Schicksal.

»Reisen ist eine feine Sache«, plaudert Therese unbekümmert weiter. »Frau Tiphaine nimmt mich überallhin mit, und so habe ich auch etwas von der Welt gesehen. Pontorson, St. Michel, Longueville... Das ist doch auch schon etwas, oder?«

Ja, für die Tochter einer Köchin, denkt er gleichgültig.

»Marie-Claire hat mir vom Bergland erzählt, wie schön das ist«, fährt sie munter fort. »Das möchte ich auch gern einmal sehen. Und Paris... Das muß eine gewaltige Stadt sein, und immer viel Betriebsamkeit...«

Jetzt begreift er. Therese ist begierig auf die Welt außerhalb der Burg. Die große, weite Welt, voller Wunder und Abenteuer. Gewöhnlich geht das Interesse der Dienstmägde nicht so weit.

»Hat deine Mutter noch keine Heiratspläne für dich?« fragt er plötzlich.

Sie ist groß, sie wirkt viel älter als vierzehn Jahre. Das glatte Haar trägt sie zusammengebunden im Nacken, unter dem fest gewebten Umschlagtuch wölben sich ihre Brüste. Sie hat so lange Beine, daß ihr Rock zu kurz ist und die Knöchel frei läßt. Therese lacht wieder und reckt das Kinn in die Luft. Das sollte sie nicht tun, denkt er, das steht ihr nicht.

»Sehe ich so aus wie ein Mädchen, nach dem die Männer sich drängeln?« gurrt sie.

»Du bist doch nett«, murmelt er höflich.

»Schmeichler! Männer suchen keine nette Frau, sie wollen eine Dienerin, die schwer arbeiten kann, einen guten Brautschatz mitbringt und viele Kinder bekommen kann«, antwortet sie nüchtern. »Aber ich habe mir vorgenommen, mich nicht so einfach weggeben zu lassen. Ich will selbst mitreden können.«

»Nun, bitte...«

Sie breitet die Arme aus, als wollte sie ganz Longueville umarmen. »Es gibt hier ja Auswahl genug«, sagt sie kichernd.

Sollte das wahr sein? Bei dem Aussehen?

»Du hast ein Auge auf einen der Soldaten geworfen«, vermutet Matthis.

»Aber nein. Soldaten verstehe ich nicht. Sie rühmen sich immer so sehr über ihre unvergleichlichen Heldentaten, und gleichzeitig haben sie im Dunkeln Angst. Sie behängen sich mit Amuletts und falschen Zähnen irgendeines Heiligen, um nicht verwundet zu werden...«

»Hättest du dann lieber einen Handwerksmann?«

»Auch nicht. Handwerker verstehe ich noch weniger. Wenn der Krieg gut für das Geschäft ist, muß es Krieg geben, meinen sie. Wenn sie mehr am Frieden verdienen können, wollen sie Frieden haben. Weißt du, Matthis, sie sind alle so beschränkt und eigennützig.«

Jetzt beginnt er sich zu ärgern. Was für ein hochmütiges Kind!

»Du bist wählerisch«, sagt er schroff. »Ich wette, ein Minnesänger ist dir auch noch nicht gut genug.«

Zu seiner Verwunderung geht sie darauf ein.

»Minnesänger heiraten doch nicht! Außerdem sind sie Heuchler. Sie singen von leidenschaftlicher Liebe und wie schön die doch sei. Aber oh weh, wenn ein Mädchen ihnen den Rücken zudreht. Dann sind sie außer sich, fühlen sich beleidigt und machen ein Gesicht, als ginge die Welt unter.«

»Meinst du mich«, fährt er wütend auf. Therese mustert ihn ruhig. Er hat das Gefühl, als sehe sie durch seine Kleider hindurch, als lege sie ihn auf die Waagschale. Es ist ein sehr unbehagliches Gefühl.

»Bist du denn auch so einer?« fragt sie unschuldig. »Nein, das glaube ich nicht.«

Sie streckt die Hand aus, legt sie kurz auf seine kalte Wange.

»Jetzt habe ich dich beleidigt«, sagt sie, als sie ihn zurückweichen sieht. »Das tut mir leid. Ich wußte nicht, daß du wirklichen Kummer hast.«

»Ach, sei doch still«, brummt er ärgerlich. Ihm gefällt es ganz und gar nicht, daß eine unbedeutende Dienstmagd ihn durchschaut, Mitleid mit ihm hat. Soll sie sich lieber mit seinem wunderlichen Bruder beschäftigen, nicht mit einem erwachsenen jungen Mann, der sein

Herz in Kastilien zurückgelassen hat. Therese verbirgt ihre Hände wieder unter dem Umschlagtuch und nickt ihm aufmunternd zu.

»Jetzt verstehe ich«, sagt sie freundlich, »du hast ein Mädchen in Toledo. Darum warst du so erschrocken, als du hörtest, daß der Bastard die Stadt schon einige Monate belagert und auszuhungern versucht. Ich wunderte mich, weil du so verängstigt schautest. Ist sie schön?«

»Das geht dich nichts an«, brummt er mürrisch.

»Natürlich nicht. Aber ich beneide sie.«

»Weil sie in einer belagerten Stadt wohnt und hungern muß?« braust er wieder auf.

»Oh nein, das scheint mir etwas Schreckliches zu sein. Aber sie hat dich. Ich meine, sie weiß, daß du an sie denkst und mit ihr leidest.«

»Davon hat sie keine Ahnung«, entfährt es Matthis.

»Oh.«

Für einen Augenblick scheint Therese aus der Fassung geraten zu sein. Wieder legt sie die Hand auf seine Wange. Eine feste, schwielige Hand.

»Dir ist kalt«, sagt sie leise, »und du bist traurig. Darf ich dich nicht ein bißchen trösten?«

Diese Schamlosigkeit!

»Wie kommst du denn darauf«, fährt er sie an.

Es scheint sie überhaupt nicht zu beirren, daß er wütend auf sie ist. Sie sieht ihn weiterhin offen an. »Warum nicht? Ich finde dich nett.«

Das sagt sie so von innen heraus, daß es ihn doch berührt. Er erinnert sich, daß sie auch früher stets sagte, was sie dachte. Und nun versteht er auch, warum Frau Tiphaine so viel von ihr hält. Sie ist gnadenlos ehrlich, spricht alles unumwunden aus, und so wurde sie die Närrin der Burgdame.

»Nun, wenn du nicht willst...», murmelt sie. »Schlaf gut, Matthis.«

Sie stellt sich auf die Zehenspitzen, küßt ihn auf die Wange. Dann dreht sie sich ruckartig um und läuft weg. Hopst weg. Nein, sie springt. Doch nicht. Wieder sieht es so aus, als überquere ein fliehendes Reh im Wald eine Lichtung und verschwinde zwischen den Sträuchern.

Was für ein wunderliches Mädchen ist sie geworden, denkt Matthis überrascht. Weil Frau Tiphaine so gut war, sie ein wenig lesen und schreiben zu lehren, glaubt sie gar, etwas Besonderes zu sein.

Dann wird ihm klar, daß er nur darum so verärgert ist, weil ein Dienstmädchen ganz genau seine schwache Stelle erkannt und Mitleid mit ihm hat...

»Ach, was geht mich so ein Mädchen an«, brummt er in die Stille des Abends. »Sie ist überhaupt nicht wichtig.«

Doch tief im Herzen spürt er nagendes Bedauern.

Ich hätte nicht so unfreundlich sein sollen, denkt er. Sie meinte es ja gut.

Dann dreht er sich um und geht ins Haus. Unzufrieden mit sich selbst.

27
WIEDERSEHEN MIT TOLEDO

Zu Beginn des Jahres 1369 trifft Bertrand Du Guesclin mit seinen Reitern vor den Mauern von Toledo ein. Sie haben einen Eilmarsch hinter sich, quer durch Aragonien, durch verschneite Gebirgsketten, über öde Felder. Die bretonischen Reiter murrten; dauernd mußten sie die Pferde wechseln, kein Ruhetag wurde ihnen gegönnt, aber der kleine Robert fand es gewaltig. Er freut sich sehr darauf, den Bastard wiederzusehen, den schönen König Heinrich mit dem dunklen Kinnbart, mit den wunderschönen Augen und der freundlichen Stimme. Was wird der König sagen, wenn er sieht, daß der aufgeputzte Pfau von damals, der gelenkige Zwerg aus Marie-Claires Unterhaltungstruppe, es inzwischen zum Schildknappen gebracht hat?

Zu des kleinen Roberts unermeßlichen Enttäuschung nimmt der Bastard ihn überhaupt nicht wahr. Er sieht nur Bertrand Du Guesclin, der ihm zur Hilfe geeilt ist. Herzlich umarmt er den alten Freund.

»Willkommen, Freunde, willkommen! Bertrand, Ihr wißt, wie froh ich bin, daß Ihr Euch so beeilt habt. Zeit ist wichtig! Der verfluchte Peter der Grausame ist in Valladolid und stellt ein neues Heer auf, um Toledo in Angst und Schrecken zu versetzen. Wir müssen ihm zuvorkommen und die Stadt in die Knie zwingen, bevor er angerückt kommt. Danach werden wir mit dem Tyrannen kurzen Prozeß machen. Kommt mit, Freund, ich habe eine Überraschung für Euch.« Er nimmt Du Guesclin mit zu einem großen Stall. Matthis und der kleine Robert folgen neugierig. Ein Knecht eilt herbei, öffnet die Stalltüren und dort, glänzend und wohlauf, steht Blitzstrahl!

Du Guesclin stürzt auf das Pferd zu, schlingt die Arme um den schönen Hals, preßt sein Gesicht an die schwarzen Schultern des Hengstes. Das Pferd wiehert überrascht, als es seinen früheren Herrn erkennt.

»Dieses Pferd«, sagt Don Heinrich gerührt, »hat mir das Leben gerettet. Ohne Blitzstrahl wäre es mir nicht gelungen, der Verfolgung durch Peters Männer zu entkommen.«

Bertrand schweigt. Seine Hände gleiten liebevoll über die samtweiche Haut, wühlen in der schwarzen Mähne, tätscheln untersuchend die Nüstern. Blitzstrahl drückt sich an ihn.

»Ich habe meine Lektion erhalten, Messire Bertrand«, fährt der Bastard fort. »Euer Pferd hat mich ständig daran erinnert, daß ich nie wieder Euren Rat in den Wind schlagen darf. Ich übertrage Euch den Oberbefehl über mein Heer. Es ist mein Wunsch, daß Ihr meine Männer anführt, auf dem Rücken dieses Hengstes.«

»Ich danke Euch, Sire«, sagt Bertrand erfreut. »Ich nehme den Oberbefehl und das Pferd an. Gemeinsam werden wir das Königreich für Euch wiedererobern.«

»Um das zu erreichen, muß ich erst wieder Toledo im Besitz haben«, nickt der Bastard. »Doch die Stadt hat alle Angriffe abgeschlagen. Aber hinter den dicken Mauern muß Not herrschen.«

»Ich werde damit beginnen, dem Bischof ein Ultimatum zu stellen«, sagt Du Guesclin.

»Bis jetzt hat der Bischof von Toledo jedes Ultimatum abgelehnt«, wendet Don Heinrich zweifelnd ein. Du Guesclin nickt.

»Das wird sich ändern, wenn mein Name darunter steht.«

Jeden anderen König hätte diese Antwort zutiefst beleidigt. Doch Don Heinrich weiß, was er an dem Bretonen hat, und er lächelt. Ja, denkt Matthis, als er das Lächeln sieht, der Bastard ist doch ein feiner Kerl. Kastilien könnte an einen schlechteren König geraten...

Matthis schaut hinüber zu den gewaltigen Bastionen und Türmen. Hinter den Mauern wohnt Rosita. Hat sie Angst, leidet sie Hunger, ist sie vielleicht krank? Er wagt gar nicht daran zu denken, welche schrecklichen Dinge ihr seit dem Tag, da er sie als junge Braut auf den Treppen der Pfarrkirche gesehen hat, zugestoßen sein können.

Sie gehen zurück in Don Heinrichs Zelt, und dort diktiert Bertrand sein Ultimatum. Es ist ein stolzer Brief voller Drohungen. Toledo wird aufgefordert, sich sofort König Heinrich II. zu unterwerfen. Geschieht dies nicht, wird der Oberbefehlshaber Du Guesclin die Stadt mit Gewalt einnehmen und bis auf die Grundmauern zerstören. Von Freikaufen ist diesmal keine Rede: alles oder nichts. Nur wenn die

Stadt sich innerhalb von vierundzwanzig Stunden ergibt, wird ihr die Vernichtung erspart bleiben. Mit pochendem Herzen schreibt Matthis die grausamen Worte auf das Pergament.

In Toledo hat man Du Guesclin noch nicht vergessen. Die Stadtregenten erinnern sich schaudernd an die unbändige Gewalt, mit der der Bretone sie vor einigen Jahren zur Übergabe zu zwingen verstand. Dem Bastard wagten die Herren zu widerstehen, doch nun wird es gefährlich! Du Guesclin vor den Mauern! Der Mann, der nie verliert, wenn er den Befehl führt, der Hauptmann, für dessen Freiheit ein Lösegeld wie für einen Prinzen bezahlt wurde, weil er nach einem Leben voller Fehlschläge immer wieder auf die Beine kam und sich, wenn auch mühselig, seinen Weg nach oben zu erkämpfen wußte. Der Bischof braucht nicht lange zu beratschlagen.

Am nächsten Tag ergibt sich Toledo, schwört Peter dem Grausamen zum zweitenmal ab und erkennt Heinrich II. als rechtmäßigen Herrscher an. Es ist vorbei.

Der kleine Robert ist tief beeindruckt.

Ich bin der Schildknappe eines Mannes, der sich nur zu zeigen braucht, um bei allen Feinden Angst zu erwecken, denkt er. Großer Gott, schon sein Name genügt!

Stolz wie ein Pfau schmückt er sein Pferd, um am Einzug in Toledo teilzunehmen.

»Trotzdem finde ich es beinahe schade, daß Toledo sich ohne Kampf ergeben hat«, vertraut er Matthis an. »Mir wäre es lieber gewesen, wir hätten darum kämpfen müssen.«

Zu seiner Überraschung gerät Matthis beinahe außer sich. »Schweig, Du Dummkopf! Die Einwohner von Toledo können doch nichts dafür, daß ihre Herren wieder zu Peter dem Grausamen übergelaufen sind. Sollen sie dafür büßen? Ich danke Gott, daß die Bürger ohne Blutvergießen davongekommen sind, sie werden Hunger genug gelitten haben.«

Das stimmt. Aber Bertrand Du Guesclin hält Wort. Er organisiert für die ausgehungerte Bevölkerung sofort einen großen Lebensmitteltransport, und die Einwohner von Toledo begrüßen ihn bei seinem Einmarsch mit Jubel, als wäre er ihr Befreier und nicht der Mann, vor dem sie gezittert haben.

Don Heinrich, sein Befehlshaber und ihr Gefolge quartieren sich im Bischofspalast ein, und dann bricht für den kleinen Robert endlich der große Moment an: Der Bastard nimmt ihn zur Seite. Er scheint den Schildknappen plötzlich erkannt zu haben und spricht ihn freundlich an.

»Robert, ich sehe zu meiner Freude, daß Ritter Du Guesclin dich zum Schildknappen ernannt hat.«

Der kleine Robert errötet vor Freude.

»Deine Pflegemutter, Gottes Schmetterling, wird gewiß stolz auf dich sein«, sagt Don Heinrich beiläufig. »Eh… wie geht es ihr?«

»Ach, Sire, sehr gut. Sie ist nun Gesellschaftsdame der gnädigen Frau Tiphaine.«

»Wie schön. Hat deine Mutter dir noch eine Nachricht für mich mitgegeben?«

Bei diesen Worten versucht der Bastard gleichgültig auszusehen und gibt sich Mühe, seine Stimme entspannt und freundlich klingen zu lassen. Aber der kleine Robert ist nicht so einfältig und durchschaut das Spiel.

»Mutter hat mir aufgetragen, Euch zu sagen, daß sie Euch allen denkbaren Erfolg wünscht und inbrünstig für Euch beten wird«, sagt er brav auf. Es gelingt Heinrich, seine tiefe Enttäuschung zu verbergen. Er schaut auf seine Hände, auf den Diamanten im Ring, der im Kerzenlicht funkelt. Dann, als interessiere es ihn nicht wirklich, als wollte er nur höflich sein, fragt er: »Trägt Gottes Schmetterling immer noch die schwarze Perle?«

»Ja, Sire, jeden Tag.«

»Sie stand ihr gut… Du liebst deine Pflegemutter sicher sehr, Robert?«

»Sie ist lieb«, sagt der Junge strahlend. »Jeder liebt sie.«

Der Bastard nickt, macht ein Gesicht, als langweilte ihn das Gespräch, kann es dann aber doch nicht lassen, zu fragen:

»Spricht sie oft von mir?«

»Ja, gewiß«, antwortet der kleine Robert, als überreiche er Don Heinrich ein kostbares Geschenk. »Sie sagt, Ihr seiet ein guter König und sehr vernünftig und… nun ja, solche Dinge eben… Sie findet Euch sehr nett.«

Trotz seiner Selbstbeherrschung strahlt der sich unbeteiligt gebende Don Heinrich nun über das ganze Gesicht. Der kleine Robert findet sein Vergnügen daran, er tut jedoch so, als begreife er nichts und fühle sich nur geschmeichelt, weil ein König sich herabläßt, nach seiner Pflegemutter zu fragen, aus Höflichkeit.

»Du bist ein guter Junge«, sagt Don Heinrich und schluckt. »Hier, das ist für dich.«

Zum unermeßlichen Entzücken des kleinen Robert schenkt der König ihm einen Dolch aus Toledaner Stahl mit reich verzierter Scheide. Ein prinzliches Geschenk!

»O, ist der schön«, flüstert der Schildknappen-Winzling entzückt. »Ich danke Euch, Sire, ich danke Euch! Das wird Mutter Euch hoch anrechnen!«

»Schon gut«, sagt der Bastard schnell. »Du kannst gehen.«

Der kleine Robert kann sich gar nicht tief genug verbeugen, immerfort Dankesworte stammelnd, dann rennt er vor Freude tanzend durch die Gänge des Palastes, den Dolch am Gürtel. Und weil er so klein ist, sieht es so aus, als trüge er ein Schwert. Wenn Therese das sieht, denkt er – denn das ist eigentlich seine größte Sorge –, wird sie mich nie wieder ärgern...

Zwei Tage lang schwebt er wie auf Wolken, stolziert in seinen maßgeschneiderten Kleidern umher, trägt den Dolch zur Schau. Dann trifft er Matthis Cuvelier, der offenbar vorhat, in die Stadt zu gehen.

»Du siehst aus, als wolltest du zu einem Fest«, sagt der kleine Robert.

»Ich habe einen freien Nachmittag, ich überlege mir, ob ich mir nicht ein Paar neue Schuhe kaufen soll.«

»Ich gehe mit«, sagt der Schildknappe. »Ritter Du Guesclin sitzt mit dem König über Schlachtplänen, also habe ich ja doch nichts zu tun.«

Matthis zögert. Bei dem Vorhaben, zu dem er halb und halb entschlossen ist, möchte er eigentlich niemanden dabei haben.

»Komm schon«, sagt der kleine Robert ungeduldig. »Du siehst blaß aus, ein Spaziergang wird dir guttun.«

Matthis nickt. Gleich darauf gehen sie durch bekannte Straßen, vorbei an der mächtigen Kathedrale, durch das Viertel der Waffenschmiede. Die Bürger von Toledo, froh darüber, daß das Elend überstanden ist und sie wieder zu essen haben, haben sich eifrig an die Arbeit gemacht; rege Betriebsamkeit herrscht in den Straßen.

Kaufleute preisen lauthals ihre Waren an, die Sonne scheint ihnen auf die Köpfe. In Toledo ist der Winter kurz, kommt schon bald der Frühling. Der kleine Robert genießt den Spaziergang. Die Leute drehen sich nach ihm um, wundern sich über so einen kleinen Jungen, der wie ein Schildknappe gekleidet ist. Robert genießt die erstaunten Blikke. Matthis biegt um eine Ecke…

»Hier sind wir nicht richtig«, sagt der kleine Robert. »Hier kommen wir ins Schneiderviertel.«

»Das weiß ich.«

»Aber du sagtest doch, du wolltest dir Schuhe kaufen!«

»Gleich.«

Der kleine Robert sagt nichts mehr, er hat nichts dagegen, einfach so herumzulaufen, ohne etwas zu kaufen. Keck stolziert er neben seinem großen Bruder einher.

Plötzlich bleibt Matthis stehen. Vor ihnen liegt die Straße der Heiligen Sandalen. Auch hier herrscht reger Betrieb.

»Oh, du willst ein neues Wams haben«, meint der kleine Robert.

Matthis antwortet nicht. Unbeweglich steht er an der Straßeneinmündung, auf seinem Gesicht liegt ein Zug äußerster Spannung. Soll er…?

Es ist selbstquälerisch, diese Straße noch einmal zu betreten, aber das Verlangen, Rosita wiederzusehen, ist stärker als sein gesunder Verstand. So nahe am Ziel! Er muß wissen, was aus ihr geworden ist.

Fast gegen seinen Willen setzen sich seine Füße wieder in Bewegung. Neugierig und überrascht trippelt der kleine Robert hinter ihm her. Matthis scheint die Anwesenheit seines kleinen Bruders vergessen zu haben. Der Junge zupft ihn am Ärmel.

»Was wollen wir hier eigentlich, Matthis?«

»Ich möchte jemanden besuchen«, sagt der Herold gequält.

»Aber wir kennen doch niemanden!«

Der kleine Robert erhält keine Antwort. Sie gehen weiter, die ganze lange Straße hinunter. Dann stehen sie vor einer Pfarrkirche mit vier steinernen Stufen und einem breiten Portal. Auf der anderen Straßenseite sieht der kleine Robert eine weiße Mauer, die einen maurischen

Garten abschirmt. Seine Aufmerksamkeit wird auf ein schmiedeeisernes Tor mit arabischen Motiven gelenkt, und dahinter kann er das Plätschern eines Springbrunnens hören.

Matthis steht bewegungslos, starrt das Tor an. Dann macht er drei Schritte vorwärts, die Hände umklammern die eisernen Stäbe – er späht in den Garten. Der kleine Robert taucht wieselflink unter seinen Armen hindurch, und brennend neugierig starrt er ebenfalls in den Garten.

Es ist ein schöner Garten. Der Oleander über der weißen Marmorbank neben dem Springbrunnen blüht schon. Auf der Bank sitzt eine vornehm gekleidete Frau, ihr zu Füßen spielt ein Kind. Hinten im Garten steht ein flaches, weißes Haus mit einer Galerie, auf der in diesem Augenblick eine Dienstmagd mit einer dampfenden Schale in der Hand erscheint. Sie geht zu der Frau, sagt etwas zu ihr. Die Dame schaut lächelnd auf und streckt die Hände nach der Schale aus...

Matthis kann nicht verstehen, worüber die beiden Frauen reden, seine Ohren brausen, seine Augen saugen gierig dieses friedliche Bild auf. Das Dienstmädchen bückt sich, nimmt das Kind und setzt es neben seine Mutter auf die Bank. Rosita hat einen Löffel aus der Tasche in ihrem Kleid geholt und füttert nun ihr Söhnchen mit warmem Brei. Ein Maler könnte hiervon ein Altarbild malen...

Der kleine Robert drückt sein Gesicht an die Gitterstäbe.

»Wer ist das?« flüstert er. »Kennst du die Leute?«

»Still«, sagt Matthis. Er kann den Blick nicht von der jungen Frau auf der Bank neben dem Springbrunnen wenden. Sie ist noch genauso schön wie damals, und doch verändert. Auf dem ebenmäßigen Gesicht liegt ein Zug der Zufriedenheit, der Würde. Sie ist schlanker geworden, noch schlanker und zierlicher, als er sie in Erinnerung hat. Vielleicht hat sie in den vergangenen Monaten auch Hunger leiden müssen, sich das Essen vom Munde abgespart, um ihr Kind am Leben zu halten. Das Baby – es kann sitzen und krabbeln, aber noch nicht gehen – happt gierig zu. Das Dienstmädchen, die Hände in die Hüften gestemmt, schaut herab auf Mutter und Kind, ist froh, daß es wieder genug zu essen gibt, ist froh, daß ihre junge Herrin friedlich in der Frühlingssonne sitzen kann, ohne von Gewalt oder Plünderungen bedroht zu werden.

Um dies sehen zu können, habe ich fünfhundert Meilen zurückgelegt, schießt es Matthis durch den Kopf. Es schmerzt ihn, doch zugleich macht sich so etwas wie Frieden in seinem Herzen breit. Rosita merkt nicht, daß sie beobachtet wird. Sie geht ganz und gar darin auf, ihr Söhnchen zu füttern. Unbekümmert plaudert sie mit dem Kind, redet mit dem Dienstmädchen; eine glückliche junge Mutter, zufrieden mit ihrem Leben. Sie lacht, die wunderschönen Augen glänzen tief und dunkel. Matthis ist sich bewußt, daß er diese Augen zum letzten Mal sieht.

Es fällt ihm schwer, sich von dem eisernen Gitter loszureißen. Er dreht sich um und rennt weg. Heftig erschrocken läuft der kleine Robert hinter ihm her.

»Matthis... du... was hat das alles zu bedeuten? Warum heulst du?«

»Weil ich gerade etwas begraben habe«, sagt der Herold mit halberstickter Stimme.

»Das verstehe ich nicht!«

Matthis bleibt stehen, schluckt, schluckt noch einmal. Der große Kloß der Traurigkeit rutscht langsam durch die Kehle, senkt sich in die Brust und bleibt dort liegen.

»Nein«, sagt er. »Aber später wirst du das verstehen.«

Scheu schaut der kleine Robert auf zu seinem Pflegebruder – und erschrickt über dessen Gesicht. Aber er traut sich nicht, noch mehr Fragen zu stellen. Unwillkürlich fährt seine Hand zum Dolch, dem schönen Geschenk des Bastards, und für einen Augenblick hat er das seltsame Gefühl, Matthis' Kummer und die Großzügigkeit des Königs könnten die gleiche Ursache haben. Doch das Gefühl verschwindet schnell wieder.

Schweigend folgt er Matthis zurück zum Palast. Keiner von beiden denkt noch an neue Schuhe, der kleine Robert vergißt sogar seinen eitlen Stolz auf seine Schildknappenkleidung. Er fühlt sich klein, umgeben von Rätseln.

28

AUF ERKUNDUNG IM REGEN

In der Sierra Morena, etwas oberhalb der südlichen Hauptstadt Sevilla, hat Peter der Grausame ein Heer zusammengezogen, mit dem er Toledo erobern will. Der Winter, Geldmangel und Widerstand der Bevölkerung waren Grund dafür, daß es lange gedauert hat, die viertausend Mann zusammenzubekommen. Als Peter sich dann endlich in Marsch gesetzt hat, erreicht ihn unterwegs die Nachricht, daß Du Guesclin Toledo eingenommen hat. Die starke Stadt ist zum zweiten Male dem bretonischen Haudegen in die Hände gefallen. Der Bericht löst bei Peters Soldaten beinahe eine Meuterei aus. Sie haben Angst vor Du Guesclin. Sie weigern sich, noch weiter nach Norden zu ziehen, außerdem haben sie genug vom Bergland. Ist Bertrand Du Guesclin nicht dafür bekannt, ein Meister des Hinterhalts zu sein? Peters viertausend Mann wollen zwar kämpfen, aber nicht in den unübersichtlichen Bergen, noch weniger vor den Mauern von Toledo. Sie fordern von ihrem Befehlshaber, umzuschwenken, sie wollen in die Ebene, wo sie den Feind von weitem kommen sehen können (meinen sie), wo sie einander eine Feldschlacht liefern können und nicht Hinterhalte und unberechenbare Listen zu fürchten brauchen. Peter, der seine letzten Getreuen nicht gegen sich aufbringen will, kann nicht anders, er muß nachgeben.

»Wir werden nach Albacete ausweichen«, verspricht er.

Seine Offiziere nicken erleichtert. Albacete ist eine starke Festung, die die weite Hochebene von Montiel und den Weg zum Mittelmeer und den Weg nach Granada beherrscht. Ein hervorragender strategischer Punkt, schwer befestigt. Von dort aus kann Peter, nötigenfalls mit Hilfe der Mauren, versuchen, sich Neu-Kastilien erneut zu unterwerfen. Also schwenken sie südlich von Toledo in östliche Richtung ab.

Bertrand Du Guesclin, ihm zur Seite der ungeduldige Bastard, hat in Toledo wenig Zeit verschwendet. Schon eine Woche nach der Niederwerfung marschiert er Peter entgegen, doch weil dieser inzwischen eine andere Richtung eingeschlagen hat, verfehlen sich die beiden Heere. Bertrand hatte damit gerechnet, Peters Truppe in der Gegend von Ciudad Real stellen zu können, doch dort angekommen, vernimmt er von der Bevölkerung, daß Peter in Richtung Albacete marschiert. Don Heinrich erschrickt.

»Albacete!« ruft er. »Wenn es meinem verfluchten Bruder gelingt, die Festung zu erreichen, werden wir ihn dort nicht so einfach herausbekommen. Und von welcher Seite wir auch anrücken, er wird stets einen Ausweg haben. Wir müssen ihm zuvorkommen, Bertrand.«

»Wir werden ihn einholen, bevor er die Hochebene von Montiel halb durchquert hat«, verspricht Bertrand Du Guesclin grimmig. Und er läßt Matthis zum Sammeln blasen.

Es ist ein geräuschloser Sturm, der hinter Peter dem Grausamen herjagt. Ohne Ruhepausen zieht Du Guesclin weiter. Er wählt den Weg durch sandige Täler, macht Bogen um Städte und Dörfer, hat den Trommlern verboten, ihre wilden Wirbel dröhnen zu lassen. Die spanischen Reiter klagen über das mörderische Tempo. Die kastilischen Edelleute aus dem Gefolge des Bastards murren, weil sie ihre teuren Pferde so abhetzen müssen. Und das Wetter spielt auch nicht mit. Die warme Frühlingssonne ist endlosem Regen gewichen, der Boden wird sumpfig. Nur die Bretonen sind in ihrem Element. Sie sind Kälte und Regenschauer gewöhnt, Sturm und Unwetter. Das vertragen sie besser als die glühende Hitze des spanischen Sommers. Außerdem ist ihnen klar, daß Peters Heer mit den gleichen Schwierigkeiten zu kämpfen haben muß und schlecht vorwärts kommt. Jeden Augenblick kann es geschehen, daß sie den Feind in Sicht kriegen. Als könnte man bei diesem Hundewetter von ›Sicht‹ sprechen.

Die Hochebene von Montiel ist ebenso eintönig und unfreundlich wie die anderen Hochlande Kastiliens: armselige Dörfer, Olivenhaine, Ackerland, Unkraut, und hier und da ein aufragender, schroffer Felsen. In einem der ausgedehnten Olivenwälder schlägt Du Guesclin sein Lager auf und ruft den kleinen Robert zu sich. Kritisch mustert er seinen Schildknappen. Der kleine Robert sieht kriegerisch aus. In Toledo hat Matthis ihm einen schönen Gürtel gekauft, an dem der kostbare Dolch von Don Heinrich hängt. Der kleine Robert sieht aus wie ein Miniatur-Ritter.

»Ausziehen«, sagt Bertrand kurz. »Ich habe Arbeit für dich.«

Der kleine Robert strahlt vor Vergnügen und stellt sich kerzengerade auf.

»Zieh deine Kleidung aus«, befiehlt Du Guesclin, »und dies«, sagt er und deutet auf stinkende wollene Lumpen, »ziehst du an.«

Der kleine Robert unterdrückt einen Seufzer. Ihm ist klar, er muß wieder auf Erkundung. Dagegen hat er gar nichts einzuwenden, aber warum darf er seine schönen Kleider nicht anbehalten? Er gehorcht, und gleich darauf, angewidert von sich selbst, steht er in den stinkenden Lappen und auf bloßen Füßen in Du Guesclins Zelt.

»Gut so. Jetzt nimmst du ein ungesatteltes Pferd, ein knochiges Biest, wie es die Bauern hier in der Gegend haben. Du sprichst doch recht gut kastilisch, nicht wahr?«

»Ja, Herr. Als ich vergangenes Jahr mit meiner Mutter in Burgos war, Ihr wißt ja, da…«

»Ja, ich glaube dir ja schon. Hör gut zu: Du bist ein Bauernjunge auf der Suche nach einem weggelaufenen Esel. Du suchst die halbe Hochebene ab. Du bist nicht älter als acht Jahre, verlegen und ängstlich, aber du darfst nicht ohne den Esel zurückkommen, also suchst du immer weiter, läßt kein Dorf in der ganzen Umgebung aus. Und dabei hältst du die Augen offen, versuchst die Dorfbewohner auszuhorchen über Truppenbewegungen, und du versuchst herauszubekommen, wie lange es her ist, daß Peters Heer hier durchgezogen ist.«

»Und wenn ich das Heer gefunden habe?«

»Dann kommst du sofort zurück, um mir das zu berichten.«

»Ja, Herr.«

Stolz macht sich der kleine Robert auf den Weg. Er wählt ein miserables Pferd, klettert auf den ungesattelten Rücken und trabt aus dem Wald. Der Regen peitscht auf ihn herab, der Himmel ist grau und unheilverkündend. Die Dörfer liegen weit verstreut: ärmliche Ansammlungen von Hütten, manchmal eine aus roten Felsbrocken hochgezogene Kirche in ihrer Mitte. Der kleine Robert fröstelt. Der kalte Wind bläst durch die Löcher in seinem Kittel, die nackten Füße werden eiskalt. Aber einen Helden können Mißlichkeiten nicht schrecken, hält er sich vor. In jedem Dorf, durch das er kommt, steigt er ab, spricht alte Frauen an, erzählt in weinerlichem Ton und gerade so, als könnte er kaum Worte finden, daß er auf der Suche nach dem Esel seines Vaters sei: ein schönes Tier mit dunklem Streifen über den Rücken und einer Narbe am vorderen rechten Bein. Hat vielleicht jemand den Esel gesehen? Sein Stammeln wird mit höhnischem Gelächter beantwortet.

»Das Tier haben natürlich die Soldaten mitgenommen. Das siehst du nie wieder.«

»Soldaten?« fragt der kleine Robert unschuldig. »Was für Soldaten?«

»Kind, was bist du doch dumm! Weißt du denn nicht, daß König Peter hier mit einem ganzen Heer vorbeigekommen ist? Aus welchem Dorf kommst du denn?«

Der kleine Robert murmelt etwas Unverständliches mit ein paar kastilischen Lauten. Die Frauen, die sich auf ein kurzes Gespräch mit ihm einlassen, zucken die Schultern.

»Aber ich muß unseren Esel wiederhaben«, heult der Junge. »Mein Vater schlägt mich, wenn ich ohne das Tier nach Hause komme. Es war meine Schuld, daß es weglaufen konnte...«

»Ach, Kind, geh doch nach Hause. Den Esel siehst du nie wieder.«

Schluchzend setzt der kleine Robert seine Suche fort. Ist er erst einmal aus dem Dorf heraus, trommeln seine nackten Fersen dem schwerfälligen Gaul in die Flanken.

»Wohlan, wir sind auf dem richtigen Weg.«

Im nächsten Dorf stößt er auf die ersten Soldaten. Die Kerle scheinen in allen Hütten zu sitzen. Die Bewohner sind vertrieben worden und lagern irgendwo auf freiem Feld. Nur ein paar Frauen sind geblieben, um für die Soldaten zu kochen. Der kleine Robert, der sein Schauermärchen inzwischen auswendig kennt und stockend herunterleiert, erntet Spott und Mitleid. Von einem Soldaten bekommt er eins hinter die Ohren, worauf er sofort laut zu heulen und zu zetern beginnt.

»Mein Eselchen...! Mein Vater schlägt mich tot, wenn ich ohne den Esel nach Hause komme«, jammert er verzweifelt.

»Da gebe ich deinem Vater auch noch recht. Wenn ich so einen Sohn hätte, würde ich ihn in einem Trog ertränken«, schnauzt der Soldat.

Aber nicht alle Soldaten dieser Truppe sind von dieser Art. In einem anderen Dorf, in dem es auch vor Soldaten nur so wimmelt, wird Robert besser behandelt. Aus einer Hütte kommt ein Hauptmann mit grauem Schnauzbart, der ein gutes Herz hat. Er hört sich das Gestammel des Jungen an, schüttelt mitleidig den Kopf und streicht dem kleinen Robert über die nassen Haare. »Mein lieber Junge, geh nach Hause. Deinen Esel hat wohl irgendein Soldat eingefangen und sich dabei gedacht: ein schönes Geschenk des Himmels.«

»Wo kann ich den Soldaten denn finden?« jammert der kleine Robert hartnäckig.

»Überall! Alle Dörfer hier in der Gegend sind voller Soldaten, bis nach Montiel.«

»Montiel? Wo ist das?«

»Siehst du da hinten den Berg mit der starken Burg? Das ist die Burg Montiel. Aber wenn ich du wäre, würde ich mich fernhalten. Da hat der König Unterkunft genommen.«

Der kleine Robert sperrt den Mund auf.

»König Peter? Oh...« Er zittert, als hätte er Angst.

Der Hauptmann schaut zum dunkler werdenden Himmel auf.

»Mir scheint, wir bekommen noch mehr Regen. Weißt du, was du machst, Junge? Bleib heute nacht hier, und morgen gehst du so früh wie möglich zurück in dein Dorf. Gott möge dir helfen, daß du das schaffst, denn da scheint noch eine Truppe anzurücken.«

»Auch von König Peter?« fragt der kleine Robert dämlich.

»Wo denkst du hin! Das ist das Heer vom Bastard!«

Der verkleidete Schildknappe macht ein Gesicht, als hätte er noch nie etwas vom Bastard gehört, als wüßte er nicht, daß es auf der Welt so etwas wie Krieg überhaupt gibt, als hätte er keine Ahnung, welche Gefahren ihm drohen, wenn er zwischen zwei aufmarschierende Heere gerät. Der Hauptmann, der zu Hause selber Kinder hat, schiebt ihm einen halb abgenagten Schafsknochen zu.

»Hier, iß, da ist wohl noch genug dran. Dein Vater, der ist doch auch verrückt, daß er seinen einzigen Sohn losschickt, einen dummen Esel zu suchen, während es hier in der Gegend von Soldaten nur so wimmelt! Und dann auch noch auf einem Arbeitspferd. Wenn du nicht aufpaßt, bist du das Pferd auch bald los.«

Schluchzend nagt der kleine Robert an seinem Knochen.

»Herr Gott, was für ein Heulpeter bist du doch! Wie alt bist du eigentlich?«

»Das weiß ich nicht«, schluchzt der kleine Robert. »Ich kann nicht zählen.«

Der Hauptmann lacht laut auf und ruft seinen Männern zu: »Da seht ihr, für wen wir kämpfen müssen. Für Menschen, die nicht einmal bis zehn zählen können.«

Der Scherz löst einen Sturm der Heiterkeit aus.

Der Hauptmann ist freundlich zu ihm, aber ansonsten zählt das Kind für ihn nicht, ebensowenig achten die anderen Soldaten auf den Jungen. Sie unterhalten sich unbekümmert, und so erfährt der kleine Robert, daß sie keine Ahnung davon haben, daß Du Guesclin ihnen schon so dicht auf den Fersen ist. Peter der Grausame hat seine Truppen in den Dörfern untergebracht und sich auf die Burg Montiel zurückgezogen. Dort wartet er auf besseres Wetter. Der Schildknappe steht auf.

»Wo willst du hin?« fragt der Hauptmann verwundert.

»Nach Hause...«

»Kind, draußen ist es schon dunkel! Bleib hier heute nacht. Außerdem regnet es.«

Der kleine Robert nickt. Jetzt wegzugehen, das könnte Verdacht erregen. Und wie sollte er auf der dunklen Hochebene auch den Weg zurückfinden? Immer noch in der Rolle des verzweifelten kleinen Jungen legt er sich in einer Ecke der Hütte auf einen Strohhaufen und versucht zu schlafen. Er ist zu aufgeregt, aber vor allem hat ihm die Bemerkung des Hauptmanns über sein Pferd einen Schrecken eingejagt. Das ist zwar ein alter Gaul und nicht viel wert, aber wenn die Soldaten den an sich nehmen, wie kommt er zurück in den Olivenwald?

Rings um ihn schnarchen und murmeln die Soldaten im Schlaf. Die Lumpen sind naß, das Stroh stinkt nach Urin und Schimmel. Der kleine Robert ist Besseres gewöhnt. Hinter der Lehmwand kann er die Pferde sich bewegen hören. Endlich fällt er in leichten Schlaf, und als er dann wieder erwacht, ist es stockdunkel. Er friert. Die Hütte hat kein Fenster, aber die kaputte Tür steht halb offen und läßt frische Luft herein. Ja, frisch ist die Luft. Es zieht schrecklich. Wehmütig denkt er an seine warmen Kleider, sein schönes Panzerhemd... In zerfetzten Lumpen herumzulaufen, durch die der feuchte Wind bläst, ist das eine große Tat? Wird man so ein Held?

Vorsichtig richtet er sich auf, seine Zähne klappern. Die Kerle um ihn herum schnarchen gewaltig. Er will hier weg. Steht bei den Pferden ein Posten? Vielleicht beim Dorfeingang...

So leise wie möglich steht er auf, steigt über die schlafenden Soldaten und bewegt sich auf die halb offene Tür zu. Er tritt auf eine Hand, und seine Füße sind so kalt, daß der Soldat das Gefühl hat, die Hand würde ihm abgehackt. Erschrocken fährt er hoch.

»He, du da, wo willst du hin?«

Robert steht stocksteif, sein Herz hämmert. Er ist zu Tode erschrocken.

»Wolltest du weglaufen?« brummt der Kerl böse, aber ohne die Stimme zu heben. Er will seine Kameraden nicht wecken.

»Ich... ich muß austreten«, flüstert der kleine Robert wie gelähmt vor Angst.

Sie sehen einander nur als dunkle Schatten in dunkler Umgebung. Ist es der Hauptmann? Nein, der hatte eine andere Stimme. Vorsichtig schleicht der kleine Robert mit zitternden Knien noch dichter zur Tür. Ihm ist aufgefallen, daß es draußen nicht ganz so dunkel ist. Der Tag kann nicht mehr lange auf sich warten lassen.

»Wenn du nur nicht gegen die Hütte pinkelst«, brummt der Soldat. »Hier stinkt es schon genug.«

»Nein, Señor«, flüstert der kleine Robert erleichtert und huscht ins Freie. Kälte schlägt ihm entgegen, aber es regnet nicht. An der Seitenwand der Hütte sieht er undeutlich die Umrisse des Stalls. Der ist nichts anderes als eine mit Balken und Stroh überdachte kleine Fläche, offen an drei Seiten. Aber vielleicht liegt der Kerl da drinnen und lauscht...

Um keinen Verdacht zu erregen, tut Robert, was er angeblich vorhatte – was auch nicht ganz gelogen war. Dann schaut er sich verstohlen um. In der Hütte bleibt alles ruhig, in den anderen Hütten auch. Er schleicht sich zum Stall und sieht sich die Pferde an. Sein eigener Gaul steht auch da, aber neben dem plumpen Tier sieht er ein besseres Pferd. In der Dämmerung des frühen Morgens kann er die Farbe nicht erkennen, aber seine Hände fühlen einen geraden Rücken, langen Hals und knochigen Schädel. Während er dem Tier sanft den Hals tätschelt, um zu verhindern, daß es wiehert, löst er mit der anderen Hand den Strick, mit dem es festgebunden ist. Sind die Hufeisen in Ordnung? Ein lahmes Pferd nützt ihm nichts... Leicht schlägt er an das linke vordere Knie. Gehorsam hebt das Pferd das Bein, und der kleine Robert kann den Huf abtasten. Er überprüft auch die anderen Hufe. Alles scheint in Ordnung zu sein. Einen Sattel braucht er nicht. Er drängt das Pferd nach hinten. Jetzt kann es jeden Moment schnauben. Schnell steckt er ihm die Finger in die Nasenlöcher, und zu seiner Erleichterung bleibt das Pferd ruhig. Es läßt sich willig aus dem Stall führen, und kaum sind sie im Freien, verliert Robert keine Zeit mehr. Er springt auf den ungesattelten Rücken, hält sich an der Mähne fest und schlägt dem Tier die Hacken in die Flanken.

»Vorwärts«, zischt er. Der Wallach setzt sich sofort in Bewegung; der von dauerndem Regen weich gewordene Boden dämpft das Geräusch der eisenbeschlagenen Hufe. Tief beugt sich der Schildknappe über den langen Hals, seine Hacken schlagen Trommelwirbel in die Flanken des Tieres.

»Vorwärts! Vorwärts!«

Das gefällt dem schönen Pferd. Einen so leichten Reiter hat es noch nie gehabt, und ohne Zügel und Sattel gehen zu können, ist eine Wohltat. Aus dem Trab wird Galopp. Im Osten bricht zögernd ein trüber Tag an, und plötzlich fängt es auch wieder an zu regnen. Hinter sich hört der kleine Robert jemanden schreien. Sie haben ihn wegreiten hören! Jetzt werden sie ihn verfolgen.

Vor ihm springt ein dunkler Schatten auf, und noch einer... Wachposten! Der kleine Robert galoppiert an ihnen vorbei, reitet einen über den Haufen. Ein Pfeil zischt an ihm vorbei. Noch tiefer beugt er sich über den Pferdehals. »Vorwärts! Vorwärts!« Wenn sie mich einholen, muß ich mich wieder dumm stellen, denkt er. Dann sage ich einfach, daß ich mich in der Dunkelheit geirrt und geglaubt habe, dies wäre mein Gaul...

Aber er bezweifelt, daß die Soldaten das Märchen glauben werden. Sie mögen ihn vielleicht für einen dummen Bauernjungen halten, der nicht einmal die Finger seiner Hände zählen kann, den Unterschied zwischen einem guten und einem schlechten Pferd aber kann in den ländlichen Gegenden Kastiliens kein Sterblicher übersehen. Auch nicht ein achtjähriges Kind, das in einem ärmlichen Dorf aufgewachsen ist...

Er schaut sich um. Es wird rasch heller, aber der Regen nimmt ihm die Sicht. Weit hinter sich hört er dumpfes Dröhnen, Rufen und Fluchen. Sie brauchen nur den Hufspuren seines Pferdes zu folgen, fährt es ihm durch den Kopf. Dicht vor sich sieht er ein Feld voller Unkraut, zäh und trocken, dort wird er keine Spuren hinterlassen. Er lenkt sein Pferd dorthin.

»Vorwärts, Freund! Vorwärts!«

Gestern hat er den ganzen Tag kastilisch stammeln müssen, und jetzt tut er das unwillkürlich wieder, und das Pferd gehorcht. Es ist nicht so erschöpft wie die Tiere, mit denen Du Guesclin den schnellen Marsch bewältigt hat, außerdem trägt es einen leichten Reiter und keinen Sattel. Es fliegt über die Felder. Das Geschrei hinter ihm bleibt immer mehr zurück.

Erleichtert richtet sich der kleine Robert auf und schaut sich noch einmal um. Er sieht niemanden. Sie haben seine Spur verloren. Er beschließt, die Dörfer zu meiden, aber er muß achtgeben, daß er sich dann nicht verirrt. Sieht hier doch alles gleich aus. Die Felder, die Hügel in der Ferne, die Dörfer, die verstreut daliegenden kleinen Wälder...

Einen Landarbeiter, der früh auf den Beinen ist, fragt er nach dem Weg nach Montiel. Mißtrauisch schaut der Mann zu ihm auf.

»Montiel? Das ist genau in die andere Richtung...«

»Danke«, ruft der kleine Robert über die Schulter zurück und treibt sein Pferd wieder an.

»He«, ruft der Mann, »ich sagte, die andere Richtung...«

Ein paar Stunden später kommt er völlig durchnäßt und erschöpft in Du Guesclins Lager. Er kann keinen Ton mehr herausbringen, seine Kleider sind zum Auswringen, der Magen rumort, die Augen sind rot umrandet und in den steifgefrorenen Füßen hat er überhaupt kein Gefühl mehr. Die Wachen fangen ihn auf, erkennen ihn nicht einmal und weigern sich, ihn durchzulassen. Sie lachen ihn laut aus, als er ihnen zuruft: »Aber ich bin doch Robert, der Schildknappe des Ritters Du Guesclin!«

»Schöner Schildknappe... du stinkst sieben Meilen gegen den Wind. Mach, daß du wegkommst, Junge, das Pferd behalten wir hier. Das hast du ja doch irgendwo gestohlen.«

Das stimmt. Ohne zu zögern greift der kleine Robert zum letzten Mittel: Er beginnt fürchterlich laut zu brüllen.

»Hilfe! Matthis, Hilfe!« schreit er aus Leibeskräften.

Wenn im Lager irgendwo Unruhe entsteht, ist Clopin stets wie ein Habicht dabei, um nötigenfalls sofort eingreifen zu können. Gefolgt von drei Bretonen kommt er angerannt.

»Seid ihr verrückt geworden! Was ist das für ein Geschrei?«

»Clopin, sie wollen mich nicht durchlassen!«

»Das ist doch der kleine Robert! Laßt ihn durch, Männer, das ist in Ordnung. Ritter Du Guesclin wartet schon sehnsüchtig auf ihn. Verflixt, wie kommst du zu einem so schönen Pferd? Sorgt für das Tier, Männer... Und du kommst mit mir mit, kleiner Quälgeist. Was fällt dir denn ein, so einen Lärm zu machen, lernst du es denn nie? Es darf doch niemand wissen, daß wir hier sind.«

Schimpfend zerrt er den kleinen Robert mit sich zum Pavillon des Befehlshabers.

»Bitte, Herr, hier ist Euer Kundschafter. Ein bißchen verregnet und kalt, aber er hat seine Arme und Beine noch, und er hat sogar noch die Gelegenheit gehabt, ein schönes Pferd zu stehlen. Wenn uns jemand einen schlechten Ruf zu besorgen weiß, dann ist er das.«

Der kleine Robert zittert.

»Nicht gestohlen«, ruft er schnell, »nur gegen meinen eigenen Gaul eingetauscht. Ich... ich war so in Eile.«

Matthis kommt herbeigelaufen und wickelt den zitternden Jungen rasch in einen warmen Mantel. Dankbar nickt der kleine Robert, setzt sich auf die Erde und reibt sich die steifgefrorenen Füße.

»Du bist schnell zurück. Hast du etwas herausbekommen?« fragt Du Guesclin neugierig.

»Oh ja, Herr…«

Dann berichtet er von seiner Erkundung. Dabei redet er französisch und kastilisch durcheinander. Matthis muß ihn immer wieder unterbrechen und nachfragen, um überhaupt zu verstehen, was er meint. Aber er hat noch gar nicht ganz geendet, da erhebt sich Du Guesclin auch schon.

»Matthis, blase zum Sammeln. Wir werden die Dörfer überfallen.«

Noch keine Stunde später galoppieren Du Guesclins Truppen aus dem Wald auf die Hochebene. Plötzlich ist die ganze Gegend bis Montiel voller berittener Soldaten, die sich in Gruppen verteilen und mit Trompetenschall, aufpeitschenden Trommelwirbeln und dem Schlachtruf: Notre Dame, Du Guesclin! die Dörfer umzingeln. Bevor der Abend fällt, ist alles vorbei. Die in den Dörfern untergebrachten Soldaten erhalten keine Gelegenheit, sich zu vereinigen und eine Front zu bilden. Manche Gruppen wollen Widerstand leisten, sehen aber bald die Aussichtslosigkeit ein und ergeben sich. Sie werden gefangengenommen, entwaffnet und dann fortgeschickt.

Der kleine Robert hat von seinem Erkundungsunternehmen nur eine Erkältung davongetragen. Drei Tage lang hat er dienstfrei, und das ist schön, aber auch ein bißchen langweilig. Um wenigstens etwas zu tun zu haben, erzählt er Therese, was er alles erlebt hat. Er bildet sich ein, sie säße neben ihm und lausche atemlos seinem abenteuerlichen Berichten.

»Und so wurde das Heer Peters des Grausamen zerschlagen«, erzählt er ihr in Gedanken. »Die Soldaten, die nicht geflohen waren, mußten ihre Waffen und ihre Sachen abgeben und wurden nach Hause geschickt. Das war ein schöner Anblick, sie wegschleichen zu sehen…«

In Wirklichkeit war es kein schöner Anblick gewesen. Der kleine Robert hatte sie gehen sehen, die geschlagenen Soldaten. Manche waren verwundet und konnten sich nur mit Mühe fortbewegen. Trotzdem waren sie dankbar, daß sie ihr Leben behielten und der Bürgerkrieg nun vorbei war. In dem kleinen Robert war so etwas wie Mitleid mit den niedergeschlagenen Kerlen aufgestiegen. Und er hatte auch den Hauptmann erkannt, der so freundlich zu ihm gewesen war. Zu seiner Erleichterung lebte der Mann noch, er war nicht einmal verwundet, aber der Gedanke, der gutgekleidete Schildknappe könnte der ärmliche Bauernjunge von vor einigen Tagen sein, kam ihm glücklicherweise überhaupt nicht. Der kleine Robert sah ihn weggehen, dachte an den Fleischknochen, den der Mann ihm an dem verregneten Abend zugesteckt hatte und wußte plötzlich, daß er sich erkenntlich zeigen mußte. Er rannte in die Feldküche, ergriff ein Brot und drückte das dem Hauptmann in die Hände.

»Hier, aber nichts sagen, verstanden. Ihr habt es vielleicht noch weit...«

Der Mann hatte ihn mit seinem von Müdigkeit und Trauer gezeichneten Gesicht völlig verblüfft angestarrt. Er murmelte etwas und ging weiter. Wie weit? Der kleine Robert hatte keine Ahnung. Vielleicht ganz bis nach Toledo...

Diesen Vorfall erzählt er der unsichtbaren Therese allerdings nicht, nicht einmal in Gedanken, denn einem armen geschlagenen Kerl ein Brot in die Hand zu drücken, was ist daran heldenhaft? Therese will Heldentaten hören, bildet er sich ein, aber nichts über gefühlvolle Schwächen.

Und die Festung, mit Peter dem Grausamen darin? läßt er Therese fragen. Wie habt ihr die in die Hände bekommen?

Hier muß der kleine Robert seiner Freundin vorläufig die Antwort schuldig bleiben, denn die Burg Montiel steht noch: Hoch oben auf einem gewaltigen Felsen über dem Flüßchen Ruidera, umgeben von ödem Land, Sträuchern und Felsbrocken.

»Die Festung«, sagt der kleine Robert, »haben wir belagert.«

29

NÄCHTLICHE GEHEIMNISTUEREI

Schon vier Tage haben die Truppen von Du Guesclin die Festung Montiel umzingelt, in der Peter der Grausame sich verschanzt hat. Nach dem problemlosen Sieg über Peters Heer wollte der Bastard die starke Burg sofort stürmen lassen, aber Du Guesclin weigerte sich, seinen Männern dazu den Befehl zu geben. »Das Gelände ist zu wüst, Sire, ein Sturmlauf würde uns Hunderte unserer Männer kosten. Warum Menschenleben aufs Spiel setzen, wenn wir mit Aushungern das gleiche erreichen können, ohne Blutvergießen?«

Also läßt er am Fuße des Berges, auf dem Montiel steht, eine Mauer aus Holz und Steinen bauen, mit einem Holztor, beschützt von Wachtürmen. Tag und Nacht halten die bewährten Bretonen darauf Wache. Das ist ein gewaltiges Werk, doch Bertrand setzt dafür tausend Soldaten ein, und innerhalb von zwei Tagen ist die Mauer errichtet. Die Festung Montiel ist von der Außenwelt abgeschlossen, und jetzt ist alles weitere eine Frage des Wartens. Peter der Grausame wird es nicht lange aushalten können, vermutet Du Guesclin.

Don Heinrich, so berichtet der kleine Robert in Gedanken Therese, fand die Belagerung gar nicht gut, aber er hatte Ritter Du Guesclin nun einmal den Oberbefehl übertragen, also mußte er sich auch fügen. Aber ihm war anzusehen, daß es ihn Mühe kostete...

»Robert!« Die laute Stimme des Befehlshabers reißt ihn aus seinen Träumen. Der kleine Robert springt erschrocken auf – und Therese ist wieder weit, weit von ihm entfernt.

»Ja, Herr?«

»Komm mit, wir wollen die Mauer überprüfen.«

»Ja, Herr.«

»Du trägst meinen Schild.«

»Ja, Herr.«

Manchmal durfte ich seinen Schild tragen, erzählt der kleine Robert noch ganz schnell in Gedanken seiner unsichtbaren Freundin. Und das war vielleicht schwer!

Es hat aufgehört zu regnen, die Sonne ist durchgekommen. Als sie das Lager verlassen haben, vergißt der kleine Robert, seiner unsichtbaren Freundin alles zu berichten, denn nun muß er den schweren Schild schleppen und versuchen, mit seinem Herrn Schritt zu halten. Bertrand und Matthis Cuvelier gehen vor ihm her. Der kleine Robert folgt ihnen ächzend, er hat Schwierigkeiten mit dem Griff des Schildes, denn der ist wegen der verkrüppelten Hand seines Besitzers geändert worden. Es ist spät am Nachmittag, die Sonne will schon untergehen. Weit vor sich sieht der kleine Robert, wie Du Guesclin und Matthis die Leiter zu einem der Wachtürme hinaufsteigen wollen. Ängstlich fragt er sich, ob von ihm erwartet wird, mit dem schwer zu handhabenden Schild ebenfalls die wacklige Leiter hinaufzuklettern. Oder darf er das Ding unten stehen lassen? Einen Augenblick bleibt er zögernd stehen, da fliegt mit furchterregendem Zischen dicht über seinem Kopf ein Pfeil und bleibt in einiger Entfernung in der Erde stecken. Der kleine Robert ist so erschrocken, daß er den Schild klirrend zu Boden fallen läßt. Wer schießt da auf ihn? Er schaut sich um, sieht den Pfeil – und etwas Weißes am Schaft. Schnell wie der Blitz huscht er hin und hebt ihn auf. Ja, da ist ein Brief um den Pfeil gewickelt! Er läuft zurück zum Schild, schleppt ihn mit zur Leiter, läßt ihn dann aber doch unten stehen und steigt hinauf.

Bertrand, Matthis und ein bretonischer Posten stehen im engen Wehrgang und starren in das in Dämmerlicht gehüllte Niemandsland, das übersät ist von herumliegenden Steinen, vereinzelt dastehenden Sträuchern und aufragenden Bäumen. Auf der Gegenseite, auf dem Wehrgang der Burg, wird eine Fackel angesteckt.

»Wachablösung da oben«, murmelt Matthis. »Wie viele Männer wird Peter noch in der Festung haben? Hundert?«

»Mindestens zweihundert«, antwortet Bertrand. Dann dreht er sich zu dem kleinen Robert um.

»Wo ist mein Schild?«

»Herr, da flog ein Pfeil über die Mauer, dahinten«, stammelt der Junge. »Ihr konntet das nicht sehen, weil Ihr gerade die Leiter hinaufklettertet, aber ich wurde beinahe getroffen. Da... da war ein Brief dran.«

Hastig beugt sich Matthis über die Brustwehr.

»Dann muß da ein Schütze zwischen den Felsbrocken sitzen.«

Du Guesclin reißt ihn zurück.

»Dummkopf! Wenn da ein Bogenschütze sitzt, mußt du dich dann offen zeigen? Bist du lebensmüde?« Er nimmt den Pfeil, löst den Brief und betrachtet ihn. »Kannst du das lesen?« fragt er Matthis.

»Das scheint kastilisch zu sein... aber das Licht ist schon zu schwach.«

»Komm mit.«

Du Guesclin hastet die Leiter hinunter, nimmt im Vorbeigehen seinen Schild mit und winkt ungeduldig.

»Zeig mir die Stelle, wo du den Pfeil gefunden hast«, befiehlt er.

»Hier«, sagt der kleine Robert. »Er flog mir genau über den Kopf, mir blieb vor Schreck das Herz im Leibe stehen.«

Mit kritischem Blick mißt Du Guesclin die Entfernung zwischen der Stelle, auf der er nun steht, und der Burg auf den Felsen. »Er kann niemals von den Burgtürmen abgeschossen worden sein«, murmelt Matthis. »So weit reicht nicht einmal ein englischer Langbogen. Der Kerl muß tatsächlich im Niemandsland gesessen haben.«

»Ich habe mich fürchterlich erschreckt«, erzählt der kleine Robert aufgeregt. »Zuerst wollte ich weglaufen und rufen, aber dann sah ich plötzlich, daß da ein Brief um den Schaft gebunden war, und ich dachte... ich dachte...«

»Du dachtest! Schade, daß du immer noch nicht lesen kannst«, fällt Matthis ihm ins Wort.

Der kleine Robert schweigt beleidigt.

»Aber wie kann jemand ungesehen von der Burg hinunter kommen und sich zwischen den Steinen und Sträuchern da unten verstecken?« fragt Matthis sich laut. Bertrand zieht die Schultern hoch.

»Das ist ein wüstes Gelände, und Schleichwege gibt es genug. Außerdem wird die Festung wohl ein paar geheime Fluchtgänge haben, mit Ausgängen da zwischen den Felsbrocken. Was denkst du denn, warum ich die Mauer habe bauen lassen?«

«Ja«, ruft der kleine Robert, ohne gefragt zu sein. »Das war ein guter Gedanke. Er dreht sich noch einmal nach der Burg um, die sich nun schwarz vom Abendhimmel abhebt. Ein bedrohlicher Steinkoloß in wüster Landschaft.

Zurück in Du Guesclins Pavillon entzündet Matthis eine Kerze und versucht, den Brief zu entziffern. Mit der Sprache hat er kaum Schwierigkeiten, aber die Handschrift ist liederlich. Endlich sagt er:

»Bertrand, er ist an dich persönlich gerichtet.«

Du Guesclin nickt und schickt alle aus dem Zelt, außer Matthis. Der kleine Robert tut auch so, als ginge er hinaus, macht sich in einer Ecke aber wieder einmal unsichtbar, indem er hinter einen Vorhang kriecht. Er ist schrecklich neugierig auf den Inhalt der geheimnisvollen Botschaft.

»Lies vor.«

»Hier steht: Wenn Ritter Du Guesclin etwas zu seinem Nutzen hören will, muß er um Mitternacht zur alten Eiche im Niemandsland kommen.«

»Seltsam...«

»Der Schütze hörte uns kommen und erkannte deine Stimme«, meint Matthis. »Vielleicht hat er schon den halben Tag zwischen den Sträuchern gelegen und darauf gewartet, daß du einmal vorbeikamst.«

»Keine Unterschrift?«

»Doch, aber auch wieder so undeutlich... Men Rodriguez oder so ähnlich...«

»Oh, den kenne ich«, ruft der Befehlshaber. »Das ist ein Ritter, der zuerst unter dem Befehl des Bastards stand, aber dann, nach dem Einfall des Prinzen von Wales, zu Peter dem Grausamen übergelaufen ist. Ein gewöhnlicher Überläufer. Was will der Kerl von mir?«

»Er will dich sprechen. Wenn du mich fragst, Bertrand, das ist eine List, dich mitten in der Nacht zu einer unbeschützten Stelle zu locken.«

»Das glaube ich nicht. Als List wäre das zu offenkundig. Schau nicht so erschrocken, natürlich gehe ich nicht mitten in der Nacht allein im Niemandsland spazieren... Aber ich will wissen, was Men Rodriguez mir zu sagen hat. Nimm ein Stück Papier, Matthis, und schreib: ›Herr, wenn Ihr Ritter Du Guesclin sprechen wollt, dann meldet Euch eine Stunde nach Mitternacht am Tor in der Mauer. Hauptmann Clopin wird Euch zu dem Befehlshaber bringen.‹ Hast du das? Falte das Papier ganz klein zusammen… Robert!«

Muß ich jetzt aus meinem Versteck kommen, denkt der Junge ängstlich. Das wage ich nicht.

»Robert ist mit den anderen hinausgegangen«, sagt Matthis. »Ich werde ihn suchen.«

»Gut. Bring dann auch gleich Clopin mit.«

Matthis verläßt das Zelt. Mit klopfendem Herzen kommt der kleine Robert aus seinem Versteck. »Habt Ihr mich gerufen, Herr?« fragt er mit unschuldigem Gesicht.

Bertrand schaut verblüfft auf ihn herab. »Wo kommst du her?«

»Ich… ich dachte, ich hörte Euch rufen, Herr«, piepst der Junge.

»Du bist die ganze Zeit im Zelt gewesen«, brüllt sein Herr plötzlich los.

»Ich… nein… ich… na ja, ich dachte…«

»Seit wann spionierst du hinter mir her?«

Der kleine Robert ist ratlos. Unter den strengen, erzürnten Blicken bleiben ihm alle Ausreden in der Kehle stecken.

»Gib mir deinen Dolch.«

»Was?«

»Deinen Dolch. Und zwar schnell!«

Nichts begreifend reicht der kleine Robert dem Ritter die wunderschöne Waffe.

»Siehst du diesen Brief? Den bindest du mit Seidengarn um das Heft. Ich reibe ihn etwas mit Asche ein, dann fällt er nicht so auf. Du bist doch ein sehr guter Messerwerfer, oder? Also gut, du gehst mit dem Dolch zu einem der Wachtürme. Irgendwo im Niemandsland muß eine alte Eiche stehen. Heute ist heller Mondschein, den Baum mußt du sehen können. Du wirfst den Dolch so, daß er im Stamm der Eiche stecken bleibt. Kannst du das?«

»Ja, sicher… aber wie bekomme ich dann jemals meinen Dolch wieder?« fragt der Junge erschrocken.

»Den bist du natürlich los. Das ist die Strafe dafür, daß du deine Nase in Dinge steckst, die kleine Kinder überhaupt nichts angehen.«

Dem kleinen Robert wäre eine Tracht Prügel lieber gewesen. »Das ist ein Geschenk des Königs«, jammert er.

»Um so besser. Das wird dich lehren, meine Gespräche nicht mehr zu belauschen. Und denk daran: Schweigen.«

Der kleine Robert kann nur mit Mühe seine Tränen zurückhalten. Du Guesclin sieht es und lächelt ihm zu.

»Wenn du deine Sache gut machst, bekommst du von mir einen anderen Dolch«, verspricht er. Aber das kann den Schildknappen nicht trösten. Todunglücklich macht er, daß er wegkommt. In der Ferne sieht er Matthis mit Clopin ankommen. Er geht ihnen aus dem Wege, schleppt sich mit bleischweren Beinen aus dem Lager, hin zur Mauer. Er weiß, welcher Baum im Niemandsland gemeint ist; die knorrige Eiche war ihm gestern schon aufgefallen. Verbissen klettert er auf den Wachturm, der am dichtesten an der Eiche steht, und schaut scheu auf zu zwei Bretonen, die oben herumstehen und sich langweilen.

»Es ist der Zwerg«, ruft der Jüngere, als er Robert erblickt.

»Was willst du hier, Bürschchen? Um diese Zeit gehören kleine Kinder ins Bett.«

Der kleine Robert murmelt etwas von: »Bißchen rumgucken«, und die Kerle lachen herzlich darüber.

»Gucken? Du kannst doch gar nicht über die Brustwehr gucken.«

Robert antwortet nicht und späht ins Niemandsland. Der Mond ist schon aufgegangen, steht aber noch nicht hoch genug, um das rauhe Land gut auszuleuchten. Der kleine Robert schleppt einen Stein heran, um etwas höher zu stehen.

»Wonach hältst du denn Ausschau, Knirps?« trompetet der gesprächige Posten ihm ins Ohr.

»Nach... nach der Eiche.«

»Was gibt's denn da zu sehen? Eichen sind wie Flöhe, die findet man überall.«

Schweigen, hat Du Guesclin gesagt. Aber die Posten machen es ihm schwer.

»Ich... eh... ich hab mal gehört, daß in alten Bäumen Erdmännchen wohnen, die an klaren Mondnächten zum Vorschein kommen. Ich will wissen, ob das wahr ist«, denkt er sich schnell aus.

Das Hohngelächter der Männer läßt ihn zusammenzucken.

»Er will seine Brüderchen sehen«, brüllt der ältere.

»Du meinst seinen Vater«, kreischt der andere.

Geduldig erträgt der kleine Robert den Spott. Der Mond steigt höher, schwarz zeichnet sich die alte Eiche ab, steht da in scharfem Kontrast zu den herumliegenden Steinen und den Mulden. Mit dem kalten, weißen Licht, dem funkelnden Sternenhimmel und der lichtübergossenen Burg Montiel, die da hinten auf dem Felsenhügel thront, ist es eigentlich ein wunderschöner Abend.

Die Posten hören nicht auf, ihn mit den Erdmännchen zu necken. Der kleine Robert möchte heulen, unterdrückt es aber tapfer.

»Ihr braucht gar nicht so verächtlich zu reden«, schnaubt er endlich. »Was ich kann, kann niemand sonst. Den Baum da, den treffe ich gleich beim ersten Wurf mit meinem Dolch. Wetten?«

»Wir wetten um deinen Helm, daß du das nicht kannst«, lacht der jüngere der beiden Soldaten.

»Schade um den schönen Dolch«, murmelt der andere. »Wenn du damit wirfst, bist du ihn für immer los.«

»Was gebt ihr mir, wenn ich den Baum treffe?« ruft der kleine Robert.

»Ein Silberstück.«

»Mein Helm ist mehr wert.«

»Dann eben zwei...«

»Gut. Paßt auf.«

Der kleine Robert wiegt den Dolch in der Hand, mißt mit den Augen die Entfernung zum Baum, der im Mondlicht pechschwarzen Schatten wirft. Wie verläuft der Stamm? Das silberne Licht ist verräterisch, es ist schwierig, den Stamm von seinem Schatten zu unterscheiden. Dort, genau unter dem dicken Ast, da muß der Stamm am dicksten und breitesten sein. Der Junge konzentriert sich... und plötzlich fliegt der Dolch aus seiner Hand...

»Getroffen!« ruft der ältere der Posten bewundernd. »Nom de Dieu, Junge, du kannst zielen. Du hast ganz schön Kraft in deinen kurzen Ärmchen.«

Verlangend starrt der Junge auf den Baum, auf seinen schönen Dolch, der deutlich sichtbar im Stamm steckt. Wird Men Rodriguez ihn um Mitternacht finden, den Brief lesen und der Aufforderung Folge leisten? Oder war sein Opfer umsonst? Wenn der Dolch da morgen früh noch steckt, nimmt er sich vor, gehe ich hin und hole ihn mir!

»Ich habe zwei Silberstücke verdient«, sagt er dann. Die Kerle grinsen und bezahlen. Ein Mann, ein Wort. Aber im stillen ist der kleine Schildknappe für sie ein großer Dummkopf, denn der Dolch ist viel mehr wert...

Eine Viertelstunde später steht der kleine Robert bekümmert vor seinem Herrn.

»Es ist alles in Ordnung, Herr. Die Nachricht für Men Rodriguez steckt im Stamm der Eiche. Vor Mitternacht wird der Mond wieder verschwunden sein, Eure Posten werden ihn nicht einmal bemerken, wenn er zur Eiche kommt«, plaudert er dahin.

»Du weißt also, was in dem Brief steht?«

»Ich... eh... ich habe es zufällig gehört, Herr.«

»Du hörst nie etwas zufällig«, brummt der Befehlshaber. »Nun, geh jetzt schlafen.«

Schlafen? Der kleine Robert denkt gar nicht daran! Gerade jetzt, wo es so aufregend wird... Vielleicht gelingt das Vorhaben, und Clopin kommt gleich mit dem geheimnisvollen spanischen Edelmann an. Dann muß der kleine Robert unbedingt hören, was da besprochen wird. In seinen dunklen Mantel gehüllt, versteckt er sich zwischen den Sträuchern, nicht weit vom Holztor in der Mauer entfernt. Seine Geduld wird lange auf die Probe gestellt. Langsam geht der Mond unter. Dann, gut eine Stunde nach Mitternacht, bewegt sich etwas am Tor. Der kleine Robert erkennt Clopin und noch einen alten bretonischen Kriegskameraden von Bertrand Du Guesclin: Villaines der Stotterer. Sie öffnen das Tor einen Spalt, ein Mann huscht herein. Hinter ihm wird das Tor sofort wieder verriegelt. Der kleine Robert hört sie flüstern. Clopin und Villaines führen den Gast ins Lager. Geräuschlos schleicht der Junge hinterher.

Auch wenn es Nacht ist und der Mond schon untergegangen, etwas kann der kleine Robert doch sehen. Er muß sich beherrschen, um nicht über Du Guesclins Gerissenheit laut zu kichern. Clopin ist seinem Herrn treu ergeben, das weiß jeder; und Villaines ist nicht unüberlegt in das Geheimnis miteingezogen worden: Er ist der schweigsamste Mann der Welt. Kein Wunder, denn sobald er den Mund aufmacht, wird er von seinen Kameraden ausgelacht. Also sagt er lieber gar nichts. Bei Verschwörungen und nächtlicher Geheimnistuerei vertraut man am besten den Schweigsamen. Aber jetzt hat der kleine Robert doch Pech. Die beiden Bretonen bringen den Spanier nicht zu Du Guesclins Pavillon, sondern zu einem kleinen Zelt am Rande des Lagers. Sie lassen Men Rodriguez eintreten, und im gleichen Moment kommen auch Bertrand und Matthis angelaufen und verschwinden hinter dem Eingangsvorhang. Clopin und Villaines beziehen Posten vor dem Eingang. Da soll mal einer versuchen vorbeizukommen!

Der kleine Robert fühlt Bitterkeit in sich aufsteigen. Er hat seinen schönen Dolch opfern müssen, um die Verbindung zum Feind herzustellen, und damit ist seine Rolle auch schon ausgespielt. Von alldem, was dort im Zelt ausgehandelt wird, darf er nichts erfahren. Im Gegensatz zu Matthis! Seine alte Eifersucht flammt wieder auf. Er verschwindet im Gebüsch, schlägt vorsichtig einen großen Bogen. Jetzt kann er sich der Rückseite des Zeltes nähern. Auf dem Bauch kriecht er dichter heran, bis er mit dem Ohr die Leinwand berührt. Undeutlich hört er Du Guesclins tiefe Stimme, Matthis' eindringliches Flüstern und einen ihm unbekannten nasalen Tonfall. Das muß Men Rodriguez sein. Sie unterhalten sich auf kastilisch.

»Hundertzwanzigtausend Goldstücke liegen für Euch bereit, Herr«, hört er die näselnde Stimme sagen. Und dann Matthis: »Ssst, nicht so laut!«

»Peter der Grausame hält nie Wort«, brummt Du Guesclin.

»Ich schwöre Euch, daß er das Geld für Euch in einem geheimen Versteck bereit hält, Herr«, flüstert der Spanier.

»Ich muß darüber nachdenken...«

Dann dringt dem kleinen Robert soviel Geraschel ins Ohr, daß er schnell und geschmeidig zurück ins Gebüsch kriecht. Gleich darauf sieht er die Silhouetten der Geheimniskrämer, die aus dem Zelt kommen. Men Rodriguez wird von den bretonischen Wachen zurück zum Tor gebracht, Du Guesclin und Matthis verschwinden in Richtung auf den Pavillon. Zitternd bleibt der neugierige Junge im Gebüsch liegen. Er wird nicht schlau aus der ganzen Sache. Hundertzwanzigtausend Goldstücke, denkt er, das muß doch schrecklich viel Geld sein. Gibt es auf der Welt wohl jemanden, der so weit zählen kann? Und so viel Geld will Peter der Grausame Du Guesclin geben – wofür? Der Ritter besitzt nichts, was er für so einen Preis verkaufen könnte, sogar Blitzstrahl ist höchstens dreißig Pfund Silber wert.

Das werde ich morgen schon noch herausbekommen, denkt er gähnend und zitternd. Durchgefroren bis auf die Knochen schleicht er zum Zelt, das er mit anderen Schildknappen teilt, huscht hinein und legt sich ins Bett.

Matthis' Trompete weckt ihn. Wieselflink stürzt er aus dem Zelt und läuft zum Pavillon. Sein Herr ist auch schon auf den Beinen. Halbangezogen sitzt Bertrand auf einem Feldschemel und starrt grübelnd auf seine häßlichen Füße.

»Guten Morgen, Herr.«

»So, da bist du ja. Hilf mir in die Stiefel.«

»Ja, Herr.«

Der kleine Robert kniet nieder, wirft einen Blick über die Schulter. Matthis ist noch draußen.

Dann fragt er plötzlich leise: »Was soll ich König Heinrich sagen, wenn er fragt, wo mein schöner Dolch geblieben ist?«

»Meinetwegen sag ihm, du hättest ihn verloren«, antwortet Du Guesclin kurzangebunden.

»So etwas verliert man doch nicht, Herr.«

Bertrand grinst. So ein kleiner Teufel, denkt er, er versucht, mich in Verlegenheit zu bringen. Aber dafür ist er dann doch nicht schlau genug.

Sich erhebend sagt er: »Ich habe dir einen anderen Dolch versprochen, den kannst du bekommen.« Er geht zu seiner Kiste in der Ecke, wühlt kurz darin herum und reicht dem Schildknappen dann eine Waffe. Der kleine Robert traut seinen Augen nicht.

»Aber das ist ja meiner! Das ist der Dolch, den ich von König Heinrich bekommen habe!«

»Ja, vielleicht sieht dieser genauso aus«, sagt Du Guesclin ruhig. Entzückt drückt der kleine Robert den kostbaren Gegenstand an sich. »Das ist aber nett von Men Rodriguez, daß er heute nacht meinen Dolch mitgebracht hat«, platzt er heraus.

Sofort umklammert eine harte Faust seinen Arm.

»Was weißt du davon, Zwerg?«

»Au, Herr, Ihr tut mir weh.«

»Sprich!«

Der Griff wird etwas gelockert, aber der erschrockene Schildknappe krümmt sich immer noch wie eine gefangene Schlange.

»Herr«, stammelt er, »der Brief, den Ihr um den Dolch gewickelt habt, der war doch für Men Rodriguez. Das... das hatte ich doch zufällig gehört! Dann... dann muß der Mann heute nacht hier gewesen sein, sonst hätte ich doch jetzt nicht meinen Dolch wiederbekommen können.«

»Du hast recht.« Du Guesclin läßt ihn los. »Wenn du nur den Mund darüber hältst.«

»Ich kann schweigen, Herr.«

»Das sei dir auch geraten. Und ab sofort verbiete ich dir, daß du deine Nase in meine Angelegenheiten steckst, verstanden?« Er gibt dem Jungen einen harten Klaps auf den Hintern.

»Ich werde es nie wieder tun, Herr«, flüstert der kleine Robert und reibt sich die glühend heißen Backen.

»Dann sorge jetzt dafür, daß ich mein Frühstück bekomme.«

»Ja, Herr.«

Als er mit Brot, Käse, Honig, Oliven und süßem Bier beladen aus der Feldküche zurückkommt, sieht er Matthis in den Pavillon gehen. Der kleine Robert verhält den Schritt, wartet zwischen den Vorhängen, die im Eingang hängen. In den tiefen Falten ist er allen Blicken entzogen.

»Der verfluchte Lausebengel«, hört er den Ritter brummen, »er weiß, daß Men Rodriguez heute nacht im Lager gewesen ist. Das hat er geraten... oder gesehen. Dem Bengel entgeht aber auch gar nichts.«

»Oh!« murmelt Matthis.

»Ich habe ihm befohlen, den Mund zu halten. Aber warum guckst du drein, als wärest du verärgert? Hast du womöglich Angst, ich könnte mich von den Kastiliern bestechen lassen?«

»Hundertzwanzigtausend Goldstücke, das ist eine ganze Karre voll Geld«, antwortet der Herold ehrlich. »So ein Angebot hast du noch nie gehabt, Bertrand – und du erstickst in Schulden.«

»Wie kommt es«, fragt Du Guesclin scharf, »daß du, obwohl du selbst so zuverlässig bist, anderen Menschen nie ganz vertraust? Nicht einmal mir?«

Matthis antwortet nicht.

»Hast du mich jemals als Verräter kennengelernt?«

»Ja«, murmelt Matthis gedämpft. »Bei Auray …«

»Schweig! Erwähne den Namen nie wieder.«

»Gut. Aber dann kannst du von mir auch nicht erwarten, Bertrand, daß ich Menschen noch Vertrauen entgegenbringe. Ich vertraue ja nicht einmal mir selbst. Wenn es wirklich darauf ankommt, wenn etwas Gewaltiges auf dem Spiel steht: die Zukunft, die Liebe einer Frau, ein großer geheimer Wunsch, der plötzlich Wirklichkeit werden kann, dann sind Menschen zu allem in der Lage. Heilige sind sehr selten.«

»Tatsächlich, sehr selten, mit Ausnahme auf dem Kalender. Aber ich werde den Bastard über den Besuch von Men Rodriguez unterrichten. Lade ihn und alle Hauptleute für heute mittag in meinen Pavillon ein. Dann können wir die Angelegenheit besprechen.«

Es wird immer aufregender, denkt der kleine Robert erfreut. Mit einem Fuß schiebt er den Vorhang zur Seite.

»Bitte, Herr, Euer Frühstück«, sagt er mit dem unschuldigsten Gesicht der Welt.

30

STREIT UM EIN KÖNIGREICH

»Ich werde es nie wieder tun«, hatte der kleine Robert versprochen, aber er kann es einfach nicht lassen. Sobald sich an jenem Mittag König Heinrich, die Großmeister von Santiago, einfache Ritter und bretonische Hauptleute im geräumigen Pavillon des Befehlshabers versammeln, wird der Schildknappen-Winzling »unsichtbar«, versteckt er sich in einer Ecke. Diesmal hinter einer Kiste, an der Du Guesclins Schild lehnt.

Mit den vielen Männern scheint es im Zelt eng zu werden. Sie stehen im Kreis um den Bastard herum, dessen hübsches Gesicht einen ernsten Zug hat. Der kleine Robert weiß, warum das so ist. Don Heinrich kann den Gedanken, daß sein verhaßter Bruder so nahe ist und doch so unerreichbar bleibt, kaum ertragen. Du Guesclins entschiedene Weigerung, die Festung Montiel zu stürmen, behagt ihm weniger als er zu sagen wagt. Aber als Bertrand ihm von dem nächtlichen Besuch des Men Rodriguez berichtet, klärt sich sein Gesicht auf.

»Der verfluchte Peter der Grausame bietet Euch hundertzwanzigtausend Goldstücke, wenn Ihr ihm zur Flucht verhelft und sein Feldherr werden wollt? Bertrand, bester Freund, das Geld könnt Ihr von mir auch haben, wenn Ihr mir Peter in die Hände spielt! Und wenn ich mein halbes Königreich dafür verpfänden müßte, Ihr könnt das Geld haben«, ruft der Bastard aus. »Ich schlage vor, Ihr setzt die Verhandlungen mit Men Rodriguez fort, angeblich ganz geheim. Tut gerade so, als könnte Euch das Angebot reizen und als wäret Ihr wirklich bereit, Peter entkommen zu lassen. Dann kommt er endlich aus seiner Festung heraus... Und in dem Moment fangen wir ihn.«

»Sire, das scheint mir ein vernünftiger Vorschlag zu sein«, sagt der Herzog von Lerna zufrieden. »Der Graf von Longueville braucht nur etwas Theater zu spielen, aber das ist ihm wohl zuzutrauen.«

»Nein!«

Wie ein krachender Donner dröhnt das »Nein« durch das Zelt. Der kleine Robert, hinter der Kiste, zuckt zusammen.

»Habt Ihr Einwände dagegen, Freund?« fragt der Bastard verwundert, als er Du Guesclins verzerrtes Gesicht sieht.

»Nicht gegen die Komödie«, donnert Du Guesclin, »aber ich will keinen Königsmord auf dem Gewissen haben.«

Eisige Stille tritt ein. Die Ritter von Santiago reißen erschrocken die dunklen Augen auf, Don Heinrich ringt die Hände. Bertrand steht genau vor ihm, zornig und voller Streitlust. Heinrich macht einen Schritt zurück. »Abrechnen mit Peter dem Grausamen«, sagt er langsam und nachdrücklich, »ist kein Königsmord. Mein Stiefbruder ist ein untergeschobenes Kind. Durch seine Adern fließt kein Tropfen königliches Blut.«

Du Guesclin schüttelt fast unmerklich den Kopf. Er hat dem Gerücht nie glauben wollen, aber vielleicht glauben die Ritter von Santiago dieses Märchen und ist das der Grund dafür, daß sie den Bastard unterstützen. Darum will Bertrand nicht öffentlich widersprechen. Unbewegt sagt er: »Welcher Herkunft Peter auch sein mag, er ist ein gesalbter und gekrönter König, anerkannt vom Papst.«

Der Herzog von Lerna, der sich berufen fühlt, als Wortführer der Edelleute aufzutreten, sagt plötzlich:

»Denkt an Najera, Herr. Dort wollte Peter Euch Euren Siegern abkaufen, um Euch ermorden zu können. Auch uns wollte er töten lassen, weil wir das Pech hatten, den Gascognern in die Hände zu geraten. Peter der Grausame kennt kein Mitleid. Sollen wir ihm dann gnädig sein?«

Mit blitzenden Augen dreht Du Guesclin sich um.

»Pardieu«, erregt er sich, »seit wann muß ein Mann sich wie ein Schurke aufführen, nur weil sein Gegner das ist? Einen König vom Thron zu vertreiben und einen anderen an seine Stelle zu setzen, der genauso viel Recht darauf hat und der ohne Zweifel der bessere Herrscher sein wird, dagegen ist nichts einzuwenden. Aber einen König töten! Nicht im ehrlichen Kampf Mann gegen Mann, sondern ihn durch Betrug in eine Falle locken und ihn von hinten erstechen, das ist etwas anderes, meine Herren. Das ist Mord, und damit wünsche ich mir meine Hände nicht schmutzig zu machen.«

»Ihr wollt Peter den Grausamen retten«, schreit der Herzog von Lerna entrüstet.

»Ich will ihn gefangennehmen. Und ich werde ihn nicht ausliefern, bevor ich sicher sein kann, daß ehrlich über ihn gerichtet wird. Peter ist ein Verbrecher. Er hat seine Frau ermorden lassen. Er hat gemeinsame Sache gemacht mit den Mauren von Granada. Er hat jeden Edelmann, der ihm zu widersprechen wagte, enthaupten lassen. Sein Volk hat er grausam unterdrückt und in Armut versinken lassen. Er verdient es, bestraft zu werden, aber erst nach einem ehrlichen Prozeß.«

»Ihr braucht ihn nicht zu töten, Freund«, brummt der Bastard. »Das tue ich – und zwar gern!« Er ballt die Fäuste, der Haß entstellt sein Gesicht.

»Nein.« Wieder knallt die Weigerung wie ein Peitschenschlag. »Ich bin nur bereit, Peter nachts in mein Zelt zu locken, wenn die Herren mir bei allem, was ihnen heilig ist, schwören, daß sie diesem König kein Haar krümmen werden.«

»Ich schwöre nicht«, schreit Don Heinrich mit sich überschlagender Stimme. »Ich werde nicht ruhen, bevor die Leiche meines verfluchten Halbbruders mir zu Füßen liegt.«

Aus den Reihen der Hauptleute erklingen Zustimmung und aufsässiges Gemurmel: »Wir auch nicht, wir auch nicht.« Die Stimmung im Pavillon ist vergiftet mit Haß und Rachsucht. Der Bastard bemüht sich, seine Selbstbeherrschung wiederzugewinnen. Schneidend sagt er:

»Diese Belagerung können wir nicht mehr lange durchhalten, Freund. Darauf zu warten, daß Peter und seine Männer sich vom Hunger getrieben ergeben, das dauert zu lange. Wir wissen alle, daß der König von Portugal Peter zu Hilfe kommen will. Ich kann es mir nicht länger erlauben, hier meine Zeit zu vergeuden. Wenn Ihr Euch weiterhin weigert, Peter mit falschen Versprechungen in Euer Zelt zu locken, wird uns nichts anderes übrigbleiben, als sofort die Burg zu stürmen und ihn mit Gewalt herauszuholen. Dann gibt es zwei Möglichkeiten: Entweder fällt der Schurke wie ein Mann, oder er gibt sich gefangen. In beiden Fällen bleibt Euer Gewissen rein.«

Bertrand knirscht mit den Zähnen und wird blaß vor Wut.

»Ihr bietet mir die Wahl zwischen dem Tod eines Mannes oder dem von fünfhundert Männern?« schreit er mit einer Stimme, die rauh ist vor Gemütsbewegung.

»So ist es«, antwortet der Bastard kühl. Dann wird es erneut beängstigend still.

Überrascht von der Stille späht der kleine Robert aus seiner Dekkung hinter dem Schild ins Zelt. Bewegungslos steht Du Guesclin dem König gegenüber, den Kopf zwischen die Schultern gezogen. In seinem Herzen wütet der Kampf zwischen seinem Gewissen und seinem Verlangen, möglichst wenig Menschenleben zu opfern. Die Erstürmung der Burg wird Ströme von Blut kosten, und alle im Zelt wissen es...

Draußen ist es unruhig, da sind fünfhundert Soldaten, die miteinander reden, die herumlaufen, die warten, über deren Leben hier entschieden wird, ohne daß sie es auch nur vermuten. Fünfhundert Menschen mit rotem Blut, mit einer Zukunft, mit einer Familie. Weit weg, hinter Montiel, grollt der Himmel: Ein Frühlingsgewitter zieht herauf. Es ist, als räuspere sich Gott selbst drohend.

Im Zelt herrscht immer noch Stille. Bertrand Du Guesclin und der Bastard stehen sich Auge in Auge gegenüber, bewegungslos, und beide gleich eigensinnig. Der kleine Robert versteht das nicht ganz, er spürt nur, daß hier ein schweigender Kampf ausgetragen wird. Dann macht Du Guesclin plötzlich einen Schritt zurück und senkt den Blick.

»Es ist gut«, sagt er mühsam. »Ich werde die geheimen Verhandlungen mit Men Rodriguez fortsetzen und Euch Peter in die Hände spielen, Don Heinrich. Aber Gott weiß, daß ich es gegen meinen Willen tue.«

Sofort legt ihm der Bastard die Hände auf die breiten Schultern.

»Ich danke Euch, mein Freund«, sagt er bewegt. »Ich verstehe, was diese Entscheidung Euch kostet. Aber glaubt mir, es ist besser so. Peter darf nicht am Leben bleiben. Wenn wir jemals Frieden in Kastilien haben wollen, dann muß er vom Erdboden verschwinden. So wie Ihr ein Herz habt für das Leben Eurer Soldaten, so habe ich ein Herz für mein Volk, das ich von einem Tyrannen befreien will. Könige können nun einmal nicht wählerisch in ihren Mitteln sein.«

Du Guesclin unterdrückt ein Schaudern.

»Solche Worte habe ich schon früher gehört, Sire, aber überzeugt haben sie mich nicht«, brummt er.

Den kleinen Robert kostet es Mühe, alles zu verfolgen. Daß er Zeuge eines Dramas ist, daß sein Herr vor eine beinahe unmenschliche Entscheidung gestellt wird, das begreift er nur halb. Sein Herz ist dem Bastard zugetan, der ihm einen so schönen Dolch schenkte und der nun scheinbar wieder gut Freund ist mit Du Guesclin, obwohl es für einen Moment so aussah, als wollten sie Streit bekommen. Der Schildknappe ist sehr erleichtert, daß die Uneinigkeit mit einem Wortwechsel beigelegt werden konnte und nun nur noch über die Art und Weise gesprochen wird, auf die man Peter den Grausamen aus seiner Festung in Du Guesclins Zelt locken kann. Das hört sich so herrlich verschwörerisch und geheimnisvoll an. Er wünscht sich, er dürfte dabei sein und dürfte auch seine Meinung sagen, aber winzig kleine Schildknappen dürfen sich natürlich wieder einmal nicht einmischen. Die dürfen nur Befehle ausführen. Aber ich, denkt er insgeheim frohlockend, ich weiß wieder einmal alles.

In Gedanken berichtet er Therese:

... und dann gingen die Hauptleute weg, und Ritter Bertrand verzog das Gesicht, als hätte er Schmerzen. Aber König Heinrich strahlte und versprach ihm noch einmal, er würde ihm hundertzwanzigtausend Goldstücke schenken, sobald er mit Peter dem Grausamen abgerechnet hätte. Wußtest du, daß Könige so reich sind? Verliebt fährt er mit der Hand über den Dolch an seinem Gürtel, den Dolch, den er wegwarf und der auf so wunderbare Weise wiederkam, weil Men Rodriguez keine Spuren seines nächtlichen Unternehmens zurücklassen wollte.

Zusammengekauert in seinem Versteck muß der kleine Robert lange warten, bis alle weg sind und auch Du Guesclin und Matthis und Don Heinrich das Zelt verlassen, um die Mauer zu kontrollieren. Als er endlich aus seiner Ecke kommen kann, ist er beinahe steif geworden.

Er weiß sehr gut, daß er mit seiner grenzenlosen Neugierde große Wagnisse eingeht, und daß er, sollte er noch einmal erwischt werden, schrecklich bestraft wird. Aber das nimmt er in Kauf. Der kleine Robert ist ein ungehorsamer, vorwitziger, neugieriger Junge, aber ängstlich ist er bestimmt nicht.

Zwei Tage lang geschieht offensichtlich gar nichts. Vom Sonnenlicht überflutet liegt die Burg Montiel da, wie ein zerklüfteter Zahn ragt sie aus der Landschaft, grimmig und unnahbar. Im Heerlager herrscht Ruhe. Die Soldaten putzen ihre Waffen, flicken ihre Kleidung und warten. Montiel wird ausgehungert, aber nichts deutet darauf hin, daß die Festung sich bald ergeben wird. Über der wüsten Landschaft hängt eine bedrohliche Stimmung. Die Bauern haben das Weite gesucht, die Felder liegen verwahrlost da, schon beginnt das Unkraut alles zu überwuchern. Ein trockener Wind weht über die Hochebene, führt die staubige Erde mit sich. Die Soldaten essen Brot mit Sand. Doch plötzlich, als hätte es ihm der Wind eingeflüstert, weiß der kleine Robert: Heute nacht wird es geschehen!

Die Vorzeichen sind ihm nicht entgangen. Du Guesclins Pavillon ist von der Mitte des Lagers an den Rand verlegt worden. Angeblich, weil der Befehlshaber den Gestank nicht ertragen kann und mehr frische Luft braucht, in Wirklichkeit jedoch, um den geheimen, nächtlichen Kontakt mit Men Rodriguez einfacher zu machen. In der Nacht vom 22. auf den 23. März verläßt der kleine Robert ungesehen das Schlafzelt, das er mit den anderen Schildknappen teilt, und versteckt sich in den Sträuchern, von wo aus er das Holztor in der Mauer im Auge behalten kann. Der Himmel ist klar, es ist Halbmond, es ist nicht einmal ganz dunkel. Alles ist still, in der Ferne ruft eine Eule, ein paar kleine Nachttiere rascheln im Unkraut, drohend und bewegungslos zeichnet sich die Burg Montiel vom helleren Nachthimmel ab. Im Lager wird laut geschnarcht. Es sind keine Posten aufgestellt worden, nur die Mauer wird von den Bretonen bewacht.

Der kleine Robert weiß, daß es wieder Clopin und Villaines der Stotterer sind, die am Tor Wache haben.

Wieder der Ruf einer Eule. Ist das ein Zeichen? Der kleine Robert spitzt die Ohren. Plötzlich entsteht Bewegung in der Dunkelheit. Schatten gleiten am Tor vorbei, das langsam geöffnet wird. Sieben Männer, jeder ein Pferd am Zügel, huschen hindurch. Die Hufe der Pferde sind mit Lappen umwickelt. Noch dichter drückt der kleine Robert sich an die Erde. Clopin und Villaines der Stotterer gehen zu Fuß schweigend vor den sieben Fremden her. Als sie ganz leise an seinem Versteck vorbeikommen, sieht der kleine Robert, wie Villaines den Arm ausstreckt und auf Du Guesclins Pavillon deutet.

»D… ddda«, flüstert er.

Der vorderste der Reiter wirft Villaines die Zügel seines Pferdes zu, geht auf das große Zelt zu und schlägt den Eingangsvorhang zurück.

»Zu Pferde, Messire Du Guesclin«, ruft er leise. »Es ist Zeit aufzubrechen. Ich habe sechs Mann als Gefolge mitgebracht. Kommt.«

Das ist Peter der Grausame, denkt der kleine Robert aufgeregt. Unhörbar schleicht er sich noch näher heran. In Du Guesclins Zelt bleibt alles still.

»Schnell, steigt auf, Messire Du Guesclin. Große Reichtümer warten auf Euch«, flüstert Peter eindringlich. Stille. Ruhe. Dunkelheit. Peter schaut um sich, macht eine Bewegung, als wollte er in den unbewachten Pavillon gehen.

Und dann kommt plötzlich alles in Bewegung. Fackeln flammen auf, klirrend kommt Don Heinrich angelaufen, dicht gefolgt von Matthis Cuvelier, kastilischen Rittern, bretonischen Hauptleuten. Auch in Du Guesclins Zelt flammt Licht auf. Der Feldherr erscheint in voller Rüstung im Eingang. Der kleine Trupp der von der Burg Geflohenen ist bereits umzingelt und wird entwaffnet. Peter, der begreift, daß er in eine Falle gelaufen ist, dreht sich um, will in den Sattel springen und fliehen, aber Clopin reißt ihn zurück und schiebt ihn auf den Befehlshaber zu. Bertrand Du Guesclin geht einen Schritt zur Seite und macht eine einladende Gebärde.

»Hier herein, Don Peter. Gebt mir Euer Schwert. Ihr seid mein Gefangener.«

»Halt!« schreit der Bastard. »Das ist mein tausendmal verfluchter Bruder! Das ist mein Gefangener!«

»Nein, meiner«, antwortet Du Guesclin kalt. Er baut sich breitbeinig auf, während Clopin Peter dem Grausamen Schwert und Dolch aus der Scheide zieht und auf den Boden wirft. »Fürchtet nichts, Sire, Ihr habt mein Ehrenwort, daß Ihr gut behandelt werdet.«

»Ritter Bertrand, so lautete unsere Absprache nicht«, ruft der Bastard enttäuscht. »Ich fordere den Schurken für mich.«

Peter läßt seine Blicke von einem zum anderen fliegen. In Heinrichs Gesicht liest er Haß und Mordlust, in den Augen der Hauptleute nichts anderes. Er begreift, daß er nur von einem Mann Rettung erwarten kann: von Bertrand Du Guesclin. Leichenblaß stürzt er in dessen

Pavillon. Der Bastard, zitternd vor Wut, will ihm folgen, aber Du Guesclin stellt sich ihm in den Weg.

»Halt, Sire. Euer Bruder ist gekommen, um seine Ergebung mit mir zu besprechen.«

»Ich drehe ihm das Genick um, dem Teufelskerl«, schäumt der Bastard.

»Nicht in meinem Zelt, Sire.«

»Ich zerreiße ihn in Stücke!«

»Sire, ich bitte Euch, gebt ihm eine Chance. Ihr werdet Peter bereit finden, auf all seine Rechte zu verzichten.«

Das ganze Lager ist wach. Aus dem Schlaf aufgeschreckte Soldaten kommen angelaufen, werden von Clopin und seinen Bretonen auf Abstand gehalten.

Don Heinrich beruhigt sich etwas.

»Gut«, sagt er. »Laßt mich durch. Ich bin bereit zu hören, was mein Bruder zu sagen hat.«

In dem ganzen Gewimmel kann der kleine Robert ruhig aus seinem Versteck kommen, es achtet ja doch niemand auf ihn. Er sieht Du Guesclin, den Bastard, Matthis und ein paar Ritter von Santiago in den Pavillon gehen, und es ist nicht schwer für ihn, ebenfalls hineinzuhuschen und sich wieder hinter der großen Kiste zu verstecken. Neugierig schaut er Peter dem Grausamen ins Gesicht. Was für ein garstiger Kerl! Kein Wunder, daß alle ihn abscheulich finden. Er sieht unbeugsam, hartherzig und gemein aus. Und jetzt ist er außerdem noch außer sich vor Wut, weil er sich verraten fühlt.

Er schreit, stampft mit dem Fuß auf, wirft Du Guesclin Schimpfwörter und Beschuldigungen an den Kopf.

»Sire«, antwortet Du Guesclin ruhig, »ich habe Euch nicht verraten, ich versuche, Euch zu retten.«

»Ich fordere die Herausgabe des verfluchten Schurken«, brüllt der Bastard. »Er ist mein Todfeind. Meine halbe Familie hat er ermorden lassen, ein Kind des Teufels ist er, ein Schurke und Ketzer. Sein Land hat er verkommen lassen, die Bauern unterdrückt und ausgebeutet, er verdient den Tod.«

»Nein«, sagt Du Guesclin fest. »Don Peter ist mein Gefangner. Er kann sein Leben retten, wenn er auf den Thron verzichtet, und zwar zugunsten seines Halbbruders Don Heinrich. Die Dokumente liegen bereit, er braucht sie nur mit Unterschrift und Siegel zu bekräftigen.«

»Solange er lebt wird er eine Gefahr für die Ruhe in Kastilien sein«, widerspricht der Bastard.

»Ich werde den Thronverzicht unterschreiben«, erklärt Peter, der sich plötzlich beruhigt hat. Aber es ist die Ruhe eines durchtriebenen Mannes. »Doch mein Siegel wird in Toledo aufbewahrt.«

Es ist offensichtlich, daß er einen Ausweg sucht, denn ein Thronverzicht ohne Siegel wäre ungültig. Der Bastard ballt die Fäuste und geht einen Schritt auf seinen Bruder zu.

»Du lügst, du Schurke, du bist noch nie ohne Siegel unterwegs gewesen.«

Zornbebend wendet er sich an Du Guesclin. »Sogar jetzt noch will der Bandit uns betrügen.« Der Anblick seines verhaßten Halbbruders hat ihn wieder alle Beherrschung verlieren lassen.

Mit vor Schreck weit aufgerissenen Augen sieht der kleine Robert von seinem Versteck aus alles mit an. Streit um den Besitz eines Königreiches, denkt er, aber sie beschimpfen sich wie Fischhändler. Das ist nur ein flüchtiger Gedanke, denn er steht mit Herz und Seele auf der Seite des Bastards, der ihm einen so schönen Dolch geschenkt hat, der so warm über Gottes Schmetterling gesprochen hat und der in seinen Augen ein Held ist. Und weil der Held Peter den Grausamen haßt, haßt der kleine Robert den Tyrannen genauso inbrünstig.

»Du!« platzt Peter plötzlich heraus, und er spuckt seinem Bruder vor die Füße, »du hast mir immer einen Stein in den Weg gelegt. Jahr für Jahr hast du versucht, mich von meinem Platz zu drängen, mich, den gesetzlichen König von Kastilien. Du bist der Schurke und der Dieb, nicht ich!«

Und bevor jemand eingreifen kann, wirft er sich auf den Bastard. Mit dumpfem Dröhnen fallen die beiden Kampfhähne auf den festgestampften Boden, wälzen sich, ringen miteinander. Don Heinrich ist der jüngere der beiden Brüder, und gegen Peters Bärenkräfte ist er machtlos. Peter war zwar entwaffnet worden, bevor er im Pavillon Zuflucht fand, doch nun bekommt er den Dolch seines Gegners zu fassen und zieht ihn aus der Scheide. Voller Entsetzen sieht der kleine

Robert den Stahl aufblitzen, er hört Du Guesclins Ausruf, der sich auf die sich am Boden wälzenden Könige stürzen will.

»Zurück!« schreit Peter. Er liegt auf dem Bastard und hält den Dolch in der erhobenen Hand. Das Licht der Fackeln spiegelt sich drohend in der scharfen Stahlklinge. »Niemand bewegt sich, oder ich schneide ihm die Kehle durch.«

Die Umstehenden erstarren. Stocksteif liegt der Bastard auf dem Rücken, die hervorquellenden Augen sind auf den Dolch gerichtet. Du Guesclin ist zum Standbild geworden, Matthis Cuvelier wagt kaum zu atmen, die Edelleute sind entsetzt zurückgewichen. Verächtlich schaut Peter der Grausame auf seinen wachsbleichen Halbbruder herab.

»Da liegst du nun, du mißgünstiges Scheusal«, stößt er zwischen den Zähnen hervor. »Jetzt sollst du büßen für den Ärger, den du mir bereitet hast. Nicht ich werde im Kerker verfaulen, sondern du. Zurück!« schreit er wieder, als er meint, Du Guesclin würde sich bewegen. »Soll ich Euren Freund vor Euren Augen erstechen, Messire? Wollt Ihr sein Blut ans Dach spritzen sehen? Ich werde es mit Freuden tun, wenn Ihr es auch nur wagt, ihm mit einem Finger zu Hilfe zu kommen.«

Hinter seiner Kiste holt der kleine Robert tief Luft. Welche unbegreiflichen Dinge in den letzten Tagen auch geschehen sein mögen, was sich da vor seinen Augen abspielt, ist deutlich genug. König Heinrich, der Freund seiner Mutter, der Kampfgefährte seines Herrn, ist in Lebensgefahr. Der freundliche König, der ihm den Dolch schenkte, kann jeden Augenblick sein Leben verlieren. Und niemand, niemand kann etwas dagegen tun. Niemand? Roberts Hand kriecht zum Gürtel. Mit den Augen tastet er die bedrohliche Gestalt des Tyrannen ab. Während des Ringens ist ihm der Helm vom Kopf gefallen, sein ungeschützter Nacken glänzt im Licht der Fackeln...

Fest entschlossen steht der kleine Robert auf.

Zzzsst! Das Geschenk des Bastards fliegt durchs Zelt, bohrt sich Peter dem Grausamen in den Hals, durchschneidet die Schlagader. Im gleichen Augenblick kommt Du Guesclin in Bewegung, springt Peter an, reißt ihn vom Bastard herunter. Zuckend liegt der Tyrann auf dem Boden. Don Heinrich, leichenblaß und mit Blut beschmiert, rappelt sich auf, Peter der Grausame bleibt liegen. »Großer Gott, er ist tot!«

Einen Augenblick lang starren sich alle entsetzt an. Wer hat dem rechtmäßigen König von Kastilien den Todesstoß versetzt? Verblüfft starrt Du Guesclin seine leeren Hände an, die gesunde rechte, die verkrüppelte linke... dann schüttelt er völlig verdutzt den Kopf. Don Heinrich, nicht weniger überrascht, tastet zu seiner leeren Dolchscheide... nein, seinen Dolch hatte Peter der Grausame in der Hand, und jetzt liegt er unbenutzt auf dem Boden. Die anwesenden Edelleute wechseln fragende Blicke, niemand von ihnen hat zugestochen. Dennoch... ihnen zu Füßen, in einer großen Blutlache, liegt der tote Peter der Grausame, in seiner Kehle ein Toledaner Dolch.

»Ein Gottesgericht«, flüstert Matthis Cuvelier. Weiß wie die Wand bekreuzigt er sich. Zwei Ritter von Santiago stürzen aus dem Zelt.

»Tot! Peter der Grausame ist tot! Gott selbst hat ihn getötet«, rufen sie. Die Soldaten werfen ihre Barette und Mützen in die Luft.

»Es lebe König Heinrich! Kastilien dem König Heinrich!« schreien sie in höchster Erregung. Nun stürzen auch die anderen Ritter aus dem Zelt, um die sechs Mann, die Peter als Gefolge mitgebracht hatte, an der Flucht zu hindern. Bertrand, der Bastard und Matthis bleiben im Zelt zurück. Ungläubig starrt Du Guesclin auf den toten Peter. Er beugt sich über die Leiche und erkennt plötzlich den verhängnisvollen Dolch, der in der Kehle steckt. Er erschrickt heftig, zieht die Waffe aus der Wunde und wirft sie von sich, als wäre sie glühend heiß. Er preßt die Lippen zusammen, schaut sich um, sieht den Schildknappen, der da mit schlotternden Knien steht, und begreift.

»Ich konnte nichts dafür«, schluchzt der kleine Robert. »Das... das ging ganz von alleine. Ich konnte doch nicht einfach zusehen, wie König Heinrich ermordet wird? Er ist so gut zu mir gewesen... Peter hätte ihn getötet, wenn ich nicht... wenn ich nicht...« Ein Häufchen Elend ist er, klein und ängstlich wie nie zuvor. Was hat er getan?

»Kind«, stammelt Du Guesclin, »hast du... warst du...?«

»Er war das Werkzeug Gottes«, sagt der Bastard schnell. Dankbar blickt der kleine Robert zu ihm auf, eine entsetzliche Last fällt von ihm ab. Natürlich! Nicht er hat den Dolch geworfen, es war Gott selbst, der seine Hand lenkte, den Bastard zu retten. Begreift sein Herr das denn nicht?

Draußen hören sie Geschrei, Jubeln, stampfende Schritte. Bertrands

Kampfgefährten laufen ein und aus, alle sind aufgeregt, niemand trauert um den toten Tyrannen, dessen Liste seiner Verbrechen so lang ist wie ein Männerarm. Nur Don Heinrich scheint nicht froh zu sein. Schaudernd deutet er auf die Leiche seines Feindes.

»Tragt ihn weg«, gebietet er mit gedämpfter Stimme. »Und jemand soll mir warmes Wasser bringen...«

Er ekelt sich vor sich selbst. Seine Kleider sind durchtränkt mit dem Blut seines Bruders.

Der kleine Robert beeilt sich wegzukommen, geht schnell Wasser holen. Um das Zelt zu reinigen, um den wieder in seine Ehren eingesetzten Heinrich II. zu waschen, um sich mit allerlei Handreichungen nützlich zu machen, nachdem er gerade das Antlitz der Welt verändert hat.

Doch letzteres wird ihm kaum bewußt.

31

DIE VERLORENE SEELE

Langsam geht Marie-Claire, die auch Gottes Schmetterling genannt wird, die Wendeltreppe zum höchsten Turm der Burg Longueville hinauf. Sie möchte Ausschau halten über das sommerliche Land. Ihr gefällt Pontorson besser als Longueville, aber als ihr Blick dann über die Äcker mit goldgelbem Getreide, über die Obstgärten, Weiden und erntenden Bauern schweift, weitet sich ihr Herz: Wie schön ist dieses Land! Wie herrlich kann man hier leben, wenn man sich nicht dauernd bedroht fühlt durch Eindringlinge, Plünderer, streitende Edelleute.

Sie hat das Bedürfnis, allein zu sein, nachzudenken, den Frieden auf sich einwirken zu lassen, den die sommerlichen Felder ausströmen, während an anderen Orten des Landes heftig gekämpft wird.

Karl V., König von Frankreich, hat England den Krieg erklärt. Seit seiner Thronbesteigung vor sechs Jahren hat er unablässig darauf hingearbeitet. Um so weit zu kommen, mußte er auf der anderen Seite der Pyrenäen einen treuen Verbündeten haben. Mit diesem Ziel vor Augen hat er seinem Land auf die Beine geholfen, den Kurierdienst neu geordnet, ein neues Steuersystem entworfen, Du Guesclin die Räuberkompanien aus dem Land locken lassen, er hat insgeheim in den von den Engländern besetzten Gebieten Aufruhr entfesselt und die Herrschaft des Prinzen von Wales unmöglich gemacht. Nun meint der König, der sich selbst in Paris zurückhielt, die Zeit sei reif.

Es war der Prinz von Wales selbst, der ihm den Anlaß bot, den Krieg gegen den Erzfeind England wieder aufzunehmen. Nachdem Du Guesclin freigelassen war, ließ der Prinz von Wales dessen Söldner, hauptsächlich vormalige Plündererkompanien, die Grenze Aquitaniens überschreiten. Das heißt: Er ließ die Banditen wieder auf Frankreich losziehen. Karl V. betrachtete das als einen ungesetzlichen Angriff und erklärte England und Aquitanien den Krieg. Durch das ganze Königreich flog die Losung: »Frankreich den Franzosen.« Karls Truppen, angeführt von seinen jüngeren Brüdern, fielen in die besetzten Gebiete ein.

Das große Werk der Wiedervereinigung hat angefangen.

Der Prinz von Wales, einst der tüchtigste und am meisten gefürchtete Heerführer seiner Zeit, ist dagegen machtlos. Er ist krank, er wird nicht mehr lange leben... In seiner Verzweiflung vergißt er, daß er einst von Freund und Feind als edelster Ritter seiner Zeit anerkannt war. Er sinnt auf Rache. Auf seinen Befehl wird die Stadt Limoges verwüstet, wobei weder Greise noch Frauen und Kinder geschont werden. Die Kunde von diesem Blutbad fliegt durch Frankreich und wird mit einem Aufschrei des Abscheus aufgenommen. Dies ist keine Kriegführung mehr, dies ist die schmutzige und überflüssige Rache eines Mannes, der immer so stolz auf seine Ritterehre war! Von diesem Augenblick an hat der Prinz von Wales seine Rolle als Herrscher Aquitaniens ausgespielt. Seine eigenen Edelleute wenden sich angewidert von ihm ab. Immer mehr Ritter, Städte und besetzte Landstriche geraten in Aufruhr. Eduard von Woodstock, krank, elend, vernichtet und bespuckt, schifft sich nach England ein und überläßt die Herrschaft über Aquitanien seinen Brüdern.

Dennoch verläuft der neue Krieg nicht ganz nach Wunsch. Die Marschälle von Frankreich unternehmen zuviel nach eigenem Ermessen, die Bestechlichkeit im Führungsstab ist groß, der Konnetabel, Monseigneur de Brienne, ist ein alter Mann ohne Überblick und ohne Kampfesmut und hat König Karl gebeten, ihn aus seiner Pflicht zu entlassen. An seine Stelle muß ein Mann gestellt werden, der die Truppenbewegungen gut in der Hand halten kann, der der Bestechlichkeit und dem Betrug ein Ende machen wird, der das Vertrauen des Volkes genießt. Kurzum: Bertrand Du Guesclin.

Das Volk verlangt ihn. Und das Volk, das sind die ungezählten Millionen Frankreichs, das sind die Steinhauer und Köhler, die Maurer und Bootsbauer, die Bauern und Pferdezüchter, das sind die Landarbeiter, Bettler, Näherinnen, Bäcker und Schiffer. Kleine Leute, die scheinbar überhaupt keine Macht haben, die aber dennoch das Rückgrat des Reiches sind. Das Volk verlangt von König Karl, Bertrand Du Guesclin solle nach Frankreich zurückgerufen und zum Konnetabel –

das heißt: Obersten Befehlshaber – ernannt werden. Karl V., der von seinem Volk der Weise genannt wird, gibt dem Drängen nach und schickt seinen Kurier nach Kastilien. Bertrand Du Guesclin, im Glauben, Heinrich II. säße nun fest auf dem Thron des heißen, verwüsteten, aber reichen Landes, nimmt die Ernennung an.

Das ist die Neuigkeit, mit der Marie-Claire oben auf den Türmen von Longueville fertigwerden will. Sie denkt an ihre beiden Pflegesöhne, die diesem Haudegen dienen, und flüstert zu dem strahlenden Sommerhimmel: »Oh, lieber Gott, gib unserem König und Bertrand genügend Jahre, ihr Werk zu vollenden, zum Guten dieses schönen Landes. Liebe Mutter Maria, wache über meine Pflegekinder, auf daß sie einst in einem freien und glücklichen Land leben mögen.«

»Amen«, erklingt es hinter ihr. Überrascht dreht sie sich um und sieht Therese. »Möchtest du auch Ausschau halten, ob unsere Helden schon im Anzug sind?« fragt Gottes Schmetterling freundlich. Therese nickt. »Es kann nicht mehr lange dauern«, antwortet sie munter. »Ritter Du Guesclin wird gewiß hier in Longueville hereinschauen, bevor er weiter nach Paris reist.«

»Ja«, sagt Marie-Claire.

»... und Matthis wird bei ihm sein«, fährt Therese verträumt fort. »Der kleine Robert natürlich auch«, fügt sie schnell hinzu.

Sie lehnt neben Marie-Claire an der Brustwehr, winkt fröhlich einem Bauern, der zu ihnen heraufschaut.

»Wißt Ihr, ich finde es so seltsam«, sagt sie plötzlich, »Matthis macht sich überhaupt nichts aus Kämpfen, Belagern und all den ermüdenden Dingen. Er ist Dichter, Musikant. Wie konnte er dann der beste Freund des Ritters Du Guesclin werden?«

»Sie ergänzen sich«, antwortet Marie-Claire.

»Ja, das habe ich mir auch schon gedacht. Trotzdem ist es ein wenig seltsam. Sie haben mir immer erzählt, daß man in diesem Land erst dann jemand ist, wenn man furchtbar viele Köpfe eingeschlagen hat. Matthis schlägt nie einen Kopf ein, trotzdem ist er fast so berühmt wie sein Herr, und alle Mädchen sind verrückt nach ihm.«

»Du auch??« fragt Marie-Claire belustigt. Therese errötet.

»Ach«, sagt sie vorsichtig, »die Dienstmädchen von Ritter Du Guesclin bekommen nicht oft einen schönen Mann zu sehen. Darum laufen sie auch alle mit halb geschlossenen Augen herum. Es sei denn, Matthis ist zu Hause. Dann gucken wir uns die Augen aus.«

Marie-Claire lacht laut auf. Genau wie Frau Tiphaine mag sie dieses lebhafte Mädchen mit seinen klugen Einfällen.

»Vielleicht«, sagt sie neckend, »bringt Matthis sich ja eine spanische Schöne aus Sevilla mit.«

»Meint Ihr?« Therese ist wahrhaftig erschrocken. Dann schüttelt sie den Kopf; die Zöpfe ihrer glatten Haare fliegen ihr um die Ohren. »Das glaube ich nie und nimmer.«

Sie stehen nebeneinander und schauen über das weite Land und die Wälder in der Ferne. Therese wechselt das Thema.

»Meint Ihr nicht, Marie-Claire, daß wir einander ähnlich sind? Ich meine nicht äußerlich, sondern auf eine andere Art und Weise. Die gnädige Frau Tiphaine hat mir erzählt, Ihr seid als junges Mädchen von zu Hause weggelaufen, weil Eure Eltern Euch mit einem Kaufmannssohn verheiraten wolltet. Aber Ihr hattet einen solchen Abscheu vor dem Jungen, daß Ihr weggelaufen seid.«

»Das ist wahr«, antwortet Gottes Schmetterling. »Aber das ist so lange her, ich denke nie mehr daran. Ich werde jetzt eine alte Frau.«

»Davon ist aber nicht viel zu merken«, meint Therese. Sie redet mit Händen und Füßen, sie sprüht vor Tatendrang. »Frau Tiphaine erzählte mir auch, Ihr hättet einen jungen Minnesänger getroffen, Berton de Fleur, ihm das Leben gerettet und ihn geheiratet. Als ich die Geschichte hörte, dachte ich: Das hört sich an wie eine Ballade. Ist das wirklich alles so gewesen?«

»Ja, und das hat mir nie leid getan. Berton de Fleur war ein edler Mensch.«

»Ich erinnere mich, wie ich an dem Tag, an dem er begraben wurde, geweint habe«, nickt Therese.

Marie-Claire seufzt und betastet die schwarze Perle.

»Also ähneln wir einander«, stellt Therese überrascht fest.

Marie-Claire muß diesen Gedankengang erst verarbeiten. Dann versteht sie plötzlich.

»Therese, du willst mir doch nicht erzählen, daß du weglaufen willst?«

»Wenn meine Mutter einen Mann für mich aussucht, der mir nicht gefällt, werde ich das sicher tun.«

»Kind, das mußt du dir aus dem Kopf schlagen! Weil ich so töricht war, mußt du doch nicht glauben, daß...«

»Ihr sagt selbst, daß es Euch nie leid getan hat.«

»Das ist wahr. Aber ich war als Kind tief unglücklich. Du... sei ehrlich, liebes Kind, du hast eine schöne Jugend gehabt. Die gnädige Frau Tiphaine ist immer gut zu dir gewesen, sie hat dich viel gelehrt, dir angenehme Arbeit gegeben. Sie wird bestimmt auch dafür sorgen, daß du einen guten Mann bekommst.«

Therese bewegt ihre eckigen Schultern, trippelt, macht Bewegungen, als wollte sie wegfliegen, der Sommersonne entgegen.

»Einen Handwerksmann oder einen Soldaten«, sagt sie wegwerfend, »aber die will ich nicht. Ich will einen Dichter, genau wie Ihr früher.«

»Nun höre einmal zu! Ich würde keinem Mädchen zu raten wagen, sich ein Vorbild an mir zu nehmen«, entgegnet Marie-Claire schnell. »Wenn ich daran denke, welchen Gefahren ich ausgeliefert war, so ganz allein, dann läuft es mir jetzt noch kalt über den Rücken. Damals war mir das nicht bewußt, ich war noch ein unerfahrenes Kind. Heute würde ich es nicht mehr wagen.«

»Dann trifft es sich ja gut, daß ich auch ein unerfahrenes Kind bin, dann kann ich schön eigensinnig sein.«

»Therese, wenn deine Mutter dich hörte, bekämst du eine Tracht Prügel.«

»Sie hört es nicht. Nur Ihr hört es, und mit Euch kann man reden.«

Verwundert schaut Marie-Claire das Mädchen an. Ein Bauernkind, das ein wenig lesen und schreiben gelernt hat, das hin und wieder einen Blick in Tiphaines Bücher werfen durfte... Armes Kind! Sie ist noch so einfältig, trotz ihrer fünfzehn Jahre so kindlich... Sie glaubt, verliebt zu sein in einen blonden Minnesänger, der sie nicht einmal wahrnimmt, und sie glaubt, ihr Leben in eigene Hände nehmen und nach eigenen Vorstellungen formen zu können. Wie einst Marie-Claire... Beunruhigt sagt Gottes Schmetterling:

»Therese, willst du einen guten Rat von mir annehmen?«

»Nein.«

Wie vom Donner gerührt starrt Marie-Claire das Kind an. Dann beginnt sie herzlich zu lachen.

»Potztausend, du hast recht! Es ist, als höre ich mich selbst, vor zwanzig Jahren.«

»Ich sagte Euch doch, daß ich Euch ähnlich bin«, antwortet Therese fröhlich.

Sie könnte meine Tochter sein, fährt es Marie-Claire durch den Kopf. Merkwürdig... ich habe Pflegekinder gehabt, aber das waren stets Jungen. Ich habe nie darüber nachgedacht, daß ich mich ebensogut eines Mädchens hätte erbarmen können...

»Wie alt wart Ihr, als Ihr von zu Hause weglieft?« fragt Therese, für die dieses Gesprächsthema fesselnd zu sein scheint.

»Fast sechzehn...«

»So alt bin ich noch nicht.«

»Hör zu, Mädchen«, sagt Marie-Claire eindringlich, »du darfst nicht traurig sein, aber ich will ganz ehrlich mit dir reden. Wir ähneln uns nicht wirklich. Und zwei Leben verlaufen nie in den gleichen Spuren. Ich... ich sah in meiner Jugend schön aus, die Leute sagten, ich wäre eine Schönheit.«

»Das seid Ihr heute noch!«

»Ich danke dir. Ich hatte auch eine gute Stimme, ich konnte schnell und gut lernen, ich war sehr bevorteilt. Verstehst du? Du... es tut mir leid, dir weh tun zu müssen, aber du bist nicht schön, du hast auch nicht meine Talente. Wenn du versuchst, das zu tun, was ich getan habe, wird es schlimm enden.«

»Aber nein«, sagt Therese, die keineswegs beeindruckt ist, »Ihr versteht mich nicht. Daß ich keine Schönheit bin, weiß ich. Ich kann nicht tanzen, nicht singen, keine Musik machen. Das ist alles richtig. Aber ich habe keine Angst vor der Welt.«

»Das ist Hochmut, mein liebes Kind.«

»Es ist aber so!«

Marie-Claire kann nicht anders, sie muß wieder lachen. Aber dann gewinnt wieder die Besorgtheit die Oberhand. Frauen haben es in dieser Welt nicht einfach, weiß sie. Niemand nimmt sie ernst, sie sind abhängig und werden für dumm gehalten. Wie ihr Leben verlaufen wird, das hängt ab von dem Mann, an den sie verheiratet werden. Gegen die alte Sitte lehnt Therese sich auf. Aus sich selbst heraus, oder weil sie von Marie-Claires Jugendsünden gehört hat? Aber für Therese wird kein Dichter bereitstehen, sie aufzufangen, sie bei der Hand zu nehmen und glücklich zu machen.

Das arme Kind läßt sich von mir als Vorbild blenden, denkt Gottes Schmetterling, von meinem Ruhm und meinem großen Namen. Sie weiß nicht, wie hohl dieser Ruhm ist, wie sehr ich schon seit Monaten auf der Suche nach mir selbst bin...

»Hab Geduld, Therese«, sagt sie leise. »Laß dich nicht blenden von schönem Schein. Wenn du fortläufst, wird es schwer für dich werden, du wirst viel leiden müssen.«

»Ganz bestimmt.« Das Mädchen ist immer noch nicht beeindruckt.

»Du hörst überhaupt nicht zu«, ruft Marie-Claire ärgerlich aus. »Das dringt gar nicht zu dir durch, was ich dir zu sagen versuche. Wenn du...«

»Verzeiht mir, gnädige Frau«, antwortet Therese leise und legt Gottes Schmetterling eine Hand auf den Arm. »Aber ich habe wirklich zugehört. Doch alles, was Ihr sagt, schreckt mich nicht. Es hat Euch ja auch nicht geschreckt.«

»Du mußt aufhören, uns beide zu vergleichen, wir sind nicht gleich«, sagt Marie-Claire und stampft ungeduldig mit dem Fuß auf. Therese schaut sie lachend an.

»Ihr habt es gewagt, gnädige Frau. Ich wage es auch.«

Marie-Claire öffnet zornig den Mund, schließt ihn aber wieder. Mut! Der Mut, dem Leben entgegenzutreten. Das ist etwas anderes als die Tapferkeit, von der die Männer immer so prahlen, denkt sie; das ist auch keine Unempfindlichkeit für Schmerz und Verachtung, echter Mut sitzt viel tiefer. Hat Therese den Mut in sich entdeckt?

»Liebes Kind, du hast nicht die leiseste Ahnung, was du zu erwarten hast, wenn du auf dich gestellt... Überall lauern Gefahren! Sag nicht, du wagst es, das ist Unsinn. Wenn du wüßtest, wie oft ich in meinem Leben Todesängste ausgestanden habe!«

»Angst haben wir alle manchmal«, nickt Therese unbeeindruckt. »Und das meine ich ja gerade. Ich habe keine Angst davor, Angst zu haben.«

»Angst«, sagt Marie-Claire unbeirrt, »ist etwas Schreckliches.

Angst tut weh, lähmt dich, schneidet dir den Atem ab. Du kennst die wirkliche Angst noch nicht, das schreckliche erstickende Gefühl.«

»Vielleicht nicht«, gibt Therese zu, »ich habe ja auch noch nicht viel erlebt. Ich habe Angst bei Gewitter. Ich stelle mir immer vor, der Blitz könnte einschlagen, die Burg in Flammen aufgehen und ich könnte in der brennenden Vorratskammer eingeschlossen werden, während der Ausgang von herunterfallendem Schutt versperrt wird. Trotzdem kann ich nur abwarten, bis das Unwetter vorbei ist. Das ist eine Angst, die unvermeidlich ist. Man muß da durch, denn all die Angst hilft einem nicht. Also hole ich dann tief Luft, versuche nicht daran zu denken, was passieren könnte, und mache mit meiner Arbeit weiter. Und bevor ich weiß, wie mir geschieht, habe ich keine Angst mehr, auch wenn das Unwetter noch Stunden wütet. Ich vergesse die Angst.«

»Und das hat dich zu der Ansicht gebracht, du seiest ein mutiger Mensch«, sagt Marie-Claire und schaudert bei soviel Kindlichkeit.

»Das hat mich zu der Ansicht gebracht, daß auf diese Art und Weise alle Ängste zu überwinden sein müssen.« Therese umtänzelt Marie-Claire, beginnt leise zu lachen. »Seht mich an, ich bin nicht schön. Aber Soldaten sind nicht viel gewöhnt und belästigen mich schon einmal. Anfangs habe ich Todesängste ausgestanden, ich fühlte mich so hilflos. Dann entdeckte ich plötzlich, daß ich überhaupt nicht hilflos bin. Ich bin viel schneller als ihre greifenden Hände. Ich sorge dafür, daß ich immer ein scharfes Küchenmesser bei mir habe. Ich kann sie in Angst und Schrecken versetzen, indem ich ihnen mit der Ungnade der gnädigen Frau Tiphaine drohe. So habe ich entdeckt, daß es viele Möglichkeiten gibt, mich selbst zu schützen, ich darf nur nicht in Panik geraten. Ich glaube, daß darin der wirkliche Mut der Menschen liegt. Nicht in ihrer Aufschneiderei, ihrer Muskelkraft, sondern im Überwinden der Angst, so daß sie nicht in Panik geraten. Ihr geratet nie in Panik. Ihr beißt die Zähne zusammen, Ihr überwindet Eure Ängste und laßt niemanden merken, daß Ihr innerlich zittert. Davor haben die Menschen Achtung. Aber ich kann das auch, jeder kann das.«

Schweigend nickt Marie-Claire. Nie zuvor hat sie eine so deutliche Erklärung über das Wesen der Angst gehört wie an diesem Morgen, und das erfüllt sie mit Wärme. Wie alle Menschen ihrer Zeit wird sie von Tausenden von Ängsten verfolgt: vor der Dunkelheit, vor den

Höllenstrafen, mit denen die Priester drohen, vor Kriegsgefahren, Armut, Schmerz und Schande. Die Welt ist voller Gefahren, und wenn sie auf ihr Leben zurückblickt, sieht sie sich umringt von solchen Bedrohungen. Wie ein Schmetterling im Sonnenlicht war sie daran vorbeigeflattert, und darüber aufgestiegen. Manchmal wurden ihre Flügel versengt, aber ihr Selbstvertrauen blieb unangetastet. Sie war verletzlich; das Bewußtsein dieser Verletzlichkeit brachte sie dazu, sich dagegen zu wappnen. Was macht Menschen zu Feiglingen? Die Tatsache, daß sie sich von ihren Ängsten auffressen lassen, daß sie sich ihnen hingeben. Aber wer unbeirrt durch die Angst hindurch geht, der findet dahinter die Freiheit. Eine Freiheit, von der scheinbar auch Therese träumt. Doch Mut allein kann eine Seele nicht retten.

»Therese«, sagt Marie-Claire unbewegt, »du machst einen großen Fehler. Du hast mich zum Vorbild erwählt, und das ist falsch. Ich bin ein schlechtes Vorbild. Es ist wahr, als Kind war ich ungehorsam, ich lief von zu Hause weg, ich habe mich mein ganzes Leben lang gegen Menschen aufgelehnt, die Gott über mich gestellt hat, ich war eine eigensinnige Einzelgängerin und bewegte mich ständig am Rande des Abgrunds entlang. Gott hat mich dafür schwer gestraft, Mädchen – mit Unfruchtbarkeit.«

»Ihr habt zwei Kinder großgezogen!«

»Ja, weil ich mich der Strafe, die der Himmel über mich ausgesprochen hat, nicht fügen konnte. Damit habe ich dann erneut gesündigt. Also wurde ich wiederum bestraft. Der kleine Robert hat sich von mir gelöst und wurde Krieger.«

»Aber Matthis wurde Minnesänger.«

»Kaum. Er kann großartig singen, ein bißchen dichten. Aber er setzt das Werk von Berton de Fleur und mir nicht fort. Ich habe zwei Waisenjungen großgezogen und gegenüber Berton versagt. Er hat keinen Nachfolger.«

»Ihr habt nicht versagt«, ruft Therese heftig aus. »Der kleine Robert ist tapfer, klug und geschickt, das hat er von Euch gelernt. Und Matthis ist so schön... Was wäre aus den beiden ohne Gottes Schmetterling geworden? Nichts?«

Es tut Marie-Claire sehr gut, das zu hören, auch wenn das Lob aus dem Mund eines Dienstmädchens kommt.

»Ihr sagt«, fährt Therese munter fort, »Mut grenze an Hochmut, und der sei eine Sünde. Dem Hauskaplan von Longueville zufolge ist das sogar eine schwere Sünde. Darum dürfen wir ihn nicht merken lassen, wie tapfer wir sind. Er würde schlaflose Nächte haben und uns Demut predigen, bis wir es nicht mehr hören können. Aber Ihr und ich, wir wissen es besser, nicht wahr?«

»Therese, du bist nicht zu belehren«, ruft Marie-Claire, doch sie kann ihr Lachen kaum unterdrücken.

Sie ist auch gerührt. Es ist lange her, daß sie so vertraulich mit jemandem gesprochen hat. Frau Tiphaine wird zu sehr von ihren Sorgen um den Besitz ihres Gatten Du Guesclin in Beschlag genommen, von den Schulden, die auf der Grafschaft lasten, von der Verantwortung, die bei Abwesenheit ihres Mannes auf ihren Schultern ruht. Sie ist unentwegt beschäftigt, führt Besprechungen mit Pächtern und freien Bauern, regelt Löhne und Marktpreise, manchmal muß sie Recht sprechen, Verordnungen erlassen, die Verbindung nach Paris aufrechterhalten. Marie-Claire hilft ihr, aber häufig hat sie doch das Gefühl, hier Gast zu sein, das Gnadenbrot zu essen. Nachdenklich lehnt sie an der Brustwehr, die Einsamkeit nagt an ihr.

»Ich muß wieder an die Arbeit«, sagt Therese neben ihr. Marie-Claire streckt die Hand aus, sucht die Hand des Mädchens.

»Geh nicht weg... lauf nicht fort, meine ich«, flüstert sie.

»Noch nicht«, verspricht Therese. »Erst wenn es wirklich nötig ist.«

Dann läuft sie die Wendeltreppe hinunter. Marie-Claire sieht sie ganz unten aus der Tür kommen, auf den Innenhof stürmen. Das Kind hüpft auf langen, dünnen Beinen, wie ein Kälbchen verschwindet es in einem der Nebengebäude. Bin ich früher auch so gelaufen, hüpfend vor Lebenslust und Tatendrang? fragt sich Gottes Schmetterling. Sie grübelt über das Los der Frauen in Frankreich, die dumm und unterwürfig bleiben müssen. Doch wie anders verläuft das Leben, wenn eine die Möglichkeit bekommt, etwas zu lernen, wie sie selbst und Tiphaine. Oder wenn ein einfaches Bauernmädchen wie Therese unter Frauen aufwächst, die sich ihrem Schicksal zu entwinden verstanden. Wie können dann die unvermuteten Schätze wie Weisheit und Mut zum Vorschein kommen!

Marie-Claire greift wieder zu der schwarzen Perle, dem Symbol ihres Ruhmes. Ich habe ein gutes Leben gehabt, denkt sie wehmütig. Nachdem ich meinem Elternhaus entflohen bin, habe ich selten bittere Armut gekannt, ich habe viele Gefahren überstanden. Ich verlor den Mann, den ich liebte, und ich dachte, ich würde vor Kummer sterben, doch auch darüber bin ich hinweggekommen. Ich gewann mit jedem Tag mehr Achtung, ich war die Geliebte eines Königs, ich habe Herzöge und Prinzen sich vor mir verbeugen sehen… Und dennoch fehlt mir etwas. Es ist, als sähe ich nicht mehr mich selbst, wenn ich in den Spiegel sehe, als hätte ich mich in den ruhmreichen Jahren, die hinter mir liegen, selbst verloren.

Einst war es meine Aufgabe, dem Volk Mut zu machen, den kleinen machtlosen Leuten ein Gefühl des Selbstwertes zu geben, ihre Widerstandskraft zu stärken. Bei all meinem Ruhm – was ist davon übriggeblieben? Nichts… Wieder ist Krieg mit England ausgebrochen, bald kommt Du Guesclin und wird wie ein Orkan durch das Land rasen, die Engländer vor sich her treiben, ins Meer. Frankreich wird wieder das alte Frankreich werden, unermeßlich ausgedehnt, bevölkert von Millionen kleiner Leute, die es lernen müssen, sich zur Wehr zu setzen gegen die Unterdrückung durch die hohen Herren, gegen Ausbeutung, Betrug, Unrecht, Verachtung. Bin ich denn nicht mehr Gottes Schmetterling, der ihnen mit seinem Gesang Mut machte, ihnen tröstliche und lehrreiche Geschichten erzählte, sie auf ihre Möglichkeiten und Rechte hinwies? In dieser Zeit sind Minnesänger und Musikanten nicht länger der Luxus des Adels, sie sind der Mund des Volkes, sie drücken aus, was in den Herzen von Hunderttausenden lebt.Sie bringen Neuigkeiten, jedoch nicht, um sich dafür mit Silberstücken und Brot belohnen zu lassen, sondern um dem Volk Einsicht in die Geschehnisse in der Welt zu verschaffen. Wie konnte ich jemals so weit von diesem Weg abkommen? Gott gab mir meine Talente, um dem Volk zu dienen, aber ich habe mich von dem Volk abgewendet, bin einen anderen Weg gegangen, habe mich dem Adel gleichgesetzt, dem Machtkampf der Könige. Ich gehe mit Machthabern um wie mit meinesgleichen, und das ist Betrug, ich bin ein Kind des geknechteten Volkes. Muß ich mein Leben in einem Scheinruhm enden lassen und dabei mich selbst verlieren? Das kann Gott nicht gewollt haben, das wäre eine größere Sünde als all meine Ungehorsamkeit und all mein Stolz. Die Demut, über die Therese in ihrer Unschuld lacht, muß ich wiederfinden. Kann ich das ohne Berton, aus eigener Kraft? Habe ich noch soviel Mut?

Sie schaut hinunter zu den Bauern auf den Äckern, tief unter ihr. Zu den Frauen, die auf bloßen Füßen über die gerade erst gemähten Felder laufen, die gefallenen Halme einsammeln, zu Garben binden. Wie eine Miniatur in einem kostbaren Buch liegt das fruchtbare Land der Normandie vor ihr. Sie hört die Frauen singen. Die harten Stoppeln verletzen ihre Füße nicht, sie sind daran gewöhnt. Ihre Fußsohlen sind schwielig, ihre Handflächen sind schwielig...

Marie-Claire betrachtet ihre eigenen Hände, die zart und rosig sind wie die einer adligen Dame. Dennoch sind die Bäuerinnen dort auf dem Land ihre Schwestern, sie ist eine der ihren. Ja, sie muß eine Möglichkeit finden, zum Volk zurückzukehren. Eigentlich sind die ungezählten Millionen Frankreichs die wirklichen Pflegekinder von Gottes Schmetterling.

32

DIE SCHWARZE PERLE

Matthis schaut sich um. Weit hinter ihm, hoch und abweisend, liegen die Pyrenäen, die Gipfel in Nebelschwaden gehüllt. Die Täler, Schluchten und Pässe sind nun nicht mehr zu sehen, aus dieser Entfernung scheint es fast unmöglich zu sein, daß sie in der vergangenen Woche durch das Gebirge gezogen sind, so unzugänglich sieht es aus. Rings umher sieht er das Vorgebirge: liebliche, grüne Hügel. Sie sind unterwegs nach Hause, Spanien liegt hinter ihnen.

Ich werde nie zurückkehren, denkt Matthis nicht ohne Wehmut. Die Nebelschwaden werden vom Wind fortgeblasen, die Nachmittagssonne läßt die beschneiten Gipfel erglänzen. Ein prächtiger Anblick. Er atmet tief durch, dreht dem Gebirge dann entschlossen den Rücken zu. Was ihm in Spanien widerfahren ist, gehört unwiderruflich der Vergangenheit an. Er muß es abstreifen, es mit den anderen Erinnerungen bewahren. Vor ihm liegt die Zukunft, liegt Frankreich, das wieder im Krieg mit England steht, das dabei ist, sich von fremden Herrschern zu befreien. Er weiß, daß Bertrand Du Guesclin, der große Freund seines Lebens, bei diesem Kampf die Führung übernehmen soll, daß er sofort ein Ende machen wird mit Betrug, Bestechlichkeit, Vergeudung von Kräften. Er weiß außerdem, daß es ein menschlicher Krieg werden wird, in dem die alten Partisanen-Kriegsführung von Du Guesclin wieder angewandt werden wird. Grimmig werden sie die Engländer vor sich hertreiben, ohne es zu einer richtigen Feldschlacht kommen zu lassen. Meile für Meile werden sie den Feind nach Westen zurückdrängen, unerbittlich, ohne viel Blutvergießen, ohne nutzlose Verschwendung von Menschenleben, doch unwiderstehlich. Gestützt auf den Ruhm seiner hervorragenden Leistungen, unterstützt von einem weisen König und vor allem dem Vertrauen des einfachen Volkes wird Du Guesclin seine Kriegsführung bestimmen, wird er Bollwerk um Bollwerk zurückerobern.

Matthis wirft einen Blick zur Seite, auf das häßliche Gesicht seines Herrn. Von ganzem Herzen ist er diesem Haudegen zugetan, der kein Alter zu haben scheint. Doch Bertrand Du Guesclin ist bereits fünfzig Jahre, und das ist alt für einen Krieger. Aber immer noch sind seine Knochen umgeben von stahlharten Muskeln, scheint er nimmermüde zu sein. Trotzdem ist es vor allem sein Verstand, von dem Frankreich seine Rettung erhofft. Schnelle Entscheidungen treffen, organisieren, niemand ist darin so gut wie er. Der rauhe Partisan von früher, der kleine Hauptmann der bretonischen Freiheitskämpfer ist im Laufe der Jahre herangewachsen zum Befehlshaber aller französischen Streitkräfte, und er wird sich dieser Verantwortung würdig erweisen. Die Zukunft sieht hoffnungsvoll aus.

Matthis erinnert sich plötzlich an Marie-Claires Urteil über Du Guesclin.

»Du nimmst Menschen zu dir, als wären es Brote, und du verzehrst sie.«

»Ja«, murmelt er vor sich hin, »das tut er. Aber er bleibt ehrlich dabei, er nimmt den Menschen nicht die Selbstachtung. Er macht Gebrauch von uns, ohne uns zu zerstören. Das ist seine Kraft. Darum lieben wir ihn so sehr. Er ist zu groß, zu genial, ihm widerstehen zu können, wir sehen es als eine Ehre an, ihm dienen zu dürfen, denn er holt das Beste, das wir in uns haben, aus uns heraus. An seiner Seite wuchs Tiphaine zu einer schönen, selbstbewußten Edelfrau. Er rettete Gottes Schmetterling vor der Verzweiflung. Er machte aus dem kleinen Robert einen Helden, aus all seinen Freunden ergebene Mitarbeiter, die für ihn durchs Feuer gehen. Aus König Karl machte er sogar einen großen Herrscher, der als ›der Weise‹ in die Geschichte eingehen wird. Er ist die Seele Frankreichs, zugleich stolz und gutmütig, mit blitzschnellen Einfällen, gezähmt durch gesunden Verstand. Und er liebt die Menschen.«

Matthis seufzt, schaut sich dann doch noch einmal nach der gewaltigen Gebirgsmauer um.

Ich bildete mir ein, das auch zu können, dachte er. Ich sah ein Mädchen, so schön wie ein Engel, und meinte, ich bräuchte sie nur zu kaufen, um dann mit ihr tun zu können, was ich wollte: Sie lieb haben, sie formen zu einer vollkommenen Frau, um die mich alle hohen Herren beneiden würden. Was war ich doch für ein Tor! Man kann niemanden nach einem Ideal formen, er wird stets ein Mensch mit eigenen Gedanken, Gefühlen und eigenem Charakter bleiben. Was hätte ich anfangen sollen mit einem willigen, untertänigen Wesen ohne eigenes Leben? So sind Frauen nicht!

Es ist der kleine Robert, der seinen Gedankengang unterbricht. Der Schildknappen-Winzling hat sein Pferd neben das seines Pflegebruders gebracht und zupft ihn am Ärmel.

»Werden wir heute nacht in Oloron sein, Matthis?« fragt er.

»Das glaube ich schon«, antwortet Matthis zerstreut.

»Wann werden wir denn in Longueville sein?«

»In ein paar Tagen, das hängt vom Wetter ab. Wenn es regnet...«

Der kleine Robert lacht fröhlich.

»Es wird nicht regnen«, sagt er zuversichtlich voraus. Er hebt die rechte Hand. Am Mittelfinger funkelt ein Goldring mit einem Diamanten, den er von König Heinrich bekommen hat, weil er ihm das Leben gerettet hat.

»Den werde ich Therese schenken«, sagt er stolz.

»Warum?«

»Wenn ein Krieger von erfolgreichem Feldzug nach Hause kommt, bringt er seiner Dame Schätze mit.«

»Seiner Dame!« lacht Matthis. Für einen Moment ist der kleine Robert verwirrt, doch dann sagt er: »Warum sollte ich einer schönen Dame nicht den Hof machen dürfen?«

»Du bist noch viel zu jung, Brüderchen.«

»Ich bin vierzehn!«

»Deine schöne Dame«, sagt Matthis plötzlich ernst, »hat dich schon lange vergessen. Und ich fürchte, sie ist auch zu groß für dich geworden. Vergangenes Jahr überragte sie dich schon um mindestens ein Fuß. Du wirst auf eine Bank klettern müssen, um sie küssen zu können. Da würdest du dich doch unglücklich fühlen, oder?«

»Vielleicht. Aber Therese hat mich immer geärgert, und jetzt komme ich als Held zurück.«

»Das wird wenig Eindruck auf sie machen.«

»Meinst du?« fragt der kleine Robert erschrocken.

»Du kennst Therese nicht! Die läßt sich durch einen Diamanten und große Worte nicht beeindrucken, die tut, was sie selber will.«

Matthis richtet sich im Sattel auf. Was hat er da gesagt? Ihm wird ganz warm ums Herz.

»Therese«, sagt er mit Betonung, »ist ein vernünftiges und nettes Mädchen, und sie weiß genau, was sie will. Wenn sie Lust hat, dich zu ärgern, dann tut sie das, und wenn du der König von Neapel wärest, dann ist ihr das gleichgültig. Niemand kann sie beeindrucken.«

»Aber das gefällt mir ja gerade«, antwortet der kleine Robert aufgeregt.

Mir auch, denkt Matthis.

Der Schildknappe, der aus irgendeinem Grunde meint, seine Jugendfreundin verteidigen zu müssen, sagt schnell:

»Ich weiß ja, daß sie es nicht böse meint. Sie sagt immer so seltsame Dinge. Sie ärgert mich, ich werde wütend, aber ich muß auch sofort darüber lachen.«

»Ja.«

Matthis starrt vor sich hin. Er denkt zurück an eine eiskalte Mondnacht, als er meinte, da liefe ein fliehendes Reh über den Innenhof, und das entpuppte sich dann als Mädchen, das ihn auf die Wange küßte, das frei heraus seine Meinung über Männer sagte, Mitleid mit ihm hatte, weil er so betrübt war... Damals habe ich mich geärgert, denkt er, aber das war vor lauter Eitelkeit. Eigentlich hätte ich mich viel länger mit ihr unterhalten wollen, hat es mir wohl gefallen, mich von ihr trösten zu lassen. Sie hätte keinen Moment gezögert, alles zu tun, worum ich sie gebeten hätte. Und zwar nicht, weil sie so untertänig ist, sondern weil sie es selbst wollte. Und ich stieß sie zurück... Wie konnte ich nur so töricht sein?

Die Nacht verbringen sie im Gästehaus neben der Kathedrale von Oloron. Am frühen Morgen gehen Bertrand Du Guesclin, Matthis und die Schildknappen zur Messe, um Gott für die gut verlaufene Reise zu danken. Als sie wieder draußen stehen, schaut Matthis zu dem wunderschönen, halbrunden Portal mit den vergoldeten Figuren der Heiligen und Kirchenväter auf, und das Herz wird ihm weit. Die Sainte-Marie ist ein einfaches Bauwerk, gebaut aus großen Steinblöcken, aber das Portal mit seinen von Pfeilern getragenen Bogen und der in Stein gehauenen Kreuzabnahme über den schweren Türen ist wunderbar. Matthis erinnert sich an die gewaltigen Kathedralen in Kastilien, übermäßig verziert, reich und überwältigend, zu dem Zweck, die Menschen zu beeindrucken, sie klein zu halten. Während dieses Portal mit seinen ruhigen Bildern und seiner ausgewogenen Schlichtheit bewirkt, daß er sich dem Himmel näher fühlt, beschützt und geborgen. Er empfindet Ruhe und Wärme; Matthis Cuvelier ist wieder zu Hause.

So unterschiedlich wie die Kathedralen sind, so unterschiedlich sind auch die beiden Mädchen, die seine Gedanken beschäftigen. Rosita: eine augenblendende Schönheit, die einem den Atem raubt, der gegenüber man klein und machtlos wird. Therese: ein einfaches Menschenkind mit einem ausgeglichenen Wesen und manchmal eine das Herz entzückende Überraschung, wie dieses unter den Arkaden versteckte Portal eine Überraschung ist. Und so wie dieses Bauwerk ihm das warme Gefühl gibt, nach Hause gekommen zu sein, so wird auch Therese mit ihrem beweglichen Körper und ihrem unabhängigen Geist ihm ein Zuhause bieten…

Von nun an kann Matthis seine Ungeduld kaum bezwingen. Als sie ihre Pferde besteigen, um ihre Reise nach Norden fortzusetzen, schmettert er ein laut schallendes Lied, das den kleinen Robert verblüfft zu ihm aufschauen läßt.

Der Himmel ist bewölkt, aber es regnet nicht. Auf den Türmen der Burg Longueville flattern Fahnen und Wimpel, die Matthis Cuvelier schon aus großer Entfernung sehen kann. Wie oft ist er ausgeritten mit Bertrand Du Guesclin, um nach vielen Monaten zurückzukehren und ausgelassen begrüßt zu werden! Diesmal ist es anders. Jetzt ist es der neuernannte Konnetabel, der nach Hause kommt, mit seinem berühmten Herold. Und der Herold weiß endlich, was er will. Tiphaine kommt ihnen an der Spitze eines Zuges von berittenen Soldaten, Jägern und Bauern in vollem Galopp entgegen. Den kleinen Robert reißt die Begeisterung so hin, daß er aufspringt, im Sattel steht, und nun endlich über allen thront und wild den Hut schwenkt.

»Hei-ho, da sind wir wieder!« schreit er. Matthis läßt triumphierend seine Trompete erschallen. Die beiden Züge treffen einander, umkreisen sich, vermischen sich. Bertrand Du Guesclin schließt Tiphaine in die Arme. Rufe, Fragen, Antworten schwirren durch die Luft. Über die Fallbrücke der Vorburg kommen noch mehr Leute angelaufen: die dicke Frau Béchet, Knechte, Mägde... Matthis steigt ab, gibt die Zügel seines Pferdes einem herbeigeeilten Knecht, schaut sich suchend um. Sein Herz hämmert.

»Sei gegrüßt, Matthis.«

Heftig wendet er sich um und ergreift die kleinen Hände, die sich ihm entgegenstrecken. Er fühlt Schwielen. Er blickt in zwei eisblaue Augen, die ihn weit aufgeschlagen anstrahlen.

»Guten Tag, Therese«, sagt er ein bißchen heiser. »Du bist doch tatsächlich wieder gewachsen, du Liebe.«

Sie lacht. Wer kann so unbekümmert, frei und ohne Scheu lachen wie sie? Sie muß etwas in seinen Augen gelesen haben, was ihr Mut macht, denn plötzlich schlägt sie die Arme um seinen Nacken und küßt ihn auf den Mund. Ja, tu's nur... Wenn das ihre Mutter sieht!

»Du hast uns gefehlt, Matthis«, sagt sie ausgelassen. »Schöne Frauen genug auf Longueville, aber die Männer... Und die singen sogar noch falsch.«

Er lacht laut auf.

»Ich werde für dich singen«, verspricht er ihr, »bis dir das Herz bricht.« Vergeblich versucht er, zu der lässigen Art zu finden, mit der er mit Mädchen umzugehen pflegte. Doch diesmal gelingt ihm das nicht.

In Kastilien hat er ein liebliches Bild zurückgelassen, eingerahmt von einem maurischen Garten. Einen Traum von Schönheit und Glück. Jetzt weiß er, daß es nie etwas anderes als ein Traum gewesen ist. Während er die kleinen, schwieligen Hände festhält und die freche Stupsnase und den breiten Mund sieht, verschwimmt das lebendige Altarbild aus Toledo.

Er ist zurück in der Wirklichkeit. Die Wirklichkeit heißt Therese, hat ein häßliches Gesicht, das auseinanderzufallen droht, wenn sie lacht – und wann lacht sie nicht? Die Wirklichkeit ist ein Mädchen, das sich nicht schämt zu zeigen, was es für ihn fühlt, das sich nichts aus Anstandsregeln und anderen Menschen macht, sondern ihm einfach um den Hals fällt, weil sie sich freut, ihn wiederzusehen.

Rosita wäre mir immer fremd geblieben, denkt er. Sie paßt nicht in unsere Welt der Narren und Erneuerer. Therese gehört ganz dazu. Sie hat nichts Geheimnisvolles oder Träumerisches. Er hört sie munter sagen: »Mutter wird gebackene Leber und saure Soße für dich kochen, das magst du doch so gern«, und irdischer geht es nicht. Das ist auch das Leibgericht von Du Guesclin, aber sie tut gerade so, als wäre das Festmahl einzig für Matthis, als zählte für sie nur seine Heimkehr. Dieses merkwürdige Wesen braucht nicht die Sprache des Dichters oder die Musik, um auszudrücken, was es bewegt. Sie nennt ein Gericht, und ihre Worte fallen auf Matthis wie lauer Regen auf ausgetrockneten Boden. Er kann sich nicht erinnern, jemals so glücklich gewesen zu sein.

Jemand drängelt sich mit Gewalt zwischen sie.

»Therese, ich habe dir soviel zu erzählen, ich bin ein Held geworden«, schreit der kleine Robert. »Ich habe König Heinrich das Leben gerettet. Sieh nur, was er mir gegeben hat!« Der Dolch, der Jahren der Tyrannei ein Ende machte, blitzt vor ihren Augen auf.

»Sehr schön«, sagt Therese, ohne den Blick von Matthis' Gesicht zu wenden.

»... und später gab er mir auch noch diesen Ring«, schreit der Schildknappe. »Ich bin ein Held, ich habe große Taten vollbracht und...«

Erst dann merkt er, daß sie ihm nicht zuhört, daß sie nur Matthis Cuvelier sieht. Enttäuscht zieht er sich zurück. Er läuft zu seiner Mutter, schmiegt sich an sie.

»Robert«, ruft Marie-Claire entzückt, »du siehst ja großartig aus. Ich höre gerade von Clopin, daß du gewaltige Dinge getan hast. Laß dich doch mal gut anschauen.«

»Therese«, schluchzt er, »sie will nichts mehr von mir wissen. Sie hat nur Augen für Matthis. Jetzt bekommt sie auch nicht meinen Ring.«

Marie-Claire wirft einen Blick über die Schulter und sieht etwas, das sie innigst glücklich macht.

»Nimm's dir nicht zu Herzen, Robert«, sagt sie schnell. »Alle Mädchen haben Augen für Matthis, das ist ganz natürlich.«

Das war ihm noch nicht so aufgefallen, aber da Marie-Claire es nun sagt, erinnert sich der kleine Robert an die verstohlenen Blicke der kastilischen Schönen, wenn sie durch die Straßen einer Stadt ritten. Matthis sehen die Frauen ganz anders an als den prunkenden Schildknappen-Winzling. Wieder überfällt ihn die Wut über seine geringe Körpergröße. Selbst seine frühere Spielkameradin, die es doch besser wissen müßte, nimmt ihn nicht ernst.

All die aufregenden Abenteuer, die er Therese in Gedanken erzählt hat, von denen er so gern in Wirklichkeit berichtet hätte, um ihr Rufe der Bewunderung zu entlocken, scheinen plötzlich nicht mehr so wichtig zu sein. Nur weil ein blonder Minnesänger von seinem Pferd stieg und »Guten Tag, Therese« sagte, besteht der kleine Robert nicht mehr für sie.

Er denkt an die Straße der Heiligen Sandalen, an das eiserne Gartentor mit der schönen Frau dahinter. Und er denkt an König Heinrich, der sich vorsichtig nach Gottes Schmetterling erkundigte und ihm den schönen Dolch schenkte. Langsam wird ihm etwas deutlich. Sind es überhaupt die Männer, die den Lauf der Welt bestimmen? Stets tauchen hinter den mächtigen Männern die stillen Schatten von Frauen auf. Für die Frauen reiten die Helden aus, die Welt zu erobern und die Feinde zu schlagen, um dann ihre Siege untertänigst den Frauen zu Füßen zu legen. Sogar Bertrand Du Guesclin tut das für seine schöne Tiphaine...

Aber sofort wehrt sich der kleine Robert wieder gegen die gewonnene Einsicht. Ach, was ist das für ein Unsinn, Frauen sind nicht wichtig. Es sind die Männer, die die Welt regieren, und er ist ein Mann, dessen Böhnchen nun oben auf dem Glücksrad liegt. Unter glücklichem Stern. So ist es! Therese kann ihm gestohlen bleiben!

Selbstbewußt trippelt er hinter Marie-Claire über die Fallbrücke auf den Innenhof. Ein winziger, naseweiser Schildknappe, der doch ein Held ist. Kleiner Robert der Gewaltige.

Das Wiedersehen mit Therese und die Rührung, die ihn dabei überfiel, sind der Grund dafür, daß Matthis seine Pflegemutter noch kaum begrüßt hat. Erst im Rittersaal, als das Willkommensfest in vollem Gange ist und der Wein in den Pokalen funkelt, sucht er sie auf, nimmt ihre Hände in die seinen und schaut sie prüfend an. Er erschrickt. Gottes Schmetterling ist alt geworden! Quer durch ihr langes, braunes Haar läuft eine silberweiße Strähne. Ohne Reispuder, wovon sie in Kastilien so reichlich Gebrauch machte, sind die feinen Falten in den Augenwinkeln und um den Mund deutlich zu sehen.

»König Heinrich hat mich gebeten, dir seine herzlichsten Grüße zu bestellen, Marie-Claire«, sagt er leise.

»Ich danke dir.« Es scheint sie wenig zu berühren.

»Bist du nicht froh, daß unser alter Freund Bertrand zum Konnetabel von Frankreich ernannt werden soll?«

»Doch. Das ist das Beste, was Frankreich passieren kann«, nickt sie überzeugt.

»Ich habe noch eine Neuigkeit«, sagt Matthis und hofft, sie damit überraschen zu können. »Jake de Wyn ist mit seiner ganzen Kompanie zu König Karl übergetreten. Als der Ewig Verliebte hörte, Bertrand würde Konnetabel, muß er gerufen haben: Gegen den Mann will ich nicht kämpfen. Wenn du mich fragst, hat der schlaue Fuchs eingesehen, daß die Engländer nun sehr bald aus dem Land vertrieben werden, und er will nicht weg. Also schließt er sich uns an.«

»Ja.« Es interessiert Gottes Schmetterling scheinbar wenig, wie Jake de Wyn über die Zukunft denkt.

»Dieser letzte Feldzug hat Bertrand ein Vermögen eingebracht«, fährt Matthis fort. »Und als Konnetabel wird er einen sagenhaften Sold bekommen. Er ist reich, Marie-Claire, zum ersten Mal in seinem Leben ist er reich. Stell dir das einmal vor. Wir werden es gut bei ihm haben.«

»Ja...«

Verwundert schaut der Herold auf seine Pflegemutter. Wo ist der ausgelassene Schmetterling Gottes geblieben, der singend und tanzend mit einer Truppe durch Kastilien zog, König Heinrich um den Finger wickelte, Chandos nach seiner Pfeife tanzen ließ, Verwundete aus dem Tajo fischte und sich immer so leidenschaftlich für ein freies Frankreich einsetzte? Sie sieht ein bißchen niedergeschlagen aus. Sie sollte jetzt ausgelassen sein, froh und glücklich wie Tiphaine, lebenslustig wie Therese, begeistert wie der kleine Robert. Statt dessen nickt sie brav bei jedem Wort und macht einen zerstreuten Eindruck. »Die beste Neuigkeit«, sagt er geheimnisvoll, »habe ich bis zuletzt aufbewahrt. Sieh nur, was ich für dich habe! Eine Urkunde von König Heinrich. Ihm ist klar, daß er dich niemals wiedersehen wird, und das schmerzt ihn, er achtet dich sehr, Marie-Claire. So hat er dich zur Gräfin von Aranda ernannt und dir ein Jahresgeld von sechshundert Goldstücken zuerkannt. Du wirst eine große Dame.«

»Nein!«

»Du willst nicht?« fragt Matthis plötzlich grenzenlos überrascht.

»Ich will keine große Dame sein und womöglich noch mit einem dicken Baron verheiratet werden. Ich gehe fort.«

»Fort? Wohin?«

»Zurück zu meinem Ursprung, dorthin zurück, wo ich wirklich hingehöre.«

»Flandern?«

Sie schüttelt den Kopf.

»Frankreich ist mein Land. Ich gehe zurück zu den einfachen Leuten. Aus denen bin ich hervorgegangen, unter denen sollte ich leben.«

»Alleine? Marie-Claire, das kannst du nicht tun!«

»Ich bin nie allein. Ich habe so viele Freunde. Die Bauern und Bürger tun mir nichts an, sie lieben mich. Die Kirmessen und Jahrmärkte, die Dörfer und vergessenen Gehöfte haben so lange ohne den Schmetterling Gottes auskommen müssen, ich werde willkommen sein. Mach nicht so ein bestürztes Gesicht, Matthis, ich weiß, was ich tue. Und ich habe keine Angst. Ich habe nie Angst vor Menschen gehabt, so schlecht sie auch manchmal waren. Auf den Schlammwegen von Frankreich, in den Bergen und Tälern, auf den Dorfplätzen unter dem hohen Himmel wird Berton de Fleur bei mir sein. Seine Stimme wird herauszuhören sein aus den Liedern und der Musik, die ich den Menschen vorspiele, aus den Geschichten, die ich ihnen erzähle. Auch wenn er schon fünf Jahre tot ist, er wird fortleben in mir.«

Plötzlich hebt sie die Arme, löst die goldene Kette und legt Matthis die schwarze Perle in die Hände.

»Gib sie in meinem Namen Therese, mein Sohn, und gib dich selbst dazu. Ich habe euch gesehen, ihr habt meinen Segen. Sie wird dich heilen von deiner kastilischen Torheit. Sie ist lieb, sehr weise und stets fröhlich. Laß dich nicht in die Irre führen von ihrem Aussehen, hinter der eigenwilligen Stupsnase wohnt ein hervorragender Geist, in dem unscheinbaren Körper klopft ein tapferes Herz. Diese Perle schenke ich ihr als Brautschatz.«

Verblüfft starrt Matthis auf das kostbare Kleinod, einst das Symbol für Marie-Claires neues Leben nach dem Tode ihres Mannes. Sie nimmt Abschied davon, sie will wieder die treue Gefährtin von Berton de Fleur werden.

»Aber…«, stammelt er.

Leicht legt sie ihm die Hand auf den Mund.

»Sag nichts mehr.«

Sie küßt ihn, läuft dann plötzlich durch den Saal, umarmt Tiphaine, dann Bertrand Du Guesclin. Sie küßt Therese, die gerade mit einem Weinkrug hereinkommt, sie schüttelt Clopin die Hand, knuffelt den kleinen Robert, der das für unter seiner Würde hält und heftig protestiert. Und dann verschwindet sie. Wie versteinert starrt Matthis auf die breite Tür des Rittersaals, die hinter ihr zugefallen ist.

Gleich darauf fliegt die Tür wieder auf. Frau Béchet und drei Knechte kommen mit dampfenden Schüsseln herein. Es ist Zeit fürs Mittagsmahl. Jeder zieht sein Messer, nimmt am langen Tisch Platz, greift tüchtig zu. Bertrand Du Guesclin bringt ein Hoch auf den König, auf Frankreich, auf Tiphaine… Plötzlich ruft die Burgdame: »Wo ist Marie-Claire?«

Matthis wirft einen Blick aus einem der offenen Fenster, springt auf, winkt sie zu sich und deutet nach unten. Die anderen kommen verwundert näher, drängen sich hinter seinem Rücken.

»Da geht sie«, sagt Matthis gerührt, »zurück zu ihrem Ursprung, zurück zum Volk.«

Auf dem Weg trabt ein Esel, der eine Frau auf seinem Rücken trägt. Sie ist schlicht gekleidet und hat eine Laute umgehängt. Aus der Satteltasche ragen drei lange Brote.

EPILOG

Die Ereignisse in den Jahren 1346–1370, erzählt in den drei Büchern: »Gib mir die Zügel«, »Matthis der Herold« und »Unter glücklichem Stern« sind historisch belegt. Das trifft auch auf die handelnden Personen zu, mit Ausnahme von Marie-Claire, Berton de Fleur und dem kleinen Robert, die der Phantasie der Autorin entsprungen sind. Aber es sind typische Künstlercharaktere jener Zeit, der reisenden Minnesänger und Musikanten, die Neuigkeiten verbreiteten und großen Anteil an der Bewußtseinsbildung des einfachen Volkes hatten.

Im Jahre 1370 wurde Bertrand Du Guesclin, hervorgegangen aus dem niederen Landadel (Gutsbesitzer) zum Konnetabel ernannt, das heißt zum Oberbefehlshaber aller französischen Streitkräfte. In den darauffolgenden zehn Jahren vertrieb Bertrand Du Guesclin die Engländer aus fast ganz Frankreich. Bei seinem Tod im Jahre 1380 besaßen die Engländer nur noch vereinzelte und isolierte Stützpunkte an der Küste, u.a. Bordeaux und Calais. Bertrand Du Guesclin starb an der Ruhr, und zwar während der Belagerung von Châteauneuf-de-Randon, einer Festung in der Auvergne, in der ein letzter Rest des englischen Heeres Zuflucht gesucht hatte. An dem Tag, da die Engländer kapitulierten, tat Bertrand Du Guesclin, sechzig Jahre alt, seinen letzten Atemzug. In seinem Testament hatte er bestimmt, in der bretonischen Stadt Dinan, neben seiner Frau Tiphaine, die er so sehr geliebt hatte und die sechs Jahre eher gestorben war, begraben zu werden. Doch Karl V. wünschte, die sterblichen Überreste seines erfolgreichen Feldherrn sollten in der Basilika von Saint-Denis (bei Paris) inmitten der Königsgruften einen Platz bekommen. Auch Karl fühlte sein Ende nahen, und er wollte nach seinem Tod neben seinem treuen Freund ruhen. Also wurde nur Du Guesclins Herz nach Dinan geschickt und dort neben Tiphaine begraben. Das Grabmal in der Basilika von Saint-

Denis, wo Du Guesclins Gebeine ruhen, kann noch heute besichtigt werden.

König Karl V. überlebte seinen Freund nur für drei Monate.

Der Prinz von Wales, der erst ein Jahrhundert später den Beinamen »Der Schwarze Prinz« bekam, starb 1377, ein paar Tage vor seinem steinalten Vater, König Eduard III. Der noch minderjährige Sohn des Prinzen von Wales, Richard II., folgte seinem Großvater auf den Thron.

Nach dem Tod von Bertrand Du Guesclin zog sich sein berühmter Herold Cuvelier zurück und begann ein merkwürdiges dichterisches Werk von 23000 Zeilen: LA VIE DE BERTRAND DU GUESCLIN. Dieses Buch eines Augenzeugen machte seinen Namen unsterblich. Spätere Historiker zogen die Tatsachen, die Cuvelier niedergeschrieben hatte, in Zweifel. Cuvelier scheint sich häufig in den Jahreszahlen und in der Reihenfolge der Geschehnisse geirrt zu haben. Das ist übrigens nicht verwunderlich für einen Mann, der alles aus dem Gedächtnis schöpfen mußte und außerdem über eine reiche Phantasie verfügte. Doch es ist ein lebendiges Buch geworden, voller unerwarteter Wendungen, Gespräche und Scherze. Cuvelier gab sich alle Mühe, Du Guesclin als den Bauern zu beschreiben, der er gewesen war, roh und ungehobelt, gutmütig und schlau, ohne gute Manieren. In seinen Augen muß es eine Geschichte für das Volk gewesen sein, nicht für den gebildeten Adel. Man könnte sagen, der Minnesänger Cuvelier hat den ersten Schelmen-Roman der westeuropäischen Literatur geschrieben. Keine historische Chronik, sondern einen echten Roman.

Fünfunddreißig Jahre nach Bertrand Du Guesclins Tod unternahmen die Engländer einen erneuten Versuch, Frankreich zu erobern. Im Jahre 1415 schlugen sie die Franzosen bei Azincourt, besetzten die Normandie und Paris und schlossen ein Bündnis mit Burgund. Es war Jeanne d'Arc, die den fast vergessenen französischen Patriotismus zu neuem Leben erweckte und den nationalen Widerstand gegen die fremden Herrscher zu organisieren verstand. Im Mai des Jahres 1431 wurde sie in Rouen als Ketzerin verbrannt, aber das Volk erinnerte sich an die früheren Losungen von Du Guesclin, und es war vor allem dem

Konnetabel De Sancerre zu verdanken, der Du Guesclins Art der Kriegführung übernommen hatte, daß Frankreich seine Einheit wieder erlangte und die Engländer endgültig vertrieb. So kam es dann im Jahre 1453 endlich zum Ende des Hundertjährigen Krieges. In Wirklichkeit hat dieser Freiheitskampf hundertfünfzehn Jahre gedauert. Frankreich ging aus ihm als eine große Nation hervor.

ANHANG

Wer mehr wissen will

Musikant

In erster Linie Liedersänger, Verfasser von Liedern, die manchmal Geschehnisse kommentierten. Mehr oder weniger kann man diese Musikanten mit unseren Kabarettisten vergleichen. Da manche Musikanten auch Zauberkunststücke beherrschten, wurden sie im Mittelalter zeitweilig Jongleure genannt. Diese Musikanten (Jongleure) kamen fast ausschließlich aus den bürgerlichen Schichten.

Minnesänger

In Italien: Trovatore, in Süd-Frankreich: Troubador, in Nordfrankreich:Trouvère, in den deutschen Ländern: Minnesänger, in den niederländischen Provinzen: Minstreel. Ein echter Minnesänger war gleichzeitig Sänger und Dichter, Musikant und Komponist. Fast alle Minnesänger waren adlig, manche sogar von sehr hohem Stand. Richard Löwenherz zum Beispiel war nicht nur König von England, Kreuzfahrer und Heerführer, sondern in seiner freien Zeit auch Minnesänger.

Marschall

Im 14. Jahrhundert gab es in Frankreich meistens zwei Marschälle. Sie führten den Befehl bei Feldschlachten und mußten Kriegspläne ausarbeiten, sie waren aber auch für den Lebensmittelnachschub (für das Heer) und die Waffenarsenale verantwortlich.

Freigeleitbrief

Ein Dokument, das jemandem das Recht gab, unbeanstandet durch bestimmte Gebiete zu reisen.

Stände

Es gab drei Stände: Den Adel, die Geistlichkeit und die Bürger (dritter Stand). Bauern, Unfreie, Hörige und freie Tagelöhner zählten nicht. Der niedrigste war der Landadel: Das waren Gutsherren mit eigenem Bauernhof und einigen Dienstknechten. Bertrand Du Guesclin gehörte zu diesem Landadel. Das Landgut La Motte-Broons (in der Bretagne), wo er geboren wurde, war also nichts anderes als ein größerer Bauernhof.

Freie Städte

Eigentlich hießen sie auf Alt-Französisch: Gute Städte.

Sie gehörten zum Königreich, regierten sich aber selbst. Aus ihrer Mitte wählten die angesehensten Bürger, manchmal für ein Jahr, manchmal für länger, einen Stadtregenten. Brauchte der König Geld, dann mußte er sich mit »Bitten« an die freien Städte wenden. Der Magistrat stimmte darüber im Ratssaal ab und setzte die neue Steuer fest, und zwar meistens für ein Jahr. Aber nichts ist umsonst! Bei diesen Gelegenheiten verstanden es die Magistratsherren, dem König neue Privilegien und Vorrechte für ihre Städte abzuhandeln, die dadurch immer mächtiger wurden.

Lesen und Schreiben

Es ist nicht wahr, daß im 14. Jahrhundert nur Priester, Mönche und hohe Edelleute lesen und schreiben konnten. Alle jungen Edlen bekamen Privatunterricht oder besuchten eine Klosterschule. Im Mittelalter war die Bevölkerung in drei Stände eingeteilt: Der Adel, die Geistlichkeit und der dritte Stand, das Volk. Aber wer nicht adlig war oder nicht Priester wurde, konnte trotzdem sehr reich werden, vor allem in den Städten. Die Bürger schickten ihre Söhne zur Schule oder stellten einen Hauslehrer (meistens einen Kaplan) ein. Jeder Kaufmann beherrschte das Lesen, das Schreiben und die Buchführung. Schon damals kam Papier – hergestellt aus Lumpen – in Gebrauch und ersetzte immer mehr das teure Pergament, und zwar vor allem in den Schulen, wo übrigens auch mit Wachstafeln gearbeitet wurde (zu vergleichen mit den Schiefertafeln späterer Zeit). Edelfrauen und Bürgerfrauen waren häufig ebenfalls »literarisiert«, wie man das nannte. Tiphaine Raguenel war sogar eine »Gelehrte«; sie beherrschte das Lateinische, studierte Mathematik, Philosophie, Astronomie und Astrologie.

Bertrand Du Guesclin wurde als Junge ebenfalls zur Schule geschickt, aber zur Verzweiflung seiner Eltern schwänzte er meistens und lernte nichts. Er hat nie mehr gelernt, als seinen eigenen Namen zu schreiben. Darum ist die Geringschätzung verständlich, die die gebildeten Edelleute für einen »Illiteraten« wie den »Bauern« Du Guesclin empfanden. Aber er war eine Ausnahme in seinem Stand.

Das gwöhnliche Volk, also die Bauern, Landarbeiter, Tagelöhner, ungelernten Arbeiter (die gab es damals auch schon!), Hörigen usw. waren normalerweise nie zur Schule gegangen, das waren die »Unliterarisierten«. Unter den Frauen war Analphabetentum besonders häufig. Bürgerstöchter gingen meistens nur zwei Jahre zur Schule, die Töchter des niedrigen Volkes wurden in Haushaltsaufgaben unterrichtet. Und das waren nicht wenige! Vor allem auf dem Lande. Neben der normalen Hausarbeit, wie kochen, waschen, nähen und saubermachen, stellten die Frauen Kerzen und Seife her, die brauten Bier, und sehr oft buken sie auch das Brot für den eigenen Bedarf. Nur in den Städten gab es Bäckereien und Schneidereien.

Frankreich im 14. Jahrhundert

Die Grenzen verliefen anders als heute und waren ziemlich ungenau (siehe auch Burgund und Dauphiné). Das Zentrum des Königreiches war die Isle-de-France mit Paris, der Hauptstadt des Landes, als Mittelpunkt. Im Norden lagen die Provinzen Picardie, Artois und Flandern; im Westen die Normandie; im Osten die Champagne, südlich davon Burgund; südwestlich der Normandie lag die Bretagne, weiter südlich u. a. die Poitou, die

Anjou und Auvergne. Südlich der Poitou, im Südwestwinkel des Reiches, lag Aquitanien (die Bewohner heißen Gascogner), das ein großes Gebiet bedeckte. Die Hauptstadt von Aquitanien war Bordeaux. Diese Provinz war durch Erbfolge Eigentum des englischen Königs. Früher gehörten zu Aquitanien auch die Anjou und die Poitou, und dieses »alte Herzogtum Aquitanien« wollte Eduard III., König von England, zurückhaben. Obwohl die Gascogner einen französischen Dialekt sprachen, wollten sie nicht zum Königreich Frankreich gehören; sie zogen die englische Herrschaft vor, weil die ihnen mehr Freiheit und Unabhängigkeit bot.

Normandie

Die Normandie lag westlich der Isle-de-France, die Hauptstadt war Rouen. In der sehr großen Normandie bestand seit langem das Streben nach Unabhängigkeit. Die Normannen waren eigentlich skandinavischer Abstammung, allerdings mit starkem französischen Einschlag. In dieser ausgedehnten Provinz gehörten um 1350 große Gebiete dem König von Navarra, der sie geerbt hatte.

Bretagne

Die Bretagne war, genau wie Burgund, ein mehr oder weniger unabhängiges Gebiet, auch wenn es unter der Herrschaft des Königs von Frankreich stand. Die Bretonen fühlten sich kaum als Franzosen (das tun sie heute noch nicht!). Erst im 15. Jahrhundert wurde die Bretagne endgültig Frankreich zugeschlagen. Im 14. Jahrhundert hatte der König von Frankreich dort kaum etwas zu sagen, obwohl er dort große Besitzungen hatte (Bergwerke, Salzminen etc.) Der »Bürgerkrieg« in der Bretagne wurde von zwei hohen Edlen geführt, und zwar Charles de Blois (einem Blutsverwandten des französischen Königs) und Jean de Montfort, die beide meinten, ein Anrecht auf Titel (und die Vorrechte) eines »Herzogs der Bretagne« zu haben. Charles de Blois war Lehnsherr von Bertrand Du Guesclin. Jean du Montfort war am englischen Hof erzogen worden und erhielt viel Unterstützung von Eduard III. von England. Der König von Frankreich unterstützte Charles de Blois, seinen Verwandten. Bertrand du Guesclin kämpfte also für Charles de Blois, seinen »Herrn«, und damit gleichzeitig gegen die Engländer und für Frankreich. Aber nicht, um die Bretagne Frankreich einzuverleiben, sondern viel mehr, um die Provinz mehr oder weniger unabhängig zu halten! Und selbstverständlich war der König von Frankreich auch sein König.

Navarra

Dieses kleine Königreich lag im äußersten Süden und zwar an der heutigen Grenze zwischen Spanien und Frankreich, also in den südwestlichen Pyrenäen. Ein kleiner Teil dieses Königreichs lag auf heute spanischem Gebiet.

Die Könige von Navarra und die Könige von Frankreich waren eng verwandt. Karl von Navarra wollte erstens »Herzog der Normandie« werden (denn dort hatte er ausgedehnte Besitzungen, und außerdem war er mit einer französischen Königstochter verheiratet), und zweitens träumte er davon, König von Frankreich zu werden (weil er der Sohn einer französischen Prinzessin war).

Burgund

Burgund war eine mehr oder weniger unabhängige Provinz. Nach seiner Freilassung (durch den Frieden von Brétigny im Jahre 1360) gliederte König Johann II. Burgund in das Königreich Frankreich ein und schenkte es seinem jüngsten Sohn Philippe (der auch »der Kühne« genannt wurde) in Anerkennung seiner tapferen Haltung während der Schlacht bei Poitiers. Philippe der Kühne war also erster französischer Herzog von Burgund.

Die Dauphiné

Die Dauphiné liegt zwischen der mittleren Rhone und den Alpen und gehörte seit 1032 zum römisch-deutschen Reich. Sie unterstand den Grafen von Vienne, die den Namen »Dauphin« führten.
Im Jahre 1349 kaufte König Johann II. dem verarmten Grafen Dauphin diese Provinz ab und schenkte sie seinem ältesten Sohn Charles, der damit der erste französische Dauphin wurde. Seit der Zeit wurden alle französischen Kronprinzen Dauphin genannt, denn diese Provinz war stets Eigentum des ältesten Sohnes des regierenden Königs.

Die Provence

Die Provence gehörte noch nicht zum Königreich Frankreich. Ein Teil der Provence gehörte zum Königreich Neapel, ein anderer Teil war Eigentum des Papstes (Avignon!). Im vierzehnten Jahrhundert, von 1309 bis 1377, residierten die Päpste in Avignon (ihr Palast steht noch heute), weil ihnen Rom nicht sicher genug war. Zu jener Zeit kamen viele Päpste aus dem französischen Adel.

Languedoc

Eigentlich: Langue d'Oc (das heißt »westliche Sprache«). So wurde das ganze Gebiet im Süden und Südwesten der Loire genannt. Und das hatte tatsächlich etwas mit der Sprache zu tun. Die Gegend nördlich und östlich der Loire heißt »Langue d'Oil«. In der Languedoc wurde ein anderer Dialekt als in der Languedoil gesprochen. Aus dem Dialekt der Languedoil wurde allerdings die offizielle französische Sprache, denn dort lag das politische Zentrum Paris.

Das Frankreich, in dem Marie-Claire herumreiste, war also sehr viel kleiner als die Republik Frankreich, die wir heute kennen. Aquitanien, ein Teil von Navarra, Burgund und die ganze Provence gehörten (noch) nicht dazu, allerdings war der größte Teil von Flandern französisch.

Die französischen Könige waren stets darauf bedacht, »ihr« Frankreich auszudehnen, darum also der »Kauf« der Dauphiné und Burgunds. Frankreich war – sicher zu Beginn des 14. Jahrhunderts – das reichste Land von Europa, denn es war recht dicht besiedelt (das war damals entscheidend: Viele Menschen, viele Arbeitskräfte). Der Boden war fast überall sehr fruchtbar, mit Ausnahme der Gebirgszüge der Auvergne und dem Süden der Languedoc. Außerdem waren die Kreuzritter der vergangenen Jahrhunderte mit reichen

Schätzen heimgekehrt. Es gab Kohlenbergwerke (noch sehr primitiv), Kupfer-, Eisen-, und Silberminen, das Meer lieferte tonnenweise Salz und Fische, die Steinbrüche Bausteine, der weiche Tonboden Backsteine (die Kathedrale von Albi, ein gewaltiges Bauwerk, ist ganz aus Backsteinen errichtet). Der Handel florierte, das Straßennetz war das beste im mittelalterlichen Europa. Frankreich lag auf der Route der Pilger, die z.B. nach Santiago de Compostella in Spanien (dem berühmtesten Wallfahrtsort jener Zeit) unterwegs waren. Auch die Industrie blühte: Echte Fabriken, wie wir sie heute kennen, gab es zwar noch nicht, aber dafür das, was man »Atelier« nannte. Frankreich – auch die Bretagne – war damals noch sehr waldreich, es gab also genug Holz für die großen Küfereien und Schreinerwerkstätten. Die Organisation der Gilden sorgte dafür, daß jeder Handwerker den Lohn bekam, der ihm nach seinen Fähigkeiten zustand. Die großen Viehherden lieferten nicht nur Fleisch, sondern auch Häute zur Lederherstellung. Der Wohlstand war so groß, daß sich sogar der ärmste Hörige mindestens zwei Leinenhemden leisten konnte. Und das kam der Papierindustrie zugute: Es gab genug Lumpen.

Spanien

Im 14. Jahrhundert bestand das heutige Spanien aus verschiedenen Königreichen. Östlich von Navarra, am Mittelmeer, lag das große Königreich Aragonien, in das das frühere Reich Katalonien aufgegangen war. Das größte spanische Königreich war Kastilien. Offiziell hieß es: Das Königreich Alt- und Neukastilien und Léon.

Im Süden lag das Bollwerk der Mauren: Das Königreich Granada.

In Kastilien hatte sich der wichtige Teil des Adels im Orden von Santiago vereinigt. Die Unterstützung durch diesen Ritterorden war im Kampf um den Thron von großer Wichtigkeit.

Alle wichtigen Personen dieses Buches (außer Marie-Claire, Berton de Fleur und dem kleinen Robert) sind historisch. Mehr über diese Menschen und Umstände, unter denen sie gelebt haben, steht in einigen großartigen niederländischen und vielen französischen Büchern, u.a. in:

F.W.N. Hugenholtz, Drei Bauernaufstände im vierzehnten Jahrhundert (Drie Boerenopstanden in de veertiende eeuw).

F.W.N. Hugenholtz, Ritterkrieg und Bürgerfrieden (Ridderkrijg en burgerverde)

J. Huizinga, Ausklang der Mittelalters (Herfsttij der Middeleeuwen).

S. Luce, Histoire de Bertrand de Guesclin et de son époque

Cuvelier (le Trouvère), La vie de Bertrand de Guesclin

R. Delachenal, Histoire de Charles V.

Y. Le Febure, Etienne Marcel et le Paris des merchands au II siècle.

J. Denifle, La désolation des églises, monastères et hôpitaux en France pendant la guerre de cent ans.

Complainte de la Bataille de Poitiers.